本书受到教育部后期资助项目"国家治理视角下重大政策跟踪审计评价研究"的资助（22JHQ094）。

国家治理视角下重大政策跟踪审计评价研究

王帆 ◎ 著

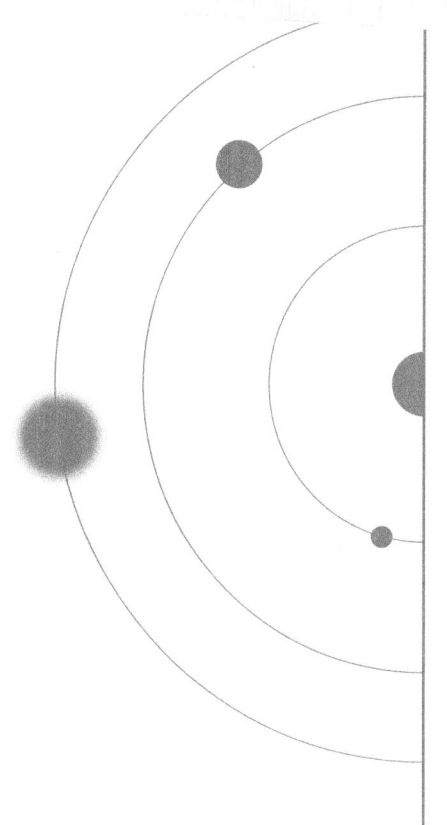

中国财经出版传媒集团
中国财政经济出版社
北京

图书在版编目（CIP）数据

国家治理视角下重大政策跟踪审计评价研究／王帆著．——北京：中国财政经济出版社，2024.5

ISBN 978－7－5223－2955－0

Ⅰ.①国… Ⅱ.①王… Ⅲ.①政府审计－研究 Ⅳ.①F239.44

中国国家版本馆 CIP 数据核字（2024）第 055277 号

责任编辑：马　真　　　　　责任校对：张　凡
封面设计：智点创意　　　　责任印制：史大鹏

国家治理视角下重大政策跟踪审计评价研究
GUOJIA ZHILI SHIJIAO XIA ZHONGDA ZHENGCE GENZONG SHENJI PINGJIA YANJIU

中国财政经济出版社 出版

URL：http://www.cfeph.cn

E－mail：cfeph@cfeph.cn

（版权所有　翻印必究）

社址：北京市海淀区阜成路甲 28 号　邮政编码：100142

营销中心电话：010－88191522

天猫网店：中国财政经济出版社旗舰店

网址：https://zgczjjcbs.tmall.com

中煤（北京）印务有限公司印刷　各地新华书店经销

成品尺寸：170mm×240mm　16 开　23.5 印张　402 000 字

2024 年 5 月第 1 版　2024 年 5 月北京第 1 次印刷

定价：88.00 元

ISBN 978－7－5223－2955－0

（图书出现印装问题，本社负责调换，电话：010－88190548）

本社质量投诉电话：010－88190744

打击盗版举报热线：010－88191661　QQ：2242791300

本书是作者在教育部后期资助项目"国家治理视角下重大政策跟踪审计评价研究",以及以往研究积淀基础上形成的著作,倾注了大量心血,是对作者近10年研究重大政策跟踪审计的经验总结与提炼。

经过大量的研究本书发现:

第一,国家治理会影响重大政策跟踪审计。影响原因包括:国家治理的需求决定了重大政策跟踪审计的产生;国家治理的目标决定了重大政策跟踪审计的方向;国家治理阶段的转型决定了重大政策跟踪审计职责的转变;国家治理的重点决定了重大政策跟踪审计的重点。

第二,重大政策跟踪审计实践路径包括审计准备阶段、审计实施阶段、审计报告阶段以及审计提升阶段。审计准备阶段包括建立重大政策跟踪审计项目组,运用研究型审计思维、利用大数据设定审计客体与范围。审计实施阶段主要进行实施效果评价,实现路径包括建立进一步现场审计确认风险点、对政策实施效果进行评价并发现重大与重要风险、交流需报告的风险等。提供整改建议及报告的流程属于审计报告阶段内容,实现路径包括提交整改征求意见书、出具审计报告两部分。审计提升阶段包括推动容错纠错机制执行、基于整改导向的审计机关监督绩效评价。

第三,国家治理视角下政策跟踪审计评价体系指标应包括资金、项目、政策、体制机制和重大违法违纪等。政策实施效果评价理论指标体系包括资金使用体系、项目建设和运营体系、政策落实体系、体制机制运行体系和重大违纪违法体系。审计机关监督绩效评价理论指标体系包括资金使用审计规范体系、项目建设和运营审计优化体系、政策落实审计纠正体系、体制机制审计完善体系和重大违纪违法审计查处体系。

第四，浙江省域治理现代化政策跟踪审计路径要从完善制度、体制、机制着手推动省域治理现代化的实现。国有企业高质量发展政策跟踪审计应着重检查国有企业是否违规使用项目资金及其具体金额、项目是否严格按照规定招标、相关政策是否落实到位、国有企业的执行和监督机制是否存在问题、国有企业内部是否发生了重大违纪违法及审计移送事件等。

第五，在精准扶贫政策跟踪审计评价方面，得出以下结论：一是随着精准扶贫工作的不断深入，精准扶贫政策实施效果不断提升；二是在贫困人口数量较多的省份，精准扶贫政策实施效果较差。在国有企业高质量发展政策跟踪审计评价方面得出我国国有企业呈高质量发展态势的结论。同时，随着审计机关审查国企范围不断扩大、内容不断深入，监督绩效也整体呈上升态势。

第六，通过研究国有企业高质量发展政策跟踪审计案例，应用所构建的国家治理视角下政策跟踪审计评价体系，得到如下结论：我国国有企业呈高质量发展态势，即随着国企改革的不断推进，国企整体上呈高质量发展，且发展愈加稳定。随着审计机关审查国企范围不断扩大、内容不断深入，其更能精准把握如何开展国有企业政策跟踪审计工作，因而其监督绩效也整体呈上升态势。

第七，国家治理视角下重大政策跟踪审计的经济后果包括重大政策审计监督预算绩效管理、审计报告的作用机制，以及审计师的作用机制等。

王 帆

第一章 引言 …… （ 1 ）
  第一节 研究背景与意义 …… （ 1 ）
  第二节 研究对象与框架 …… （ 2 ）
  第三节 研究思路与方法 …… （ 3 ）
  第四节 文献综述 …… （ 4 ）

第二章 国家治理与政策跟踪审计 …… （ 17 ）
  第一节 国家治理理论 …… （ 17 ）
  第二节 国家治理理论对重大政策跟踪审计的影响 …… （ 28 ）
  第三节 国家治理视角下重大政策跟踪审计的机制 …… （ 34 ）
  第四节 政策跟踪审计概述 …… （ 39 ）

第三章 国家治理视角下重大政策跟踪审计评价路径 …… （ 57 ）
  第一节 国家治理对重大政策跟踪审计评价路径的影响 …… （ 57 ）
  第二节 重大政策跟踪审计评价的基本流程 …… （ 60 ）
  第三节 重大政策跟踪审计评价的基本要素 …… （ 62 ）
  第四节 重大政策跟踪审计评价的实践路径 …… （ 67 ）

第四章 国家治理视角下重大政策跟踪审计路径应用研究 …… （ 81 ）
  第一节 浙江省域治理现代化政策跟踪审计路径研究 …… （ 81 ）

第二节　精准扶贫政策跟踪审计路径研究 …………………… （107）
　　第三节　国有企业高质量发展跟踪审计路径研究 ……………… （120）

第五章　国家治理视角下重大政策跟踪审计评价体系构建 ……… （146）
　　第一节　国家治理视角下重大政策跟踪审计评价思路 ………… （146）
　　第二节　国家治理视角下重大政策跟踪审计评价理论体系构建 … （150）

第六章　国家治理视角下国家重大政策跟踪审计评价体系应用 …… （166）
　　第一节　浙江省域治理现代化审计评价 ………………………… （166）
　　第二节　精准扶贫政策跟踪审计评价 …………………………… （173）
　　第三节　国有企业高质量发展政策跟踪审计评价 ……………… （216）

第七章　国家治理视角下重大政策跟踪审计的经济后果 …………… （240）
　　第一节　国家治理视角下重大政策审计与预算绩效管理 ……… （240）
　　第二节　国家治理视角下审计报告的作用机制研究 …………… （253）
　　第三节　国家治理视角下审计师的作用机制研究 ……………… （287）

第八章　国家治理视角下重大政策跟踪审计的实施建议 …………… （320）
　　第一节　国家政策跟踪审计评价机制构建的建议 ……………… （320）
　　第二节　重大政策跟踪审计相关案例的建议 …………………… （322）
　　第三节　推动重大政策跟踪审计效果实现的建议 ……………… （328）

附录一　精准扶贫政策跟踪审计评价指标调查问卷 ………………… （330）
附录二　双向评价指标体系信度分析 ………………………………… （334）
附录三　国家治理视角下的地方政府精准扶贫政策跟踪审计评价
　　　　 指标体系变权结果表 ………………………………………… （340）
附录四　国有企业高质量发展政策跟踪审计评价指标调查问卷 …… （342）
附录五　本书包含的作者已发表论文 ………………………………… （346）

参考文献 ………………………………………………………………… （348）

第一章 引言

第一节 研究背景与意义

2020年1月，习近平总书记在会见全国审计机关先进集体和先进工作者代表时强调，审计是党和国家监督体系的重要组成部分。审计机关要在党中央统一领导下，适应新时代新要求，紧紧围绕党和国家工作大局，全面履行职责，坚持依法审计，完善体制机制，为推进国家治理体系和治理能力现代化作出更大贡献。党和国家最关心的问题莫过于重大政策是否得到执行，审计也要围绕这个主题开展工作。2014年10月，国务院出台了《关于加强审计工作的意见》，明确要求各级审计机关积极开展既定政策措施的落实情况审计，可见政策跟踪审计是当前审计机关的首要任务。基于该文件，审计署于2015年开始实施"稳增长等政策措施贯彻落实跟踪审计"，随后又从2016年起开始出台"重大政策跟踪审计报告"。为响应中央号召，各省审计厅实施了一系列政策审计工作，如浙江省的"信息经济政策审计"与"特色小镇政策审计"、江苏省的"对疫情政策落实情况审计"与"就业优先政策落实情况和科技改革政策落实情况跟踪"等，对我国重大政策的执行起到了巨大推动作用。

与其他审计相比，政策跟踪审计具有审计对象复杂、审计范围广、审计维度多等特征，执行难度更大。应该如何开展重大政策跟踪审计，至今学术界与实务界也未达成统一意见，这不利于审计机关监督重大政策的实施情况。为了探索这个问题，本书试图厘清重大政策跟踪审计评价路径、重大政策跟踪审计评价体系，进而提出国家治理视角下重大政策跟踪审计的实施建议，用以指导各级审计机关利用政策跟踪审计推动国家治理现代化实现。因此，在习近平新时代中国特色社会主义思想指导下，总结和归纳政策跟踪审计的理论与实践的意义重大。

本书拟从评价路径与评价体系两个维度出发，研究重大政策跟踪审计评价机制。其重要意义在于：

第一，助推国家重大政策执行。为各级审计机关提升审计效率、扎实推进国家重大政策执行提供一个科学合理的方法，以保障国家治理现代化目标的实现。

第二，增加跟踪审计促进政策实施的中国特色社会主义学理基础。研究中国特色的政策跟踪审计，构建国家治理视角下重大政策跟踪审计评价路径与评价体系，并对浙江省域治理现代化政策跟踪审计、国有企业高质量发展政策跟踪审计、精准扶贫政策跟踪审计等案例加以应用，为世界审计研究提供新时代中国特色社会主义学理基础。

第三，延伸审计机关绩效管理改革的研究内容。研究包括审计机关在内的政府机构实现与保障政策落实的绩效管理评价体系，即基于过程控制的政策实施效果评价体系与基于结果导向的审计机关监督绩效评价体系的协同耦合，从而加强审计对扶贫资金、政策、项目、责任、机制的保障，并为审计机关绩效管理改革提供一种新的思路。

第二节　研究对象与框架

本书共分为八章内容，五个部分（见图 1-1）。其中，第一章为引言，是本书的第一部分，介绍了本书的研究背景与意义、研究对象与框架、研究思路与方法、文献综述等内容。第二章是本书的第二部分，研究了国家治理对政策跟踪审计的影响，以此为基础，研究国家治理视角下重大政策跟踪审计机制，目标是搭建本书的研究体系，解决国家治理对政策跟踪审计的影响问题。第三章、第四章是本书的第三部分，研究了国家治理视角下重大政策跟踪审计评价路径，并分别将浙江省域治理现代化、精准扶贫政策实施、国有企业高质量发展案例加以应用，目标是分析及证实如何实施政策跟踪审计。第五章与第六章共同组成了本书的第四部分，构建了国家治理视角下重大政策跟踪审计评价体系,并分别将浙江省域治理现代化审计、精准扶贫审计、国有企业审计数据加以应用,目标是研究如何设计评价体系达到保障政策运行、完善体制机制等目的。第七章与第八章为本书的第五部分,第七章是国家治理视角下重大政策跟踪审计的经济后果,包括重大政策审计监督预算绩效管理、审计报告的作用机制以及审计师的作用机制等部分。第八章是研究建议,通过提出政策跟踪审计的实施建议,达到以审促建、以评促审的目的。

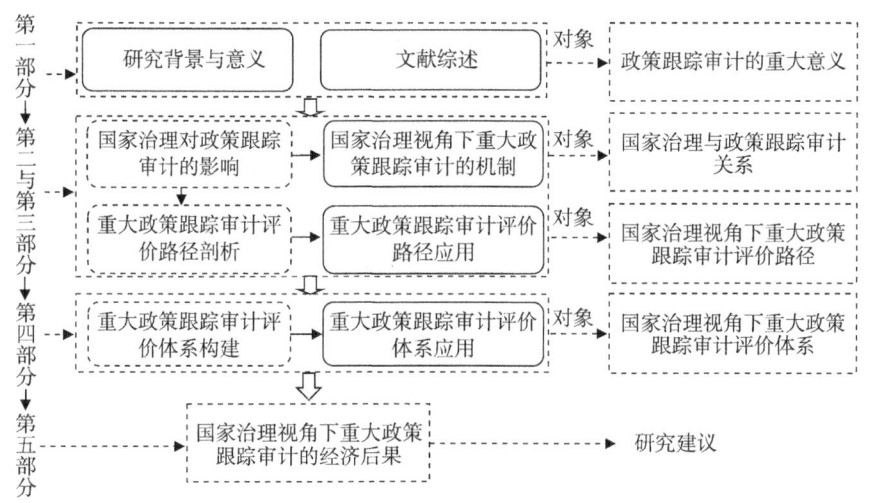

图 1-1 本书的研究对象与框架

第三节 研究思路与方法

如图 1-2 所示,本书的研究思路与方法如下:第一,利用法制与政策研究法分析国家治理及政策跟踪审计文献研究相关理论,从而归纳推演重大政策跟踪审计机制。第二,采用问卷调查法、案例研究法分析国家治理视角下重大政策跟踪审计评价路径。随后,将浙江省域治理现代化政策跟踪审计项目、精准扶贫政策跟踪审计项目、国有企业高质量发展政策跟踪审计项目进行应用。第三,采用层次变权综合评价法、因子分析法、耦合度模型等研究国家治理视角下重大政策跟踪审计评价体系。具体而言,先运用因子分析法对两个指标体系进行最适筛选，再用耦合度模型检验这些指标体系的耦合程度，最后用层次变权综合评价法分别评价浙江省域治理现代化政策实施效果、精准扶贫政策实施效果及国有企业高质量发展政策实施效果。第四，在前述研究基础上，归纳推演、螺旋推进国家治理视角下重大政策跟踪审计的实施建议。

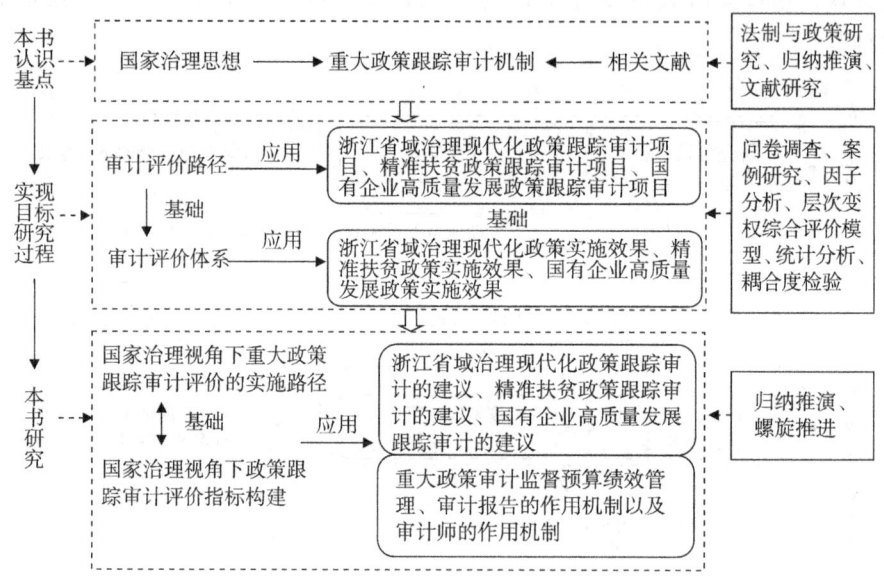

图1-2 本书的研究思路与方法

第四节 文献综述

一、政策跟踪审计的内涵

政策跟踪审计自20世纪80年代起受到国内学者的关注，截至目前已经形成了较为完备的理论框架。国家审计在推进国家治理的进程中占据着重要的地位，因此其中的政策跟踪审计也能够发挥不小的作用，它既能够生动诠释国家审计的相关职能，又可以促进国家治理水平的提高。政策跟踪审计的审计主体是审计机关，审计的主要关注点是在对中央的重大决策部署进行传达、执行、落实等工作的各个阶段，对政策落实情况进行监督检查，针对出现的不足及时采取措施予以纠正，诠释好监督被审计单位政策执行情况的角色（王慧，2017）。对政策跟踪审计的认识可以从三个方面来体现：首先，这里的政策主要是指涉及国家有关部门近年来制定和发布的有关重大指示，特别是关于稳定经济增长、全面深化改革、调整社会结构以及改善人民生活的指示；其次，跟踪是对某一时点或某一时段对政策涉及面进行追踪，从而达到相关时间全覆盖的目的；最后，审计则是指对政策执行情况是否达到标准而进行的监督和评价（朱智鸿，2016）。根据其定义可知，政策跟踪审计的对象主要是指那些与国家新出台的政策相关并且需要采取相关行动将其执行落实的单位，而政策的执行情况便是其审计的内容，因此也可以这样理解政策跟踪审计：政策跟踪审计指的是在相关政策出台之后，国家各级审计机关所进行的审计活动，主要是监督相关部门的政策执行情况，针对出现的问题，分析原因，提出建议纠正相关部门的行为，为经济发展和社会稳定提供保障（赵景媛，2018）。政策跟踪审计主要关注各单位政策执行情况，与绩效审计不同，前者的重点是在整个过程中发现存在的不足，有针对性地促进整改工作的落实，这一目的主要通过两个方面来实现，即过程性动态监督的问题发现与反馈、促进政策进一步落实的整改建议的提出，以推动相关责任单位纠正问题，如此才能将优化国家政策落到实处，同时也有利于推动国家治理（上海市审计学会课题组，2017）。政策跟踪审计具有审计目标多样性、审计过程贯穿性和审计评价繁杂性的特征，这与传统审计相比是存在较大差别的，政策执行情况是前者审计的主要内容，审计目标不仅包括政策执行主体、涉及资金资源和具体落实项目，还有可能包括抽象化的政策安排，而传统审计的对应方面并没有如此繁杂。另外，政策跟踪审计是一个持续的过程，采取"跟踪"的形式，根据不同时期的政策落实情况提出审计意见，更加强调时效性。审计评价繁杂性说的是相对于传统审计项目，政策跟踪审计不仅需要对与项目相关的财务情况进行审计与评价，而且需要结合实际情况，实时跟进政策的动态变化以进行灵活评价，因此工作量更加繁杂。可见，政策跟踪审计不仅要对政策的执行情况进行监督审查，还包括了在审计初期政策执行单位在政策执行过程中发现的不足，由此进行跟踪追溯，检查相关地区各部门是否根据存在的问题制定或完善了相关的政策依据、是否主动推进相关单位就所存在的问题进行整改。其中，对于反馈问题后未及时整改的情况以及整改存在的阻碍需要重点跟踪。

二、政策跟踪审计的作用与范围

（一）政策跟踪审计的作用

党的十八大以来，国家出台了一系列政策，政策跟踪审计需立足于自身的"免疫功能"，发挥审查、预防、揭示和抵御的作用，政策跟踪审计需要以对相关政策进行解读和评估为基础，专注于政策执行过程的恰当性和执行效果的有效性，从中总结出政策的可行及不足之处，进而构筑一个更为完善的政策体系，在提高国家治理能力和完善治理体系过程中作出贡献。综合以前学者的研究发现，政策跟踪审计的积极作用主要有以下几个方面：

第一，促进政策制定完善化。随着国家民主与法治的不断完善，政府审计内容不断扩展，体制日趋成熟，政府审计衍生出政策跟踪审计以细化相关审计工作，根据公共政策的适应性标准进行探讨，政策跟踪审计既能促进政策执行，也能完善政策措施，不仅要实现审计监督职责，揭露问题，还要从履行公共受托经济责任的高度出发，为民主监督提供服务（秦荣生，2011）。例如，美国早在1993年就颁布了《政府绩效与结果法案》，使审计总署拥有了相关的执行能力来监督联邦政府的公共政策改革，由此推进政府的相关进度，依据该法案，审计总署明确要求跟踪审计既要对政策制定的合理性、合法性进行审计，又要对政策实施过程中使用资金、完成项目目标等情况进行审计，还要做到对外及时与政策执行部门、政策制定部门沟通审计结果，以推动重大政策修正，据此形成"政策—执行—审计—改进"的良性循环（付宏琳，2016）。与美国不同，中国的政府绩效监督不是由一个单一的机构进行，而是由多个机构进行，各部门各司其职，共同完善机制和措施（杨素昌，2014）。其中之一便是政策跟踪审计，在国家的监督体系中，政策跟踪审计所扮演的角色不可忽视，因为政策跟踪审计是以党的路线方针政策为指引，是致力于将国家的重大部署决策落到实处而展开的工作。然而，实际的理论研究不能与之重要性相匹配，鲜有学者研究审计机关与其他组织在政策实施监督中的职责分工与互动规则，因此不利于解决重复或遗漏检查的问题。跟踪审计如果针对政策本身展开，不仅能够提高政策制定过程中的科学合理性，还能够通过对政策执行过程的监督，发现其执行过程的疏漏或不规范之处，并及时提出适当的审计建议或作出审计处罚，以此对政策制定和执行的全过程进行评价、监督和反馈，不断提高政策的科学性和落实中的准确度，使政策发挥真正效果（胡耘通和钟琳毓，2020）。

第二，促进政策落实全覆盖。政策由各职能部门落实执行，强化政策审计监督职能能够提高各部门单位的工作效率和效果，对政策执行过程中的不合规行为予以规范，以此保证政策的贯彻落实。政策的落实最终受益方为政策所指向的对象，跟踪审计能够审查具体实施是否真正落实到个体，保障受益方的利益，使政策红利覆盖到整体（胡耘通和钟琳毓，2020）。

第三，推进国家治理现代化。为提高现代化治理水平、构建完备的治理体系，在建立国家治理结构时应当在遵循现行行政法规的同时，满足合格风险控制机制的相关要求（高小平，2014）。政府审计与国家政府相伴，是国家风险管理体系不可缺少的内容，是国家治理的重要组成部分，能对政府运行进行检查（廖义刚等，2008），具有依法发现权力机构在责任履行、资源使用、运行机制等方面是否存在问题并进行干预与改进的作用，在治理层面发挥着"免疫"功能（郑石桥，2014）。政策跟踪审计通过监督被审计单位的政策执行效果，对其进行动态评价和及时纠正，属于国家审计的一种，它的出现丰富了国家审计的内容。国家治理现代化建设在不断发展，而国家审计在其中的地位十分重要，不可忽视，因此政策跟踪审计的良性发展对于国家治理现代化进程来说无异于一件具有加成作用的"装备"。

（二）政策跟踪审计的范围

政策跟踪审计的内容主要分为实施过程审计和实施效果审计，王彪华（2012）在早期指出，政策跟踪审计的内涵和目标决定了它的主要任务是检查国家相关政策的执行情况和效果，同时也需要关注为落实好相关政策而进行的资源配置和使用状况。蔡春等（2016）指出，政策跟踪审计主要包括在政策执行过程中的审计、相关资源资金配置的审计、执行结果与预期相符程度，以及后期的政策评估。具体来说，政策跟踪审计的内容可以分为三个步骤：一是对政策本身进行审核；二是寻找政策制定是否合理合规的证据；三是评估政策是否符合公共利益，具备可执行性，此外还需检查与政策相关的实施路径和评价标准是否合理。从更加细化的角度来看，政策跟踪审计的内容主要由三部分组成：第一部分是对既定政策本身的审计，如政策的合理性、证据的合规性以及该政策是否满足了公众对自身利益的基本需求，同时政策的可执行性也需要纳入考虑,在此基础之上,辅以政策落实情况检查机制,检查跟踪审计工作实施路径和相关的评价标准是否具备合理性;第二部分是关注政策的执行情况,该部分是政策执行审计的重点内容,应重点关注政策的具体实施过程,检查政策相关资金的筹集、分配、配置和实际使用情况是否符合规定以及达到了何种效果,关于资金的运行情况,应该围绕来源、用途、去向等方面展开,最终从总体情况衡量政策实施效果;第三部分是对政策执行效果的评价,需把握该政策实施的重点风险领域和潜在问题,根据审计过程发现的问题对政策效果进行评估,提出相应合理的整改意见,最终目的是促进政策措施的落实和目标的实现。

但在具体项目中,由于政策规模较大,审计实施具有一定的难度,审计署重庆特派办理论研究会课题组(2017)指出,在实际工作中,审计范围需根据执行组织的运行特点确定,可以选择效果显著,影响面广的政策作为重点审计领域,继而确定政策之下的重点审计项目。以国家重大政策执行效果跟踪审计(2016—2019年)为例,主要内容由扶贫、资金使用、"放管服"、重大项目、风险防范、税费、污染七个方面组成,但这些内容的审计发现范围、审计整改范围均有所不同,如重大项目审计范围主要包括项目建设和运营情况、政策落实情况。相应地,审计整改的范围包括项目建设和运营优化情况、政策落实纠正情况;但在污染防治方面,审计发现范围仅包括政策落实情况和项目建设和运营情况两个方面,审计整改的范围相对应政策落实纠正情况。由此可知,政策跟踪审计的范围会根据所审计的项目灵活变通,不拘泥于刻板的条条框框。国家重大政策措施落实情况跟踪审计的范围如表1-1所示。

表1-1　　　　　国家重大政策措施落实情况跟踪审计的范围

审计内容	审计发现范围	审计整改范围
扶贫政策	资金使用情况	资金使用规范情况
	项目建设和运营情况	项目建设和运营优化情况
	政策落实情况	政策落实纠正情况
	体制机制运行情况	体制机制完善情况
财政资金统筹使用情况	资金使用情况	资金使用规范情况
	项目建设和运营资金使用情况	项目建设和运营资金使用优化情况

续表

审计内容	审计发现范围	审计整改范围
深化"放管服"改革政策	资金使用情况	资金使用规范情况
	政策落实情况	政策落实纠正情况
	体制机制运行情况	体制机制完善情况
重大项目建设	项目建设和运营情况	项目建设和运营优化情况
	政策落实情况	政策落实纠正情况
防范化解重大风险	资金使用情况	资金使用规范情况
	政策落实情况	政策落实纠正情况
	重大违纪违法情况	重大违纪违法处理情况
降税减负相关政策	政策落实情况	政策落实纠正情况
污染防治相关政策	政策落实情况	政策落实纠正情况
	项目建设和运营情况	

三、政策跟踪审计的现实困境

通过对文献的梳理发现，国内对关于政策跟踪审计的研究大部分着眼于概念界定、评价体系的建立等理论层面，但是在实践方面的研究仍然有很大的进步空间（付莎莎，2021）。

（一）审计效率与质量尚有欠缺

孙思媛（2020）在分析政策跟踪审计的相关研究现状时发现，政策在执行过程中面临着形形色色的问题，其中显著的问题是审计效率和审计质量，由于现实条件的限制，使得这两者经常性地无法达到标准。具体来说，在审计计划阶段被审计单位或许在之前就已经进行了重大审计项目，其中的审计工作包括了该次跟踪审计的内容，也就是说被审计单位接受了两次甚至两次以上的审计，而这其中的原因是政策跟踪审计本身具备的审计重点比较宏观，导致审计目标不突出，因此重复审计的现象在政策跟踪审计工作中屡见不鲜。在审计实施阶段，主要关注三个方面：首先是信息共享，由于重大政策跟踪审计所涉及的对象，大到审计署，小至地方政府机关单位，涵盖的事业单位数不胜数，而当前政府使用的信息共享平台未能够满足审计的需要，因此存在审计信息分享的时间差，导致审计获取的信息有限，进而对审计质量产生一定的影响；其次需要将被审计单位为促进政策跟踪审计而采取的行动纳入考虑，从程序上来看，被审计单位在接受相关政府部门审计时，应当积极主动进行配合，但在实务中，主客观原因的存在导致两者之间的配合工作存在困难，更有甚者，被审计单位内部部门之间相互推诿，将会导致审计人员在本就繁杂的工作中面临更大的挑战；最后政策跟踪审计区别于民间审计，对政策落实情况的审计范围更为广泛，这其中不仅包括审计所涉及的部门资金，还包括对相关政策条文的理解与动态跟进，传统的审计方法并不能很好地满足重大政策跟踪审计的相关需求。在审计报告阶段，"项目进展缓慢"等相关话术普遍存在，故关于重大政策跟踪审计的实质性发展值得关注。不仅如此，由于审计内容的复杂性，使得相关资源配置与在审计过程中发现的诸多问题不相匹配，因此在实务中并不能够百分之百根治问题，审计效率和质量都不能达到理想状态。

（二）合格的人力资源十分缺乏

马曙光（2007）在早期以审计成果与审计人员素质作为样本内容进行实证研究，研究结果表明审计成果与审计人员素质显著正相关，也就是说，审计人员的执业能力在政策跟踪审计中具有十分重要的地位。政策跟踪审计，尤其是基层的政策跟踪审计，审计的对象十分具体，涵盖面广，工作量大，因此需要审计项目组成员具备相当丰富的知识储备，具有良好的专业胜任能力，但事实上他们并不能够完全达到这个标准（冯静，2016）。

（三）评价指标体系仍未落实

目前，虽然政策跟踪审计已经在我国的审计体系中日益成熟，但与之相关的指标体系仍然不完善。李晓娅（2017）在分析政策跟踪审计存在的问题时发现，在工作部署方面，国务院和审计署明确了政策跟踪审计的内容，但仅仅如此并不能够满足政策跟踪审计的需求，因为缺少了具体化、详细化的流程，同时也缺少了国家治理制度的强制安排。王慧（2015）认为，缺乏统一指标体系的重大政策跟踪审计，会导致在审计中出现单一审计项目多流程并行引发审计质量不合格的状况，该过程缺少了对政府落实措施能力的评价，同时也没有评估公众对政策的满意度。孙思媛（2020）以相关审计公告为切入点，研究结果表明由于缺乏一套完整的、系统的评价指标体系，在政策跟踪审计的执行过程中，项目组成员仅能通过审计事项相关的资金数目来判断该项目是否重大，因此在实际操作过程中，并没有在政策跟踪审计和一般财政资金类审计中划出明晰的界限。

（四）审计后续整改难以达标

贺方志（2015）研究发现，在审计后续整改中，被审计单位存在"一审了之，一罚了之"的侥幸心理，这种现象的存在虽然是被审计单位的不作为而导致的，但更多地需要归咎于政府部门没有建立相关的追究机制，导致政府的强制约束力未能发挥效用。魏小娟（2021）基于审计署政策跟踪审计的结果公告，经过分析发现由于政策落实并不是一个时点工作，而是需要一段相当长的时间才能够真正落到实处，因此随着审计活动在发现问题方提出建议，执行之后又会发现新的问题，同时由于政策跟踪审计所涉及的内容广泛，导致问题整改并不能及时落实，整个跟踪审计过程无法产生理想的效果。同时，审计结果公告的发布似乎面面俱到，但实际上对于使用者来说并不明确，只有一个笼统的指令，公众的监督力量在发挥效用的过程中也受到了阻碍。

四、政策跟踪审计的实践路径

政策跟踪审计方法是审计人员取得审计证据以此完成审计目标所采取的合法手段的统称，其具体程序是指为完成审计工作的详细步骤。政策跟踪审计由审计署授权各级审计机关计划组织实施，工作路径主要从审计的四个阶段展开。在审计计划阶段，在对政策目标、实施对象进行深入了解的基础上，初步确定所审计的具体项目并进行可行性分析，并据以制定初步跟踪审计计划。在审计准备阶段，审计组一般会按照相关要求与标准，咨询专家的建议以及某一时间段细致的审前调查，之后在初步计划的基础之上制定更为详细、准确的审计方案，此外这一阶段还需要考虑技术、资源、经费等问题；在审计实施阶段，根据在前期工作已经确定的审计方法和审计重点，进行审计工作的开展，这其中包括了搜集审计证据以编制底稿、评估相关政策执行单位的政策落实过程与落实效果，同时要保证审计项目组在进行分组调查的状态下定期进行沟通，增强各个小组之间的信息与沟通，通过交流以获取本小组缺失而其他小组具备的信息，进而达到减少整个政策跟踪审计实施过程中存在的问题；在审计报告阶段，审计报告作为政策跟踪审计的最终成果，由审计组负责编制并根据该次审计的性质将审计结果利用新闻报道或出版物的形式向社会公布或向相关部门汇报，同时还要为接下来的政府决策或者审计工作交流提供所拥有的信息，从而促进政策改革，发挥审计报告价值。

作为提升国家治理层次的有效渠道之一，政策跟踪审计就是为实现国家治理目标而存在的，但在实际运作过程中，政策跟踪审计仍然存在诸如审计方法落后、审计人员专业执业技能不完备、相关质量控制体系不成熟以及审计质量不高的问题（朱智鸿，2016）。针对上述问题，需把握政策跟踪审计的理念和逻辑关系，提出切实可行的路径建议，重点应放在公共政策监督、信息问询和绩效评价等方面。首先，应使政策跟踪审计相关制度规范不断完善，有关审计内容、目标、方法和问责等需要明确规定，同时制定为保证政策跟踪审计工作顺利推进的相关制度，进而达到整个审计工作的顺利推进；其次，审计人员能力的提高也是重点，审计人员自身需跳出传统的审计框架，更新知识理念和专业技能，有关部门同时要加大对审计人员的组织培训力度，并强化人员的监督职权，保证审计工作的高效开展；最后，根据政策跟踪审计范围广、内容多的特点，工作组织模式和审计方法需要进一步的创新升级。例如，在大数据背景下，国家重大政策跟踪审计应充分发挥大数据的作用，将计算机技术、"互联网＋"应用到审计工作中，探索新的审计模式以提高审计效率，保证审计质量（审计署上海特派办理论研究会课题组，2020）。在具体的审计项目中，例如，精准扶贫政策跟踪审计存在审计全覆盖不到位的问题，包括事前预防功能缺位，缺失审核防控机制等，随之针对其提出了前移审计关口等一对一的优化路径，发挥政策跟踪审计的预防、揭示和抵御功能（李晓冬等，2020）。同样地，在环境政策跟踪审计中，也需要提前介入时点，此外还需加强信息披露和问责等优化路径（马志娟，2020）。因此在对政策跟踪审计进行一定掌握理解，提出具有针对性的路径机制的基础上，还应当结合审计实务工作的经验，找出与之相符的机制与方法，从而更全面地把握提高政策跟踪审计质量的方法。

多元主体协同参与是实施政策跟踪审计的重要路径（刘国城和黄崑，2019）。由于政策跟踪审计的宏观特征加上涉及范围广泛，其关注点主要在政策层面，需要把握相关政策并对具体落实细节进行全面的监督；另外，政策跟踪审计的范围广泛，不仅涉及行业领域广，而且所审计内容牵涉多方部门及人员。以上特征成为政策跟踪审计要求多元主体参与路径的重要原因。此外,还有一个因素导致了多元主体协同参与审计,即现存的审计资源无法满足需求导致国家审计的职能无法达到最高质量的实现。政策跟踪审计自身所具备的特质导致了审计类型无论是单一项目的单独审计还是由多个项目构成的多项目审计,都会涉及财政、工程和金融等内容,这要求审计人员必须具备专业能力和胜任能力,以满足审计要求,同时还需要国家审计投入相应的审计资源以支持审计工作的顺利进行。但由于国家审计体系中人员有限,审计项目多,难免导致向政策跟踪审计方面投入的资源不足,这种情况下,借助外界力量,协同各方主体参与就显得很有必要。

政策跟踪审计产生的最终效用是衡量其是否有效的重要途径。审计署重庆特派办理论研究会课题组(2017)研究发现,可以从审计判断的视角挖掘政策跟踪审计的路径,审计判断在其中产生的作用是巨大的。具体来说,通过分析找出影响审计判断质量的影响因素,因此如何提高审计质量可以作为一个着眼点。面对复杂的审计工作,实际执行中如何将理论运用其中,如何选择审计项目,以及具体应用什么方法,都需要审计人员在工作开展中进行谨慎的判断。从审计目标、内容和组织方式出发,通过把握改革方向、科学研判、创新组织模式、改进工作方法等提高审计判断质量,为优化政策跟踪审计提供了一个新的路径。

五、政策跟踪审计项目评价与审计机关绩效评价

(一)政策跟踪审计项目评价

政策执行绩效评价已经被大多数国家纳入考虑范围,并及时开展了诸多工作,其中评价指标包括但不限于资金、政策、项目、责任、机制。举例来说,加拿大在1992—2009年针对生物多样性政策落实开展政策跟踪审计时,采用的指标体系中包括了政府责任履行情况、相关部门政策执行情况、相关保障机制完善情况以及项目资金利用情况(Dolman和Mossman,2012);美国则针对紧急经济稳定法在2008—2011年对相关政策执行情况进行跟踪审计,评价指标中主要包括了资金使用情况、政策落实情况和工人基础建设保障(GAO,2011);我国审计署(2016)在精准扶贫政策落实方面则提出了从政策是否落到实处、落实过程是否遵守法律法规法纪、资金是否分配合理、体制机制是否建立完善等方面进行评价。

不同于实务界，学术界大多以相关理论框架为基础建立评价指标体系。例如，宋常、赵懿清（2011）主要根据5E绩效框架，针对投资项目绩效审计评价体系的建立主要考虑了经济指标、效率指标、效果指标、公平指标以及环境指标；彭兰香等（2015）在研究"五水共治"的水环保问题审计时，根据PSR模型，建立了考虑压力、状态和响应三个指标的绩效审计评价体系。其中，压力指标主要包括污水类污染物的排放、水土流失和水资源消耗量，状态指标主要包含环境、经济、社会三个方面的效益状态，响应指标则体现为污水类污染物的处理、防洪排涝和水资源的节约量；方俊等（2017）按照5E绩效框架的内容，为PPP项目全过程跟踪审计建立了从前期立项决策、中期监督管理、后期移交评价等维度展开的评价体系；同时，在构建政策跟踪审计项目评价指标体系时，需要制定相关的原则以推动进一步规范，一些学者对此进行了相关研究。例如，张金辉（2014）提出公共政策的评价方式应分为刚性评价和弹性评价两个方面，其中，对公共政策中的刚性规定应侧重于执行力评价，对弹性规范要侧重于执行效果评价。马志娟等（2017）则丰富了在评价指标体系构建方面需要考虑的内容，研究表明除了要将政策执行的成本效益纳入考虑外，还需要关注"五位一体"建设中的五要素对政策的影响，构建一个将经济效益、资源环境效益和社会效益进行统筹的评价体系。

最新研究中，有学者在理论框架的基础上，把重点放在如何使评价指标体系更具理论合理性，就框架构建作总结性研究，如李晓冬（2020）从公共政策落实跟踪审计的三维评价标准出发，阐明了理论内涵，证实了其在应用中的可行性，并构建了更为完整的三维框架：形式合法性（形式维度）、结果有效性（事实维度）和价值合理性（价值维度）。张龙平等（2020）根据政策执行效果审计的特点，构建了完整和可操纵的指标体系，具有过程观和目标观两种思路，采用层次分析法，层层分解，具体包括过程和目标两个一级指标，再对应过程导向下的政策制定、执行、监控和反馈四个二级指标和目标导向下的经济、社会和政治效益三个二级指标，在此基础上展开三级指标，全面细致地对应考察审计工作中的各个内容，该指标体系还指明了赋值和赋权方法，更具科学实践性。

（二）审计机关绩效评价

审计机关绩效评价包括：传统绩效评价模式，如英国审计署（NAO）从

1997年起就使用审计促进公共资金节省额、审计建议被采纳数量、审计客户对工作的认同、审计署内部管理等指标评价（Pollitt，2003）；加入审计促进政策实施绩效提升指标的评价模式，如GAO从2002年起就将审计完善法律制度、改进政府运作和改善政府项目执行等指标加入传统的审计机关绩效评价体系（GAO，2002—2017）。我国现行的审计机关绩效评价是传统模式，指标多集中于审计机关人力财力投入，发现违规单位数、问题金额，审计建议数、信息报告数，审计处罚金额、移送处理案件及人数等（审计署报告，2015—2019）。

基于上述指标，一些学者利用审计署绩效报告，采取AHP模型（王学龙等，2015）和DEA模型（李璐和夏昱，2011；刘爱东等，2014；汤小莉等，2016；黄溶冰，2017）对国家审计机关和地方审计机关的审计质量进行测度。其中，王学龙等采取AHP模型，研究了审计署2010—2013年绩效报告，结果发现地方审计机关投入与产出情况、审计意见采纳率等均逐年提高；李璐和夏昱采取DEA模型，分析了审计署下属的18个特派办的绩效，结果发现这些特派办存在资源浪费、技术管理经验不足情况，导致绩效情况并不理想；刘爱东等采取DEA模型，通过研究地方审计机关1998—2009年审计年鉴并加以分析，分析结果显示地方审计机关预防效率的变化是逐年提高，在进一步深入研究后还确定了预防效率和揭示效率等会受到规模效率的影响；汤小莉等采取灰色局势决策模型和DEA模型，研究了审计署2008—2012年审计年鉴，结果发现影响审计机关绩效的最主要原因是移送处理情况、决定处理处罚情况，而违规单位数、审计意见数及被采纳情况对审计机关的绩效评价影响非常小；黄溶冰采用DEA-Tobit模型，选取审计署审计干部教育学院培训班学员进行调研分析，结果发现东部地区审计机关的绩效表现比中部、西部地区要高，中部、西部地区审计机关在处理效率和整改效率方面有待提高。

但后新公共管理理论认为，单一主体绩效评价无法满足整体性政府绩效改进要求（王会金，2014）。而当前的审计评价体系未将多个主体绩效纳入整体考量，即政策跟踪审计项目评价只检查了其他机构政策执行与监管的绩效，但并没有关注审计机关在政策落实的保障工作方面的绩效；同时，传统的审计机关绩效评价体系更加注重核查资金使用情况、项目推进流程情况以及遵纪守法情况，而在目标政策实际运行情况和政策跟踪审计相关机制这类隶属于政策跟踪审计的基础建设方面却并没有具备应有的关注度。

(三) 政策跟踪审计评价流程

在审计实务中，投入执行的政策跟踪审计项目已经不计其数，因此在实操过程中、处理问题时也积累了一定的经验，然而针对政策跟踪审计评估流程，学者们的理论研究仍然处于萌芽阶段，仍需深度挖掘。李曼和陆贵龙（2012）主要从演义逻辑的角度来分析政策跟踪审计的相关流程，在充分考虑国家审计特征的基础上，结合相关审计特质较早地将一套逻辑框架投放到审计领域，其中包括问题构建、趋势预测、工作建议、监控实施以及执行评价，并明确了政策跟踪审计是需要全流程审计的观点。淄博市审计局课题组（2016）在强调了政策跟踪审计操作流程的重要性之后，将工作流程细分为明确审计项目组人员的执业能力，监督政策跟踪审计，包括审计项目、审计范围与审计形式在内的落实情况，以及推动跟踪审计后续整改工作的整个过程，包括审计通知书的发放、审计证据的获取、审计方案的制定以及审计报告的发放。朱智鸿（2016）针对该话题展开讨论时，明确指出在审计准备、审计实施、审计报告的不同时间段，都需要持续关注重大政策跟踪审计的各项工作流程，其中包括但不限于收集审计证据、质询相关人员、发挥审计效用。与之类似地，魏明和席小欢（2017）的观点是政策跟踪审计评价不仅是简单的事后评价，而是涵盖了事前评价和事中评价，在政策跟踪审计处在不同的节点时，审计部门需要动态评价政策的落实效果，通过行为纠正提高政策跟踪审计的质量。

第二章 国家治理与政策跟踪审计

第一节 国家治理理论

一、国家治理的内涵与特征

从多层次治理角度来看,根据治理内容的庞杂性和政府指导的重大程度,治理的概念可以划分成四种,依次是全球治理、地区治理、社会治理和国家治理(翁士洪和周一帆,2017)。事实上,所有的治理类型的本质都是为国家治理的发展而存在的,在致力于推进现代化的大背景下,国家治理由于顺应时代潮流,所以一直被放置在显著的着眼点上。因此,国家治理具有中流砥柱的作用。

(一)国家治理的内涵

近几十年来,由于科学技术水平不断提升,社会各界不仅仅满足于生活中较为完善的基础建设,而是将大部分注意力投放到保障"主人翁地位"的上层建筑上。全球化的盛行、民主化的驱使,激发了大众对社会管理的兴趣,从需求方面推动社会发展,有利于社会的稳定发展。在这种背景下,将国家命运的掌管权交由单一的执行单位似乎并不能适应时代的潮流,由此便衍生了由多方主体共同参与、携手推进国家事务的治理理念。国家治理理念被世界银行在1997年的报告中正式提出,引发了学术界对于该话题的激烈讨论,一个能够影响国家执政方针政策的概念的诞生,对于政府为促进国家社会稳定繁荣来说是具有前瞻性的突破(庞大鹏,2010)。事实上,在古代便出现了国家治理的观念，中国在历史长河中为维持其"大一统"集权的局面，早早地提出了"治国理政"的观点。治国，意指统治国家；理政，意指管理政务。

对于国家治理的理解，首先可以从治理的英文单词"governance"来过渡，这个词是从拉丁文和古希腊语中产生的，这与大众所熟知的政府统治"government"具有许多相同之处，但后者更多关注于政治权利事务（俞可平，1999）。事实上，国家治理也需要政府统治的强制执行力，根本方向也是朝着社会的稳定发展，但两者之间依旧存在着区别，这也与让-彼埃尔·戈丹（1999）的观点不谋而合：在起始点上，治理便不同于政府统治的老旧观点。

与治理理论研究成果较为统一对应的是，对于国家治理的定义，国内学者的观点也各有千秋。陈春常（2010）在研究中指出，国家治理是针对公共权力的合理配置而言的，其目的是将既定的某一执政理念落实，按照一定的运行规则，调整控制引导公共事务的运作，并保持善治状态且持续发展的一个过程。其主要手段是通过职能属性产生效用，调和社会发展中的不稳定因素，维护社会秩序。徐湘林（2010）通过对现代政治状况的剖析，提出国家治理主要是对社会发展秩序进行管控的一个过程，它的主要管控手段是权力分配，即国家以各种合适的权力分配制度对社会发展进行多渠道干预。

结合诸多学者的论点，本书所使用的国家治理内涵总结如下：国家治理即治理理论在国家层面的具体应用，是指国家统治者及国家机关通过制定一定的体制和制度，对政治经济组织、社会团体和公民实施统一管理，组织社会公共事务，建立调整控制系统使权力得到高效合理的使用，其最终目的是实现社会发展活动的目标，实质上就是对于社会资源的合理配置的一个过程。

（二）国家治理的特征

虽然国家治理的定义在理论上并没有达成严格共识，但纵观国家治理相关理论，国家治理主要强调了行政管理主体的多元化，执行力的多方保障以及治理过程的动态性。

1. 多元主体性

与单一政府管控的国家管理不同，国家治理的主体由多方构成，除了政府部门，还包括了市场、社会组织和公民个体。究其原因，治理主要为社会稳定服务，更多侧重于服务而非统治管理，因此多方主体的共同参与有利于协调各方的利益需要，从而实现社会利益的最大化。当然，由于我国人口众多，因此治理主体各方享受同等的治理权力分配是不现实的，故在公共事务的权力分配上仍旧强调权威政府部门的主要地位，辅以市场和社会等治理主体，相互监督促进目标的实现。政府部门不再是"一家独大"的状态，而是在管理国家事务的过程中同时被管理，在相互碰撞的过程中共同履责，为实现国家治理的最终目标提供一定的保障。

2. 保障多样性

在传统国家的社会管理中，阶级制度在社会事务的管理中发挥着主要作用，只有通过自上而下的授权，才能执行相关事务。国家治理在形式上与前者有所不同，对于国家和社会公共事务的管理，除了中央权威能够起到强制保障作用，来自社会各界的非正式权威也能在不同利益主体的矛盾协调中发挥效用。治理过程的保障来源多样化，以公共利益为起点，对于保障国家治理过程的顺利推进来说，既遵守了相关法律法规，又能够在道义上有所约束。公共权力通过上下互动、彼此调和来实现配置，拓宽了国家治理的思路。

3. 动态性

国家治理是一个动态的过程，并不能仅关注某一时点所取得的成效，其目标的实现还需要协调利益相关者之间不同的利益需求，根据不同时点的需求灵活变动，进而达到公共利益最大化的状态（陈春常，2010）。在国家治理过程中，实现"管理—治理—善治"的转变，并不是为达到治理目标而一板一眼地推进上级指令，而是为实现良性的治理和社会效益最大化而努力。根据"五位一体"建设的相关要求，持续跟进调整国家治理的目标，选择并制定一个最适合我国当前时点国情的治理目标，根据之后的发展进一步调整，拒绝故步自封。

二、国家治理理论的历史回顾

（一）改革开放带来的中国特色

改革开放以来，中国社会转型步入新阶段，传统的国家管理已经无法满足时代发展的要求，因此开始向国家治理转变，顺应了世界发展趋势。适合中国的国家治理，既具备了国际上其他国家治理观念的共同特点，又立足中国实际，与国家实力相匹配，极具中国特色。该特色可以从政府与党领导两个方面来具体体现。

1. 坚持政府主导型治理

适合中国国情的治理模式主要受一个客观因素的影响,即当时所处的国际环境带来的内外部压力。现代化国家治理观念的提出,其实是针对不同治理主体在治理过程中出现失误的应对措施,在"政府失灵""市场失灵"和"社会失灵"的状况下,如何发挥政府的职能、如何保证市场的有效性以及如何维持社会的稳定是重中之重,也是国家治理现代化进程中具有显著性的目标,只有将这三种方法有机统一,才能够在现代化国家的建设中发挥最大效用(李玲和江宇,2014)。改革开放以来,中国在经济建设上发生了重大转型,原本由政府集中包揽一切的计划经济已经无法满足新时代中国发展的要求,市场经济开始萌芽迸发,占据市场的主导地位,为了保证在转型巨变中有序的发展,必须由政府发挥引领作用,建立一套足以保障市场有序运行的制度,这是典型的政府主导型治理模式,即通过政府的宏观调控来弥补市场不成熟产生的问题(薛澜和李宇环,2014)。同时,政府在国家治理主体中处于主导地位,其能力水平会对国家治理的最终实现情况起到决定性作用,故政府在转变职能的过程中还应当根据国家治理现代化的相关要求明确发展方向(唐兴军和齐卫平,2015)。当然,为了适应中央权力配置的变化,政府的职能也逐渐从单一主导转变为与市场、社会等因素结合实施政策,该过程是具有一定逻辑指令性的动态过程,在运营过程中需要考虑历史因素和现实因素。我国实施的让市场发挥主导性作用而政府仅发挥辅助作用的措施可以说明国家将会增加市场的自主性,减少烦琐的行政审批手续,将相关权力下放给市场,减少因政府干预带来的问题。政府职能更加注重服务性,着眼于建设有效的宏观市场秩序、人性化的政治服务以及市场环境的监管控制。然而,如今社会发展出现了多元化、分层化的趋势,仅通过政治体制改革,向市场下放权力,无法实现善治目标,只能使其浮于表面,因此,建立健全市场功能与社会效用是当务之急。有效方法之一就是针对简政放权的理念进行深度理解,并以此为核心促进政治体制改革、市场改革,增添市场活力,将两者之间的有机碰撞产生的火花用于推进国家治理的系统发展。

2. 强调党的领导核心地位

国家治理能够促进国家善治,经过中国共产党100多年的领导,国家可以通过各种国家治理手段推进经济社会持续发展。但我国的经济社会发展不仅存在机遇,还存在诸多挑战和威胁,主要表现出复杂的风险关系、传统与现代之间的碰撞、新的国际国内经济格局等问题，都是在国家治理体系与治理能力发展过程中需要积极解决的。我们需要提升对传统因素的辨识能力，以实现对其合理扬弃的目的，同时也要结合时代的发展，以达到充实和完善国家治理体系内涵的目的，进而在应对多样化复杂化的国家治理风险时能够及时进行抵御，增加其动态适应性，以保证中国共产党执政过程中领导的有效性。中国共产党是国家治理现代化建设的主推力，它是由无数的革命先辈在战争中挖掘出的方向指引，它所背负的使命也是由近代中国历史的发展所决定的，是一种逻辑运行的结果。事务所具备的功能取决于其在系统中所扮演的角色，在国家治理追求本土化、现代化的时代浪潮中，坚持中国共产党的领导是符合实际的，这既代表最广大人民的根本利益，又符合党的宗旨原则，也是对中国共产党能否胜任其位置的考核需要。

我国实现国家治理现代化的关键是通过切实践行我党所建立的组织制度体系、切实优化治理制度体系，从而满足国家各项治理在程序上的标准化要求。中国共产党作为执政党，其最突出的特点是具有双重属性，主要体现在制度安排、政治组织和治理方式等方面，其主要特性有两个方面：一是中国共产党的人员构成数量庞大，属于一个超级政治组织；二是中国共产党的权威性很高，因为其所领导的各级委员会都在各自相关领域内处于一个比较核心的位置，是一个超强国家机构。这两个特性共同决定了中国共产党形成具有中国特色的体制机制以实现国家治理目标的方式。在历史进程中，中国共产党摸索出了一条具有中国特色的道路，即立足于中国本土实际，结合国外的先进理论，考察分析社会中存在的不安定因素，最终形成了具有中国特色的理论体系，更精准地为中国治理现代化提供理论指导，为我国治理现代化的发展提供了新的思路和方向。在国家治理过程的不断推进中，应当引起注意的是持续推进的全面深化改革，全面深化改革主要着眼于权力的分配和市场的管控，党和国家可以通过制定相关的政策进行引导，在现代社会的发展进程中营造良好氛围。为避免单一主体决策引发的失误，中国共产党主动进行分权制衡，政府部门掌握一定的权力，推进政府体系的现代化建设，从而推动市场经济体系的发展，以保证在合理配置国家资源时，市场能够发挥决定性作用。总而言之，与西方的国家治理观念相比，我国的理论和观念有较大的不同，这是由我国五千年文化所造就的，而这恰恰是西方国家所不具备的。

(二) 党的十八大提出国家治理能力现代化

自党的十八大召开以来,"国家治理能力现代化"这一理念不断被提及和强调,我国为此建立了专门的审计委员会,在组织上保障了严肃性。在此之后,党的十九届四中全会主要关注的是党和国家监督体系的适当性和完善性,进一步对我国政治权力的界限作出了规范,并且对监管权力进行了强调,为此,国家审计的监督职能被进一步加强,会议也进一步肯定在建设完善国家治理体系的过程中要多关注审计发挥的效用。国家审计不断在国家层面被提出,引发讨论,在相关研究的指导之下,审计机关开展了许多极具创造性的新型审计项目,其中就包括了政策跟踪审计。针对政策跟踪审计的发展,审计署早在 2014 年 8 月,就正式开展了针对重大国家政策部署情况的审计工作,这是贯彻习近平新时代中国特色社会主义思想实践性的重要举措。

习近平总书记在 2014 年强调,一个国家的制度制定能力和制度执行能力能够反映这个国家的治理能力和现代化水平①,从中可以窥探出国家治理体系建设的重要性,它对于制定科学有效的国家制度体系和监督政策执行的具体情况而言具有保障作用。同时,习近平总书记还强调,各级领导干部班子应当在接受审计监督的过程中积极主动配合相关程序的推进,将审计过程中针对问题提出的整改意见积极落实,拒绝"懒政",推动相关制度的完善工作。据此可知,国家审计衍生而来的政策跟踪审计有利于实现政策实施的目标,它通过审计监督各级政府和相关部门的体制机制的制定和完成情况,发现问题,提出相应的审计建议,推动体制机制的完善,进而提升国家治理的能力,推进科学治理。同时,由于政策跟踪审计是我国审计监督体系中重要的一个环节,若能重视政策跟踪审计的相关发展,构建一个更加完善和具有鲜明特色的政策跟踪审计制度,那么必将对我国审计体系的完善、国家治理能力的提升和国家治理体系的调整作出巨大贡献。在明确政策跟踪审计对于国家政治体系建设有着重大意义的基础上,可以明确的是国家治理能力现代化可以将其视为突破点,寻找恰当的新思路。通过查阅文献可知,蔡春等(2016)学者研究发现,政策跟踪审计不仅能够发现与政策本身相关的制定执行问题,

---

① 习近平总书记在省部级主要领导干部学习贯彻十八届三中全会精神全面深化改革专题研讨班上的讲话,载于《人民日报》,2014 年 2 月 18 日第 1 版。

还能够延伸涉及政策落实过程中的体制机制问题。具体来说，在政策跟踪审计的执行过程中，还未解决被审计单位的未落实情况，必须进行深入分析，在探求原因的过程中，审计主体可能会发现制度的制定在主观因素方面存在政策制定者未能抛却自身利得损失而导致制度失之偏颇的现象，同时在客观因素方面可能存在环境的多变性导致制度无法发挥效用的状况。同时，还可能存在由于机构设置不合理，权力分配不明晰，导致在追责过程中出现责任部门相互推诿的状况，以及根据政策落实带来的效果与预期设定标准之间的差异，提出审计各流程被审计单位责任人应当改进之处，决定政策是否需要进行灵活变动修改，根据反馈情况实现政策落实的倒逼机制。例如，审计署2020年6月针对湖北省武汉市江岸区"厕所革命"政策的落实情况进行审计，在政策跟踪审计过程中发现了公厕闲置、部分建设缺少程序合理性的问题，在审计机关指出问题后，相关政府单位从制度层面、实施层面和监督层面整改落实了情况，这表明审计机关通过提出整改建议，可纠正被审计单位在主客观原因影响下的不足，保障重大政策的落实情况。

三、国家治理的体系

国家治理体系是我国执政党结合具体实际得出的一套制度体系，其目的就是协调管理整个国家，这套体系所涉及的领域十分宽泛，包括政治、经济、文化、社会、生态文明等，它的主要内容是对这些不同领域的体制机制和法律法规作出合理的安排，使之协调发展。

（一）政治治理是基础

1. 必要性与重要性

衡量一个国家治理水平的高低，主要通过该国家的政治实力来表现出来。只有在国际事务中站稳脚跟，才能保证其话语权，因此在国家治理体系的建设中，首要考虑的便是党政治理。国家治理的顺利推进需要执政党在应对棘手问题时作出积极有力的应对，而在我国，中国共产党的执政能力高低对于我国的国家治理能力具有关键性的作用，决定了我国能否在国际舞台上大放异彩。

党的十八届三中全会的召开对于我国国家治理具有里程碑的意义，会议上明确提出了国家治理体系和能力现代化对今后的中国治理体系建设工程产生了深刻而广泛的影响。"治理"可以理解为善治,需要明确的是,在国家治理过程中,行政因素、市场因素和社会因素都应当纳入国家治理进程的考虑中。从"管理"到"治理"的转变,仅仅是一字之差,却显示出我国执政党始终坚持以人民为中心,保障落实人民群众在国家事务发展中的相关权利。而党的十九届四中全会审议通过的《决定》,则是在结合我国具体国情的基础上,在不同领域、不同层次、不同环节中提供了制度性参考(束赟,2021)。

对政治治理的发展方向进行研究是关乎国家命运的首要问题,不容许有半点松懈。中国作为在国际上知名的负责任的大国,肩负着维护秩序稳定的重大责任,因此针对政治因素研究国家治理的具体途径,能够为其他国家的相关建设提供经验。

2. 中国表现

党中央对政治建设作出了根本性的战略部署,主要包括增强"四个意识"、坚定"四个自信"、做到"两个维护"。在新冠肺炎疫情武汉保卫战期间,中国共产党及时作出正确判断,担负起对应的重大政治责任,将相关理论落到实处。需要明确的是,政治坚定的重要原因是对于自身文化实力的绝对自信,习近平新时代中国特色社会主义思想就是文化自信的重要来源之一,它是与时代发展潮流碰撞产生的精华,代表着执政党与时俱进的能力,有利于筑牢中华民族的信念和信心。

同时为维护社会秩序而进行的法治建设,也是国家政治治理的重要一环。"法治兴则国家兴,法治衰则国家乱。"全面依法治国的推进,对国家治理体系的建设而言也不可忽视。党的十八大以来,我国通过了宪法修正案,充实了在国家安全、监督检查等方面的具体法案,并密切关注新兴领域的立法情况,不断推进法律体系的中国化建设。为此付出的努力,党的十九届六中全会在公报中进行了肯定。

(二)经济治理是根本

1. 必要性与重要性

何自力(2019)根据社会主义基本经济制度在经济制度体系中具有决定性的特征,推导出它也能在相关的制度建设中具有显著性,对国家治理效能的提高具有重要性,因此在经济治理体系中发挥基础性作用。经济的发展对于一个国家的重要性不言而喻,大到国家安全层面,小到百姓日常起居饮食,相关政策的实施都离不开强大的经济实力。经济治理的根本目标在于充分激发经济生活参与各方的积极性、主动性与创造性，大力提高经济生产效率，最大限度地促进经济增长和社会物质财富的累积。作为国家治理的重要内容和关键环节，经济治理体系和能力现代化的根本出发点就是由此展开的。在经济治理过程中，最棘手且无法忽略的便是政府与市场之间的关系处理。通过分析大量经济治理的失败案例，可以发现政府拒绝放权导致市场调节机制无法发挥作用是最主要原因，究其根本，其实是未能准确厘清政府管理和市场调节并行的相互关系。因此，对政府管理和市场调节加以准确区分和画线是实现经济治理体系和能力现代化的必然要求，必须落实政府放权行为，切实发挥市场对于资源配置的支配性作用。

2. 中国表现

加快建设现代化经济体系是近年来提出的一个重要实践挑战，这是党和国家基于当前事业全局作出的战略部署。具体的建设内容体现在以下几个方面：首先，要重视并大力发展实体经济，虽然现在虚拟经济的发展势头较猛，但是实体经济对于国民经济而言始终处于一个重要的位置，它掌握着经济发展的命脉，也是一个国家繁荣昌盛的"定心丸"，除了通过推进供给侧结构性改革为实体经济的发展增加信心外，还有必要重视将实体经济与大数据等新技术的发展相融合。其次，要推动乡村振兴，实现城乡区域协同发展，优化经济治理过程中经济体系的空间分布。最后，为保证经济体制具有中国特色，要推进经济体制改革的深化。

在经济全球化浪潮中，国家领导人在国际论坛中积极促进共同体意识的建立，2022年年初，习近平主席在世界经济论坛视频会议中明确表示，中国坚持市场在资源配置中的决定性作用，同时保持在内外部双重压力下的经济韧性。

（三）文化治理是灵魂

1. 必要性与重要性

在物质生活水平不断提高的今天，人们不再满足于生活的富裕，而是更加追求精神的富足，因此必须大力倡导社会主义核心价值观，用这些共同价值观来引导人们树立正确且独特的个人价值观，保持文化自觉，同时提高文化自信。2021年两会期间，习近平总书记提出"中国已经可以平视这个世界了"，在这背后蕴含的是高度的文化自信。历史文化遗产的传承，不仅仅是血脉传承，更是自信心的源泉。

文化治理作为一种"软"治理，既是文化内在规定性的逻辑表现，又是文化外在实践的逻辑反映。丰富多彩的文化是人的内在本质力量"外化"于对象世界的结果。这种"外化"，绝不是外在的机械力量所致，而是内在的人的精神和价值的外显。基于此，文化治理也绝不是外在的硬性治理，而是由内及外的深层的软性治理（韩美群，2018）。文化治理对国家治理现代化而言是精神支柱，是一笔无形的财富。在国家治理现代化进程中，发展以马克思主义为指导的国家治理文化，既能够充实社会主义文化建设，也能提高文化交流的话语权，彰显我国的国家软实力。国家治理的发展离不开文化的发展。一个国家的治理水平映射该时期文化水平的高低，文化在发展过程中受到国家治理理念的影响。国家治理理念自提出以来历经多重困难后步入正轨，物质文化和精神文化的方向指引性正是迫切需要的。"新发展理念"是在国家治理现代化进程中产生的文化财富，这既是对物质文化的指引，也是对精神文化的诠释。

2. 中国表现

党的十九届五中全会明确指出，在2035年实现文化强国，增加国际话语权。这是立足于党和国家发展全局，通过深刻认识到文化治理建设的重要性，为文化治理在大的奋斗方向上提供了方向指引。2022年北京冬奥会的召开，正是国家对于文化治理交出的满意答卷。场馆建设、周边产品销售、开幕式闭幕式节目演出，均融入了中国元素，彰显了高度的文化自信。除了从国家层面来看待国家治理成果外，还可以聚焦于日常生活。公共文化机构、私人多元艺术场馆，都是文化治理的具体化体现。这些场馆在中华大地各个角落落地生根，满足了随时看书、随时看展、随时充实精神世界的需求。

在长久的历程之中，针对国家治理方式，我国提出了文化管理模式，以行政手段作为文化政策实施的保障，对涉及文化资源的社会性事件进行管理，但现实予以的回应证明这种方式并不可行。新时代新面貌的文化治理在原来单一的文化管理模式基础上，融入了网络化治理模式、公民自组织治理模式、数字化管理模式（潘雁，2018）。

（四）社会治理是枢纽

1. 必要性和重要性

党的十八大以来，新时代"枫桥经验"在解决民生问题上具有显著作用

(杨凯,2021)。基层建设是党的生命活力的重要来源,因此解决好基层矛盾在国家治理建设中具有重要意义。基层社会治理直接面向群众,因此涉及面广、任务艰巨。保障民生的要求源自中国共产党的初心与使命,在社会治理建设中,需要建立完善保障民生的相关制度。通过制度的执行实现我国社会治理优势带来的效用。

"十四五"是社会治理现代化进入新阶段的时期,需要明确的是社会治理主要通过制度建设和技术升级来实现。在社会治理体系和能力现代化建设的进程中,不仅需要明确个人的权利责任,还需要了解和明晰国家和社会的权力责任,以建设共建共治共享的篇章。

2. 中国表现

党的十九届五中全会针对社会治理提出了新要求,结合实际,保护时代发展的要求与趋势,加强和创新社会治理,从基层建设出发,为保障人民的基本权益而努力奋斗。社会民生是中国共产党在整个过程中源源不断的生命动力,在保障人民基本生活需要的基础上,完善上层建筑。举例来说,为减少课外培训过高收费的乱象,国家在2021年有针对性地提出了"双减"政策,防止进一步加剧社会的焦虑。

同时,针对基层治理,我国构建了人人有责、人人尽责、人人享有的治理共同体。社会治理为人民服务,因此取得的成果也应当惠及人民群众。通过营造安全稳定的社会氛围,保证国家治理的社会性,提高人民群众的满足感和幸福感。

(五) 生态治理是保障

人与生态环境之间存在辩证关系,一方面,人类社会发展影响自然环境的变化;另一方面,当自然环境变得恶劣时,人类社会的发展也会受到制约。生态治理主要就是对生态环境的保护,环保是为了使自然环境停止恶化或减慢其恶化速度,而导致环境恶化的主要原因之一是人类无节制地生产建设及生活。生态治理主要是通过控制、治理和消除人类的这些行为,达到保护、改善和美化环境的目的,进而使自然和人类和谐共生。中国作为负责任的大国,除了在本国内实施对应的生态治理政策和措施以推动国家治理美化国家形象外,还将以同样的理念和行动积极参与到全球环境治理当中,推动实现全球可持续发展。

1. 必要性与重要性

随着生活水平的提升,消费者群体对于环境友好型产品的需求进一步提升,根据需求供给理论,这能在一定程度上成为企业研发向节能绿色产品方向发展的助推力,然而实际情况却背道而驰。具有代表性的行为之一便是在高举"环保主义"旗帜的企业中,出现了行不及言的"漂绿"行为。什么是"漂绿"呢?"漂绿"(greenwashing)一词由"绿色"(green)和"漂白"(whitewash)两个词组合构成,其实质就是企业为了名实不符的虚假环保行为进行的粉饰工作——表面上将环保主义奉为宗旨标杆,实际上却披着"绿衣"牟取不正当利益。表面性的工作不仅给生态治理带来了挑战,同时也会对经济社会造成严重损害,具体而言是相关企业只为追求短期利益,而罔顾被曝光之后企业形象受损带来的长远损失,严重的甚至能引起社会动荡,因此,生态治理也迫在眉睫。同时,由于生态治理经验尚有欠缺,相关监管制度的不健全不完善也在很大程度上导致了生态治理工作难以推进。依据《中华人民共和国宪法》等相关法律法规可知,国家公民依法享有健康权和环境权,生态环境治理的良好发展,对于维护以上两种权利具有一定的保障作用。而通过完善生态环境治理的相关制度,有利于相关公民权利的实现。

目前,我国在生态环境建设中依旧存在片面化、分散化的问题,同时由于生态治理自身的复杂性,未能涵盖完全,因此,亟须创新制度体系,将制度优势转为实实在在的治理优势。

2. 中国表现

党的十八大以来,我国构建了生态文明体制的"四梁八柱",通过完善责任追究制度等措施,不断充实生态治理体系现代化的内容。为保证社会的可持续发展,"碳减排"概念的提出,引发各界对于二氧化碳的环境破坏性的强烈关注,该概念的提出主要是为了使人们控制日常生活中二氧化碳的排放量。

第二节 国家治理理论对重大政策跟踪审计的影响

无论是在人员数量还是在土地面积上,中国都属于大国范畴,因此维系社会稳定,促进社会发展是国家工作的重中之重。国家治理体系和治理能力现代化概念一经提出,便受到了各界的认可,这正是由于该理念是顺应时代发展的产物，既充实了政府的工作内容，又可以促进思想的进一步解放，进而提高社会生产力。推进国家治理体系和国家治理能力现代化，是全面深化改革总目标的重要内容，是进一步解放思想、发展社会生产力、增强社会活力的重要保障。国家治理目标的实现离不开国家审计工作的推进，国家治理在重大政策跟踪审计的产生、发展方向、职责转变以及重点变动中都发挥着决定性作用。政策跟踪审计也属于国家审计的范畴，实质上就是国家审计在具体事务上的细化，因此也应当在国家治理的各项制度安排内开展相应的工作，一切需以国家治理的机制、制度为准绳，服从国家治理的大局，不得随意更改、变更相关的制度、机制要求。

一、国家治理的需求决定了重大政策跟踪审计的产生

未来社会如何发展，关键因素之一便是如何进行国家治理，建设人民美好生活家园。国家治理就是利用完善国家管理与执行机制的方式来转变传统的治理模式，进而强化政府的治理能力，保证社会的稳定发展以及人民利益，包括政策跟踪审计在内的国家审计之所以可以得到快速发展，主要原因在于需要对国家相关部门进行监督，完善国家治理体系，形成合理的监督模式；国家审计在国家治理体系中属于重要的监督手段，会随着国家治理体系的完善而有所创新（鲁海军，2021）。在国家治理对国家审计中有任何需求发生改变时，国家审计也需及时响应，主动跟进、调整。因此，国家治理的发展领导并决定了国家审计的发展，只有国家治理能力提升，治理体系完善、优化，才能促进国家审计水平的提高及国家审计作用的发挥（亢鸽，2021）。

从历史上看，国家审计作为国家治理的重要组成部分，它是随着国家治理体系的完善而发展。国家治理是伴随着国家的产生而产生，在国家形成以后，就需要相应的治理手段来管理国家，而国家审计作为国家治理的重要手段，也随着国家政权的产生而产生。在新的历史发展阶段，为了提高国家治理效能，需要构建新型审计监督体系，完善审计组织结构，防止出现权力滥用现象，以满足国家治理需求。

二、国家治理的目标决定了重大政策跟踪审计的方向

新时代的中国，国家治理主要侧重于经济社会的发展，通过有效的国家治理构建和谐、统一、安全的社会（梁文，2017）。国家治理与政策跟踪审计

都有同样的奋斗目标，政策跟踪审计工作的开展目标和国家治理目标是处于一致状态的，其中国家治理目标起到了决定性的作用。由于不同时期国家的发展方向和治理目标存在较大差异，因此政策跟踪审计在不同发展阶段呈现出不同的发展方向（鲁海军，2021）。在历史上，国家治理的主要内容是维护国家领土完整，维护社会秩序稳定，维护中央制度实施，促进中央政策落实；而国家审计的目标则是有效监督和管理国家财政的收支实施，稳定国家的财政收入。在进入现代社会发展阶段，我国政府的职能出现了较大变化，政府改变了以往的管理职能，开始向着服务型政府发展，国家治理目标是促进经济发展与社会和谐进步，保障人民幸福美好生活。因此，国家审计工作的目标转变为对执行机构实施监督，要求其能够承担相应的职责，积极履行监督责任，为国家发展提供良好的环境。例如，在积极推进重大政策跟踪审计有法可依方面，2021年10月23日，全国人民代表大会常务委员会在修订《中华人民共和国审计法》的议程中，增加了第二十六条内容："根据经批准的审计项目计划安排，审计机关可以对被审计单位贯彻落实国家重大经济社会政策措施情况进行审计监督。"

三、国家治理阶段的转型决定重大政策跟踪审计职责的转变

从广义上理解国家治理的发展阶段，根据国家性质的不同，国家治理可以分为奴隶制国家治理、封建制国家治理、资本主义国家治理以及社会主义国家治理。但本书主要研究在社会主义引领之下的国家治理，因此又可以将该背景之下的社会治理具体细化为尚未脱离政府单一权力中央的管理、多元主体共同治理、实现良性的治理这三个阶段。为进一步划分我国国家治理阶段节点，本书主要将改革开放和党的十八届三中全会作为划分事件。

改革开放后，接受了新思想新文化的冲击，国家治理发生了质的飞跃，国家审计职责也相应地发生了改变。1978年召开的党的十一届三中全会结合当时社会特性，提出全党的工作重点已经转变成为社会主义的现代化建设，该阶段主要着眼点是"发展"，而该阶段的国家治理目标便是经济建设，只有经济实力提升，国家实力才能得到本质的保障。改革开放为我国的经济繁荣创造了新的动力，国民经济也渐渐显露出良好的发展态势。然而，由于政治制度这类基础建设的不健全，导致国家治理工作在推进过程中出现了违反政治纪律的贪污腐败行为。为了保证国家政治经济能够借着改革开放的红利持

续健康发展，审计署应运而生。审计署具有独立性，在财政监督方面依据相关规章制度执行工作，行使专有的权力，因此克服了财政监察司会受到财政部意志影响的难题。1992年，党的十四大会议明确了社会主义市场经济体制的建设，其中需要高质量会计信息的支持，结合审计署所具备的客观公正独立性，因此产生了国际审计的概念，该阶段国家审计的主要责任除了要进行简单监督规范，还需要以提供高质量会计信息为目的的检查被审计单位的财政收支。20世纪末，党的十五大提出了依法治国的理念，这也说明国家治理过程还应当关注法律制度的相关建设，进一步丰富国家审计的职责。

中共十八届三中全会提出推进国家治理体系和治理能力现代化的要求，具体通过深化党和国家机构的相关改革来实现。该推进工作具有内容复杂、时间跨度大、涉及范围广的特点，因此不可能一蹴而就。为促进目标的实现，党和国家在治理现代化进程中充分建立完善相关政策措施。为此，政策跟踪审计发挥重要作用：针对制度执行过程中发现的问题提出解决措施并纠正被审计单位的行为。

四、国家治理的重点决定重大政策跟踪审计的重点

国家治理的重点随着国家治理所处的阶段不同而发生具体变化，而政策跟踪审计作为国家审计的具体化，其本质上遵循国家治理的相关要求，所以重大政策跟踪审计在决定工作重点时，都是以国家治理的侧重点为依据的。为实现国家治理体系和治理能力现代化，党和国家在"五位一体"建设上投入了大量精力。

（一）政治方面

在推进"五位一体"建设的过程中，政府治理显得尤为重要，而政府治理过程中需要采取恰当的方法协调好政府与市场、效率与公平以及精简与高效之间的关系。本书在前面已经进行了相关说明，不再赘述。通过论证发现，实现宏观调控与市场机制的协调作用，首先需要斟酌的便是如何明确区分两者之间的权力关系。在经济运行中，政府主要在国家经济的运行方面提供制度上的保障，调控市场秩序，只起到一个辅助作用；市场的调节机制是确保经济活力的重要因素，根据价值变动规律自发调节资源的合理配置促进生产分配交换消费。虽然政府与市场分别负责不同的经济发展区块，但在看似对立的表面之下又有着千丝万缕的关系。同时，效率与公平两者的侧重点不同，前者处于社会主义市场经济的范畴中，后者则关系到社会主义建设的具体执行，这两者之间同样存在矛盾统一的关系：效率是公平的基础，公平反过来为效率提供保证。与之类似的还有精简与高效之间的关系，因此不再重复说明。总而言之，针对这三对关系而进行政策制度完善是政治治理的重点。

政策跟踪审计的目标之一便是针对党和国家发布的相关政策监督相关责任单位的落实情况。根据政治治理的相关重点，政策跟踪审计的重点主要是围绕政治制度建设确定审计对象。要围绕政府制度建设、相关决策部署展开政治审计工作。这主要包括针对审计过程中发现的制度性不足或者相关责任人未落实情况，及时进行披露和查处，从而实现权力运行的有效监督、制度效用的落地，进而推进政治机制的建设完善。

（二）经济方面

现阶段我国经济正处于高质量发展阶段，该经济形态更注重效率、效益和质量（苗云青，2021），这也决定了在经济治理现代化建设中，促进经济的健康发展是重大政策跟踪审计的重点。在经济治理中，涉及政府政治治理和社会民生治理，因此具有复杂性。

为实现经济高质量发展这一经济治理重点目标，政策跟踪审计需集中解决经济资源的配置和使用效用的问题。在审计过程中，审计机关关注新兴行业的建设资金是否到位、优惠政策是否带来效益，根据不完善的原因强化地方政府行政职责，提高决策的区域适应性，进而实现经济高质量发展。

进一步来说，在政策跟踪审计中，相关的审计机关应当特别关注政府和财政部门的专项资金是否存在未及时盘活使用、未按规定将资金用于特定项目而将其私自挪为他用、未公正合理分配专项资金、未统筹使用专项资金等问题。另外，审计机关在发现问题后，应当尽快推进审计报告和整改程序的实施，以解决一部分我国经济社会中存在的现有经济问题，进而推动我国经济的高质量发展并促使其早日达到并保持在一个高水平的状态。

（三）文化方面

文化治理的涉及面十分广泛，其中具有时代代表性的便是廉政文化治理。在廉政文化治理体系中，高级官员腐败现象属于关键的疑难点，应当重点关注。腐败是在社会发展过程中由于机制不完善而产生的毒瘤，不但动摇了政府的权威性，而且不利于国家机关相关工作的推进（张媛，2019）。20世纪90年代以来，党内腐败问题频发，因此反腐倡廉在文化治理建设中具有重要作用，腐败问题的解决迫在眉睫。

根据廉政文化出现的突出重点问题，政策跟踪审计的重点应是通过认真研究腐败问题出现的原因，如收受贿赂、滥用职权等，深挖其中的充要条件，对潜在的风险予以预防，从根源上掐灭腐败情况的火苗。其中，可以通过设置廉政审计的独立机构，发挥其在相关廉政措施落实过程中的中立作用，更加客观地分析腐败现象存在的原因；同时针对审计过程中存在的问题，完善相关的制度建设、明确后续整改的方向，如此，有利于推进廉政文化建设。

（四）社会方面

对于社会治理的建设，主要集中于人民权益的保障工作。近年来最为突出的重点便是共同富裕的建设。共同富裕主要通过"先富带动后富"的形式来实现，改革开放后出现的家庭联产承包责任制，对于实现公民个人价值而言提供了实质性证明，这极大地鼓舞了人民群众，促进了经济的发展。但如此发展也将隐藏的矛盾逐渐显现：由于主客观因素的存在，发展成果无法惠及全体公民，进而导致整个经济体出现了贫富差距悬殊的情况。为保证脱贫攻坚战的顺利开展，2012年11月，党中央明确了共同富裕是中国特色社会主义的根本原则。在持续的推进中，共同富裕其本身的正确性促成了积极的结果，在对应阶段获取了成果的最大化，而2020年党的十九届五中全会的召开肯定了共同富裕的成果，宣告其获得了实质性进展。由此可知，政策跟踪审计应当重点关注民生问题。人民群众的切身利益是党和国家为之奋斗的，跟踪审计的相关执行部门应当密切关注生活中的民生热点难点问题，完善相关的就业、教育、医疗政策，将公共资源投入到改善民生的工作中去，保障最广大人民的根本利益。

针对共同富裕，我国自2009年以来实施了多种类型的政策跟踪审计，其中包括经济平稳发展政策、投资项目资金管理、宏观政策落地情况等（张薇，2022）。

（五）生态环境方面

经济的日益强盛激发了经济发展与环境保护之间的矛盾，国家领导人多次在政治会议上强调污染防治的重要性,与大气、水、土壤等相关的环境治理都是与人民群众日常生活息息相关的事务,亟待解决。虽然环保政策的发布在部分试点地区取得了一定成果,可纵观全国,政策落实不到位、治理效果偏离预期等问题长久存在,这在建设绿色社会的道路上无疑是一个巨大阻碍。究其原因,主要是由于缺乏评价体系,导致相关工作无法深入,浮于表面。根据生态治理的相关研究可知,环境治理主要集中在相关制度的建设上,如审计思想固化、审计效率低下、资源配置不合理,因此环境政策跟踪审计的重点是对审计思想固化、审计效率低下、资源配置不合理等状况提出针对性解决措施(夏榕,2020)。

近年来,我国不断推进对于环境政策落实的跟踪审计,其目的就是发现在环境政策本土化落实过程中的问题并予以解决,从而推进社会生态建设的发展。政策跟踪审计通过审查地方政府部门是否根据中央下达的环境指令制定配套措施、是否在人力物力财力方面落实工作来推动相关机制体制的完善,推进相关政策落实。

第三节 国家治理视角下重大政策跟踪审计的机制

一、重大政策跟踪审计机制概述

(一)重大政策跟踪审计机制的内涵

机制原指关于机械设备的相关构造与运作原理,后泛指在社会背景中事物的内在组织和运行的规律。由此可知,重大政策跟踪审计机制指的是能够解释有关重大政策跟踪审计的内在组织和运行的变化规律的原理。作者认为,重大政策跟踪审计工作聚焦于政策理解的准确度、方案制定的相关度、原因识别的专业度以及后续整改的落实度。在深刻解读相关政策,明确指示要求之后,项目组应当根据实际情况制定与审计项目相关的审计方案,并在识别问题出现的原因之后,提出整改建议及报告,至此形成一个完善的重大政策跟踪审计机制。

政策理解的准确度是开展重大政策跟踪审计工作的基础。项目组成员只有在具备专业知识的条件下，对上级指示进行准确理解，明确审计工作的范围与注意事项，在此基础之上，后续工作才能够按照规定程序顺利开展。

方案制定的相关度是重大政策跟踪审工作的关键。在制定某一审计项目的审计方案时，除了需要明确审计目的、审计重点以及各阶段人员分工等一系列的审计方案制定的通用规定外，还需结合实际情况，根据审计项目的特殊性及个别性细化审计工作、识别审计风险。

原因识别的专业度是重大政策跟踪审计工作的桥梁。实施过程控制的国家重大政策实施效果评价，进而提供整改建议及报告，识别出国家治理体系中现存的问题并找出原因，关注单位异常行为，之后才能够提出具有针对性的解决措施，使重大政策跟踪审计机制有效运行。

重大政策跟踪审计工作取得的效用是以相关单位的后续整改工作的完成度为载体实现的。只有在审计完成后，针对责任主体提出整改建议，纠正责任人不当工作行为，具体细化到整改内容和时间限度，强化督查监管，才能确保重大政策跟踪审计工作价值的实现（张耀宏等，2021）。

（二）政策跟踪审计的路径及评价体系

1. 路径的含义

本书所指的路径包括从初始执行到最终完成的整个过程，因此，重大政策跟踪审计路径包括进行重大政策跟踪审计工作的初始准备阶段以及后续整改工作完成阶段。由于重大政策跟踪审计工作具有种类繁多、涉及金额大、经济市场密切性高等特点，需要规划具体的审计路径，并对每一步审计工作作出具体的应对措施。

国家政策执行跟踪审计应明确的总体思路是：结合国家政治实务背景，坚持中国特色社会主义的审计理论，具备科学审计的态度，持续贯彻"依法审计、服务大局、围绕中心、突出重点、求真务实"方针，运用专业知识，明确国家政策措施的相关要求，依法监督相关落实情况，通过后续责令整改，促进"五位一体"建设的顺利推进（王平波，2013）。

2. 评价体系的含义

评价体系是针对评价对象而形成的一个具备内在逻辑的框架，主要是通过设定多个相互之间存在关联性的指标来推动实现的。国家治理一直将保障国家安全、捍卫国家利益、维护人民权益、保持社会稳定和实现科学发展作为奋斗目标。为此，许多相关的政策指令陆续发布，为的是在国家建设过程中能够保障国家治理的运行。重大政策跟踪审计对国家重大政策的制定、执行和完善有着重要的监督评价作用，也在完善和推动国家治理方面发挥着积极作用，一直在国家治理体系中发挥着监督控制作用。因此，明确在国家治理下重大政策跟踪审计的评价路径是十分重要的，这是由于通过研究整个评价流程的具体传导过程，可以将政策跟踪审计发挥的作用了然于心，促进进一步的理解。以下就评价路径传导的具体步骤进行阐述。

第一步，审计人员建立包括政府内部审计、注册会计师事务所、各级管理机关等在内的政策跟踪审计项目组，目的是充分利用各种形式的审计力量，形成监督合力，监督党和国家重大政策方针。

第二步，运用研究型审计思维，利用大数据来设定政策跟踪审计的客体，从本质上掌握党和国家作出相关政策部署的目的和用意，深挖与之相关的根本性问题，同时利用大数据技术精准划分审计客体并且获取和了解各个客体的现状以及各监督部门的职责、工作目标等，从而保障审计全覆盖的实现，全面推动国家治理。

第三步，实施过程控制的国家重大政策实施效果评价，在审计实施阶段，项目组成员根据责任单位的资金配置情况、项目推进情况、机制体制完善情况、违纪处罚情况等指标来判断政策执行效果。

第四步，审计人员以其审计结果为基础，针对发现的不足提出整改建议，纠正责任单位的相关工作，具体到相关责任人和整改时限，即识别出国家治理体系中现存的问题并找出原因。

第五步，审计人员需要根据项目评价结果实施问责或处理违法、违规责任人，政府管理人员，推动容错纠错机制执行。

第六步，基于整改导向，在项目实施至一定进度时，实施绩效评价，使用与项目评价相关的指标进行评价，监督政策跟踪审计机关，如资金使用审计规范体系、政策落实审计纠正体系、项目建设和运营审计优化体系、重大违纪违法审计查处体系、体制机制审计完善体系等。以上重大政策跟踪审计评价路径的理论框架如图2-1所示。

二、重大政策跟踪审计行机理

本书按照审计过程将政策跟踪审计耦合机制分为监管要素互动耦合、评

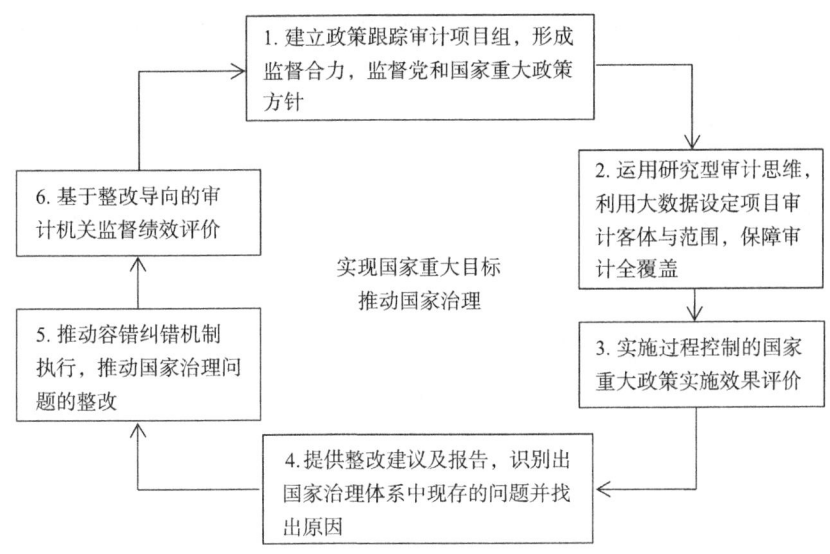

图 2-1 国家治理下重大政策跟踪审计评价路径的理论框架

价体系协同耦合、双向制度保障耦合（见图 2-2）。具体而言，重大政策跟踪审计开始前，审计机关需要建立监管要素互动耦合机制，该机制的核心是党和国家领导下的审计机关服务、相关监管部门联合执法的互动，包括基于问题导向的审计客体责任与范围、基于整改导向的监督主体职责分配，以及两者间的互动规则。在这个过程中，每个监督主体都应当明确审计客体应当承担的责任和相关的工作范围，并采取监督措施；审计客体责任与范围也影响了审计主体与客体的互动关系。在问题导向维度，需界定审计客体责任与范围，即被审计单位的负责人应对资金、政策、项目、责任、机制等中的哪些事项负责，目标是为审计过程准确寻找腐败、违法责任人等奠定基础；在整改导向维度，需确定重大政策跟踪审计监督主体及其互动规则，即政策跟踪监督主体包括审计机关、项目涉及的各级政府及相关部门、纪检监察执法部门、各级巡视组等。审计机关在执行监督时，应当以评价为主，如召开座谈会了解监督部门在监督时跟进的项目落实情况，设置项目执行效果的评价方案。而各级政府部门、纪检监察执法部门、各级巡视组等应发挥协同作用，通过提供相关监管资料、反馈当前政策实施中的困难以及配合审计机关实施政策评价，从而完善政策制度及处理发现的责任人。在两个维度互动中，需要格外关注监督主体和审计客体之间的信息交互，不仅审计机关需要及时传递被审计单位的问题整改建议,同时责任单位也需要及时进行整改以便审计机关进行后续审计监督;为保证两者之间的良性互动,可以采取将整改不到位的责任部门移交权力部门并采取强制执行措施,起到警示作用,通过激励惩处制度促进政策的顺利落实。同时,被审计单位应当及时反馈政策执行过程中存在的困难与完善政策、机制的建议,以促进重大政策的积极改善。

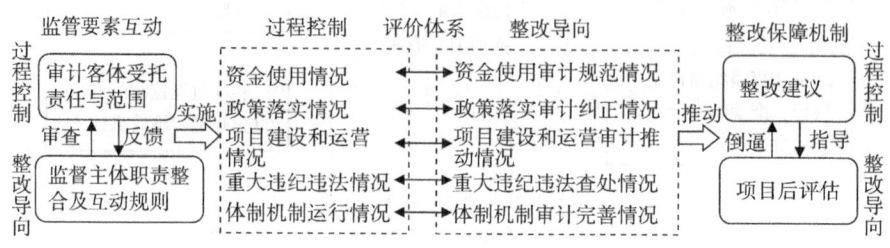

图 2-2 重大政策跟踪审计耦合机制

在审计实施过程中,审计机关需要建立评价体系协同耦合机制,该机制包括基于问题导向的政策实施效果评价指标体系、基于整改导向的政策审计绩效评价指标体系,以及耦合评价方案。其中,政策实施效果评价指标与政策审计绩效评价指标存在对应关系,是耦合的一种体现。耦合评价方案包括监督活动以及所需基本元素。首先,在监督活动中建立项目组、利用大数据设定重大政策跟踪审计客体与范围、评价政策实施效果、提供整改建议及报告、推动容错纠错机制执行,均是审计监督部门对政策落实情况进行审计的具体过程;基于整改导向的审计机关监督绩效评价是对审计机关绩效的结果评价。审计过程与审计结果评价存在共同推动监督活动开展的耦合关系。其次,基本元素由收集相关数据、政策实施效果评价指标、审计机关重大政策跟踪审计监督绩效评价指标、变权层次分析法等组成。这些元素间也存在耦合关系,即审计机关需要先收集相关数据,再利用相关政策实施效果评价指标、变权层次分析法进行项目评价,项目完成后再利用审计机关监督绩效评价指标、变权层次分析法进行审计机关绩效评价。

在重大政策跟踪审计完成后,审计机关需要建立双向制度保障耦合机制,该机制包括防止政策未落实风险的建议、促进审计监督的策略。两者之间存在耦合关系,即促进审计监督的策略是对审计机关执行审计的问题导向,以防止审计过程中可能出现的风险。如果没有制定促进审计监督的策略,审计机关的执业质量就难以保障,继而导致审计监督失效、不能阻止审计失效情况发生；防止政策未落实风险的建议是政府相关监督部门对审计的结果应用，用以阻止审计失效现象发生。如果没有提出防止政策未落实风险的建议，审计机关的监督结果就很难应用于防止审计失效，就会发生审计监督有效但审计结果无用的情况，这种情形会产生"屡审屡犯"现象。可见，从审计的角度来说，两个规范缺一不可，共同推动防审计失效工作实现。

第四节 政策跟踪审计概述

一、政策跟踪审计的理论框架[①]

（一）政策跟踪审计创新特征

党的十八大以来，习近平总书记提出了"国家治理能力现代化""全面覆盖""治已病、防未病"等要求，并通过组建中央审计委员会将审计定位为国家治理体系的重要组成部分。在这些理论与实践的指导下，审计机关开展了包括政策跟踪审计、自然资源资产离任审计等在内的多个创新审计项目。其中，审计署自2014年8月起开展了重大政策措施落实情况跟踪审计，该项目实践了习近平新时代中国特色社会主义思想。具体表现在以下几个方面。

第一，政策跟踪审计是实现国家治理能力现代化的创新手段。习近平总书记在2014年提出，国家治理体系与治理能力现代化集中体现于一个国家的制度和制度执行能力[②]。这意味着，国家治理体系要保障国家制度制定的合理性与制度执行的准确性。同时，习近平总书记在中央审计委员会第一次会议中强调，各地区各部门特别是各级领导干部要积极主动支持配合审计工作，依法自觉接受审计监督，认真整改审计查出的问题，深入研究和采纳审计提出的建议，完善各领域政策措施和制度规则。可见，国家审计所进行的政策跟踪审计能够更加有效地促使各级政府、各个部门完善政策制度、实现政策目标，从而促使国家治理科学合理、治理能力不断提高；更为重要的是国家

[①] 转引自王帆，谢志华. 政策跟踪审计理论框架研究 [J]. 审计研究，2019（3）：3-10.
[②] 习近平总书记在省部级主要领导干部学习贯彻十八届三中全会精神全面深化改革专题研讨班上的讲话，载于《人民日报》，2014年2月18日第1版。

审计作为国家治理体系的重要组成部分，通过构建政策跟踪审计制度，不仅使国家审计体系更加完善，也使国家治理体系更加系统协调，治理能力不断强化。正因为政策跟踪审计直接关系国家制度的完善和执行的有效，它必然是国家审计机关实现国家治理能力现代化的创新方法。事实上，政策跟踪审计不仅能发现政策制定、执行中的问题，还能发现与政策执行相关的体制、机制问题（蔡春等，2016）。国家审计在进行政策跟踪审计时，首先能够发现制度制定者由于自身的既得利益的追求而造成的制度主观故意缺陷，以及由于环境的复杂和变化所导致的制度客观无意缺陷；其次能够发现政策执行过程中，因执行主体或机构设置不合理、相互职责边界不清晰而导致的相互推诿、互相扯皮甚至无人执行的情况；最后能够发现政策执行的效果及其形成的原因，对政策执行过程中的相关责任人的责任落实提出建议，也对政策的调整和修正提出审计建议，从而形成对政策的执行和再决策的反馈机制，以及政策落实的倒逼机制。例如，审计署 2015 年 11 月发布的《重大政策审计报告》披露，吉林省未制定保障性住房分配制度，建议其制定相关制度并追究责任人责任。随后吉林省政府及时完善公共租赁住房政策，并对 2 人进行党纪、政纪处分。这表明，审计机关的建议完善了相关制度并处罚了责任人，保障了重大政策目标的实现。

第二，政策跟踪审计是促进审计监督全面覆盖的创新方法。2015 年 12 月，中共中央办公厅、国务院办公厅印发的《关于实行审计全覆盖的实施意见》指出，"按照协调推进'四个全面'战略布局的要求，依法全面履行审计监督职责，坚持党政同责、同责同审，对公共资金、国有资产、国有资源和领导干部履行经济责任情况实行审计全覆盖"。从政策跟踪审计角度来看，这里要求的审计全覆盖主要集中于公共资金政策，国有资产、资源保护政策和领导干部履责政策等国家重大决策部署贯彻落实的情况。中央审计委员会会议首次提出"全面覆盖"后，原有的"审计全覆盖"的广度得以拓宽、深度得以提升。习近平总书记在此次会议中指出，审计机关要树立"四个意识"，自觉在思想上政治上行动上同党中央保持高度一致，坚决维护党中央权威和集中统一领导，落实党中央对审计工作的部署要求。这表明，今后政策跟踪审计需要对党中央各项重大政策执行情况进行检查，审计内容涉及党和国家各项制度的制定和执行过程中涉及的项目、资金、政策及其落实、责任人履责等内容。不仅要审计政策制定和执行的结果，还需要分析和查明原因；

不仅要审计政策制定和执行本身的问题,还需要分析和查明制度制定和执行的体制机制的背景问题;不仅要通过审计查改问题,还需要为政策的完善和执行的有效提供建议。同时,审计过程既包括政策执行结果的审计,主要是政策效果审计,也包括政策执行过程的审计,主要是遵循性审计,这就意味着审计要覆盖政策制定、执行及其执行结果的全过程。

第三,政策跟踪审计是推动审计"治已病、防未病"的创新途径。2019年1月,习近平总书记对审计整改工作的重要批示指出,要着力"防未病",突出"治已病"。政策跟踪审计是审计机关"防未病"的一种创新途径。政策跟踪审计通过对政策制定及其制定过程的监督能够发现制定的政策中可能存在的问题。从理论上说,政策制定的过程必须要合规合法,制定的政策也必须要合规合法有效,从这点出发,政策制定的审计也具有结果审计的属性;政策跟踪审计通过对政策执行过程的监督,不仅能够发现政策是否被执行,而且对未执行的情况防患于未然,以保证政策的最终落实。就政策执行与否这一点而言,政策执行过程的监督也是一种结果审计;政策跟踪审计通过对政策制定、执行过程和执行结果的监督,发现政策实施及其效果的有利和不利因素,为下一轮的政策制定、完善提供建议,从而防止新的政策制定和实施中可能存在的缺陷和漏洞。政策跟踪审计在上述方面都发挥着审计的预警功能,具有"防未病"的特征。例如,2017年第三季度的《重大政策审计报告》公布,审计发现由于统筹协调机制不畅导致6834名建档立卡贫困家庭学生未享受普通高中学杂费免除、雨露计划补助等教育资助。为了防范民生风险进一步扩大,审计机关立即下发了整改通知,随后该省教育部门通过数据比对和信息清理等措施打通协调机制,进而促进扶贫政策落实。这表明,审计起到了预防重大民生风险发生的作用。政策跟踪审计也是审计机关"治已病"的一种创新途径。政策跟踪审计涉及资金、项目、政策、责任、体制、机制等政策执行的各方面,既要审查政策的落实情况,也要审查政策的效果;既要审查政策制定的合规合法性,也要审查政策执行的合规合法性;既要审查政策的执行结果,也要审查执行偏差及其形成原因。一言以蔽之,就是要查明政策制定、执行及其执行效果中存在的问题和原因,并进行卓有成效的整改,实现习近平总书记对查出问题"即知即改、立行立改、真改实改,建立长效机制,做到防患于未然"的要求。例如,2017年第二季度公布的《重大政策审计报告》建议取消"信息系统工程监理工程师"资格认定后,中国电子企业协会及时撤销具体组织该项工作的委员会,并对4人进行问责。这表明,被审计单位能够立即根据政策跟踪审计结果进行整改与问责,对相关领导干部产生了威慑作用。

政策跟踪审计的创新特征是国家审计的职责定位与审计绩效评估的学理基础。政策跟踪审计能更好地保障国家治理现代化的实现,体现了实施该类审计的重大理论与现实意义;政策跟踪审计具有"治已病、防未病"的功能,"治已病"将审计定位于结果审计的属性,"防未病"是指审计对未执行的情况防患于未然,这是一种基于监督政策执行过程的结果审计。该创新特征为本书第三部分的研究奠定了理论基础;审计监督全面覆盖的要求使得审计的人力资源严重不足,只有提升审计效率和效果,才能真正实现全覆盖。而绩效评估是一种倒逼审计效率和效果提高的措施,今后可考虑在审计结束后不久,从项目、资金、政策、体制机制以及责任人履责等内容着手实施绩效评估。该创新特征为本书第四部分的研究奠定了理论基础。

(二) 政策跟踪审计中国家审计与其他政府部门监督的职责分工与协同

1. 政策跟踪审计中国家审计与其他政府部门监督的职责分工

审计产生于两权分离所形成的受托责任监督的需要,在两权分离的条件下,所有者委托经营管理者管理其财产,为了维护自身的财产权利,确保经营管理者履行受托责任,所有者必然委派或者委托具有独立性和专业化的监督主体,对经营管理者的履责情况进行监督。因此,国家审计就是代表国家所有者进行的独立监督。国家审计的特征之一是所有权监督,以区别于经营管理权监督。两权分离形成了所有权和经营管理权,依托这两种不同的权利,相应形成了两种监督,即所有权监督和经营管理权监督。所有权监督产生于两权分离的需要,其目的是维护所有者的财产权利,也就是要促使经营管理者确保财产的安全,并通过财产的运用实现所有者的目标。国家作为财产的所有者将财产委托给政府部门或者相关主体运用,从而在国家财产所有者与政府部门或者相关主体之间形成了公共受托责任,公共受托责任的重要特征之一就是这些受托责任通常是以国家政策的方式予以呈现,各政府部门或相关主体通过执行国家政策得以履行受托责任。国家审计对政府部门和相关主体公共受托责任履行情况的监督表现为对国家相关政策的执行过程和执行结果的监督。与所有权监督不同,经营管理权监督是产生于决策权与执行权相分离所形成的受托责任监督的需要，财产的经管主体为了履行责任必然制定决策，为了保证这些决策的执行主体能够实现决策目标，必然要对决策的执行者进行监督。国家审计的特征之二是独立监督，国家财产所有者为了对财产的经营管理者履行受托责任的情况进行监督，必然要委托独立的监督主体进行监督，也就是国家审计监督具有独立性。首先，国家作为财产的所有者并不能直接行使监督权力，而是要通过设立独立的审计机关行使监督权力。其次，两权分离后，国家作为财产所有者并不直接参与财产的运用活动，与财产的经营管理者之间保持相对的独立，从而使得代表国家所有者的审计监督也具有独立性，也就是独立于被审计对象。然而，经营管理权监督不具有独立性，原因在于经营管理者是决策者，而执行者执行的就是经营管理者的决策，两者之间存在关联性，因决策失误而导致的执行失败，其责任在经营管理者而不是执行者，这必然会导致监督的非独立性。国家审计进行的监督是所有权监督，而政府行政部门如国家发展改革委、财政部等所进行的监督属于经营管理权监督的范畴，国家所有者将国有资产委托给各政府部门，通过各政府部门经营管理这些资产以履行公共受托责任。各政府部门在履行公共受托责任的过程中，要制定各种决策方案，这些决策方案表现为各政府部门所制定的各种预算、各种规章等，也可以统称为部门政策。各政府部门要对部门政策执行主体的执行情况进行监督，这种监督是经营管理者作为决策主体为确保自身的决策执行所进行的监督，由于决策主体与执行主体之间存在关联关系，这种监督并不具有独立性，尤其是当决策主体自身的行为存在问题以及决策本身存在缺陷时，这种监督的效率就会大大降低。由于经营管理者作为决策者要保证决策的最终实现，所以不能仅进行结果监督。而经营管理权监督更强调过程监督。事实上，由于经营管理者拥有决策控制权，又身处政策制定和实施的整个过程之中，为其进行过程监督提供了最有利的前提（谢志华，2016）。例如，财政部进行的财政监督，一方面通过预算支出为各公共受托责任的履行主体提供资金；另一方面要监督所提供的资金的使用是否合理、合法、有效。在资金提供过程中进行全过程监督，就必然成为财政监督的本质特征之一，在过程监督中，公共受托责任的履行主体如果不能按照预算要求使用资金，就可以终止资金的提供，这时决策权、监督权与执行过程有机地融合在一起。所有权监督主要专注于结果监督，只有当公共受托责任履行后，才能检查评价公共受托责任是否履行以及履行的效果如何。

政策跟踪审计从形式上看表现为过程监督，但实质上是一种结果监督。政策落地的关键在于执行。在政策执行阶段主要审查政策是否被不折不扣地执行，执行过程中是否存在调整的必要，政策执行过程中的这种是否被执行以及是否被调整本身就是一种行为结果，而对其的监督就是结果监督；在政策执行的效果评价阶段，由于政策已经被执行并形成了结果，对其所进行的监督就是传统意义上的结果监督。任何一个行为都会形成相应的结果，也就是说行为结果会贯穿整个过程，如合同执行审计、合同执行完工审计就是一种按照事中和事后审计所进行的分类。但是，这种合同事中和事后审计都具有结果审计的特征，原因很简单，合同执行审计作为事中审计监督的是，所签订的合同是否在执行过程中遵循了这一结果；合同执行完工审计作为事后审计监督的是整个合同最终是否被履行以及履行的效果，这当然是结果审计。政策跟踪审计也具有类似的特征，所谓审计全覆盖不仅包括被审主体全覆盖和被审内容全覆盖，也包括被审主体的行为过程全覆盖，政策跟踪审计正是这种行为过程全覆盖的体现之一。国家政策制定与执行的结果会直接对国家财产所有权权益产生影响，国家所有者为了保护自身的权益，必然会直接委派独立的监督主体检查、评价各级政府的政策制定、政策执行及其执行结果的经济性、效果性与效率性。国家审计所进行的政策跟踪审计，作为审计的主体并不直接参与政策的执行、管理和控制，是一种独立于这些职责之外的监督行为，这就是国家审计作为所有权监督的体现之一。国家审计所进行的政策跟踪审计还具有再监督的特征，各政府部门对政策执行所进行的过程监督作为经营管理权监督，其目的是监督下属各执行主体执行其所制定的各相关政策，也就是各政府部门所作出的各项政策决策是否被有效执行。但这一监督的根本缺陷在于各政府部门作为管理者本身的政策制定、政策执行及其政策执行效果是无法受到监督的，它们不能自己监督自己；同时，各政府部门作为决策者对政策执行者的监督是否合理、合法和有效也不能由自己进行监督评价，这样就产生了对监督者进行再监督的需求。由于国家审计是代表国家所有权进行的监督，不仅具有独立性，而且所有权高于经营管理权，从而使得国家审计能够对政府部门所进行的监督进行再监督。国家审计的再监督能够防范政府部门上层管理者玩忽职守，滥用决策权、控制权和监督权，减少上层管理者与下层管理者串通舞弊的可能性，最终能够更好地防范经济社会各领域重大风险发生的概率，并保障国家所有者的利益最大化。可见，国家审计所进行的政策跟踪审计属于所有权监督的范畴，具有独立性、结果性和再监督性的特征，而其他政府部门所进行的政策执行监督属于管理权监督的范畴，具有关联性、过程性和被再监督的特征。尽管在理论上，国家审计所进行的政策跟踪审计与各政府部门所进行的政策执行监督存在这样的本质区别，但是在监督实践中两者之间仍然存在重复监督、职责不清的情况。党的十九届三中全会之前，国家审计与其他政府部门的监督职责重复较多，被监管主体存在疲于应付、经营管理活动难以正常开展且浪费监管资源的情况。《深化党和国家机构改革方案》将国家发展和改革委员会的重大项目稽查、财政部的中央预算执行情况和其他财政收支情况的监督检查、国务院国有资产监督管理委员会的国有企业领导干部经济责任审计和国有重点大型企业监事会的职责划入审计署，使得监管体系得以优化、监管职责的界定更加合理清晰。上述对项目建设效果、财政收支效益及领导干部履责情况进行的监督，一方面，属于所有权监督的范畴，国家将资金或者财产投入重大建设项目，用于预算支出或者其他财政支出项目，这都属于相关主体履行公共受托责任的范畴，国家审计必须要代表国家所有者对其进行监督，尤其是这些监督主要属于结果监督，国家作为所有者必须要委派国家审计，对其所投入的资金和财产的安全和运用状况进行监督，以维护国家所有者的基本权益；另一方面，相关的政府部门也可以对这些方面进行管理权监督，但是作为结果监督，如果国家审计和其他政府部门都来进行监督，必然存在重复监督，为了提高整个国家监督体系的效率，必须避免这种状况。选择的路径有两条，即要么由国家审计进行这种监督，要么由各政府部门进行这种监督。由于政府部门所进行的管理权监督存在非独立性以及不能自我监督的缺陷，由国家审计进行这种结果监督更具有比较优势。也就是说，国家审计进行的这种结果监督不仅同时实现了政府部门进行这种结果监督的内在需要，而且避免了再监督而导致的资源占有和耗费。所有权监督必须要对经营管理权主体及其监督行为进行再监督，也就是国家审计必须要对其他政府部门的决策行为和监督行为进行再监督。在政策跟踪审计中，这方面的监督仍然存在空白领域。如国家发展改革委具有审批、核准、审核重大外资项目，境外资源开发类重大投资项目和大额外汇投资项目的职责；财政部具有管理行政事业单位国有资产、金融类企业国有资产的责任；国务院国资委具有管理国有资产及资产保值增值的责任，国家审计并没有开展与此相关的监督活动，作为国家所有者代表的最高国家机构并不掌握这些政府部门政策制定决策和政策执行监督的情况，尤其是这些政府部门自身的管理绩效（包括战略管理、发展创新、经营决策、风险控制、人力资源等）。国家审计应该通过政策跟踪审计、经济责任审计等常规审计项目，消除审计盲区、填补审计空白。

2. 政策跟踪审计中国家审计与其他监督主体的协同

在政策跟踪审计中，虽然国家审计与其他监督主体的职责存在较大差别，但监督对象都是国家政策的执行和结果。因此，如何实现各监督主体间的良性互动是加强"监督合力"的关键。各政府部门作为监督主体要制定相关的政策并对政策执行过程实施经常性的、全过程的监督，它们既是政策的制定者，也是政策执行的监管者，对政策执行的效果负有决策是否正确以及监管是否到位的责任，也就是对决策的最终效果承担责任。正因为要承担这种受托责任，各政府部门不仅要尽可能使自身的政策决策正确，而且要通过监督保证政策充分、有效贯彻，各政府部门进行的这种监督是一种经营管理权监督，监督的权力来源就是国家赋予的公共管理权力。国家审计所进行的政策跟踪审计的目标也是检查政策的执行过程和执行效果，并对各政府部门监管政策落实的履职情况进行再监督。国家审计与其他政府部门所进行的经营管理权监督的互动关系也应该紧紧围绕实现这一目标来展开，审计开始前，国家审计应先与其他政府部门进行沟通，了解各政府部门在政策执行的监督过程中所发现的各类问题，并以发现的问题为导向进行有针对性的审计，或以发现的问题为基础，通过寻找发现问题的原因以及可能造成的影响进行延伸性审计；在审计过程中，国家审计对其他各政府部门的监督所发现的问题可以免于审计，或者进行抽样证实，以减少重复监督的工作量，也可以通过审计调查发现政策执行过程中没有被各政府部门的监督所揭示的问题，在此基础上再进行详细审计；在审计终结阶段，国家审计也要深入了解各政府部门在政策制定、政策执行和监督过程中所面临的困难和存在的问题，并及时反馈，协助其破解困境，解决难题。国家审计还要针对各政府部门在政策执行和监督过程中存在的问题提出建议，以促进政策的完善，推动相关政府部门改进工作。各政府部门需要为国家审计的监督和再监督工作提供各种便利和必要的条件，要把国家审计的监督活动融入政策执行和监督的全过程中，实现两者的无缝对接。在政策跟踪审计过程中，国家审计还需要与其他的监督形式进行协同。其他监督形式包括党内监督、民主监督、司法监督、群众监督、舆论监督。在政策实施的监督过程中,每一种监督形式都能够发挥其自身的作用。其中,国家监察委员会监督的主要目的是防止、发现政策制定和执行过程中的各种腐败行为。政策跟踪审计必须将所发现的腐败行为移交给监察委员会,或者在进行政策跟踪审计时,配合监察委员会寻找贪污腐败的案件证据,以更好地发挥监察委员会履行公权力监督的作用;人民法院、人民检察院监督属于司法权监督,能依法对公务人员、普通公民、组织发生的违法犯罪行为进行处罚。审计机关也应将发现的各种违法犯罪案件证据移交给司法机关,同时,可以受托为司法机关进行取证;民主监督主体是人大与人民政协,群众监督、舆论监督的主体是人民群众,三者均是非政府机关开展的监督,不具备政府行政权力。国家审计通过公开或直接提供审计信息,为这些监督提供相应的审计服务,或者通过提供审计信息引导其开展监督活动。国家审计应以结果公告形式对外报告审计发现和审计成果,从而使人大、政协、公众、媒体能够利用该成果,通过媒体、人大或政协会议等形式督促政策执行部门与各政府行政管理部门进行整改,同时也能提出进一步完善政策、确保政策有效实施的建议。对国家审计的职责分工与协同进行研究发现,审计职责的广度与深度在不断拓展。特别是面对审计全覆盖的要求,审计人员编制有限、人力资源严重不足,因此只有通过提升审计效率和提升审计效果,才能真正实现全覆盖的目标。同时,党的十九大也要求建立高效的审计监督体系。就这一点,学者们从审计主体职业化(仲杨梅和张龙平,2017),审计客体选择,政策、审计技术方法创新(审计署武汉特派办课题组等,2018)等角度,分别研究了提升审计效率与效果的路径。与之前的研究不同,本书从绩效评估的角度来研究倒逼审计效率和效果提高的措施。

(三) 政策跟踪审计绩效评估的构想

1. 政策跟踪审计绩效评估实施的必要性

在审计实践中,许多国家的国家审计均采取了绩效评估的方式来倒逼提高审计项目效率和效果。例如,英国审计署自1997年起使用传统的绩效评估指标,主要包括审计促进公共资金节省额、审计建议被采纳数量、国会对审计署工作的信任、审计客户对工作的认同、审计署内部管理等来引导国家审计工作的方向(Pollitt,2003)。随后,为了凸显政策评价在审计工作中的重要性,美国审计署开始在传统的绩效评估指标中加入审计完善法律制度、改进政府运作和改善政府项目执行等与国家审计提升政策实施效果有关的指标(朱小平等,2004)。我国的国家审计绩效评估指标与英国类似,主要包括国家审计人力财力投入,发现违规单位数、问题金额,审计建议数,信息报告数,审计处罚金额,移送处理案件及人数等。这种传统的评估指标更适用于财政资金审计及一般绩效审计,这些审计更看重被审计单位的资金规范、项目运营及违法违纪行为,但忽视了政策跟踪审计在保障政策运行和完善体制机制等方面的作用,不利于倒逼提高政策跟踪审计的效率和效果。此外,我国国家审计绩效评估也不是针对某一个项目实施,而是对国家审计一段时间内的所有审计工作进行评价,这不利于发挥绩效评估通过倒逼机制提升某一审计项目的效率和效果,只有每一个审计项目的效率和效果不断提高,国家审计的整体效率和效果的才能提升。因此,有必要对单个审计项目进行绩效评估。政策跟踪审计项目结束后就应该实施绩效评估,以此总结审计经验,寻找不足,并激发审计人员的积极性,从而提高审计的效率和效果。

2. 政策跟踪审计绩效评估指标体系构建

实施政策审计绩效评估的关键是将政策跟踪审计项目评价指标与审计机关绩效评估指标有效地连接起来,形成一个彼此相互补充、相互促进的审计绩效评估指标体系。为此,先要探讨如何构建政策跟踪审计项目的评价指标,以此为基础构建审计机关绩效评估指标体系。具体而言,国内外政策跟踪审计评价指标基本上都是从政策落实、资金使用、项目建设和运营、体制机制运行、重大违纪违法等几个方面展开。例如,加拿大生物多样性审计项目(1992—2009年)是从政府部门履职责任、政策落实情况、保护多样性资金使用绩效等几类指标进行评价(Dolman 和 Mossmam,2012);美国紧急经济稳定法审计项目(2008—2011年)是从经济稳定资金使用情况、地区经济增长政策执行效果、产业工人生活保障等几类指标进行评价(GAO,2011);审计署2016年出台了《关于进一步加强扶贫审计促进精准扶贫精准脱贫政策落实的意见》,建议将政策落实、重大违纪违法、资金绩效、项目建设运营、体制机制等作为工作重点。因此,本书将从政策、资金、项目、体制机制、履责五个方面出发设计绩效评估指标,如表2-1所示。在政策落实方面,政策跟踪审计项目实施时,审计人员需检查政策执行是否存在偏差、是否存在应执行未执行政策及被审计单位制定的措施是否能完成政策目标等,以保障审计对象在受托责任期限内实现政策目标。在审计结束后,审计机关可对应采取政策执行偏差纠正率、未执行政策纠正率、措施制定修正率等指标对政策落实审计的纠正绩效进行评估;在资金使用方面,审计机关为了检查资金沉淀率过高的问题,设置了资金使用率这个指标。同时,为了确保资金用途的适当性,审计机关重点审查了财政资金虚报和违规使用情况。在审计结束后不久,审计机关可对应采取提高资金使用率、财政资金虚报整改率、违规资金使用整改率等指标对资金使用审计的规范绩效进行评估;在项目建设和运营方面,审计机关既要审查项目是否真正完成,还要审查项目周边的自然环境和社会环境建设是否同步推进。与此相应,审计机关应就推动项目完成率、推动自然环境建设率、推动社会环境建设率等指标对项目建设和运营审计的推动绩效进行评估;在体制机制运行方面,审计机关一方面需要检查领导机构的设置或运行情况、负责人责任实施情况;另一方面需要着重检查各种执行机制的运转情况,如上下级信息传递机制、战略决策机制、财力保障机制等能加速政策执行的机制的运转情况。相应地,审计机关应就完善领导机构设置或运行、推动负责人责任实施、促进执行机制运转等指标对体制机制审计的完善绩效进行评估;在重大违纪违法方面,审计机关应着重检查重大涉案人数、数量、金额,以对政策实施人员产生震慑作用。与此相应,审计机关应就移送处理人数、移送处理案件数、审计处罚金额等指标对重大违纪违法审计的查处绩效进行评估。其中,移送处理人数由移送司法、监察委员会、其他部门处理人数组成,移送处理案件数由移送司法、监察委员会、其他部门处理案件数组成,审计处罚金额由应上缴财政金额、应减少财政拨款或补贴等组成。

表 2-1　　政策跟踪审计项目评价指标体系与绩效评估指标体系

政策实施效果评价指标体系		审计机关绩效评估指标体系	
准则层	指标层	准则层	指标层
政策落实	政策执行偏差率	政策落实审计纠正	政策执行偏差纠正率
	未执行政策率		未执行政策纠正率
	措施制定不恰当率		措施制定修正率
资金使用	资金使用率	资金使用审计规范	提高资金使用率
	财政资金虚报率		财政资金虚报整改率
	违规资金使用率		违规资金使用整改率

续表

政策实施效果评价指标体系		审计机关绩效评估指标体系	
准则层	指标层	准则层	指标层
项目建设和运营	项目完成率	项目建设和运营审计推动	推动项目完成率
	自然环境建设完成率		推动自然环境建设率
	社会环境建设完成率		推动社会环境建设率
体制机制运行	领导机构设置或运行情况	体制机制审计完善	完善领导机构设置或运行情况
	负责人责任实施情况		推动负责人责任实施情况
	执行机制运行情况		促进执行机制运行情况
重大违纪违法	涉案人数	重大违纪违法审计查处	移送处理人数
	涉案件数		移送处理案件数
	涉案金额		审计处罚金额

二、审计推动制度体制机制完善的路径①

（一）国家治理现代化视角下公共政策审计实施的现状分析

由表 2-2 可知，重大政策执行的复杂性和特殊性，使得审计署每季度审计涉及的单位、项目、资金数量较大，证明了公共政策审计在国家治理体系中的重要作用。从趋势来看，2015 年第三季度审计署开始实施重大公共政策审计，涉及的国家重大政策数量较多，相应地，单位、项目、资金数量也是历年之最。随后审计对象数开始回落，直到 2017 年，每季度审计的国家重大政策数量基本稳定。这是因为，2014 年国务院印发《稳增长促改革调结构惠民生政策措施落实情况跟踪审计工作方案的通知》，要求开展专项审计，并将这种模式定位为"十三五"期间审计机关工作的重要内容。因此，2015 年审计署开始对稳增长促改革调结构惠民生防风险、财政存量资金及闲置土地盘活、重大工程项目推进、中小企业融资等 12 个政策进行审计。然而，随着国家重大政策调整，以及各单位对以前政策执行中出现的体制机制制度问题整改，每年审计的重大政策数量基本保持稳定且呈现出政策种类既有连续性又有一定差异性的特征，如 2016 年与 2017 年均审计了"放管服"、"三去一降

---

① 转引自 Wang F, Qiongna Z. Current Situation and Path of Public Policy Audit of the Chinese Government—from the Perspective of Modernization of State Governance [J]. Argos, 2018: 131-140.

一补"、扶贫任务落实、供给侧结构性改革等政策,同时 2016 年还审计了"营改增"试点推进、涉企收费清理等当年发生的特定政策。

表 2-2　　　　　　　　国家重大公共政策审计的对象

年度	季度	国家重大政策数量（个）	单位数量（个）	项目数量（个）	资金数量（亿元）
2015	三	12	1707	1639	9073.67
	四①	6	615	1008	1684.85
2016	一②	1	829	1796	—
	二	6	1077	1633	2036.5
	三	6	886	1142	3423.58
	四	3	1071	—	—
2017	一	4	1172	2322	2378.12
	二	4	953	1203	2890.63
	三	4	1343	1914	4421.59

由表 2-3 可知,审计查出的机制问题数量最多,之后依次为制度问题数量、体制问题数量。这是因为,机制是各部门把工作系统联系起来且广泛使用的政策实现工具,如管理部门使用监督机制与协调机制来推动重大政策执行,执行机构使用执行机制与协调机制来实现政策目标。但由于人为、部门内部机制设置、部门间协调等原因导致机制存在较多问题,特别是执行机制涉及资金筹措、项目推进、政策目标实现等多维度问题。相反,体制是机构组织结构及职责设置,通常在制度没有改变的情况下不会有较大调整,因而出现问题的概率较低。而制度问题主要与具体行动措施有关,各部门制定的政策实施措施均经过调研、分析且符合实际状况,出现问题的概率也相对较低。

在机制方面,执行机制问题数量是协调机制的 15 多倍,是监督机制问题数量的 22 多倍。这表明,审计发现各部门实现政策目标时执行机制较容易出现问题,主要集中在:政策落实不到位,即重大政策落实不到位从而引起政策目标难以实现;资金问题,包括资金闲置、存量资金盘活不到位、资金被

---

① 2015 年 12 月主要是反映了审计发现问题整改情况,因此没有报告单位数量、项目数量、资金数量,此处数据只涉及了 10 月和 11 月的审计对象。

② 2016 年第一季度审计署只对财政资金统筹使用情况进行了审计。

表 2-3　　国家重大公共政策审计发现体制机制制度问题的情况　　　　单位：项

年度	季度	体制问题数量		制度问题数量		机制问题数量		
		机构设置	职责设置	制度缺失或多余	制度制定不合理	执行机制	监督机制	协调机制
2015	三	1	2	6	6	106	4	10
	四	0	1	0	0	81	5	4
2016	一	0	0	0	1	15	1	1
	二	0	3	2	4	45	2	1
	三	0	3	1	0	48	1	5
	四	0	0	1	0	48	1	4
2017	一	0	3	0	1	68	1	4
	二	0	1	0	0	51	4	2
	三	1	2	0	1	74	5	4
总数		2	15	10	13	536	24	35

违规使用或套取、项目资金拨付慢等问题；项目执行问题，体现在项目闲置、项目进展缓慢或开工率低等问题；违规审批问题，如财政资金审批时间过长、审批事项下放不到位等。同时，协调机制存在的问题主要体现在未实现信息共享、方案意见不一致、统筹协调不畅等方面。未实现信息共享会影响政策实施效果；方案意见不一致会影响项目进度；统筹协调不畅会导致政府与群众出现矛盾。此外，监督机制存在的问题主要体现在审核把关不严、监督不力两个方面，审核把关不严会导致国家资产流失；监督不力会导致政策执行难以到位。

在制度方面，主要包括制度缺失或多余、制定不合理两个方面。制度缺失或多余表现为相关部门未按规定出台措施、违规制定措施，这将使制度规范存在弊端且不利于重大政策目标的实现；制度制定不合理表现为制度设置障碍过多、未修订与目标不符制度，如设置审批前置条件导致企业负担过重、未修相关措施导致政策执行存在障碍。

在体制方面，主要包括机构设置与职责设置不合理两个方面。机构设置不合理表现为没有组建专门完成政策目标的机构、违规设置机构，这将导致政策执行时缺乏权威机构指导以及违规设置机构增加企业费用负担；职责设置不合理表现为机构职能重复、未牵头分配履职机构、无专职人员执行职责，分别表示两个及以上机构同时执行一个职责、某一职责没有机构执行以及机构没有专职人员执行该项职责,这些均会因推诿扯皮而引起政策执行不力。

由表2-4可知,审计促进体制机制制度完善的方法包括整改与移交。在样本期间,审计署共移交24个处理处罚事项。其中,除了2016年前三季度审计着重关注整改外,其他季度均存在将发现的违反法律、党纪的责任人移交给司法部门与相关权力部门的事项,并最终使责任人受到法律、党纪、政纪、撤职处分等处罚。这样做既能追究相关责任人责任,也能起到强威慑作用以加快整改。同时,整改方面与发现问题结果类似,机制整改数量最多,其次为制度、体制整改数量。这表明,审计针对问题数量最多的机制给予了实用的整改方案并获得管理部门与执行机构的响应。此外,虽然体制与制度问题数量相对较少,但经审计提出建议后相关部门也积极整改,从而对推动政策目标实现起到重要作用。具体体现在以下几个方面。

表2-4　　　　　国家重大公共政策审计整改与移交的情况　　　　单位:项

年度	季度	体制整改数量		制度整改数量		机制整改数量			处理处罚数量
		机构设置整改数量	职责设置整改数量	制度优化数量	制度增减数量	执行机制整改数量	监督机制整改数量	协调机制整改数量	
2015	四	4	2	1	13	18	3	2	14
2016	一	0	0	0	0	5	0	0	0
	二	0	0	1	0	5	2	0	0
	三	0	0	1	3	3	0	0	0
	四	2	1	0	3	10	1	1	2
2017	一	0	1	2	10	9	0	1	2
	二	2	0	3	3	9	2	1	3
	三	1	0	3	2	14	0	1	3
总数		9	4	11	34	73	8	6	24

首先,机制整改中执行机制整改数量较大,而监督机制与协调机制整改数量相对较少,这与审计发现执行机制问题数量最多有关。其中,执行机制整改与表2-3机制问题基本对应。

加快政策落实是为了解决政策落实不到位问题以尽快实现重大政策目标;解决资金问题主要采取了下拨资金到项、闲置资金收回、盘活存量资金、严肃处理违规使用或套取资金、加快资金拨付等措施以增加资金使用效率;推进项目进度采取了加快工程建设、健全闲置土地处置机制、全面清理在建项目等措施以使项目按计划完工；杜绝违规审批主要采取杜绝变相审批、下放审批权限等措施以解决审批速度慢与下放问题。此外，监督机制整改主要集中在委派专人督查、加大监督力度两个方面，从而将监督责任落实到责任人并增加监督强度。协调机制整改主要集中在建立矛盾调解机制、协调会商机制，目的是解决部门间信息不共享、方案意见不一致、统筹协调不畅等问题。

其次，制度整改的措施包括制度增减与制度优化。制度增减表示，为了解决未按规定出台措施、违规制定措施等问题，采取制定解决方案、取消违规制度用以解决当前面对的新问题或无法解决的痼疾。制度优化表示，为了解决制度设置障碍过多、未修订与目标不符制度等问题，采取减少制度设置障碍、修订制度用以扫除政策实现障碍。

最后，体制整改的措施包括机构、职责设置整改。机构设置整改表示，为了解决缺少专门完成政策目标的机构、违规设置机构等问题，采取建立专门组织、注销多余组织用以消除机构设置导致的政策执行不力。职责设置整改表示，为了解决机构职能重复、未牵头分配履职机构[①]、无专职人员执行职责等问题，采取减少机构不合理职责、充实专业执业人员用以界定机构职责及增加相关专业能力。

（二）政策跟踪审计推动制度体制机制完善的路径

政策跟踪审计推动制度体制机制完善的路径分为检查过程、发现问题与整改措施等方面（见图2-3）。首先，在检查过程方面，审计机关需先列出计划再实施审计，即以计划中的疑点引导具体实施，从而找到制度体制机制问题。具体而言，制定审计计划时需在分解重大政策目标基础上开展座谈会，重点挖掘制度方面存在的不合理制度未改善、制度缺失或多余等问题；体制方面存在的组织结构不当、职责设置不当等问题；机制方面存在的落实机制、监督机制、协调机制等问题，并以问题为导向制定审计计划。实施审计工作时要严格按照计划对政策执行情况进行监督，步骤包括：①审计检查执行部门的政策执行情况。审计机关在检查时既需根据计划调查执行部门组织结构

---

① 在本书的研究中，没有采取相关部门牵头分配职责的方式解决未牵头分配履职机构问题，这可能是因为此问题整改时采用了建立专门组织的方式解决。

与职责设置问题、落实机制与协调机制问题,也需根据计划与监督部门、制度制定部门沟通并鼓励它们反馈执行部门的运行问题,从而提出整改建议或移交司法部门、相关部门接受处罚。②审计需关注制度制定与监督是否合理。审计机关在检查制度制定时需根据计划与执行部门、监督部门沟通,关注制度制定的缺失、多余或不合理问题以及制定部门组织结构与职责设置问题;或根据计划与执行部门、制度制定部门沟通,关注监督部门是否存在监督机制与协调机制问题以及监督部门组织结构与职责设置问题。随后以问题为导向进行深入调查,从而有针对性地提出整改建议,或移交司法部门、相关部门接受处罚。

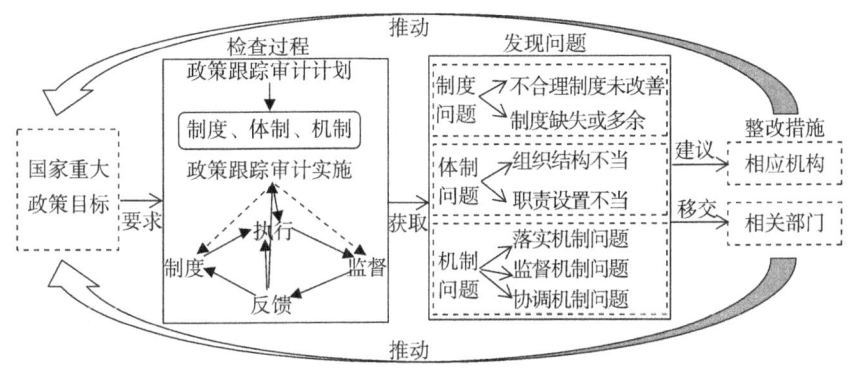

图 2-3 政策跟踪审计推动制度体制机制完善的路径

其次,在发现问题方面,政策跟踪审计能查出国家重大政策目标实现过程中出现的制度体制机制问题。具体表现为:①审计查出的制度方面问题涉及制度缺失或多余、制度不合理。制度缺失或多余表现在相关部门未按规定出台或违规制定制度,这将使行动规范存在弊端且不利于重大政策目标实现。制度不合理表现在设置障碍过多、未修订与目标不符制度,如设置审批前置条件导致企业负担过重、未修订不适当制度等。②审计查出的体制方面问题涉及组织结构与职责设置不合理。组织结构问题表现在没有组建专门完成政策目标的机构、违规设置机构,这将导致政策执行时缺乏权威机构指导或违规设置机构从而增加企业负担。而职责设置问题表现在职能重复、无专职人员执行职责等方面,即存在两个及以上机构同时执行一个职责、某一职责没有机构执行,以及机构内没有专职人员执行该项职责现象,这些均会因权责范围不明而引起政策执行不力。③审计查出的机制方面问题涉及落实机制、监督机制、协调机制问题。落实机制问题体现在政策落实不到位、项目落实不到位、资金使用不到位、审批不到位。政策落实不到位是指重大政策执行后效果没有达到预期；项目落实不到位体现在项目闲置、项目进展缓慢或开工率低等问题；资金使用不到位是指资金闲置、存量资金盘活不到位、违规使用或套取资金、项目资金拨付慢等现象；审批不到位涉及财政资金审批时间过长、审批事项下放不到位等。监督机制存在的问题体现在审核把关不严、监督不力。审核把关不严会导致国有资产流失；监督不力会减弱政策执行能力。协调机制存在的问题主要体现在未实现信息共享、方案意见不一致、统筹协调不畅等。未实现信息共享会影响政策实施效果；方案意见不一致会影响项目进度；统筹协调不畅会导致政府与群众矛盾激化。

最后，在整改措施方面，各部门根据审计查出的制度体制机制问题进行整改及处理处罚责任人，从而推动重大政策目标实现。具体表现为：①审计机关根据发现的问题实施对应性质方案或采取更适当的非对应性质方案[①]。在对应性质方案中，可针对组织结构问题采取建立专门组织、注销多余组织用以消除组织结构导致的政策执行不力问题；针对职责设置问题采取减少机构不合理职责、充实专业执业人员用以界定机构职责及增加相关专业能力；针对制度缺失或多余采取相关部门按规定出台制度、取消违规制度用以解决当前面对的新问题或无法解决的痼疾；针对制度不合理采取减少制度设置障碍、修订相关制度用以扫除政策实现障碍；针对落实机制问题采取加快政策落实、推进项目进度、解决资金问题、杜绝违规审批用以加速政策实施；针对监督机制问题采取委派专人督查、加大监督力度用以强化监督；针对协调机制问题采取建立协调会商机制、矛盾调解机制用以畅通执行。在非对应性质方案中，针对落实机制的问题可采取建立专门完成政策目标的组织、相关部门出台措施、修订相关制度等体制和制度方案解决这些问题；针对协调机制问题可采取加快制定政策落实的方案以改变协调不畅现状。②审计机关还可根据发现问题采取移交方案。即将发现的违反法律、党纪的责任人移交给司法部门与相关权力部门，并最终使责任人受到法律、党纪、政纪、撤职处分等处罚。这样做既能追究相关责任人责任，也能起到强威慑作用以加快整改。

---

① 对应性质方案是指针对发现的制度体制机制问题采取对应的制度体制机制整改方案；非对应性质方案是指针对发现的制度体制机制问题选择更加适当的整改方案。

第三章 国家治理视角下重大政策跟踪审计评价路径

第一节 国家治理对重大政策跟踪审计评价路径的影响

一、国家治理对重大政策跟踪审计评价的要求

(一) 监督党和国家重大政策方针

国家治理体系和治理能力是党和国家重大政策方针和政策执行能力的集中体现,为了推动国家治理,重大政策跟踪审计的各个环节都要切实监督党和国家重大政策方针是否落实到位。首先,在审计准备阶段,为了监督和评价这些重大政策的制定是否合理以及是否有缺失或多余,政策跟踪审计的项目组需要对党和国家重大政策方针进行梳理;其次,在审计实施阶段,项目组需要监督和评价党和国家重大方针政策的实施效果;最后,在审计报告和整改阶段,项目组需要监督和报告具体政策的完成情况、未完成的政策目标以及产生问题的原因,还需要持续跟踪监督和评价各项问题的整改情况。

(二) 运用研究型审计思维

2021年6月22日,中央审计委员会办公室、审计署印发《"十四五"国家审计工作发展规划》,对审计事业提出了新的发展要求,其中明确提出了要创新审计理念思路——积极开展研究型审计,系统深入研究和把握党中央、国务院重大经济决策部署的出台背景、战略意图、改革目标等根本性、方向性问题，运用研究型审计思维，不断提升审计工作的政治性和前瞻性。转变审计思路，既要善于发现问题，又要注重解决问题，发挥审计的建设性作用。例如，在审前调查时，政策跟踪审计项目组需做好充足调研，了解被审计单位历史、解读相关制度与政策等，据此制定计划以最终实现审计目标；在审计过程中，项目组既要知道"是什么"，又要清楚"为什么"，还要研究"怎么样""怎么办"，深究导致出现该问题的原因，从根源解决制度体制机制问题。在审计报告时，项目组要加强对审计结果的研究：一方面从现有制度体制机制问题清单出发预测未来同类型政策可能出现的风险点；另一方面归纳审计整改的难点。

（三）坚持问题导向

党和国家重大政策跟踪审计要充分运用国家赋予的权力，围绕推动国家治理的要求，通过对党和国家重大政策开展持续性的审计工作，推进国家治理体系和治理能力现代化。在重大政策跟踪审计评价过程中要坚持问题导向，问题导向主要体现在"查病"这一步骤，即审计揭示被审计单位在政策实施过程中存在的体制机制问题、制度执行问题等，以便后续提出针对性整改建议。例如，在揭示问题时，也就是"查病"时可从以下几个方面着手：从制度角度着手，具体有制度缺失或多余、制度不合理等方面问题；从体制角度着手，涉及组织结构与职责设置不合理等方面问题；从机制角度着手，具体有落实机制、决策机制、监督机制、协调机制等方面问题；从制度执行角度着手，具体有政策未执行、执行不到位、执行效果未达到预期等方面问题。

（四）推动整改

重大政策跟踪审计项目组应当对审计过程中所揭示的问题进行研究并提出可实施的整改方案来解决问题，以实现根治"病灶"的目标。被审计单位根据审计出具的整改方案进行整改并处罚相关责任人，从而推动党和国家重大政策目标实现，进而推动国家治理。督促整改主要体现在"治已病"，即一方面政策跟踪审计通过"建立整改台账——实行销号管理——完善问责机制"来进一步推动长效整改机制；另一方面，在整改过程中，还需加强与其他部门间的协调配合，通过跨部门协作来提高整改效率，如审计机关与司法机关协调配合，确保审计移送资料的完整性、适当性和准确性。

二、国家治理下重大政策跟踪审计评价路径的理论框架

国家治理下重大政策跟踪审计评价路径的理论框架如表 3-1 所示，该框架主要包括以下四个审计阶段，即审计准备阶段、审计实施阶段、审计报告阶段以及审计提升阶段。具体而言，在审计准备阶段，具体流程包括建立重大政策跟踪审计项目组和运用研究型审计思维、利用大数据设定审计客体与范围，实现这三大流程的具体路径包括组建专家团队（充分利用各种形式的审计力量，形成监督合力，监督党和国家重大政策方针的制定和执行情况）、党和国家重大政策梳理（系统深入研究和把握党和国家重大经济决策部署的出台背景、战略意图、改革目标等根本性问题）、利用大数据锁定调查对象与范围（利用大数据技术精准划分审计客体）、审前调查获取基础资料（在前述锁定调查对象与范围的基础上，获得相应的基础资料，用于进一步调查分析）、制定审计计划聚焦重大风险（审计计划一般包括审计目标、对象、范围、重点，以及审计团队组成与分工、时间安排、项目安排等内容）。在审计实施阶段，具体流程是基于问题导向的政策实施效果评价，实现这一流程的具体路径包括进一步现场审计确认风险点（收集充分适当的审计证据，以进一步了解重大与重要风险）、对政策实施效果评价并发现重大与重要风险（根据政策实施地的具体情况建立基于问题导向的政策效果评价指标体系，并在此基础上讨论和确定重大与重要风险）、交流需报告的风险（包括审计组内部交流以及审计组与政策执行或管理部门进行的交流）。在审计报告阶段，具体流程是提供整改建议及报告，实现这一流程的具体路径包括提交整改征求意见书（整改征求意见书是政策执行和管理部门在进行整改时需要使用的文档，也是审计报告的基础）、出具审计报告（报告具体政策的完成情况、报告未完成的政策目标与产生问题的原因、出具相应的整改建议、披露政策执行与管理较好的典型事例）；在审计提升阶段，具体流程包括推动容错纠错机制执行和基于整改导向的审计机关监督绩效评价，实现这两大流程的具体路径包括推动后续跟踪检查（定期或不定期对审计整改情况进行监督）、反馈后续跟踪检查发现的问题（将后续跟踪审计发现的问题向上级部门反映）、对审计机关实施监督绩效评价（项目后评估，对审计的效率效果进行评价，进而提升审计机关的工作绩效）。

表 3-1　国家治理下重大政策跟踪审计评价路径的理论框架

审计阶段	具体流程	实现路径
审计准备阶段	建立重大政策跟踪审计项目组 运用研究型审计思维 利用大数据设定审计客体与范围	组建专家团队
		党和国家重大政策梳理
		利用大数据锁定调查对象与范围
		审前调查获取基础资料
		制定审计计划聚焦重大风险
审计实施阶段	基于问题导向的政策 实施效果评价	进一步现场审计确认风险点
		对政策实施效果评价并发现重大与重要风险
		交流需报告的风险
审计报告阶段	提供整改建议及报告	提交整改征求意见书
		出具审计报告
审计提升阶段	推动容错纠错机制执行 基于整改导向的审计机关 监督绩效评价	推动后续跟踪检查
		反馈后续跟踪检查发现的问题
		对审计机关实施监督绩效评价

第二节　重大政策跟踪审计评价的基本流程

重大政策跟踪审计评价实施的基本流程，即审计机关执行审计监督的流程。该流程主要由建立重大政策跟踪审计项目组，运用研究型审计思维、利用大数据设定国家治理中的重大政策跟踪审计的客体与范围，基于问题导向的政策实施效果评价，提供整改建议及报告，推动容错纠错机制执行，基于整改导向的审计机关监督绩效评价等步骤组成。具体内涵如下：

第一，建立重大政策跟踪审计项目组。该项目组一般由审计人员或专家组成，即以国家审计机关为核心，辅以重大政策方面的专家、政策实施机构的内部审计部门以及社会审计组织。这主要是由于，在国家治理的视角下，我国对于重大政策的实施范围非常广泛，但国家审计机关的力量有限，没有办法仅凭一己之力来全面清查所有重大政策的执行情况。因此，必然将会形成以国家审计为主导，重大政策相关专家、政策实施机构内部审计部门与社会审计组织共同辅助的协同审计小组，共同发挥重大政策跟踪审计的监督与评价作用，以期达到重大政策跟踪审计全覆盖的目标。这有助于更好地揭示我国各项重大政策在落实中存在的问题，更全面地分析我国体制机制等政策性缺陷，为完善国家政策提供依据，也为健全国家治理体系贡献力量。

第二，运用研究型审计思维。重大政策跟踪审计应在各个环节运用研究思维，将研究思维与审计全流程相融合，做到从"研——审"和从"审——研"的循环工作机制。具体而言，在审前调查和审计过程中，审计人员既要知道"是什么"，又要清楚"为什么"，还要研究"怎么样""怎么办"，深究导致出现该问题的原因，从根源解决问题，同时要加强对审计结果的研究，研究更具实操性的整改方案，还要研究如何制定更具针对性的防范风险的方案，充分运用研究型审计思维有助于完善我国治理体系与治理能力。

第三，利用大数据设定重大政策跟踪审计的客体与范围。《国务院关于加强审计工作的意见》明确指出，要探索大数据技术应用到审计实践中的途径，以加大数据综合收集及整体利用力度。审计机关可以利用大数据等信息技术手段精准识别重大政策跟踪审计的客体，即哪些人群是国家治理中的重大政策实施的受众群体。同时，审计机关也可以利用这些技术精准识别审计范围，即不同的人群涉及的具体政策是什么、政策资金有多少、政策项目是哪些、管理部门的体制机制运行情况怎么样，以及政策实施过程中是否存在违法违纪人员等。因此，利用大数据识别重大政策跟踪审计的客体与范围比传统方法更加精准、便捷、高效，而且更符合我国时代发展的要求。

第四，基于问题导向的政策实施效果评价。与国家治理相关的重大政策实施效果评价，是指审计项目组利用资金使用情况、项目建设运营情况、政策落实情况、体制机制运行情况、重大违纪违法情况等在内的指标体系进行评价。评价结果一方面能够发现存在哪些问题；另一方面能够对不同年份、不同地区的政策实施效果进行排序，进而发现政策实施情况以及不同时间、不同地区的政策执行效果等。

第五，提供整改建议及报告。审计机关利用项目评价结果，对相关单位提出整改建议，出具相应的审计报告并对外公布。这些整改建议的执行效果与审计机关的绩效密切相关，即如果审计机关提供的建议能够被政策执行部门或政策管理部门采用，那么审计机关的作用就能充分发挥，绩效就较高；相反，如果审计机关提供的建议不被政策执行与管理部门采用，那么审计机关的作用就体现得较少、绩效不高。因此，整改建议的采纳直接决定了审计机关的执行绩效。

第六，推动容错纠错机制执行。审计机关除了提供审计建议外，还需要推动容错纠错机制执行。审计机关要与政策执行部门、政策管理部门以及权力监督部门共同推动这一机制的执行。具体而言，一方面，审计机关需要将审计建议提供给政策执行部门与政策管理部门，即要求政策执行部门与政策管理部门改善政策落实、体制机制等方面的问题；审计机关还要督促政策管理部门完善相关重大政策的缺陷、制定政策等职责，同时解决因执行不合理、监督不到位、决策不适当等体制机制缺陷导致的重大政策无法实施或实施较慢的问题；同时，审计机关也应要求政策执行部门解决执行过程中的资金使用、项目建设和运营等方面的问题，即应监督执行部门尽快解决项目资金闲置、违规使用项目资金、项目未按规定招标、项目未开工或进展缓慢等方面的问题，这样才能降低这些问题扩大的概率以及减少这些问题可能带来的危害。另一方面，审计机关应移交相关案件与责任人给国家权力机关，使责任人或单位受到应有的处罚。此外，还可将重大政策跟踪审计与经济责任审计相联系，即重大政策跟踪审计项目组将线索与结果提交给经济责任审计项目组，使重大政策跟踪审计的结论体现在经济责任审计中，进而提升重大政策跟踪审计的作用。

第七，基于整改导向的审计机关监督绩效评价。在审计结束后，需要评价审计机关的监督绩效，目的是评价审计机关在重大政策跟踪审计项目中的实施效果和效益等，进而提出改善审计机关执行审计项目的监督绩效的方法。由于重大政策跟踪审计项目与审计机关绩效密切相关，为了评价审计机关的监督绩效，可从审计整改出发，制定相对应的资金使用审计规范、项目建设和运营审计优化、政策落实审计纠正、体制机制审计完善、重大违纪违法审计查处等指标体系，用以评价审计机关监督绩效。

第三节 重大政策跟踪审计评价的基本要素

习近平总书记在 2018 年 2 月举行的党的十九届三中全会上提出：党的十九大对健全党和国家监督体系作出重大部署，目的就是要加强对权力运行的制约和监督，让人民监督权力，让权力在阳光下运行，把权力关进制度的笼子。在 2018 年 12 月举行的中共中央政治局第十一次集体学习时，习近平总书记进一步强调：要着眼构建集中统一、全面覆盖、权威高效的监督体系。审计监督就是通过国家审计监督职能的发挥，推进主体责任落实。重大政策跟踪审计要充分发挥审计的监督和评价功能。在审计监督方面，国家审计机关要对政策实施和落实过程中可能出现的各种问题进行预判，并根据预判的结果提前部署防控措施；在审计评价方面，国家审计机关要对政策实施和落实过程中相关责任部门履行受托责任的情况进行客观评价，揭示相关责任人的重大违纪违法行为。同时，要发挥审计对政策管理和资金使用方面的制约作用，制约相关部门在资金资源的规划、管理和使用中可能出现的各种问题。

重大政策跟踪审计评价的基本要素是审计活动所需要使用的内容。主要包括收集相关政策项目数据、基于问题导向的政策实施效果评价指标、基于整改导向的审计机关监督绩效评价指标、变权层次分析法等。

一、收集相关政策项目数据

审计机关在监督国家重大政策实施效果时，可以利用国务院数据库、各地方政府数据库、行业数据库等，来收集审计所需的数据，然后对这些数据进行清洗、分析及整合，并导入传统的关系型数据库，如 MySQL 和 Oracle 等。在此过程中，由于审计存在动态性，因而不需要实时采集数据，只需要采集被审计单位没有处理过的原始备份数据（保证数据不遭受损耗），再借助大数据分析软件进行分析。虽然，各数据库中的数据纷繁复杂，但数据间存在勾稽关系，利用大数据审计技术能够很快发现数据之间的异常问题，可将其作为重大风险点，进行进一步调查。

二、基于问题导向的政策实施效果评价指标

审计署于 2016 年印发《关于进一步加强扶贫审计促进精准扶贫精准脱贫政策落实的意见》（以下简称《扶贫审计意见》），建议从扶贫政策落实、重大违纪违法、扶贫资金使用、扶贫项目建设运营、扶贫体制机制等指标体系评价。随后，审计机关根据《扶贫审计意见》开展了精准扶贫审计项目，如从"稳增长等政策措施贯彻落实跟踪审计结果"公告、"国家重大政策措施落实情况跟踪审计结果"公告、"审计署移送违纪违法问题线索查处"公告等方面出发进行审计监督。综上所述，审计机关主要以资金使用体系、项目建设

和运营体系、政策落实体系、体制机制运行体系、重大违纪违法体系为关键指标体系，对国家重大政策实施效果进行评价。经过对政策实施效果的评价指标进行筛选后，得出了如图3-1所示的具体指标。

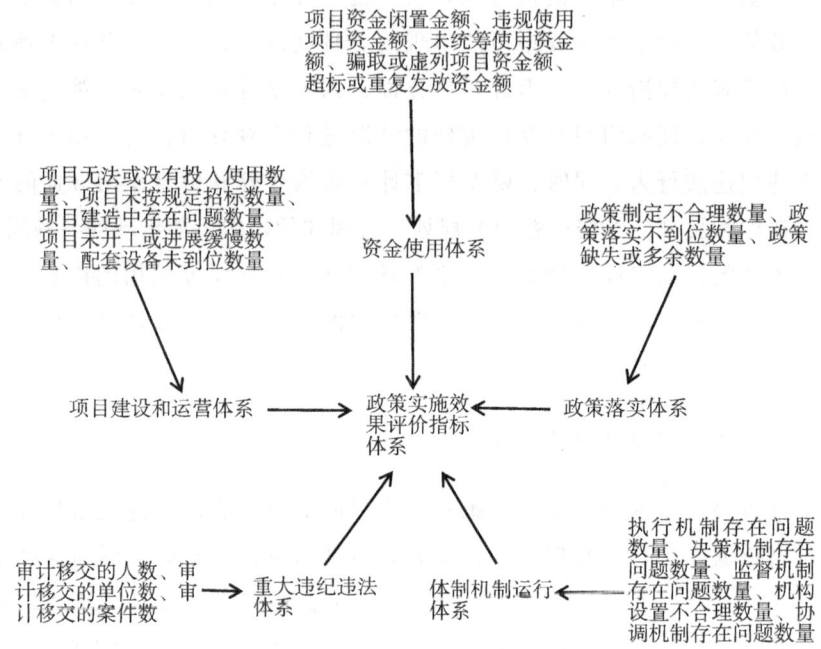

图3-1 政策实施效果评价指标体系

换言之，国家审计人员在依法履行其审计监督职责时，不仅要查处政策落实过程中存在的违法违规、经济犯罪、损失浪费、奢侈铺张、损坏资源、污染环境、损害群众利益、挤占挪用项目资金、破坏公共资源等各种行为，并依法对这些行为进行惩戒，而且要揭示政策实施过程中存在的体制障碍、制度缺陷、机制扭曲和管理漏洞，消除不利因素影响，清除政策实施的路障，及时提供具有建设性、科学性以及可操作性的修正、补充、完善的意见和建议，以保障国家重大政策的有效管理和执行。这既是法律赋予国家审计的责任，又是国家审计服务于国家治理的重要途径。

三、基于整改导向的审计机关监督绩效评价指标

作为国家政治制度不可或缺的重要组成部分和推进民主法治的重要工具，审计监督制度无疑具有重大的政治和经济意义。在高度肯定其重要地位和作

用的同时，审计机关也需要不断完善，提升自身的工作绩效，因为国家审计同样面临资源有限而需求无限的问题。先行一步，认真审视自身工作绩效、为被审计单位树立榜样和典范，既是国家审计自身发展的必须要求，也是民主法治社会进步的必然结果（李璐和夏昱，2011）。审计机关监督绩效评价体系是基于政策实施效果评价（基于过程控制的评价）与审计机关绩效评价（基于结果导向的评价）的指标体系组成，两个指标体系有很强的耦合性。审计机关绩效评价指标体系是根据审计主体职责、审计客体责任、良性互动路径，以及前述政策实施效果评价指标，以资金使用审计规范体系、政策落实审计纠正体系、项目建设和运营审计优化体系、重大违纪违法审计查处体系、体制机制审计完善体系为关键指标体系建立的基于结果导向的审计机关监督绩效评价理论指标体系，如图 3-2 所示。

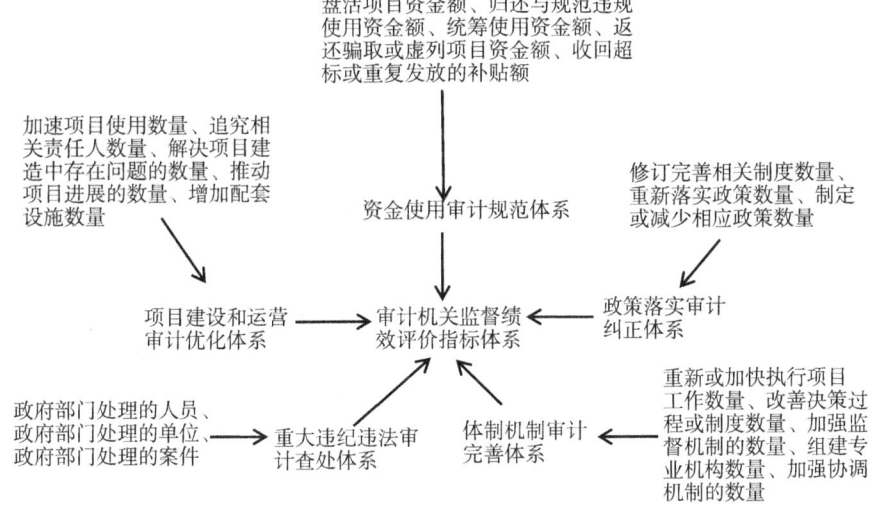

图 3-2　审计机关监督绩效评价指标体系

四、变权层次分析法

美国运筹学家 Saaty（2001）提出了层次分析法（AHP），这是一种将定性问题定量化的方法，即通过两两比较把专家意见和分析者的意见有效地结合起来，再反映到每个层次的权重中。这种方法被应用于政府或企业领域，如彭国甫等（2004）利用 AHP 法，评估了政府的工作绩效。张巧良和张黎

（2015）利用 AHP 法构建了 P2P 网贷平台风险评价体系，并对其面对的风险因素进行了排序。同时，师萍（1997）利用 AHP 法，对企业财务状况进行了评价。与他们的研究类似，申志东（2013）又基于 AHP 法构建了国有企业绩效评价指标体系，对案例中的国有企业进行了绩效评价。这种方法也被广泛应用于审计领域。例如，赵保卿和李娜（2013）将该方法应用于内部审计外包的决策；陈洋洋和王宗军（2016）将该方法应用于低碳审计评价。然而，层次分析法存在因素权重相对固定，以致无法应对复杂系统中因要素相互作用而使相对排序混乱的非常情况，即基础的层次分析法无法处理准则与指标间可能存在的动态问题（Negoiat，1997）。

为了改善传统层次分析法的不足，Negoiat（1997）提出了模糊 AHP 法，他认为当样本中含有一些模糊数据时，就可以使用这种方法。这种方法也被广泛应用于经济管理领域。例如，骆良彬和王河流（2008）认为内部控制质量量化时存在诸多模糊映射，因此其采用模糊 AHP 法研究了上市公司内部控制质量。在他们研究基础上，韩传模和汪士果（2009）构建了一个递阶模糊 AHP 模型，并给出了应用于内部控制评价的方法。但这种方法还是基于专家的主观判断，只是让专家给出多个模糊打分。从本质上来说，并未改善传统的层次分析法，反而给打分专家增加了诸多负担（Saaty，2007）。事实上，无论是传统的层次分析法，还是模糊层次分析法都不适用于审计项目评价。因为，专家可以通过加大某方面的权重来改变评估结果。例如，调研发现，存在某审计机关发现了诸多扶贫资金使用、项目建设与运营、重大违纪违法等问题，而在政策落实及体制机制等方面却未挖掘出较多问题的情况。在项目评分时，专家赋予的重大违纪违法分数最高，资金使用、项目建设与运营等问题的分数次之，三者的分数之和占到了总分的 76%，而政策落实、体制机制等方面的分数较少，仅占总分的 24%。这使得扶贫项目的最终评价结果较好，在该省项目评比中名列前茅。然而，在政策落实、体制机制等方面出现的问题，恰恰是扶贫资金、项目未落实的关键，也是责任人舞弊的根源。专家赋值不可避免地受到了审计结果的影响，不利于得到审计项目或审计机关的真实评价结果。

不同于模糊 AHP 法，Saaty 和 Tran（2010）提出了变权因素，即在系统中增加变权因素，使得专家权重随着时间或空间的改变而改变，即变权理论的核心是因素状态值的变化会引起因素本身权重的变化，从而适应不同决策单元的响应。变权理论可以有效地解决传统层次分析法的固权问题，在确定权重的基础上引入变权理论的思想，进而形成了一种全新的、更为科学和合理的权重分配方法——变权层次分析法。变权层次分析法是指专家在确定权重的基础上，利用真实数据修正专家给予的权重，使得变权后的权重与真实结果更加接近（汪培庄，1985）。在此基础上，李洪兴（1995）建立了处罚型变权、激励型变权与混合型变权的公式、向量与均衡性，使得变权层次分析法进入可应用范围。其中，激励型变权侧重于对关键因素的激励，其对高水平的单因素状态值的增加较为敏感，对低水平的单因素状态值的减少反应迟钝；惩罚性变权则相反，其更为注重因素之间的均衡性，因此对低水平的单因素状态值减少更为敏感，对高水平的单因素状态值的增加反应迟钝；混合型变权兼具激励型变权和惩罚型变权的特征，在一定水平上对评价因素进行激励，低于一定水平则进行惩罚。

变权层次分析法也被广泛应用于经济管理领域。例如，温素彬（2010）构建了企业三重绩效的变权层次评价模型，并提出这种方法可以给生态绩效、社会绩效更大的激励权重，进而使绩效评价结果更科学、客观。又如，黄溶冰（2013）利用变权层次分析法，增加了党政领导干部经济责任审计评价指标体系的客观性、科学性，随后利用案例对政府的节能减排情况进行了评价与排序。上述学者均指出，采用变权层次分析法比普通的层次分析法和模糊层次分析法更加客观，能反映原始数据的真实状况，因而这种方法更适合对客观数据进行评价。如果采用普通的层次分析法或模糊层次分析法，就不会考虑客观数据本身的状况，从而导致评价结果不够客观。相反，如果采用变权层次分析法，就可以避免相对主观、固定的专家权重对评价结果造成较大影响，进而使评价结果更加客观、科学。

第四节　重大政策跟踪审计评价的实践路径

本节基于国家治理的视角，研究审计机关在准备阶段、实施阶段、报告阶段以及提升阶段的重大政策跟踪审计的执行路径。

一、重大政策跟踪审计准备阶段

审计准备阶段包括建立重大政策跟踪审计项目组，运用研究型审计思维、利用大数据设定审计客体与范围。为了实施这两个流程，可从组建专家团队、梳理党和国家重大政策、利用大数据锁定调查对象与范围、审前调查获取基础资料、制定审计计划聚焦重大风险等实现路径。

（一）组建专家团队

首先，整合审计资源，增强监督合力，充分发挥政府相关部门内部审计和注册会计师审计的协助作用。政府部门内部审计具有政策执行主体内部的信息优势，而注册会计师拥有在各个行业进行财务审计和咨询的专业优势，因此，如果国家审计能够充分利用政府内部审计和注册会计师审计的工作，那么就能形成一股审计合力，既能最大限度节约审计资源，又能充分利用其他审计形式的优势来弥补国家审计自身的劣势，由此达到增强审计监督合力的效果。同时，在国家重大政策跟踪审计中，每一种审计形式各有侧重。其中，国家审计发挥着主导监督作用，主要负责审查和评价政策执行主体的项目管理、资金分配情况，项目资源使用的经济性、合理性和有效性，以及政策执行主体的主要负责人履行经济责任，特别是绩效责任的情况；政府部门的内部审计则发挥基础监督的作用，政府的内部审计部门要加强本单位内部的政策审查和评价，将国家重大政策跟踪审计与政策执行主体的执行过程有机地融合在一起，利用内部所特有的信息优势评价政策执行情况的优劣，对与政策执行有关的各种影响因素进行分析，为改进绩效提供建议，并据此为国家审计监督提供证据支持。国家审计既要善于利用政府购买服务的政策，通过市场方式购买注册会计师的服务，以此充实审计力量，也要尽可能多地利用注册会计师审计的结果，减少重复审计，节约审计资源。

其次，在国家重大政策跟踪审计中，需要利用政策专家、学者等的工作，进行协助分析。对审计人员来说，在没有专家、学者解释的前提下，很难精准掌握一些国家治理层面上的重大制度的内涵，这会导致在执行重大政策跟踪审计时存在偏差，难以完全监督政策执行的有效性。此外，专家、学者有着较高的相关政策知识储备，能够更加专业和客观地解读政策，进而给出与政策意图相符的问题改善建议，有利于推动审计提升价值，还能够获取更多的审计证据，使得审计团队更容易产出优秀的审计报告或审计专报。

(二) 梳理党和国家重大政策

政策梳理法是通过对被审计项目所涉及的相关政策制度进行逐一梳理，以对被审计项目的政策是否得到贯彻落实进行全面深入了解，并以此为标准开展审计工作。该方法客观性和专业性强，可依据政策标准进行全面的审计工作，避免审计过程的主观性。当然，该方法使用过程中需要对相关政策进行全面梳理和深度剖析，一旦在梳理和剖析环节出现漏洞，会降低审计质量。因而，政策梳理可分为以下几个步骤进行。

第一，了解某地区相关政策制定的背景、落实的效果以及存在的问题。审计团队首先要梳理某地区是否根据国家制定的项目方案或其他相关政策，制定有关的地方性政策、配套措施等，即审计监督地方政策制定的适当性以及是否存在多余或缺失的政策；其次要梳理各政策执行部门的职责，即不同的部门需要实现哪些具体的政策，以及它们所需要执行的地方性政策与措施是否已落实；最后通过询问、调研等方法了解落实过程中存在的问题，特别要注意落实不到位的原因是否与政策本身有关，因为政策的问题将会最终影响国家治理目标的实现，所以要将其作为进一步调查的基础。

第二，借助政策清单法、会议讨论法、专家调研法等多种方法，对地方政府制定的政策或配套措施进行全面梳理和分析。具体表现为：①首先运用政策清单法获取所有该地区的相关政策与措施，并以省、市、县等不同行政区域来分类；其次再通过对责任牵头部门进行分类；最后形成政策清单。政策清单法使得某地区政策层次分明、内容清晰，有助于审计团队理解相关政策由哪些牵头部门来执行，因此，此方法更便于精准定位所需追究的责任人及比较不同部门间的责任与贡献。同时，这种方法有利于重大政策审计人员在后续检查时可以查找最新出台的政策与措施，以及同一部门在不同时间出台的具体政策是针对哪些国家重大政策目标，也有利于审计人员对不同部门制定的具体政策或政策执行效果等进行对比分析。②运用会议讨论法、专家调研法了解具体政策执行部门在执行政策中所遇到的困难，以及这些困难是否与政策制定的不合理相关。具体而言，审计团队可在审计前先与执行部门开大会讨论，再单独对负责人进行调研，目的是发现负责人在大会中与单独调研时的言行是否与现有国家政策存在差异，这些差异往往就是问题所在，也是进一步调查的重点内容。

第三，政策梳理后发现的潜在问题。首先，整理会议讨论、专家调研发现的潜在问题，以及这些问题发生的原因；其次，在此基础上，将这些问题与政策清单进行核对，发现哪些政策没有得到较好的执行，以及问题的原因与政策制定是否合理、政策是否缺失多余或政策是否落实到位等有关；再次，在政策清单上发现责任人或责任单位，作为进一步调查的对象，即在后续审计中应对这些单位的某些问题进行重点检查；最后，考虑政策制定部门、政策执行部门是否已经意识到存在的上述问题，以及是否已采取了相应措施加以完善政策制定和执行中存在的漏洞或解决过程中遇到的困难。

（三）利用大数据锁定调查对象与范围

第一，审计机关可通过询问具体项目的工作人员、实地调研等方式，了解政府部门的信息系统运行、版本、名称、功能、操作方法等情况，特别需要对信息系统的数据来源进行详细调研，以便将信息系统中的备份数据导入一个集中的大型分布式数据库。同时，为了使具体领域的大数据审计顺利开展，还可考虑打破传统的审计小组以科室为主的构成方式，整合审计资源，在审计小组中加入具备大数据审计专业特长的人员，以推动基于大数据的审计项目顺利实施。

第二，利用大数据进行分析，锁定调查对象与范围。由于某些国家政策的实施年份跨度较大、数据纷杂，且不同数据库的计量方式也不同，因此，审计工作的数据量可能非常大，而且掌握的数据可能存在诸多错误，这就会导致审计人员分析数据的难度较大。纷繁复杂的数据虽然难以分析，但也体现了两面性，即数据可能存在疑点。审计人员可以通过穿行测试先分析具体的数据库采集数据的准确性；再分析录入数据时是否可能存在造假、错误等情况；最后通过紧密相连的重点字段、不同项目间的勾稽关系等查找项目执行过程中存在的疑点，进而锁定调查对象与调查范围。

第三，在锁定调查对象与调查范围基础上，作出潜在问题预测。审计人员在查出疑点，并锁定调查对象与范围基础上，根据对应数据，推理出相关地区某一潜在问题的影响范围、严重程度等，并据此预测未来几种相应的政策措施可能引起的对于潜在问题的改变效应，并预测哪种方案会更有利于政府实现其治理目标。

(四) 审前调查获取基础资料

实施审前调查的主要目的是，在前述锁定调查对象与范围的基础上，获得相应的基础资料，用于进一步调查分析。具体而言，审计人员在实施具体项目现场审计之前，需要根据调查对象收集和整理各项目执行主体、管理主体的资料，并提前对有关区域的发展现状、发展策略等进行了解。对于项目执行主体而言，收集的资料主要包括政策涉及的人口数量、相关产业建设情况、政策执行情况、区域经济发展现状、项目资金发放情况等；对于项目管理主体而言，收集的资料主要包括：下达的具体政策、配套政策，已调查的执行政策的效果，调查过程中发现的困难，针对这些困难是否采取相应的对策，以及是否存在具体政策未落实、相关政策缺乏操作性等问题。这些资料作为审计人员的重要参考，可作为进一步调查的依据。

获取的上述资料仅能对某地区的政策执行和管理情况进行基础性了解，但这些数据与信息是各项目执行主体、项目管理主体所提供的资料，因此，审计人员很难通过这些资料来判断这些信息的真实性、完整性。为了发现重大风险点，审计人员可以选择一些政策所涉及的人群和区域，对其进行实地走访，并询问真实的政策执行和管理情况以及有关群众的需要等，同时还可选择项目的产业负责人或工作人员进行走访调研，以了解项目建设进度、资金运用、建设的未来预期经济效益等。也就是说，审计人员应当充分利用社会力量，以获取更多关于被审计单位的信息，增加对被审计单位的了解，群众的参与也会对发现重大违规违纪问题提供一定的帮助。例如，各市县审计局在进行审计前发出审前公告，公告明确审计对象与内容，自公告之日起，个人和单位可通过来信、来电、来访等形式，实事求是地反映被审计对象及相关人员在经济活动中存在的问题、审计组及审计人员在廉政纪律或依法审计等方面的情况。最后，在调查的基础上，审计组可运用自身的谨慎性和专业胜任能力对已收集资料的正确性进行判断，去伪存真，为下一步聚焦重大风险奠定基础。

(五) 制定审计计划聚焦重大风险

审计计划是开展后续检查的依据，一般包括审计目标、对象、范围、重点，以及审计团队组成与分工、时间安排、项目安排等内容。其中，审计目标一般是确定相关政策所要实现的目标是否实现。审计目标需要以问题为导向，从问题出发进行调查；审计对象与范围是审计团队前期利用大数据锁定的调查对象与范围，是进一步调查的内容；审计重点是审计团队审前调查时获取的所需要聚焦的重大风险，明确审计重点能够使审计工作更加高效。此外，还需要在此基础上深入挖掘相关的政策在制定和执行中存在的根本性问题，据此作为进一步审计的重点；审计团队组成与分工等是审计团队的构成方式，也是审计工作开展的前提条件。制定审计计划，聚焦审计的重大风险有利于分析导致问题出现的主要原因，推动健全责任追究和问责机制，规范项目实施，保障项目部署顺利推进，完善国家治理体系与治理能力。

此外，如果国家治理中的某一项或几项任务十分紧迫，那么国家重大政策跟踪审计就要特别强调时间安排和项目安排。一方面，在政府部门执行相关政策时，审计团队就应当介入进行审计，以达到"边审计、边整改"的目的。即审计团队需要结合现有资源，重点调查政策实施过程中存在的重大风险，并将结果用专报形式上报给各级政府，从而帮助解决政府在政策实施过程中遇到的困难。同时，审计团队也需要注重时效性，即在最短的时间内完成高质量的审计。另一方面，由于国家政策跟踪审计的涉及面广且影响面大，也就是说，一个重大政策可能涉及非常多的部门，或者一个部门可能涉及多个重大政策。因此，为了节约审计资源，避免重复审计，从项目安排的角度来说，审计人员应当将具体政策跟踪情况审计与其他审计"多项目合一"，实施融合式审计，即审计人员在安排年度政策落实情况跟踪审计项目时必须与审计机关年度安排的全部审计项目进行统筹考虑。在安排审计机关年度项目计划时必须以政策落实情况跟踪审计为主线对预算执行审计、经济责任审计以及其他审计项目进行综合分析，对政策落实情况跟踪审计项目与其他审计项目满足结合审计条件的，可选择结合审计；对单独立项的政策落实情况跟踪审计，要考虑审计对象，将同一审计对象的其他审计项目安排在同一时间段，采取联合进点的方式避免多个审计组多次进驻同一审计对象进行审计。总之，审计机关在安排年度项目计划时，需要对纳入计划的各类审计项目进行深入分析，优化资源配置，合理确定项目安排（林忠华，2017）。以"精准扶贫审计+经济责任审计"为例，具体而言，一是建立精准扶贫审查评价与经济责任审计相融合的指标库。即在融合时，经济责任审计应结合当时责任人的精准扶贫目标，从指标库选取一定数量的精准扶贫评价指标，并及时补充指标。二是"两项目合一"调查。可先进行精准扶贫审计,并应用该项审计提供的信息及相关责任人履责信息。以这些信息为切入点,对应分析这些扶贫政策执行不到位的情况是否与责任人履责不到位有关,以及责任人的这种政策履行不到位是否会导致扶贫资金损失浪费,进而为政府问责提供依据。三是组建两个项目人员共同参与的团队。为了解决经济责任审计人员在评价扶贫责任人履责时的困难,可利用线下、线上技术,邀请精准扶贫审计人员共同讨论解决方案。反之,扶贫审计人员也可邀请经济责任审计人员,共同攻克在评价被审计单位领导履行精准扶贫责任中的问题。

二、重大政策跟踪审计实施阶段

审计实施阶段主要进行实施效果评价,实现路径包括进一步现场审计确认风险点、对政策实施效果进行评价并发现重大与重要风险、交流需报告的风险等。

(一) 进一步现场审计确认风险点

在通过大数据审计、调查获取资料等方法收取证据后,需要进一步实施现场审计,其主要目的是验证大数据与书面证据的可靠性。例如,当审计项目组通过大数据技术发现某项目存在重复申请项目资金等情况时,就怀疑该项目存在问题。那么,审计组就应当进一步执行现场审计,获得支撑材料,进一步确认该项目在管理和执行过程中存在的不遵守相关规定的具体问题和情况。由此可见,现场审计结果可以验证大数据审计结果的正确性。又如,在某扶贫政策跟踪审计中,审计项目组在调查资料时发现某村因配套设备未到位而导致项目建造进度较慢,但进一步实施现场审计后发现产生此现象的原因是项目图纸进行了修改,而配套设施的购买需要根据图纸来进行,因而导致配套设施到位的速度较慢。可见,现场审计与调查结果存在差异,通过现场监督,审计人员又发现了新的线索,改变了之前的观点。

实施现场审计的目的是收集充分适当的审计证据,以进一步了解重大与重要风险。特别地,审计人员对于一些难以理解或无法理解的事件与情况,可以通过现场审计解决。即审计人员可以与执行部门负责人或管理部门负责人面对面讨论这些问题,并要求相关负责人提供足以支撑其回答的充分资料,进而加深审计人员对被审计单位的认识以及对于复杂情况的了解,在此基础上，进一步确认被审计单位的重大或重要风险。

进一步现场审计包括提前通知、进点会议、获取证据、制作取证单等内容。首先，负责审计国家重大政策实施情况的审计人员需要提前与被审计单位沟通审计的时间、大概安排、需要参会的人员以及需要提供的资料清单等，并给予被审计单位充足的时间收集和整理需要提供的各项材料。其次，审计团队在现场审计的首日需要召开进点会议，并发放审计通知书。通过进点会议，审计团队可以获取资料，并结合之前所进行的初步调研，向执行部门或管理部门负责人快速了解具体政策执行情况，识别在初步调研时未发现的风险。再次，在进点会议结束后，审计人员需要采取盘点、实地调查、询问、观察等审计方法获得项目建设情况、资金使用情况、体制机制运行情况、政策执行情况等方面的证据。即审计项目组还需要挖掘资金、项目背后的体制机制运行问题、政策执行问题，以及查明是否有违法犯罪的情况等。因为只有充分了解这些情况，才能从根源上解决资金、项目中存在的问题并防止这些问题屡审屡犯。特别地，要注重与政策执行的一线人员交谈，了解资料上未显示问题的情况；也要注重与相关负责人进行谈话，对一些疑虑或模糊不清的问题进行详细咨询。最后，在详细了解情况后，审计人员需要根据问题制作取证单，让相关部门责任人进行填写，目的是补充、完善有关疑虑问题的证据，并且使证据得到相关部门认可，以防止在撰写审计报告时出现不实事例。取证单不仅要被审计单位填写，还要由相关负责人签字，以保障取证单的准确性。在获取充分适当的证据，完成取证单、工作底稿之后，审计人员才可以撤离现场。

（二）对政策实施效果评价并发现重大与重要风险

经过访谈与调查，审计团队已经基本了解了政策执行部门与管理部门的重大、重要风险点。基于这些了解，审计团队专家可根据政策实施地的具体情况建立基于问题导向的政策效果评价指标体系，并对政策实施效果评价指标赋予专家权重。随后，审计小组利用变权层次分析模型，根据建立的指标体系、收集的数据，以及专家打分计算的权重来进行政策实施效果评价。具体而言，在指标体系方面，可能存在的风险集中在资金使用、政策落实、项目建设和运营、体制机制、重大违纪违法等方面，因而审计小组应根据具体情况，建立适合被审计地区或单位的政策实施效果评价指标体系；在收集数据方面,利用前述大数据分析方法获取数据,并对数据进行清洗与判断,在确认获得真实数据后再代入变权层次分析模型进行评价;在专家权重方面,如果审计团队对政策执行部门与管理部门的了解较多,可以参与专家打分,但由于审计团队成员的认识基本一致,为了防止打分过于集中,还可邀请其他专家学者等参与打分,以保障权重的客观性与科学性;在变权层次分析模型方面,前述分析发现该方法比较适合对客观数据进行分析,因此可采用此种方法进行效果评价。

在评价结果基础上,审计团队需要讨论并确定重大与重要风险。并与之前调研的政策执行部门与管理部门披露的重大与重要风险相比较,发现这些部门已经意识到但未解决的重要或重大风险,以及这些部门仍未意识到的重要或重大风险。如果重大或重要风险已被意识到但未解决,表明这些部门采取的整改方案无法起到作用,审计机关需要修正整改方案;相反,如果重大或重要风险没有被意识到,审计机关要着重提醒执行部门或管理部门采取措施,并考虑是否存在人为舞弊或错误;而如果存在故意不解决这些重要或重大风险的情况,这可能表明政策执行部门或管理部门存在违法违纪,因而需要审计团队特别关注这类重大或重要风险,必要时可向法院、纪委等权力机关移交线索。

(三) 交流需报告的风险

交流需报告的风险主要分为审计组内部交流以及审计组与政策执行部门或政策管理部门的交流。首先,审计组内部交流项目评价过程与评价结果的目的,一方面是为了减少职业判断不准确或职业谨慎性不佳引起的风险。因为,审计小组人员的能力有限,且每个小组成员只关注几个被审计的政策实施区域,而不了解整个地区的具体情况与产生问题的原因,这使得审计人员在判断时可能存在偏差。基于此,提高审计判断质量不仅是准确把握国家治理改革方向的必然要求,也是提高审计效率和成果层次的客观需求,还是保证审计质量的基础(吕劲松和邓世军,2017)。审计人员能否做好政策跟踪审计,关键在于能否对国家宏观改革方向有准确的把握,能否对中央系列政策的精神实质有正确的领会,能否对改革中出现的新情况和新事物有正确的判断和全面的认识。由此可见,审计人员的审计判断质量非常关键,提升审计判断质量、作出更加专业和谨慎的判断非常重要。为了避免出现不谨慎的判断，审计项目小组成员之间需要经常交流，特别要交流政策评价指标、标准、过程的客观性、准确性等，进而提升审计质量。另一方面，通过交流，不断缩减审计小组成员之间的差异，使审计人员的判断相对一致，以对审计初步发现的风险进行分级，即着重关注重大风险、重要风险的分级，可为进一步撰写审计报告奠定基础。

其次，针对重大风险、重要风险，需要与政策执行部门或政策管理部门进行交流。因为，这些部门可能会对审计结果产生异议，并给出证据以证明政策实施效果的真实状况。在交流重大或重要资金使用风险时，审计人员可与政策执行部门或管理部门就发现的问题分别交流，识别这些风险是否与政策管理部门的政策制定或体制机制等有关；在交流重大或重要项目建设和运营风险时，审计人员可与政策执行部门或管理部门就发现的问题共同交流，以确认这些风险是否已采取解决方案以及是否已得到缓解等；在交流重大或重要政策落实风险时，审计人员可着重与政策管理部门交流政策制定不合理、政策缺失或多余的原因及改善方案，着重与政策执行部门交流政策执行不到位的原因及改善方案；在交流体制机制运行风险时，审计人员应当与政策执行部门或管理部门共同交流，以确认决策、监督、执行等方面的风险是否与体制机制有关，并告知这些部门体制机制风险的重要性。为了避免政策执行部门或管理部门因了解重大违纪违法信息而采取销毁证据的不当行为，审计人员一般不与被审计单位交流这些信息。此外，在审计组和政策执行部门或者管理部门的人员交流过程中，为了防止重大违纪违法信息泄露，审计组应当特别要求被调研者保密，并先不在整改建议书与审计报告中体现这些内容。而是先将这些重大违纪违法案件移交司法机关，为这些机关立案调查提供线索。

三、重大政策跟踪审计报告阶段

提供整改建议及报告的流程属于审计报告阶段内容，实现路径包括提交整改征求意见书、出具审计报告两个部分。

（一）提交整改征求意见书

整改征求意见书是政策执行部门与政策管理部门在进行整改时需要使用的文档，是审计报告的基础。审计团队在制定整改征求意见书时，要考虑下列前提条件：一是考虑专家意见的合理性，确保专家的独立性；二是考虑整改意见是否与审计目标相吻合，即整改意见确实能够促进政策目标的实现；三是选择的典型案例是否符合国家重大政策实施要求；四是对政策执行部门与管理部门的问题描述是否恰当，尽量不要将证据不足的问题列示；五是需要保障整改征求意见书的保密性。

在上述前提条件的基础上，实现路径如下：首先，审计项目组先将从省审计厅、地市审计局以及其他社会审计力量处获得的所有证据加以收集，接着审计团队要与参与审计的专家一起针对已发现的重大风险或重要风险，从各自的视角出发进行多次讨论并撰写整改征求意见书初稿；其次，审计项目组要结合审计所了解到的实际情况，合理采纳专家的建议，选择可行性高且操作性强的整改建议；最后，经过多次讨论，且经过政策执行部门与政策管理部门的确认后，由审计组成员、审计组长核对、复核，并最终出具整改征求意见书。特别地，考虑到保密性的原则，该整改征求意见书应当只出现与被审计单位有关的内容。

在以上实现路径中，审计项目组在发布最终审计报告前，要先咨询参加审计工作的专家以获得相关建议，进而撰写审计整改征求意见书初稿，目的是促进政策目标更好地实现。此外，审计组在撰写整改征求意见书初稿后，应当将该初稿递交给相关政策执行部门和管理部门，以保障审计建议的正确性，并促使政策执行部门与管理部门按照整改征求意见书上的具体建议来修正政策、体制机制，及时解决资金、项目与违法违纪问题。除此之外，审计组还应撰写典型案例，并与整改征求意见书一起提交给相关政策执行部门与管理部门，向它们征求是否可以宣传以及如何进行宣传的建议。在得到相关部门证实后，审计项目组再以整改征求意见书为基础撰写审计报告。

（二）出具审计报告

出具重大政策跟踪审计报告时，需要报告如下事项：一是报告具体政策的完成情况，如项目资金使用情况，项目建设以及政策执行等目标的完成情况。二是报告未完成的政策目标与产生问题的原因，如在发现一些项目建设进度缓慢的现象后，分析出可能的原因主要是项目资金没有统筹使用，或招标项目承包商资质问题等；又如出现未及时出台相关的政策实施配套措施的现象后，分析出可能的原因主要是协调机制未到位，即一些部门还未根据政策制定部门的要求及时出台配套措施。三是根据出现的问题,给出相应的整改建议。整改建议应与当前出现的问题相对应,如资金使用问题、项目建设和运营问题、政策落实问题、体制机制运行问题、重大违纪违法问题,对应的整改建议分别是规范资金的使用、优化项目建设和运营、纠正未落实政策、完善体制机制、查处重大违纪违法。四是披露政策执行与管理较好的典型事例,对那些将与国家治理相关的重大政策较好地付诸实践的单位给予积极的正面激励,同时也为其他单位的政策实施树立好的榜样,产生示范效应。

四、重大政策跟踪审计提升阶段

审计提升阶段包括推动容错纠错机制执行、基于整改导向的审计机关监督绩效评价。为了实施这两个流程,可以从推动后续跟踪检查、反馈后续跟踪检查发现的问题、基于整改导向的审计机关监督绩效评价等实现路径着手。

(一)推动后续跟踪检查

在后续跟踪检查时,审计人员可要求问题部门提交审计整改报告或者上交相关整改材料,并定期或不定期对审计整改情况进行监督。审计机关应充分利用提交的整改征求意见书,检查这些部门是否按照审计机关提出的审计整改意见来处理重大风险、重要风险以及整改意见是否得到落实;或者这些部门虽然没有采纳审计整改意见,但采用了一些新的方案来控制重大风险、重要风险,审计人员应当明确这些被采用的新方案的具体内容与举措。此外,审计机关尤其应当注意,要将整改效果好的部门作为典型案例予以宣传。相反,对于整改不到位的重大或重要风险,审计机关一方面需要要求问题部门持续提供整改资料,并对其进行持续的跟踪检查;另一方面,应当上报政府、纪委或其他管理部门,由这些部门继续采用跟踪、现场检查、会议等多种方式监督问题部门的后续整改情况。这是为了使上级管理部门了解下级管理部门在整改过程中作出的努力,以及可能存在的努力方向不正确、努力措施不到位等情况,或可能存在相关责任人串谋舞弊的情况,进而使上级管理部门在整改监督时能更迅速而准确地发现问题。

其中,审计项目组人员在后续跟踪检查时应当对所有的重大风险、重要风险进行跟踪检查,但其跟踪检查的重点应当存在先后顺序:一是先跟踪检查问题高发的重大风险领域;二是再跟踪检查问题高发的重要风险领域;三是跟踪检查问题不高发的其他重要风险。

(二) 反馈后续跟踪检查发现的问题

对一些政策审计屡审屡犯或屡次提醒都整改不到位的责任人或责任单位，应向上级管理部门反映，目的是使上级管理部门了解被审计单位屡审屡犯的原因、问题，并使其在职权范围内予以适当的通报批评、处理处罚等，并使上级部门加强对问题部门的监督，要求审计部门持续跟踪检查，直至问题得到根本整改。后续跟踪检查与首次审计不同，后续跟踪检查更关注未整改的重大风险与重要风险，同时还应监督问题部门采取的措施是否适当，以及这些措施的执行效果是否能够解决未整改的问题。此外，对于因责任人舞弊问题而导致的整改不到位的情况，一方面，审计机关需要查实责任人违法的证据，并将证据移交给法院、纪检等权力机关，使权力机关可基于这些线索进一步查证并给予责任人相应的处理处罚措施；另一方面，政策跟踪审计组还可将责任人虽不违法但违规的证据交给经济责任审计项目组，将责任人对于政策执行不到位的审计证据纳入其经济责任审计，使审计机关对责任人的经济责任评价更加客观、公正，并威慑其他责任人或部门执行好政策活动。

(三) 基于整改导向的审计机关监督绩效评价

在进行政策实施效果评价后，还需要知道各审计机关的监督绩效情况，目的是对审计机关政策审计的执行效果进行评比，进而提升审计机关的工作绩效。

具体路径包括：首先，建立审计机关监督绩效评价指标体系。审计机关监督绩效指标体系应与政策实施效果评价指标体系相对应，即如果审计机关提出的整改意见得到了落实，就表明审计机关的监督达到了较好的效果；如果审计机关提出的整改意见没有得到落实，则表明审计机关的监督绩效不佳。因而，应当建立以资金使用审计规范体系、政策落实审计纠正体系、项目建设和运营审计优化体系、重大违纪违法审计查处体系、体制机制审计完善体系为关键指标体系的审计机关监督绩效评价指标体系。其次，收集相关整改数据。审计机关需要持续跟踪项目整改的结果，并取得与监督绩效指标相对应的整改数据，随后对数据进行清洗，在确认获得真实数据后再代入变权层次分析模型进行评价。再次，赋予专家权重。实践中，可利用专家打分来确定审计机关的监督绩效权重，这些专家应包括一些政府或纪委领导、有丰富经验的审计专家以及具体政策方面的专家，目的是在评价中加入审计机关监督者、审计机关人员及客观评价者，使打分更加科学。最后，利用变权层次分析模型进行评价。由于变权层次分析模型更能反映客观数据，因此也可使用该模型，根据建立的审计机关监督绩效指标体系以及收集的数据，对审计机关实施监督绩效评价。

具体而言，以上具体路径中的第一步，即建立审计机关监督绩效评价指标体系，主要是为了对项目的整改情况进行分析，以期发现审计机关实施审计监督后的效果如何，即审计监督是否促进了问题整改。为此，应当建立以资金使用审计规范体系、政策落实审计纠正体系、项目建设和运营审计优化体系、重大违纪违法审计查处体系、体制机制审计完善体系为关键指标体系的审计机关监督绩效评价指标体系。其中，在资金使用审计规范领域中，主要关注项目资金闲置问题与未统筹使用资金问题的整改情况、违规使用项目资金的整改情况、骗取或虚列项目资金的整改情况、超标或重复发放资金的整改情况；在政策落实审计纠正领域中，主要关注原政策落实不到位的整改情况、政策制定不合理的整改情况、政策缺失或多余的整改情况；在项目建设和运营审计优化领域中，主要关注项目未开工或进展缓慢的整改情况、项目无法或没有投入使用的整改情况、项目未按规定招标的整改情况、原项目建造中存在问题的整改情况、配套设备未到位的整改情况；在重大违纪违法审计查处领域中，主要关注相关责任人的处理处罚实施情况；在体制机制审计完善领域中，主要关注原执行机制存在问题的整改情况、原决策机制存在问题的整改情况、原监督机制存在问题的整改情况、原协调机制存在问题的整改情况、原机构设置不合理的整改情况。

第四章 国家治理视角下重大政策跟踪审计路径应用研究

第一节 浙江省域治理现代化政策跟踪审计路径研究

一、浙江省域治理现代化的内涵

(一) 忠实践行"八八战略"

根据《中共浙江省委关于认真学习贯彻党的十九届四中全会精神高水平推进省域治理现代化的决定》(以下简称《决定》),只有坚持以"八八战略"统领推进省域治理现代化、落实和健全党的领导制度体系、健全现代法治体系、健全高质量发展制度体系、健全社会治理体系、健全基层治理体系和健全治理能力保障体系,才能实现浙江省域治理现代化。依照浙江省委《关于制定浙江"十四五"规划和2035年远景目标的建议》(以下简称《建议》),浙江省域治理现代化应忠实践行"八八战略",发挥浙江省在体制机制、区位、块状特色产业、城乡协调发展、生态、山海资源、环境和人文八个方面的优势(见图4-1)。

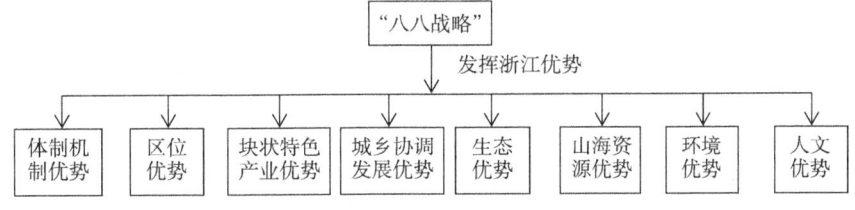

图4-1 "八八战略"中的浙江八大优势

为推进浙江省域治理现代化，首先需明确省域治理现代化的内涵特征，即抓住"省域""治理"和"现代化"这三个词，具体表现为：①需分清中央和省级的事权要求，明确省级事权是对中央事权要求的具体化；②要在国家治理的制度框架下，分清省域的制度建设和具体工作；③要顺应时代变革的新趋势和现代化建设的新要求，对省域治理关键领域作出重点部署，如治理理念、治理方式等。

其次，对浙江省来说，需沿着"八八战略"指引的路子推进省域治理现代化。推进过程应充分发挥浙江优势，具体表现为：①在发挥区位优势中，浙江省要主动与上海接轨，积极参加长江三角洲地区的交流与合作，包括经济贸易、人才交流、资源共享等，以此不断提高自身的对内对外开放水平；②在发挥城乡协调发展优势中，浙江省应继续开展特色小镇建设，将原有特色小镇建设所囊括的率先实现高质量发展的高端平台的目标定位与省域治理现代化的目标有机结合。根据中投产业研究院发布的《2020—2024年浙江省特色小镇深度调研及建设模式研究报告》指出，特色小镇的建设能最大化利用空间资源，加快浙江省的经济发展，推动城乡共同发展；③在发挥山海资源优势中，浙江省要大力发展海洋经济，将海洋经济打造成为自身新的经济增长点。在省域治理现代化建设中仍可以"山海协作工程"推进"欠发达地区跨越式发展"。

最后，"八八战略"是习近平新时代中国特色社会主义思想在浙江萌发与实践的集中体现，其中蕴含着"绿水青山就是金山银山"等重要治理理念，而这些思想在省域治理现代化中仍适用，且得到不断强化。

（二）重点健全"六大体系"

省域治理是一个系统工程，必须从全局出发，考虑治理的系统、整体与协同。因此，《决定》中指出，将浙江实际与省域的制度执行和工作落实紧密联系，形成与全面建成"六个浙江"相适应的高水平整体治理效能，并据此提出要重点健全"六大体系"，即党的领导制度体系、现代法治体系、高质量发展制度体系、社会治理体系、基层治理体系和治理能力保障体系六个方面。此外，上述所提及的六个体系与省域治理要素方面存在对应关系，即党的领导制度体系与治理主体相对应；现代法治体系与治理方式相对应；高质量发展制度体系和社会治理体系与治理内容相对应；基层治理体系与治理基础相对应；治理能力保障体系与治理保障相对应。

具体而言，从治理主体来看，党的领导在省域治理过程中应位于统摄性地位，只有健全党的领导制度体系才能更好地推进省域治理现代化。因此，需将党的领导落实到浙江省域治理的各环节、各方面、各领域，发挥党在治理中的核心作用。从治理方式来看，现代法治是治理的基本方式，只有坚定不移地走中国特色社会主义法治道路，才能高水平推进省域治理。同时，还要将数字化与现代法治相结合，形成与数字时代相适应的现代法治体系。从治理内容来看，保证高质量发展和更高社会治理水平需要统筹好改革、发展和稳定三者之间的关系，继而实现经济、社会等方面的高质量发展。从治理基础来看，省域治理的根基位于基层，因此，需要重点关注基层方面治理，以推动浙江省域治理。例如，坚持和发展新时代"枫桥经验"，即在基层治理中发挥群众的作用，依靠群众的力量做到矛盾能够就地解决。从治理保障来看，治理能力与治理体系存在有机联系，为了强化治理能力保障，必须落实全面从严治党责任制和意识形态责任制，提高党的建设质量。

（三）浙江省域治理现代化的关键

结合"六大体系"，本书梳理了浙江省域治理现代化的关键。由表4-1可知，浙江省域治理现代化的关键是建设制度、完善体制与机制问题。

表4-1　　　　　　　　　　浙江省域治理现代化的关键

六大体系	关键
落实和健全党的领导制度体系	完善保障"两个维护"的制度机制、完善党委统筹推进治理的领导体制和工作机制、完善思想文化引领机制、构建"服务企业服务群众服务基层"长效机制、完善权力运行制约和监督机制
健全现代法治体系	完善地方立法体制机制、构建优化协同高效的依法行政体制、深入推进政府数字化转型、健全社会公平正义法治保障制度
健全高质量发展制度体系	打造市场化、法治化、国际化的一流营商环境，建立具有国际竞争力的创新驱动发展机制，强化经济社会发展的规划引领机制，完善城乡区域协调发展的空间治理机制，构建全域美丽的绿色发展体制机制，坚持和完善为民办实事长效机制
健全社会治理体系	推进社会治理领域"最多跑一地"、创新社会治理共同体建设载体机制、完善防范化解各类风险体制机制、加强和创新网络综合治理、强化信用在社会治理中的基础作用

续表

六大体系	关键
健全基层治理体系	完善党建统领的基层治理领导体制，构筑职责清晰、统分结合、简约高效的基层治理机制，强化自治、法治、德治融合的基层治理方式，充分激发基层活力和创造力
健全治理能力保障体系	加强省域治理现代化工作的组织领导、提高领导干部制度执行力和治理能力、发扬新时代新担当新作为的精神和作风、推动全社会自觉遵守维护制度

第一，落实和健全党的领导制度体系包括五个关键：完善保障"两个维护"的制度机制，即从制度上完善对党委理论的学习，强化党中央和习近平总书记重大政策指示的落实工作，同时在纪律、组织等各方面完善党组织建设；完善党委统筹推进治理的领导体制和工作机制，即加强党委对重大工作的领导作用，充分发挥党委管理部门的职能，健全各工作单位相关职能和制度；完善思想文化引领机制，即强化党在思想建设中的重要作用，把社会主义核心价值体系融入省域治理，同时也注重引导健康、创新的文化传播和发展；构建"服务企业服务群众服务基层"长效机制，即通过完善各项工作体系并运用监督制度，推动落实"全覆盖、全过程、全天候"的"三服务"，解决企业、群众、基层的问题；完善权力运行制约和监督机制，即全面从严治党，要求权力的运行公开且可追溯，同时强化各项监督工作，多方面构建清廉的作风环境，保障反腐败工作的进行。

第二，健全现代法治体系包括四个关键：完善地方立法体制机制，即运用现代化手段使公众参与立法工作，注重立法与改革决策衔接，并重视区市立法水平的提高；构建优化协同高效的依法行政体制，即对从机关效能、行政决策到监督的体系进行优化，明确各部门职责，同时深化事业单位改革；深入推进政府数字化转型，即充分发挥数字化变革力量，合理利用线上平台完善政府工作，利用数据平台构建信息库等，以此提高行政水平；健全社会公平正义法治保障制度，即深化司法体制改革，完善法院工作制度和其他监督机制，以此营造良好的社会法律环境。

第三，健全高质量发展制度体系包括六个关键：打造市场化、法治化、国际化的一流营商环境，即通过保障各种所有制主体依法平等的权利、推动市场化改革、完善企业相关的各项制度和机制、建设浙江特色的全球贸易促进体系，努力成为营商环境最优省；建立具有国际竞争力的创新驱动发展机制，即着重科研技术体制机制、高新技术企业、特色小镇发展、市场主体升级和高校发展人才建设，推动产业基础高级化、产业链现代化；强化经济社会发展的规划引领机制，即重大发展战略和经济社会发展规划制度的完善，强调建立高质量的规划体系，对国土空间合理规划，推动区域经济布局的完善；完善城乡区域协调发展的空间治理机制，即既要参与长三角经济带发展，注重都市区城市建设，也要兼顾城乡融合发展，促进城乡资源配置更加合理，缩小区域差距，且推动经济和生态绿色发展相协调；构建全域美丽的绿色发展体制机制，即健全生态文明多方面机制，从监督考核、公共设施建设、污染管理、垃圾处理、生态修复、城镇改造等方面保障生态环境绿色发展；坚持和完善为民办实事长效机制，即重视民生实事，强调以人为本的价值观，重点强调养老、医疗、文化等多方面的基本公共服务落到实处，提高人民生活的幸福度。

第四，健全社会治理体系包括五个关键：推进社会治理领域"最多跑一地"，即统筹省、市、县和各基层在内的治理力量，建立各层级联动、协调的省域社会治理机制，实现纠纷矛盾化解"最多跑一地"；创新社会治理共同体建设载体机制，即创新社会治理工作机制，拓宽制度化渠道，充分发挥各组织、平台在社会治理中的积极作用；完善防范化解各类风险体制机制，即坚决维护国家政治安全，充分落实防范化解各类重大风险的举措，健全风险防控机制，提高风险防控综合能力；加强和创新网络综合治理，即建立健全属地管理模式的网络综合治理体系，加强创新网络领域法规制度建设和互联网大会举办机制，为推动网络综合治理贡献力量；强化信用在社会治理中的基础作用，即运用区块链技术，推动建成全省一体化公共信用信息平台，建立健全信用修复、运行机制。

第五，健全基层治理体系包括四个关键：完善党建统领的基层治理领导体制，即设区市党委统筹领导本地区基层治理，基层治理由县（市、区）党委主要负责，加强基层治理的系统、整体、协同性；构筑职责清晰、统分结合、简约高效的基层治理机制，即深化乡镇管理体制改革，加强县级对经济发展的统筹，推进基层整合审批服务执法力量，强化基层档案服务功能；强化自治、法治、德治融合的基层治理方式，即完善基层党组织领导的基层群众自治制度，引导推进自治、法治、德治融合的基层治理方式；充分激发基层活力和创造力，即尊重、鼓励基层的创新探索，形成治理经验并及时总结推广。

第六，健全治理能力保障体系包括四个关键：加强省域治理现代化工作的组织领导，即区域治理现代化的责任、工作由各级党委落实承担，健全落实各领域高效的制度管理要求，形成治理现代化合力；提高领导干部制度执行力和治理能力，即加强领导干部队伍建设，提高各级领导干部政治素养和执政本领，健全人才吸纳机制；发扬新时代新担当新作为的精神和作风，即弘扬新时代精神，加强党史等各类教育，铸造精神动力，实现干部成就感和群众获得感的有机统一；推动全社会自觉遵守维护制度，即深入挖掘提升浙江宝贵资源，加强制度自信宣传教育，引导全省人民积极参与省域治理现代化实践。

二、浙江省域治理现代化目标与制度体制机制的互动关系

浙江省域治理现代化的关键是建设制度、完善体制与机制等问题，因而政策跟踪审计也要从完善制度、体制、机制着手，推动省域治理现代化的实现。浙江省域治理现代化有效贯彻了中国特色社会主义制度和国家治理体系，将"中国之治"的制度优势转化为"走在前列"的治理效能。该转化过程离不开目标与制度体制机制的互动（见图4-2）。

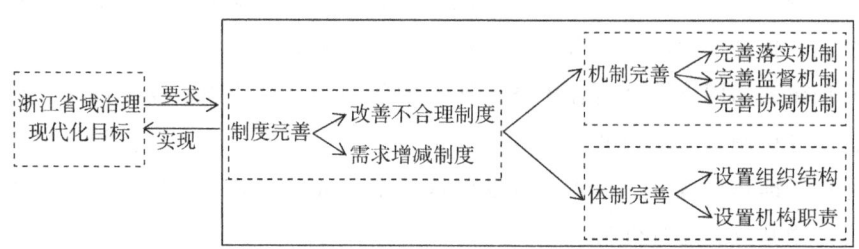

图4-2 浙江省域治理现代化目标与制度体制机制的互动

首先，是浙江省域治理现代化的目标。浙江省委于2020年制定的《建议》指出，未来推动浙江省域治理现代化的目标包括以下几个方面：深入实施人才强省、创新强省首位战略；突出扩内需、畅通双循环；持续推动"经济三大变革"；推动有效市场和有为政府的更好结合；深入实施新型城镇化战略和乡村振兴战略；加强"四大区"建设；实施新时代文化浙江工程；深入践行"绿水青山就是金山银山"理念；推动共同富裕；统筹发展和安全；加强党的全面领导且凝聚全社会力量。而实现这些目标需要与之相适应的具体落实制度,例如,中共浙江省委出台的《关于建设高素质强大人才队伍打造高水平创新型省份的决定》(2020)、时任浙江省委书记袁家军强调的"实施新时代文化浙江工程 书写'重要窗口'文化新篇章"(2020)等。制度的执行需要相配套的体制机制,体制和机制协调运行是制度执行能力的体现。因此,研究制度与体制机制间的互动规则,对推动浙江省域治理现代化有重要作用。本章以浙江省域治理现代化目标为基础,从制度完善、体制完善和机制完善出发构建浙江省域治理现代化目标与制度体制机制的互动规则。

其次,是浙江省域治理现代化的制度建设。在确定浙江省域治理现代化目标后,需要完善制度以实现该目标,即在原有制度基础上,改善原有不合理的制度或根据需求增减制度。例如,习近平同志在浙江工作期间提出"八八战略",决策部署"发挥八个方面的优势""推进八个方面的举措"。《建议》延续习近平总书记的思想,根据党的十九届四中全会关于国家治理体系与治理现代化的要求,提出"坚持以'八八战略'统领推进省域治理现代化"的意见。可见,现有制度是原有制度的拓展与延续,新制度的实施需要在理解之前制度与讲话的基础上进行。完善制度的具体做法如下:第一,改善不合理制度。制度的改善必然是现阶段国家或地区存在某种需要,即改革、改良、适应新形势的发展。从《建议》可看出,制度的改善实质上是一种查漏补缺,即根据当前浙江省域治理现代化的目标进行一定程度的改善,以满足浙江现代化治理的需要。例如,《建议》中指出,"加快建设全球人才蓄水池,对人才制度体系进行改善,如健全人才创新激励制度和人才保障制度等"。人才强省、创新强省在浙江省域治理现代化发展中居于首位战略,因此,需坚持创新在浙江省域现代化建设全局中的核心地位,加快形成人才引领优势。为使该优势迅速建立,需对原有人才发展体制机制进行改革,建设更有竞争力的人才制度,从而全面提升人才公共服务能级。第二,根据需求增减制度。为了适应新形势的变化,政府也会出台相应的新制度或减少不合理制度。例如,《建议》中提出,"扩内需、畅通双循环,继而探索出浙江省发展的新格局"。"双循环"是现阶段国家顺应新时代新发展所提出的新概念,浙江也在省域治理现代化制度中充分体现了这一新概念,即结合供给侧结构性改革,以高端要素循环、扩内需、促消费、扩投资、拓开放、建试点等方式进行应用,从而实现制度创新。因此,制度完善是从顶层设计上完善治理方案以保障政策目标实现过程。第三,浙江省域治理现代化的体制、机制完善。机制完善主要包括完善决策机制、完善落实机制、完善监督机制和完善协调机制四个方面,而体制完善主要包括设计组织结构和设置机构职责两个方面。具体路径如下:一方面,各部门在执行制度前,需确保执行主体所对应的组织结构能满足执行的需要,即保证组织内部协调配合、配套资源满足执行制度的需要、人员及组织职责划分明确等。政府通过设置机构优化政府部门职能,从而使各部门执行制度的结果更符合现实需求;另一方面,完善执行机制可以保证政策切实按照原定实施计划开展,也可以保证政策在执行过程中一旦遇到突发事件可及时作出适应性改变,即政府通过机制完善来改善执行,即从决策、执行、监督、协调等层面出发落实制度;完善决策机制主要是充分发挥各政府部门作为国家财产的经管主体,为了更好地履行责任,制定更符合环境和背景的、对财产更有益的、更能保证这些决策执行的主体能够实现的决策目标;摸清决策对象底数,充分考虑资源资产状况,明确决策重点,科学规划、统筹安排、分类实施,有重点、有步骤、有深度、有成效地制定决策;建立健全决策机制,统筹整合决策资源,创新决策制定组织方式和技术方法,提高决策能力和效率;完善监督机制主要是发挥第三方的监督效力,既包括国家机关的立法、行政及司法的监督,也包括政党、群众及社会舆论等监督;完善协调机制主要是充分发挥相关部门的联动作用,整合资源以保障制度执行。其中,要有政府部门间的协调意识,即有意识在制度执行过程中加强与各相关部门、单位间的沟通和协作。

最后,是制度、体制、机制共同实现浙江省域治理现代化的目标。根据浙江省域治理现代化需求设计的制度及与制度相对应的体制和机制,根本目的是作用于浙江省域治理现代化目标的实现。对执行部门来说,制度、体制、机制三者是一个不可分割的整体。具体而言,制度是具体行动准则,明确实现浙江省域治理现代化的目标需要从哪些方面进行展开;体制是行动组织及职能,明确各部门责任和人员职责范围,为制度执行匹配了合适的执行团队;机制是行动方式,确保通过机制的运作能够有效改善制度执行。综上所述,只有制度、体制、机制三者共同运行才能促进浙江省域治理现代化目标的实现。

三、重大政策跟踪审计推动浙江治理现代化的路径

(一) 政策跟踪审计推动浙江省域治理现代化的理论路径

政策跟踪审计推动浙江省域治理现代化的路径分为检查过程、发现问题与整改措施三个方面。

首先,在检查过程方面,审计机关需先将审计计划列出,再根据所列出的计划开展审计工作,即以计划中所标注的疑点引导审计工作具体实施,从而找到存在的制度体制机制问题。具体而言,制定审计计划时需在分解浙江省域治理现代化目标的基础上开展座谈会,重点挖掘存在的制度、体制、机制方面的问题,并以问题为导向制定审计计划。随后,按照前述所制定的审计计划对政策执行情况进行检查,检查过程包括:审计机关检查执行部门的制度执行情况。审计机关在检查时既需根据审计计划调查执行部门是否存在组织结构与职责设置问题、落实机制与协调机制问题等,也需根据审计计划与监督部门、制度制定部门座谈沟通,鼓励它们反馈执行部门在执行制度过程中所出现的运行问题,对在审计机关职责范围内的问题提出整改建议并保持整改落实的持续追踪;对不在审计机关职责范围内的问题,需将其移交司法部门、相关部门处理处罚。审计机关需关注制度制定与监督是否合理。具体地,在检查制度制定时需根据审计计划与执行部门、监督部门座谈沟通,关注制度制定的缺失、多余或不合理问题以及制定部门组织结构与职责设置问题;或根据审计计划与执行部门、制度制定部门座谈沟通,关注监督部门是否存在监督机制与协调机制问题、监督部门组织结构与职责设置问题、决策部门是否存在决策机制问题。随后,以问题为导向进行深入调查,并对调查出的问题根据上述是否归属审计机关职责范围的划分,针对性地提出整改建议或移交司法部门、相关部门处理处罚。

其次,在发现问题方面,政策跟踪审计能查出浙江省域治理现代化目标实现过程中出现的制度体制机制问题。具体而言,制度方面问题包括制度缺失或多余、制度不合理等。其中,制度缺失或多余主要表现在相关部门未按规定出台或违规制定制度,这将不利于浙江省域治理现代化目标的实现。制度不合理主要表现在设置障碍过多、未修订与目标不符的制度,如设置冗杂的审批前置条件导致企业负担过重、未修订原有在执行过程中出现不适当情

况的制度等。体制方面问题涉及组织结构与职责设置不合理,其中组织结构问题主要表现在没有组建专门完成政策目标的机构、违规设置机构,这将导致政策执行时缺乏权威机构指导或违规设置机构从而增加企业负担。职责设置问题主要表现在机构人员的职能重复、缺乏专职人员执行职责等方面,即出现存在两个及两个以上机构同时执行同一种职责、某一职责没有机构承担并执行和机构内没有专职人员执行该项职责等现象。机制方面问题包括决策机制问题、落实机制问题、监督机制问题、协调机制问题。具体表现为:①决策机制存在的问题主要体现在管理者拥有决策控制权,又身处政策制定和实施的整个过程之中,管理者决策的执行效果无法受到有效监督。这有可能导致政府部门上层管理者玩忽职守,滥用决策权、控制权和监督权;②落实机制问题主要体现在政策落实不到位、项目落实不到位、资金使用不到位、审批不到位,即省域治理现代化相关政策执行后效果未能达到预期、项目进展缓慢、资金闲置、存量资金无法盘活等现象;③监督机制存在的问题主要体现在审核把关不严、监督不力,这将导致国有资产流失;④协调机制存在的问题主要体现在未实现信息共享、方案意见不一致、统筹协调不畅等方面。其中,未实现信息共享会导致各部门在政策执行过程中未能及时获取原有信息,继而影响制度实施效果。方案意见不一致将会导致各部门在统一行动规划时耗费大量的时间,继而影响项目进度。统筹协调不畅将会导致群众获取的信息存在不对称性,继而使政府与群众矛盾激化。

最后,在整改措施方面。各部门根据审计机关查出的制度体制机制问题进行整改,并处理处罚相关责任人,从而推动浙江省域治理现代化目标实现。具体而言,①针对组织结构问题采取建立专门组织、注销多余组织等方式来消除组织结构导致的政策执行不力;②针对职责设置问题采取减少机构不合理职责、充实专业执业人员等方式来界定机构职责以及增加相关专业能力等方法以强化职责设置规范;③针对制度缺失或多余采取相关部门按规定出台制度、取消违规制度等方式来解决当前面对的新问题或无法解决的痼疾;④针对制度不合理采取减少制度设置障碍、修订相关制度用以扫除政策实现障碍;⑤针对落实机制问题采取加快政策落实、推进项目进度、解决资金问题、杜绝违规审批等方式来加速政策实施;⑥针对监督机制问题采取委派专人督查、加大监督力度等方式来强化监督;⑦针对协调机制问题采取建立协调会商机制、矛盾调解机制等方式来畅通执行等。

（二）政策跟踪审计推动浙江省域治理现代化的实践路径

政策跟踪审计推动浙江省域治理现代化的实践方案主要体现在审计准备阶段、审计实施阶段、审计报告阶段以及审计提升阶段等方面。

1. 浙江省域治理现代化政策跟踪审计准备阶段

省域治理现代化政策跟踪审计准备阶段包括建立省域治理现代化政策跟踪审计项目组，运用研究型审计思维、利用大数据设定审计客体与审计范围。为了实施这两个流程，可从组建专家团队、梳理浙江省域治理相关政策、利用大数据锁定调查对象与范围、审前调查获取基础资料、制定审计计划聚焦重大风险等方面着手。

（1）组建专家团队。习近平总书记在中央审计委员会第一次会议上对国家审计提出"全面覆盖"的要求。因而，审计机关要切实保证审计全覆盖。由于审计机关的机构编制限制，会存在审计力量受限、审计人员配备不齐等问题。因此，为更好地落实省域治理现代化政策跟踪审计全覆盖监督，需构建包括内部审计、注册会计师审计、专家在内的审计团队。

首先，需充分发挥内部审计和注册会计师审计的协助作用。内部审计具有省域治理现代化制度执行主体的内部信息优势，注册会计师拥有在各个行业进行财务审计和咨询的专业优势，国家审计能够起到协同内部审计和注册会计师审计工作的作用。在省域治理现代化政策跟踪审计中，每一种审计形式各有侧重。具体而言，国家审计则需在其中发挥相应的主导监督作用，评价省域治理现代化政策执行主体的管理模式，资金分配，资源使用的经济性、合理性和有效性，以及各执行主体的主要负责人履行经济责任的情况；内部审计在其中需发挥基础监督作用，要加强单位内部的政策评价，将省域治理现代化政策跟踪审计与其执行主体的执行过程有机地融合在一起，分析当前政策执行过程中的优劣势、分析存在问题的原因及影响因素，并提供相应的建议，进而为国家审计开展省域治理现代化政策跟踪审计提供证据支持；国家审计既要善于利用政府购买服务的政策，通过市场方式购买注册会计师服务，也要尽可能多地利用注册会计师审计的结果，充实审计力量、减少重复审计。

其次，在省域治理现代化政策跟踪审计中，需要利用政策专家、学者等协助进行分析。根据《建议》，浙江省域治理现代化需忠实践行"八八战略",奋力打造"重要窗口",在建设过程中需把握其中的关键。然而,对审计人员来说,这些制度的内涵很难精准掌握,会导致在执行省域治理现代化政策跟踪审计时存在偏差,难以完全监督政策执行的有效性。相反,专家、学者有着较高省域治理现代化方面的知识储备,能够专业和客观地解读政策并提出适当的建议。如果审计人员能够利用专家的工作,就能出具更为精准、可靠的审计报告与审计建议,进而提升审计价值。

(2)浙江省域治理现代化的制度梳理。制度梳理是对被审计项目所涉及的相关制度进行逐一梳理,继而了解审计项目整体的方法,并以此为标准开展相关工作。该方法的客观性和专业性较强,可以清晰、全面地了解浙江各级政府制定的政策及措施。如果梳理和剖析环节出现漏洞,将会降低省域治理现代化政策跟踪审计的质量。为了避免该问题产生,本书对浙江省域治理现代化制度进行梳理(见图4-3)。

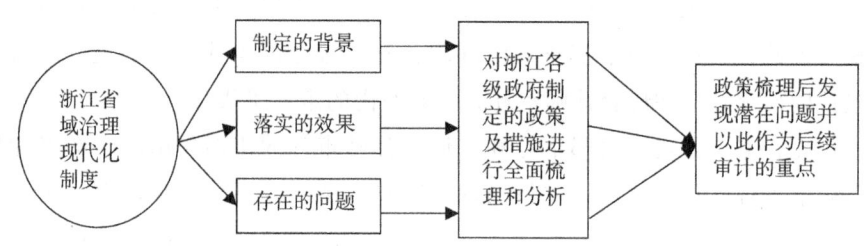

图4-3 浙江省域治理现代化制度梳理的路径

第一,了解浙江省域治理现代化制度制定的背景、落实的效果以及存在的问题。审计团队要先梳理浙江省域治理现代化政策是否根据浙江省委的《建议》以及其他相关解释性文件所制定。梳理过程中可从制度制定不合理、制度缺失或多余等问题着手,梳理各政策执行部门的职责,即各部门在落实省域治理现代化制度时的责任。梳理的结果将作为进一步调查的基础。

第二,借助政策清单法、会议讨论法、专家调研法等多种方法,全面梳理和分析浙江各级政府制定的省域治理现代化制度。具体而言,运用政策清单法获取浙江各级政府制定的省域治理现代化政策、措施,并根据财政部、国务院国资委、金融监管总局等职责,确定牵头部门以形成制度清单。运用会议讨论法、专家调研法了解省域治理现代化制度执行部门在执行过程中存在的困难,以及产生这些困难的原因,如制度制定是否合理、相关政策是否配套、后续政策是否完善等。具体过程是:审计团队可在开展审计前与执行部门召开讨论大会,再单独对相关负责人进行调研,目的是发现负责人在大会隐藏的问题。而这些隐藏问题往往是审计的风险点,也是进一步调查的重点内容。

第三,将政策梳理后发现的潜在问题作为后续审计的重点。首先,整理会议讨论、调研发现的潜在问题以及这些问题发生的原因;其次,将这些问题与制度清单核对,发现执行制度的牵头部门没有较好实行的原因,以及从制度制定不合理、政策缺失或多余等方面查找没有较好执行的原因;再次,通过梳理制度清单、明确牵头部门责任,挖掘这些部门的体制机制问题,进一步调查组织结构不当、职责设置不当、落实机制问题、监督机制问题、协调机制问题等;最后,考虑政策制定部门、政策执行部门是否试图采取相应措施完善或解决上述问题。

(3)利用大数据锁定调查对象与范围。首先,审计机关可通过实地调研了解政府部门的信息系统中数据来源情况,以便将政府部门信息系统中的数据导入一个集中的大型分布式数据库。同时,还可考虑打破传统以科室为主的审计小组构成模式,在审计小组中加入大数据审计专业特长的人员,以推动基于大数据的省域治理现代化政策跟踪审计顺利开展。

其次,利用大数据进行分析,锁定调查对象与范围。由于浙江省域治理现代化所涉及的制度复杂多样,且每个制度所对应的数据计量方式、记录方式等均存在一定差异。因此,审计人员可充分利用大数据分析以锁定调查对象与范围。具体过程为:审计人员可通过穿行测试先分析浙江省域治理现代化数据库采集数据的准确性;分析该数据是否存在造假、错误等情况;通过相关勾稽关系查找可能存在的疑点,继而锁定调查对象与调查范围。

最后,在锁定调查对象与调查范围基础上,对潜在的问题进行预测和判断。审计人员在锁定调查对象与范围基础上,计算从制度颁布到实施至今所受益的人群比例、项目完工百分比等,并预测制度开展后续情况、未来的受益人群比例增长趋势、项目完工百分比变化趋势以及哪种方案会更有利于推动浙江省域治理现代化等。

(4)审前调查获取基础资料。实施审前调查的目的是获得相应锁定调查对象的基础资料,用于进一步调查分析。具体而言,审计人员在实施现场审计前,需要根据所搜集的资料提前了解浙江省各市、县的省域治理现代化开展情况。对于省域治理现代化的相关执行主体而言，收集的资料主要包括：制度颁布数量、项目建设情况、受益人群比例、制度落实困难原因等；对于省域治理现代化的相关管理主体而言，收集的资料主要包括：下达制度和配套制度的数量、已调查的执行政策效果、调查过程中发现的落实困难，以及针对这些困难是否采取相应的对策。

然而，值得注意的是，这些数据与信息是各执行主体、管理主体提供的资料，审计人员很难通过这些资料来判断其真实性和完整性。因此，为更准确地发现重大风险点，审计人员可以选择一些被服务对象和被服务地区进行实地走访，并询问真实的政策实施情况以及被服务人群真实的需要等。同时，还可对相关建设项目进行走访调研，了解当前项目建设进度、资金运用及未来预期经济效益等，进而判断已收集资料的正确性，为下一步审计重大风险奠定基础。

（5）制定聚焦重大风险的审计计划。审计计划是开展后续检查的依据，一般包括审计目标、审计对象、审计范围、审计重点及审计团队组成与分工、时间安排、项目安排等内容。其中，审计目标一般是确定浙江省域治理现代化相关政策所要达到的目标；审计对象与范围是审计团队前期利用大数据锁定的调查对象与范围；审计重点是审计团队审前调查时获取的所需要聚焦的重大风险，可在此基础上深入挖掘浙江省域治理现代化相关制度制定、执行中存在的问题，并将此作为下一阶段审计的重点；审计团队组成与分工等是审计团队的构成方式，也是审计工作开展的前提条件。

此外，根据浙江省委制定的《建议》及浙江省审计厅出台的《专题研究编制浙江审计"十四五"规划》，审计机关在制定审计计划时，需注意要把握浙江省域治理现代化的总体目标。根据总体目标对不同制度制定区别性的审计计划，且把握各制度本身的特点，继而更为准确地关注制度背后的体制机制风险。要创新审计理念，从浙江省域治理现代化的目标出发重点健全"六大体系"，将原有"边审计，边整改"的理念融入其中，重点调查在省域治理现代化制度体制机制中的重大风险，并将结果用专报形式上报给各级政府，从而解决政府在推动省域治理现代过程中存在的困难。由前文分析可知，大部分新制度是对原有已实施制度的补充和完善。因此，浙江各级审计机关在开展省域治理现代化政策跟踪审计时，可以参考以往审计经验，更为准确地发现风险点。

2. 浙江省域治理现代化政策跟踪审计实施阶段

省域治理现代化政策跟踪审计实施阶段主要包括进一步现场审计确认风险点、对浙江省域治理现代化相关政策实施效果评价、交流需报告的风险等。

(1) 进一步现场审计确认风险点。实施现场审计的目的是收集充分适当的证据,以进一步了解重大风险。在现场审计中,审计人员可以与相关浙江省域治理现代化政策执行部门、管理部门等负责人进行当面沟通和获取资料,进而加深审计人员与被审计单位的认识,且进一步确认重大风险点。

现场审计主要包括提前通知、进点会议、获取证据、制作取证单等内容。首先,省域治理现代化政策跟踪小组的审计人员需提前与被审计单位沟通审计时间、安排等,进而给被审计单位充分的时间进行准备。其次,审计团队在现场审计的首日需召开进点会议,并发放审计通知书。通过进点会议,审计团队可以获取资料并结合之前进行的初步调研,快速了解初步调研时未发现的风险。再次,在进点会议结束后,审计人员需要采取盘点、实地调查、询问、观察等方法获得制度、体制、机制方面的证据。特别要注重与一线人员的交谈,了解资料上未显示问题的情况,也要注重与相关负责人个别谈话,对一些疑虑或模糊不清的问题进行详细咨询。最后,在详细了解情况后,根据问题制作取证单,目的是补充、完善疑虑问题的证据。

(2) 对浙江省域治理现代化相关政策实施效果评价。经过访谈与调查,审计团队已经基本了解执行部门与管理部门的重大风险点。基于这些了解,审计团队专家可构建相应的评价指标、收集数据,并对政策实施效果评价指标赋予专家权重。其中,在指标体系方面,审计团队应考虑使用不合理制度未改善、制度缺失或多余、组织结构不当、职责设置不当、落实机制问题、监督机制问题、协调机制问题等指标;在收集数据方面,利用前述大数据分析方法获取数据,并对数据进行清洗与判断,在确认获得真实数据后再代入AHP分析模型进行评价;在专家权重方面,审计团队既要考虑相关政策执行部门、管理部门的专家意见,也需考虑对省域治理了解的学者的意见。

在评价结果基础上,审计团队需要讨论并确定重大风险,并与之前调研的执行部门与管理部门披露的重大风险相比较,发现这些部门已经意识到但未解决的重大风险,以及这些部门仍未意识到的重大风险。如果重大风险已意识到但未解决,表明这些部门采取的整改方案没有起作用,需要审计机关修正整改方案;相反,如果执行部门或管理部门没有意识到重大风险,审计机关要检查是否存在因舞弊或错误而故意不解决这些重大风险的情况。这可能表明执行部门或管理部门存在违法违纪案件，因而需要审计团队特别关注这类重大风险，必要时可向法院、纪委等权力机关移交线索。

（3）交流需报告的风险。交流需报告的风险主要分为审计组内部交流、审计组与相关政策执行部门或管理部门之间的交流。首先，审计组内部交流的目的，一方面是为了减少职业判断或职业谨慎性不佳引起的风险。因为，审计小组人员的能力有限，可能对当地治理情况缺乏了解，在判断过程中存在一定的偏差。为了避免不谨慎的判断，项目小组成员之间需要经常交流，进而提升审计质量。另一方面，通过交流，不断缩减审计小组成员之间的差异，使审计人员的判断相对一致，以对审计初步发现的风险进行分级。同样地，针对重大风险，审计机关需要与政策执行部门或管理部门进行交流。如果这些部门对审计结果产生异议，就需要它们提供证据以证明真实状况。

3. 浙江省域治理现代化政策跟踪审计报告阶段

省域治理现代化政策跟踪审计报告阶段主要包括提交整改征求意见书、出具审计报告两个部分。

（1）提交整改征求意见书。整改征求意见书是执行部门与管理部门整改时使用的文档，是审计报告的基础。在制定时要考虑下列前提条件：一是考虑专家意见的合理性，确保专家的独立性；二是考虑整改意见是否与审计目标相吻合，整改意见确实能够促进浙江省域治理现代化政策目标的实现；三是对相关执行部门与管理部门的问题描述是否恰当；四是需要保障整改征求意见书的保密性。

（2）出具审计报告。出具浙江省域治理现代化政策跟踪审计报告时，需要报告如下事项：一是报告所审计相关政策的完成情况，如制度、体制、机制问题改善的情况。二是报告未完成的政策目标与产生问题的原因。三是根据出现的问题，给出相应的整改建议。如第三章所述，整改建议包括对应性质方案与非对应性质方案。对应性质方案是指针对发现的对制度体制机制问题采取对应的制度体制机制整改方案；非对应性质方案是指针对发现的是制度体制机制问题选择更加适当的整改方案。四是披露典型事例，对这些较好实践的单位给予积极的正面激励，同时也对其他单位产生示范效应。

4. 浙江省域治理现代化政策跟踪审计提升阶段

省域治理现代化政策跟踪审计提升阶段包括推动后续跟踪检查、反馈整改不到位的问题、对审计机关实施项目监督绩效评价等方面内容。

（1）推动后续跟踪检查。在后续跟踪检查时，审计人员可要求问题部门提交审计整改报告或者上交相关整改材料，并定期或不定期对审计整改情况进行监督。审计机关应充分利用提交的整改征求意见书，检查这些部门是否按照审计机关提出的整改意见来应对重大风险以及整改意见是否得到落实。特别要注意将整改效果好的部门，作为典型案例予以宣传。相反，对于整改不到位的重大风险，审计机关一方面应要求问题部门持续提供整改资料，并对其进行持续的跟踪检查；另一方面，可上报政府、纪委或其他管理部门，由这些部门继续采用跟踪、现场检查、会议等多种方式监督问题部门整改。

（2）反馈整改不到位的问题。对一些省域治理现代化政策执行问题屡审屡犯，或屡次提醒都整改不到位的责任人或责任单位，应向上级部门反映，使上级管理部门了解被审计单位屡审屡犯的原因与问题，使其在职权范围内予以适当的通报批评、处理处罚等，使上级部门加强对问题部门的监督，要求审计部门持续跟踪检查，直至问题得到根本整改。后续审计监督与首次审计不同，后续审计更关注未整改的重大风险，同时还应监督问题部门采取的措施是否适当，以及这些措施的执行效果是否能够弥补未整改的问题。此外，对于因责任人舞弊而导致的整改不到位，一方面，审计机关需要查实责任人违法的证据，并将证据移交给法院、纪检等权力机关；另一方面，推进审计项目、审计组织方式"两统筹"，即省域治理现代化政策跟踪审计与经济责任审计"两统筹"，审计小组可将责任人违法违规证据交给经济责任审计组，将政策执行不到位的证据纳入经济责任审计，使审计机关对责任人的经济责任评价更加客观、公正，进而威慑责任人或部门落实省域治理现代化政策。

（3）基于整改导向的审计机关项目监督绩效评价。在进行政策实施效果评价后，还需要知道各审计机关的项目监督绩效情况，以对省域治理现代化政策执行效果审计绩效进行评比，进而提升审计机关工作效果，推动整改。具体而言，首先，建立基于整改导向的审计机关项目监督绩效评价指标体系。基于整改导向的审计机关项目监督绩效指标体系应与基于问题导向的政策实施效果评价指标体系相对应，如表4-2所示。即如果审计机关提出的整改意见得到了落实，就表明审计机关的项目监督达到了较好的效果；相反，则表明审计机关的项目监督绩效不佳。其次，收集相关整改数据。审计机关需要持续跟踪浙江省域治理现代化相关项目整改的结果，收集与项目监督绩效指标对应的整改数据。再次,赋予专家权重。可利用专家打分来确定审计机关的监督绩效权重,这些专家应包括一些政府或纪委领导、经验丰富的审计专家以及省域治理方面的专家,从而使权重更为科学合理。最后,利用 AHP 模型进行评价,对审计机关实施项目监督绩效评价。

表 4-2　　　　　　　审计机关项目监督绩效评价指标体系

指标 类别	浙江省域治理现代化政策 执行效果评价指标	审计机关项目监督 绩效评价指标
制度	制度缺失或多余	按规定出台制度、取消违规制度
制度	不合理制度未改善	减少制度设置障碍、修订相关制度
体制	组织结构不当	建立专门组织、注销多余组织
体制	职责设置不当	减少机构不合理职责、充实专业执业人员
机制	落实机制问题	加快政策落实、推进项目进度、解决资金问题、杜绝违规审批、建立专门完成政策目标的组织、相关部门出台措施、修订相关制度等体制和制度方案
机制	监督机制问题	委派专人督查、加大监督力度、出台相关的监督文件、组建专业的监督团队
机制	协调机制问题	建立协调会商机制、矛盾调解机制、加快制定政策落实的方案

四、政策跟踪审计推动浙江治理现代化的检查重点

根据前文对政策跟踪审计推动浙江省域治理现代化的路径及方案进行分析,本书对《建议》进行研究和解读,提出以下政策跟踪审计推动浙江治理现代化的检查重点(见表 4-3)。

第一,浙江省域治理现代化政策跟踪审计需持续关注深入实施人才强省、创新强省首位战略。在制度方面,浙江省委指出"深化人才发展体制改革,建设更有竞争力的人才制度体系"。审计时需注重检查浙江省各市、县人才制度是否合理,是否完善了与之相对应的人才制度。在体制方面,浙江省委指出"要支持企业牵头组建创新联合体和知识产权联盟""推进科技体制改革以完善科技创新治理体系"。审计时需注重检查浙江省各市、县的创新联合体和知识产权联盟组织建立情况、科技体制改革情况,并对审计过程中查出的体制问题提出相应的建议,以此推进技术平台的建设和科技体制的改革。在机

表4-3 政策跟踪审计推动浙江治理现代化的检查重点

政策类型	制度问题			体制问题		落实机制	机制问题	
	制度缺失多余	制度不合理		组织结构	职责设置		监督机制	协调机制
深入实施人才强省、创新强省首位战略		未出台更具竞争力的人才制度		创新联合体和知识产权联盟组织建立情况、科技体制改革情况		人才发展机制落实不到位、人才创新激励和保障机制落实不到位、投入机制落实不到位	科技人才评价体系不健全	科研院所等资源共享有待推进
突出扩大内需、畅通"双循环"		带薪休假制度设置不到位			省市县长项目工程职责设置问题	生产要素配置机制和商品流通机制有待改善	海关特殊监督机制有待提升、风险预警机制有待加强	重大项目落地协调不畅、地区协调机制有待加强
持续推动经济发展质量变革、效率变革、动力变革	缺少数字化基础制度			创新数字经济体制		数据产权保护机制需完善		全球供应链协同和资源配置不当
推动有效市场有为政府更好结合		预算管理制度有待改革、转移支付制度有待改革、政府债务管理制度有待改革、商事制度改革、产权执法司法保护制度不健全			执法职责要进一步集中下沉、省以下财政事权和支出责任划分不明确	减税降费工作机制落实不到位	市场监管能力有待提高、对新产业新业态的监管机制需改善、行政执法监督机制需强化	财政资源统筹不当、省市县行政执法管理不协调

99

续表

政策类型	制度问题		体制问题		机制问题		
	制度缺失多余	制度不合理	组织结构	职责设置	落实机制	监督机制	协调机制
深入实施新型城镇化战略和乡村振兴战略	缺乏实施集体经营性建设用地入市配套制度	户籍制度有待改革、农业科技特派员制度不完善、村集体产权制度需改革			城乡融合发展体制机制需健全、第二轮土地承包期后再延长三十年政策落实问题		资源统筹配置和重大基础设施建设统筹能力有待提高,大中小城市和小城镇发展不协调
加强大花园大通道大都市区建设		主体功能区制度要进一步落实	国家(杭州)新型互联网交换中心等建设情况			对海洋环境风险的监督有待加强	长三角地区协调有待加强、湾区生产力布局优化问题,省内城市区域发展不协调
实施新时代文化浙江工程	理想信念教育缺乏制度	文化制度需要更新	理论发声平台组织建设情况、"文化云"平台组织建设情况		文化产业出精品、出人才、出效益的机制有待健全		媒体与文化传播不协调,文旅与体旅需要深度融合
深入践行"绿水青山就是金山银山"理念	未建立地上地下、陆海统筹的生态环境治理制度	自然资源资产产权制度、生态环境损害赔偿制度不完善	绿色制造体系、废旧物资循环利用体系、自然保护地体系、生态环境分工管辖体系不到位		生态产品价值实现机制、生态环境全过程管理长效机制落实不到位	土壤环境全过程风险防控机制、环境污染问题发现机制、风险预警和应急处置机制不健全	多污染物协同控制和区域协同治理有待强化

续表

政策类型	制度问题		体制问题			机制问题	
	制度缺失多条	制度不合理	组织结构	职责设置	落实机制	监督机制	协调机制
扎实推动共同富裕		特殊教育、专门教育保障机制、现代医院管理制度和分级诊疗制度、社会保险制度、灵活就业人员社保制度、基层民主协商制度有待健全完善	就业公共服务体系、重点群体就业支持体系、全民健身公共服务体系、养老保险体系、城乡基层治理体系、县城医共体和城市医联体建设不到位		按要素分配政策、渐进式延迟法定退休年龄政策落实不到位	疾病预防控制体系和重大疫情防控机制、共同富裕评价体系不健全	医防协同机制的创新有用性
统筹发展和安全	与互联网特征相适应的法规制度、网络空间治理规则制度有待探索建立	信访制度、领导干部下访制度有待完善	国防动员体系、重要农产品供应保障体系、粮食和危险化学品、自然灾害防治体系、网络综合治理体系建设不到位	危险化学品安全监管责任有待完善		食品药品监管体制机制、经济安全风险预警、防控机制和能力建设有待加强	
加强党的全面领导，凝聚全社会力量			人民政协专门协商机构建设不到位	全面从严治党责任制和意识形态责任制、司法责任制问题	全面从严治党责任制和意识形态责任制有待进一步落实	人大对"一府一委两院"监督制度、党统一领导、全面覆盖、权威高效、监督体系、政治监督有待加强	政策协调和工作协同机制有待完善

制方面，浙江省委指出"健全科技人才评价体系""推进科研院所、高校、企业等资源共享""健全政府投入为主、社会多渠道投入机制""健全人才创新激励和保障机制""扩大高层次人才培养规模"等。审计时需注重检查浙江省各市、县的人才发展机制是否落实到位、人才创新机制和保障机制是否落实到位、投入机制是否落实到位、科技人才评价体系是否健全以及科研院所等机构是否推进了自身资源的对外共享。根据审计过程中发现的机制问题提出建议，以推进人才、技术、产业等发展。

第二，浙江省域治理现代化政策跟踪审计需持续关注突出扩大内需、畅通"双循环"。在制度方面，浙江省委指出"需落实和完善带薪休假制度，以此扩大节假日的消费"。审计时需注重检查浙江省各市、县是否对带薪休假制度进行了完善，对存在问题的市或县是否提出相应的整改意见。在体制方面，浙江省委指出"要深入实施省市县长项目工程，以此大力推进'六个千亿'产业投资工程"。审计需重点关注浙江省各市、县是否对其市长、县长在项目工程中的责任设置作出明确的解释和说明。如果在审计过程中，审计人员发现相关解释和说明缺少或不够细致，需对其提出相应的整改意见，以推进重大项目建设。在机制方面，浙江省委指出"要破除原有的生产要素配置和商品服务流通的机制障碍""推动海关特殊监管区的监管质量提升""强化风险预警的研判能力""加强与长三角区域自贸区的协同发展""完善重大项目落地的协调机制"等。审计时需注重检查浙江省各市、县是否改善生产要素配置和商品流通机制、是否提升海关特殊区的监管机制、是否加强风险预警机制、是否对重大项目落地协调机制进行完善、是否加强与长三角地区间的协调，对审计过程中所查出的机制问题提出整改意见，以推动形成全方位要素、高能级高效率的"双循环"。

第三，浙江省域治理现代化政策跟踪审计需持续关注持续推动经济发展质量变革、效率变革、动力变革。在制度方面，浙江省委指出要"探索数字化基础制度和标准规范"。审计时应当关注是否进行数字立法，对其进行制度化要求，保障数据信息安全，根据审计结果提出建议，保障数字经济的发展。在体制方面，浙江省委指出"加快打造数字经济体制机制创新先导区"。审计时需要关注数字经济体制机制创新先导区的建设情况，以此推进数字变革。在机制方面，浙江省委提出"完善数据产权保护机制""推动产业并购，提高全球供应链协同和配置资源能力"。审计时要审查数据产权保护机制的落实情况、是否保障数据安全，关注全球供应链协同和配置资源能力是否提高，以此保障数据经济发展，提高产业链供应链现代化水平，并对于推动经济高质量发展给出相关政策建议，有利于决策实行合理有效。深化改革，重在质量，保障经济平稳高质量发展，夯实金融稳定的经济基础；加快经济体制改革，转变经济发展模式，提高资源配置效率，促进形成强大国内市场，促进区域协调发展，推动全方位对外开放，是稳定经济增长的重要政策支撑；发挥市场在资源配置中的决定性作用和更好地发挥政府引导作用是向高质量转型发展的关键，政策不在多少，而在于是否可行、是否可信、是否有效、是否可持续、是否能够激发微观经济主体的积极性和主动性。基于此，应进一步完善金融体系市场化建设，以利率、汇率、国债收益率为核心要素，以银行间市场、外汇市场、债券市场、股票市场等为支撑，不断完善金融机构体系、市场体系和产品体系，夯实金融稳定长期发展的基础以及服务实体经济的机制。保持定力，重在实效，完善金融稳定的宏观政策框架。根据中央经济工作会议要求，宏观政策要强化逆周期调节，继续实施积极的财政政策和稳健的货币政策，适时预调微调，稳定总需求。积极的财政政策要加力提效，实施更大规模的减税降费，较大幅度增加地方政府专项债券规模。稳健的货币政策要松紧适度，保持流动性合理充裕，改善货币政策传导机制，提高直接融资比重，解决好民营企业和小微企业融资难、融资贵问题。坚持系统性风险应对方向不变，构建基于系统性风险的应对机制，统筹好宏观政策调控、货币政策和金融稳定的内在关联性，保持政策的针对性和稳定性，切勿频繁调整宏观政策。抓住重点，系统考量，继续深化金融风险的重点应对机制。

第四，浙江省域治理现代化政策跟踪审计需持续关注推动有效市场和有为政府更好结合。在制度方面，浙江省委指出"深化预算管理制度改革""完善转移支付制度""健全政府债务管理制度""深化商事制度改革""健全产权执法司法保护制度"。审计要检查预算管理制度是否合理、转移支付和政府债务管理制度是否完善、商事制度改革是否建立了以承诺制为核心的审批、产权执法司法保护制度是否健全，如制度仍存在问题应提出整改建议，以此促进地方财政支出标准化、营造良好的营商环境。在体制方面，浙江省委指出"加快推进省以下财政事权和支出责任划分改革""推动执法职责、执法力量进一步集中和下沉"。审计应当审查财政事权和支出责任的划分情况，审查基层执法职责和力量，如有权责划分和职责落实问题应及时反馈，以促进现代地方财税金融体制建设和执法水平的提高。在机制方面,浙江省委指出"完善落实减税降费工作机制""提升市场综合监管能力""对新产业新业态实行包容审慎监管""强化行政执法监督机制""加强财政资源统筹""统筹市县行政执法管理"。审计要审查减税降费的落实情况、市场审查机制是否足以综合监管市场、是否利用"互联网+监管"对新行业新业态进行包容审慎监管、行政执法监督机制是否强化、财政资源协调情况、市县行政执法是否协调,根据审计结果进行调整,以促进市场和政府协同高效。

第五,浙江省域治理现代化政策跟踪审计需持续关注深入实施新型城镇化战略和乡村振兴战略。在制度方面,浙江省委指出"探索实施集体经营性建设用地入市配套制度""深化户籍制度改革""完善农业科技特派员制度""深化村集体产权制度改革"。审计重点应当是集体经营性建设用地入市配套制度的完成情况、户籍制度改革情况、农业科技特派员制度是否完善、村集体产权制度改革进度,以此深化城乡融合发展、提高农业发展水平。在机制方面,浙江省委指出"健全城乡融合发展体制机制和政策体系""落实第二轮土地承包到期后再延长三十年政策""提高资源统筹配置和重大基础设施统筹建设能力""促进大中小城市和小城镇协调发展"。审计需重点检查城乡融合发展体制机制的改革情况、土地承包到期后再延长的政策是否落实、检查市域资源统筹和基础设施建设情况、各规模城镇发展差异,以推动城乡协调发展、推进城镇建设、建设城乡新格局。提出以下加强乡村振兴建设的总结建议:深刻认识实行新型城镇化战略以及乡村振兴战略的重要性,统一思想提高认识,加强组织领导,做好统筹协调,严格审计纪律,加强督促整改,要注重发现和总结各地振兴工作中好的经验做法,积极推广运用。

第六,浙江省域治理现代化政策跟踪审计需持续关注加强大湾区大花园大通道大都市区建设。在制度方面,浙江省委指出"深化落实主体功能区制度"。审计需要关注主体功能区制度落实情况,如有制度尚未落实情况应提出相关建议以促进总体格局形成。在体制方面,浙江省委提出"加快国家(杭州)新型互联网交换中心部署"。审计应当重点审查国家(杭州)新型互联网交换中心的建设情况,针对建设情况提出相关建议,以此推动传统基础设施升级,构建现代化的新体系。在机制方面,浙江省委指出"提高海洋环境防风险能力""推进长三角一体化高质量发展""统筹优化湾区生产力布局""推动都市区中心城市与周边中小城市协同发展"。审计要重点评估海洋环境风险评估能力、审查长三角产业合作区建设情况、湾区生产力布局是否优化、中心城市与中小城市发展差异,以此加强海洋开发保护、推动长三角一体化市场建设、加快省内各区域一体化建设。

第七,浙江省域治理现代化政策跟踪审计需持续关注实施新时代文化浙江工程。在制度方面,浙江省委指出"推动理想信念教育常态化、制度化""深化文化体制改革"。审计应检查理想信念教育制度化进程和文化制度更新情况并提出有关建议,以此加强对群众的精神文明建设,建设现代化的文化产业体系。在体制方面,浙江省委指出"建设一批有影响力的理论发声平台""建设'文化云'平台"。审计要检查理论发声平台的建设情况以及其是否有效传播习近平新时代中国特色社会主义思想,检查文化云平台建设情况,通过对两者组建情况的审查改善,促进理论传播,推动数字文化产业发展。在机制方面,浙江省委指出"健全出精品、出人才、出效益的体制机制""推动媒体深度融合""推进文旅、体旅深度融合"。审计应当审查现代文化产业是否出精品、是否有利于人才培养、是否高效,审查媒体与文化的协调程度、文化与旅游业的融合度,根据审计中发现的机制问题提出改进建议,以此推动文化产业建设、发展有文化特色的旅游。

第八,浙江省域治理现代化政策跟踪审计需持续关注深入践行"绿水青山就是金山银山"理念。在制度方面,浙江省委指出"建立地上地下、陆海统筹的生态环境治理制度""健全自然资源资产产权制度""完善生态环境损害赔偿制度"。审计时需注重检查相关部门是否建立、健全了生态环境治理、损害赔偿和有关自然资源资产产权的相关制度,并对依然存在问题的部门单位提出整改意见并跟踪监测其落实情况。在体制方面,浙江省委指出"构建绿色制造体系""加快构建废旧物资循环利用体系""构建以国家公园为主体的自然保护地体系"以及"实施以'三线一单'为核心的生态环境分区管控体系"。审计需重点关注重点行业、领域的绿色化改造成果以及全领域魅力治理体系是否有效完善,针对审计查出的问题提出相应有效整改意见并跟踪监测其落实有效性。在机制方面,浙江省委指出"推行生态产品价值实现机制""完善生态环境突出问题全过程闭环管理长效机制""加强土壤环境全过程风险防控""强化多污染物协同控制和区域协同治理""完善环境污染问题发现、风险预警和应急处置机制"等。针对省委提出的要求,在进一步审计时要重点关注绿色金融改革实现进程,重点检查是否强化多污染物、区域的协同控制治理，污染物治理风险防控是否切实有效，是否完善改进环境污染问题的预警处置机制，同时对审计查出的机制问题提出整改意见，以加快推进生态文明建设先行示范。

第九，浙江省域治理现代化政策跟踪审计需持续关注扎实推动共同富裕。在制度方面，浙江省委指出"完善特殊教育、专门教育保障机制""健全现代医院管理制度和分级诊疗制度""健全社会保险制度""健全灵活就业人员社保制度""完善基层民主协商制度"等。审计时需重点关注相关制度是否健全完善以促进就业有效增长、教育现代化相关制度是否健全有效实施、医疗健康以及社会治理相关制度是否切实有效执行，同时针对审计发现的问题提出有效整改意见。在体制方面，浙江省委指出"健全就业公共服务体系""完善重点群体就业支持体系""建立终身职业技能培训体系""健全全民健身公共服务体系""加快健全多层次、多支柱养老保险体系""健全党建统领'四治融合'的城乡基层治理体系""健全优质高效整合型医疗卫生服务体系，持续深化县域医共体和城市医联体建设"等。因此，在进一步审计过程中，审计重点应放在就业服务、支持体系是否建立完善以及相关培训服务体系是否建立健全并投入使用、医联体和卫生服务体系是否切实发挥作用，同时针对发现的问题提出相应整改意见并追踪其落实情况。在机制方面，浙江省委指出"落实和完善按要素分配政策""落实渐进式延迟法定退休年龄政策""完善疾病预防控制体系和重大疫情防控体制机制""推动共同富裕的目标体系、工作体系、政策体系、评价体系""创新医防协同机制"等。依据省委提出的要求，在进一步审计时，应重点检查按要素分配政策和渐进式延迟法定退休年龄政策的落实情况、疾病和疫情预防防控机制和共同富裕评价体系的完善情况以及医防协同机制的创新有用性，同时提出相应整改意见，加快构筑共建共治共享的美好家园。

第十，浙江省域治理现代化政策跟踪审计需持续关注统筹发展和安全。在制度方面，浙江省委指出"建立与互联网特征相适应的法规制度""探索网络空间治理规则制度""完善信访制度，健全领导干部接访下访制度"等。审计时需重点关注相关单位部门是否建立与当前互联网特征切实适应匹配的法规制度、是否对网络治理规则制度进行探索研究以及信访、接访、下访制度是否进行有效完善，同时对审计发现的问题提出有效整改意见以促进相关制度的建立与健全。在体制方面，浙江省委指出"完善国防动员体系""构建统一高效的粮食和重要农产品供应保障体系""完善自然灾害防治体系""完善网络综合治理体系""完善危险化学品安全监管责任体系"等。审计时，要重点关注国防现代化建设相关体系是否切实健全完善、粮食安全是否得到有效保障、针对自然灾害的人民生命安全保障体系是否完善到位、网络综合治理是否得到有效创新完善以及危险化学品安全监管责任是否细分落实到位，并对审计查出的问题提出相应整改建议以促进相应体制的完善健全。在机制方面，浙江省委提出"加强经济安全风险预警、防控机制和能力建设""健全食品药品监管体制机制"等要求。依据省委提出的要求，审计时要重点加强对经济安全监测的排查以及涉及人民生命安全的药品监管体制机制的审查，并对审计查出的问题提出相应整改意见，加快建设更高水平的平安浙江。

第十一，浙江省域治理现代化政策跟踪审计需持续关注加强党的全面领导，凝聚全社会力量。在体制方面，浙江省委指出"加强人民政协专门协商机构建设""落实全面从严治党责任制和意识形态责任制""严格落实司法责任制"等。审计时要重点关注人民政协专门协商机构的建设情况，机构建设是否切实推进社会主义政治建设。此外，还要重点关注从严治党责任制和意识形态责任制以及司法责任制中的责任分担落实问题，针对审计发现的问题及时提出审计意见，助力深化法治浙江的建设。在机制方面，浙江省委提出"落实全面从严治党责任制和意识形态责任制""健全人大对'一府一委两院'监督""健全党统一领导、全面覆盖、权威高效的监督体系""强化政治监督""健全政策协调和工作协同机制"等。依据省委提出的要求，审计过程中，要重点检查全面从严治党责任制和意识形态责任制的落实情况以及各类监督体系的健全完善情况，以促进健全规划和落实机制制定，同时对审计发现的问题提出相应整改意见，助力加快现代化和"重要窗口"的建设。

第二节　精准扶贫政策跟踪审计路径研究

一、精准扶贫政策跟踪的准备阶段

精准扶贫政策跟踪审计的准备阶段共有两个流程，包括建立国家审计项目组织，以及采纳以研究型审计为核心的思维方法、借助大数据技术来界定审计客体和覆盖范围。该阶段的实施依托于组建专家团队、梳理国家重大方针政策、利用大数据分析技术确定调研的目标群体及其范围、开展审前调查获取基础资料、制定审计计划聚焦重大风险等路径。具体过程如下。

（一）组建专业团队

第一，整合审计资源，增强监督合力，充分发挥政府相关部门内部审计和注册会计师审计的协助作用。这一目标可通过有效整合政府部门的内审资源和注册会计师提供的外部审计服务来实现。具体而言，政府内审部门凭借其对项目实施机构内部信息的直接获取能力，以及注册会计师在多个领域内进行财务审计与咨询的专业技能，共同构建了一个多元化的审计支持体系。这种协同作用不仅有助于最大限度地减少审计过程中资源的消耗，还能在不同审计手段之间形成互补，弥补国家审计在某些方面可能存在的不足。在具体操作层面，各种审计手段应当明确其专业重点与作用领域。国家审计在这个体系中扮演着关键的监督角色，主要负责对项目管理实体的管理运作、资金分配以及资源使用的经济性、合理性和效益性进行全面审查和评估。此外，重点关注项目管理者的经济和绩效责任履行情况。而政府内部审计职能则更多地关注提供基础性监督，包括加强对本单位政策执行的审查与评价，将国家级审计的视角与项目执行过程紧密结合，利用其内部信息优势深入评估项目实施的效果，并就项目实施中遇到的各种问题提出改进建议，为国家审计监督提供坚实的证据基础。

第二，为了进一步强化审计工作的深度与广度，国家审计机构应当积极探索利用政府购买服务的政策，通过市场机制聘请注册会计师提供专业服务，以此增强自身的审计能力。同时，通过高效利用注册会计师审计的成果，可以避免审计工作的重复性，进而实现审计资源的经济高效利用。这样的策略不仅提高了审计工作的专业性和准确性，还促进了审计监督力量的整体合力，为精准扶贫政策的顺利实施提供了强有力的监督保障。

（二）梳理相关政策方针

政策梳理法涉及对审计项目相关政策和制度的细致分析，目的是全面、深刻地掌握项目所涉及相关政策的贯彻、落实情况，以确保审计活动基于明确、客观的标准进行。该方法客观性强、专业度高，能够基于具体的政策标准执行彻底的审计，减少审计活动的主观随意性。但实施该策略时，必须对相关政策进行全面、详尽的梳理和深入分析，任何在这一过程中的疏漏都可能对审计结果的质量产生负面影响。因而，本书对政策梳理的步骤进行分析。

第一，了解某地区相关政策制定的背景、落实的效果及存在的问题。审计组应评估该区域是否依照国家项目方案或相关政策制定了相应的地方政策和配套措施，包括审查这些地方政策的恰当性和完整性，以及是否存在政策多余或缺失的情况。随后，要详细了解不同政策执行机构的职责分配，即这些机构需实施哪些特定政策，及其对地方政策和措施的执行情况。最终，通过访谈、调研等手段，深入探究政策执行中遇到的问题，特别要注意落实不到位的原因是否与政策本身的问题有关，并将其视为后续深入调查的起点，因为政策的问题将会最终影响国家治理目标的实现。

第二，借助政策清单法、会议讨论法、专家调研法等多种方法，对地方政府拟定的各项政策及其配套措施作出全面的整理与分析。具体而言，首先，通过实施政策清单法收集并整理该地区所有相关的政策和措施，按照省、市、县等不同的行政级别进行划分，随后根据各政策的负责部门再进行细分，从而编制出一份详尽的政策目录。政策清单法使得地方政策的结构清晰且内容明了，极大地促进了审计团队对于各牵头部门执行哪些政策的了解，便于更准确地确定责任主体，并对不同部门的责任和成效进行比较。此外，该方法还方便审计人员在后续的审计活动中迅速查询到最新推出的政策和措施，以及分析某一部门在不同时期针对国家重大政策目标推出的具体政策，进而对各部门制定的政策及其执行成效进行深入的对比和分析。其次，运用会议讨论法和专家调研法来深入了解政策执行过程中的实际挑战和困难，尤其是那些可能由政策制定不当引起的问题。在实际操作中，审计组织在审计开始之前，首先与执行政策的部门召开广泛的讨论会，然后对各部门的负责人进行单独的深入调查，目的是发现负责人在大会中与单独调研时的言行是否与现有国家政策之间存在差异，这些差异往往反映了与现行国家政策不一致的地方，指出了问题的所在，也是进一步调查的重点内容。

第三，识别出潜在问题及其成因。首先，应对通过会议讨论和专家调研揭示的问题及其产生的原因进行整理归纳；其次，在此基础上，进一步将问题与已整理的政策清单进行比对，以识别出哪些政策未能有效执行，探究这些执行障碍背后是否存在政策制定的不合理、政策遗漏或多余，或是执行不力等问题；再次，利用政策清单指明相关责任人或责任单位，将它们定为后续审计中需要着重审查的焦点；最后，评估政策的制定和执行机构是否已经意识到这些问题，并且是否采取了适当的措施来改进政策制定与执行过程中的缺陷或解决实施阶段遇到的难题。

(三) 锁定调查对象与范围

第一，审计机构通过对项目工作人员的询问、现场考察等手段，收集关于政府部门信息系统的运作状况、版本更新、系统名称、功能范围、操作流程等关键信息。特别重要的是对信息系统中数据来源的深入研究，目的是将这些数据有效地整合并迁移到一个统一的大规模分布式数据库中。此外，为了顺畅地开展针对特定领域的大数据审计工作，还应考虑改革传统的以科室组成为主的审计队伍结构，通过整合审计资源，引入具有大数据审计能力的专业人才，从而确保基于大数据的审计项目能够高效执行。

第二，通过大数据技术进行分析，精确确定调查的目标和范围。面对一些跨年度实施、数据复杂且来源多样的项目，审计过程中的数据量巨大，且存在的数据不一定准确，这为审计人员的数据分析工作带来了挑战。虽然这些庞杂的数据集分析起来具有一定难度，但其也暗含潜在的审计线索。审计人员可以先通过对数据库的数据准确性进行测试，然后分析数据输入过程中可能存在的错误或造假情况，最终通过核心字段的关联性以及不同项目之间的对照分析，识别出项目实施中的疑点，从而明确调查的目标和范围。

第三，在明确了调查目标和范围的基础上，对潜在问题进行预测分析。在发现疑点并确定了调查的具体目标与范围后，审计人员将根据相关数据，推测特定地区可能存在的问题的影响程度和严重性，并据此预估未来几种相应的政策措施对潜在问题的改变效应，以及哪一种政策方案更有助于政府实现其治理目标。

(四) 开展审前调查

基于确定的调查对象、调查范围，获取进一步调查分析所需的基础资料是开展审前调查的主要目的。在具体操作中，审计人员需要在现场审计开展前，针对具体项目，从执行主体与管理主体两方面，提前搜集、梳理各项目相关资料，除此之外，还需对相关地区的发展现状及其发展策略等情况有所掌握。需搜集的项目执行主体相关资料包括：项目所涉及的人口数量、相关产业建设情况、政策执行情况、区域经济发展现状、项目资金发放情况等；需搜集的项目管理主体相关资料包括：下发的具体政策与配套政策、已调查的执行政策效果、调查过程中发现的困难、针对这些困难是否采取相应的对策、是否存在具体政策未落实的问题、相关政策是否缺乏操作性等。上述资料可为审计人员的进一步调查提供依据，是其工作的重要参考。

通过对上述取得资料的分析与梳理，审计人员能够从管理与执行两个层面对该地区的项目情况有所掌握。然而，审计团队很难根据收集到的信息与资料确认其是否真实、完整，因为这些资料皆来源于各项目的执行与管理主体。为了重大风险点被更准确地识别，审计团队可以开展实地走访，通过调查或询问项目涉及区域及人群，对项目执行与管理的真实情况以及群众需求等进行了解。除此之外，审计人员还可以通过走访调研，向产业负责人或相关工作人员了解具体建设进度、预期经济效益、资金使用情况等。换言之，通过发挥社会力量，审计人员可以获得更多关于审计对象的资料，进而进一步加深对被审计单位认识。同时，在对违纪违法问题的调查上，社会公众的踊跃参与也会发挥积极作用。在现场审计开展之前，各县市审计局通过审前公告向社会群体公布被审计单位与具体审计内容，无论是个人还是单位都可以通过信函、电话等多种形式如实反映相关问题，包括：审计对象在经济活动中存在的问题、审计人员是否廉洁纪律、审计组是否依法审计等，有助于违规违纪问题的发现。最后，审计人员可基于调查结果，充分运用自身谨慎性及专业胜任能力以判断所持资料的正确与否，并对其进行筛选，从而为下一步工作奠定基础。

（五）制定审计计划

审计计划通常会将审计目标、审计对象与范围、审计重点、审计组成员与分工、时间规划等纳入安排范畴，同时也为下一步审计工作提供基础。具体来看，审计目标通常就是判断项目是否能够达到预期目标，且需要坚持问题导向，以问题为出发点展开调查；审计对象与范围是后续调查的具体内容，通常审计人员会在前期通过大数据技术对其进行锁定；审计重点是根据审前调查结果得出的需要重点关注的重大风险，聚焦重大风险可以提高审计工作效率，此外，审计团队需在此基础上从制定和实施两个层面对项目相关政策存在的根本性问题进行深层次挖掘，并以此为后续工作展开指导；审计组成员及其分工是审计团队的具体构成，是一切审计工作推进的基础与前提。制定审计计划聚焦重大风险有助于对造成问题的根本原因进行剖析，促进完善问责追究机制，保障项目实施与部署，进而完善国家治理体系、提高治理能力。

值得注意的是，在一个或多个国家治理任务目标紧迫的情况下，时间与项目安排就是国家审计所必须重视的。一方面，审计小组应当在政府项目执行过程中适时介入，以实现"边审计、边整改"的目标。审计人员应当将现有可利用资源整合起来，聚焦政府项目在执行阶段中存在的重大风险，对其进行重点调查分析，并基于调查结果形成专题报告，以协助解决项目执行中的难题。与此同时，审计工作的时效性也需要得到重视，换言之，审计人员要力求以最快的速度和更高的质量完成其工作。另一方面，在项目安排上，审计组应当实施融合式审计，在精准扶贫政策跟踪审计过程中实施"多项目合一"。在精准扶贫政策跟踪审计中，一个项目往往会牵扯数个部门，一个部门的涉及项目通常也不止一个，为了防止重复审计、避免审计资源浪费，融合式审计就显得尤为重要。为此，审计团队需要将本年度安排的所有审计项目纳入安排政策落实跟踪审计项目的统筹考虑范围内，具体来看，在制定年度审计计划的时候，审计团队要坚持以政策落实跟踪审计为主线，在此基础上对其他审计项目展开分析，若其与政策落实跟踪审计满足融合式审计的要求，则可实行"多项目合一"；对于单独立项的政策落实跟踪审计，则需要考虑其他审计项目的审计对象是否与其相同，若存在审计对象一致的审计项目，则需将其安排在相同时间段内联合进点，以防止多个审计组对同一对象进行多次审计。总而言之，在制定年度审计计划时，审计机关要对本年度安排的各种审计项目进行综合分析，使资源得到最优配置，项目安排合理性得到提升（林忠华，2017）。以"经济责任审计+精准扶贫审计"为例，首先，建立"二合一"的评价指标库。在融合过程中，经济责任审计要在责任人精准扶贫目标的基础上，从指标库中选取适量的精准扶贫评价指标，并适时进行增补。其次，实施融合式调查。若先进行精准扶贫审计，则可在经济责任审计时将该项审计得到的相关责任人履约情况等相关信息加以应用，并以此为出发点与切入点，对扶贫政策执行不到位是否由责任人履责不到位导致、责任人履责不到位是否会造成资金浪费的后果等进行统筹分析，从而为下一步问责提供基础与依据。最后，两个项目组人员组建合作团队。针对经济责任审计项目中难以对责任人扶贫履责情况进行评价的难题，审计人员可以邀请精准扶贫审计项目组成员通过线上线下两种形式共同参与研究。反之，在实施精准扶贫审计项目的过程中，若遇到难以对领导干部精准扶贫履责情况进行评价的问题，也可以借助经济责任审计项目组成员的力量。

二、精准扶贫政策跟踪审计监督的实施阶段

精准扶贫政策跟踪审计实施阶段主要实施效果评价，实现路径包括建立进一步现场审计确认风险点、对项目实施效果进行评价并发现重大与重要风险、交流需报告的风险等。具体过程如下。

（一）进一步现场审计确认风险点

精准扶贫政策跟踪审计监督的实施阶段是确保政府扶贫政策有效执行和资金使用合规的重要环节。在这一阶段，审计监督机构需要通过一系列的步骤来确认现场审计的风险点，以确保审计工作的准确性和全面性。这些步骤包括实地调查和观察、数据核实和比对、与相关人员沟通交流、审计抽样、政策法规分析以及专家评估和咨询。

首先，实地调查和观察是确认现场审计风险点的重要手段之一。通过实地走访扶贫项目的执行地点，审计监督人员可以直接了解项目的实际情况，包括项目进展、资金使用情况、项目效果等。他们可以观察到现场的工作环境、扶贫对象的生活状况以及扶贫项目的实际运行情况，从而发现可能存在的问题和风险点。

其次，数据核实和比对也是确认现场审计风险点的重要手段之一。审计监督人员需要对扶贫项目的相关数据进行核实和比对，包括项目资金的使用情况、项目效果的评估数据等。他们可以通过与项目管理部门和相关单位核实数据的来源和真实性，比对不同数据之间的一致性和准确性，从而发现可能存在的数据错误或造假行为。

与此同时，与相关人员的沟通交流也是确认现场审计风险点的重要手段之一。审计监督人员需要与扶贫项目的相关人员进行沟通交流，包括政府部门的扶贫工作人员、扶贫对象以及社会组织代表等。通过与他们的交流，审计监督人员可以了解到他们对扶贫项目的看法和反馈，发现可能存在的问题

和矛盾,从而确定审计的重点和方向。

此外,审计抽样也是确认现场审计风险点的重要手段之一。审计监督人员可以对扶贫项目的相关数据和资料进行抽样审计,通过对抽样数据的检查和分析,发现可能存在的问题和风险点。抽样审计可以帮助审计监督人员更加全面地了解扶贫项目的情况,准确识别和确认审计的重点和难点。政策法规分析也是确认现场审计风险点的重要手段之一。审计监督人员需要对扶贫政策和相关法规进行分析,了解政策的具体要求和执行标准,发现是否存在违规行为或政策执行不到位的情况。通过对政策和法规的分析,审计监督人员可以确定审计的依据和范围,确保审计工作的准确性和合法性。

最后,专家评估和咨询也是确认现场审计风险点的重要手段之一。审计监督机构可以邀请相关领域的专家进行评估和咨询,对扶贫项目的实施情况进行专业性的判断和分析。专家可以根据自己的专业知识和经验,提出针对性的建议和意见,帮助审计监督人员更好地发现和解决问题,确保审计工作的准确性和有效性。

综上所述,确认现场审计风险点是精准扶贫政策跟踪审计监督实施阶段的重要任务之一。通过实地调查和观察、数据核实和比对、与相关人员沟通交流、审计抽样、政策法规分析以及专家评估和咨询等多种手段的综合运用,审计监督机构可以全面深入地了解扶贫项目的执行情况,准确识别和确认现场审计的风险点,为审计工作提供有效的依据和保障。

(二) 对项目实施效果评价并发现重大与重要风险

在精准扶贫政策跟踪审计监督的实施阶段,对项目实施效果进行评价并发现重大与重要风险是至关重要的。这一阶段旨在确保政府的扶贫政策能够有效地帮助贫困人口脱贫致富,并确保政府的资金使用合规、透明、有效。以下将详细探讨这一过程。

审计监督人员首先会仔细审视扶贫项目设定的目标和指标。这些目标和指标通常包括减贫率、增收率、就业率等,是衡量扶贫项目成功与否的关键标准。审计监督人员会比对项目实施前制定的目标与指标与实际达成的情况进行对比分析。如果发现项目的实际效果与目标存在较大差距,可能暗示着项目执行过程中的问题,需要进一步调查。

另一个关键方面是审查扶贫项目的资金使用情况和流向。审计监督人员将对项目所用资金的使用记录进行详尽审查,了解资金的具体流向和使用情况。他们会核实资金使用记录,确保资金的使用符合相关政策和法规要求,并真正用于扶贫工作。如果发现资金使用存在不当行为,如挪用、浪费或滥用等,就可能暴露出项目存在的重大风险。

审计监督人员还会对扶贫项目的执行过程进行深入分析。他们会关注项目执行过程中是否存在失误或违规行为,以及项目执行是否符合相关政策和法规要求。如果发现项目执行过程存在问题,可能会对项目的最终效果产生影响,也可能暗示着项目存在的重大风险。

评估项目的实际效益是审计监督的重要任务之一。审计监督人员会比较项目实施前后扶贫对象的生活状况和收入情况,分析项目对扶贫对象的实际帮助程度,评估项目的实际效益。如果发现项目效益不明显或与预期目标相差较大,可能意味着项目存在着重大问题,需要进一步调查和解决。

最后,审计监督人员会关注社会的反馈和投诉情况。他们会收集并分析社会各界对扶贫项目的评价和意见,了解社会对项目实施效果的看法。如果发现社会反馈和投诉集中在某些方面,可能意味着项目存在着重大问题,需要引起重视并采取相应措施加以解决。

在精准扶贫政策跟踪审计监督的实施阶段,对项目实施效果进行评价并发现重大与重要风险是一项复杂而细致的工作。审计监督人员需要全面深入地了解扶贫项目的实际情况,从多个维度进行分析和评估,以确保审计工作的准确性和有效性。只有通过全面深入地评价和监督,政府扶贫政策才能真正起到促进贫困地区经济发展、改善贫困人口生活状况的作用。

(三) 交流需报告的风险

在精准扶贫政策跟踪审计监督的实施阶段,确保及时、有效地交流需要报告的风险至关重要。这个过程不仅需要建立起良好的内部沟通机制,还需要与相关利益相关方进行适当的沟通,以确保发现的问题得到及时解决,项目的执行得以改进,进而达到提高扶贫政策执行效果的目的。

审计监督团队可以定期组织内部会议和讨论,就发现的风险进行深入交流和讨论。这样的会议可以让团队成员分享各自的发现和观点,共同分析问题的根源,探讨解决方案。通过内部会议和讨论,团队可以形成共识,确保对问题的认识和处理方式的一致性。

审计监督团队需要定期向上级领导和相关部门提交报告和汇报，介绍审计发现的重大问题和风险。这些报告和汇报通常会包括审计的目的、范围、方法、发现的问题和建议等内容。通过报告和汇报，审计监督团队可以向上级领导和相关部门汇报审计工作的进展和结果，引起足够的重视，并促使相关部门采取必要的措施解决问题。

审计监督团队可以组织工作座谈会和研讨会，邀请相关领导、专家和利益相关方参加，共同探讨发现的风险和问题，并就解决方案展开讨论。这样的座谈会和研讨会可以促进各方之间的交流和合作，形成共识，推动问题的解决和扶贫政策的改进。

审计监督团队可以通过各种途径向社会公众发布信息和通报审计发现的重大问题和风险，引起社会的广泛关注和监督。这样的信息发布和通报可以增强社会的监督力量，促使相关部门和单位对问题采取更加积极有效的措施解决，提高扶贫政策执行的透明度和效果。

审计监督团队可以建立问题反馈机制，接受社会各界和利益相关方对扶贫政策执行过程中存在的问题和风险的反馈和投诉。通过及时收集和处理问题反馈，审计监督团队可以更加全面地了解问题的实际情况，及时采取相应的措施加以解决，确保问题得到有效处理。

综上所述，精准扶贫政策跟踪审计监督的实施阶段交流需要报告的风险可以通过内部会议和讨论、报告和汇报、工作座谈会和研讨会、信息发布和通报以及建立问题反馈机制等多种方式进行。这些交流方式可以促进各方之间的沟通和合作，确保发现的问题得到及时解决，为扶贫政策的有效实施提供坚实保障。

三、精准扶贫政策跟踪审计监督的报告阶段

提供整改建议及报告的流程属于审计报告阶段内容，实现路径包括提交整改征求意见书、出具审计报告两部分。具体过程如下。

（一）提交整改征求意见书

整改征求意见书作为审计报告的基础，项目执行部门与项目管理部门在进行整改时均需要使用该文档。审计团队在制定整改征求意见书时，以下因素都会影响到意见书的制定：一是专家意见，在确保专家独立性的情况下，

审计小组在拟定整改建议书时必须考虑到其合理性；二是整改意见能否促进审计目标的实现；三是所选取的典型案例与我国国家重要政策实施要求相一致；四是对项目执行部门与管理部门的问题的表述是否适当，尽可能避免罗列缺乏事实依据的问题；五是要保证整改方案的保密性。

在充分考虑以上因素的前提下，首先，审计项目组需要从省审计厅、地市审计局以及其他社会审计力量处获取的全部证据，由审计组和参与审计的专家根据自己的观点，对已经识别出来的重大风险或重大风险进行多次会议，讨论并撰写整改征求意见草稿；其次，审计小组应根据审计中已掌握的实际情况，对专家意见进行适当的吸收，选出具有较高可行性和可操作性的意见；最后，在经过多轮讨论后，并经执行部门与项目管理部门共同认可后，再经审计组成员、审计组长核对、复核后，形成整改意见，最终出具整改征求意见书。需要特别注意的是，出于保密原则，整改征求意见书只能显示涉及被审计单位有关的部分。

在出具整改征求意见书的过程中，审计项目组有以下几点需要注意：一是咨询专家意见，获得参与审计工作的专家建议，在此基础上撰写整改征求意见书，进一步促进项目目标的实现；二是需递交至相关项目执行部门与管理部门；三是撰写典型案例，将其与整改征求意见书共同递交至相关项目执行部门与管理部门，得到相关项目执行部门与管理部门的证实后，审计项目组再以整改征求意见书为基础撰写审计报告。

（二）出具审计报告

出具精准扶贫政策跟踪审计报告应包括以下事项：一是政策的完成情况，如项目建设进度，资金使用情况等；二是政策未完成的原因，即未完成的项目目标及其原因，比如由于资金没有及时拨付或使用，导致项目建设进度延缓；三是未完成的政策背后隐含的问题，并提出相应整改建议，整改意见应当与对应的问题相匹配；四是报告以前年度整改的典型案例，不仅能对较好落实的单位给予正面的正面鼓励，而且对其他单位起到良好的示范作用。出具审计报告后，审计项目组应将其上交至相关机构。

四、精准扶贫政策跟踪审计监督的提升阶段

精准扶贫政策跟踪审计提升阶段包括推动容错纠错机制执行、基于整改

导向的审计机关监督绩效评价。为了实施这两个流程，通过推动后续跟踪检查、反馈后续跟踪检查发现的问题、基于整改导向的审计机关监督绩效评价等路径实现。具体过程如下。

（一）推动后续跟踪检查

推动后续跟踪检查要求执行部门与项目管理部门提交审计报告或者相关整改材料，审计机关定期或不定期对执行部门与项目管理部门的整改情况进行跟踪检查监督。审计机关跟踪检查的过程中，需要注意以下情况：一是整改意见是否得到落实，执行部门与项目管理部门可能存在未按照审计小组提交的审计整改意见进行整改，或是采取新的整改方案来控制重大风险、重要风险；二是宣传典型案例，对较好落实的单位给予正面的正面鼓励；三是推进问题部门的整改，审计机关需要持续关注问题部门，要求其提供整改资料，进行持续的跟踪检查；四是上报政府或其他管理部门，由这些部门继续通过跟踪、检查等方式监督部门后续的整改情况，上级部门充分了解下级部门整改的实际情况，对整改过程中可能存在的方向不明确、措施不到位等问题等到更迅速、更真实的反馈；五是应当注意先后顺序，审计机关后续跟踪检查过程中，应当先跟踪检查问题高发的重大风险领域，之后再跟踪检查问题高发的重要风险领域，最后再跟踪检查问题不高发的其他重要风险。

（二）反馈后续跟踪检查发现的问题

后续跟踪检查过程中发现的问题，应当予以及时反馈。反馈内容可以包括以下内容：一是精准扶贫政策跟踪审计过程中发现的屡审屡犯或屡次提醒都整改不到位的责任人或责任单位，审计小组应当向上级部门及时反映，以便让上级部门知道原因和问题，并在权限之内给予合适的通报批评、处理和处罚等。二是未整改的重大风险与重要风险，审计机关在后续跟踪检查中，不仅需要关注尚未整改的重大风险与重要风险，还需要监督问题部门整改中采取的措施是否恰当以及执行方案的可行性。三是反馈责任人舞弊导致的整改不到位的情况，一方面，审计机关要对相关人员的违法行为进行核实，并向法院、纪检部门等权力机构提交证据，由权力机构根据这些线索对相关人员进行进一步核实，并对相关人员进行相应的处罚；另一方面，审计小组也可以向经济责任审计小组提交责任人虽然没有违法但违规的证据，并在经济责任审计中增加责任人对项目实施不力的审计证据，让审计机构对责任人的经济责任进行客观、公正的评价，同时也对其他责任人和部门进行有效的震慑和监督。

(三) 基于整改导向的审计机关监督绩效评价

项目实施效果评价后，还需要对审计机关监督绩效进行评价，以此来评定审计机构的审计执行效果，从而提高审计机关的工作业绩。审计机关监督绩效评价路径具体如下：一是建立审计机关监督绩效评价指标体系。从项目实施效果评价指标体系出发，建立审计机关监督绩效评价指标体系，如果审计机关提出的整改意见得到了采纳和落实，说明审计机关的监督绩效实现了较好的效果；反之则说明审计机关的监督绩效不佳。二是收集相关整改数据。审计机关需对项目整改成果进行持续追踪，获取与监督绩效指标对应的整改数据，然后对数据进行清洗，在确保数据真实准确后，利用变权层次分析模型进行评价。三是赋予专家权重。专家主要包括政府或纪委领导、有丰富经验的审计专家以及具体项目方面的专家，上述专家根据项目实施效果评价指标体系的要求，对审计机构的监督业绩进行评估，并对其进行了评价。其目标是将审计机构的监督者、审计机关的工作人员和客观的评估者纳入到考评体系之中，使得评分更具科学性、客观性。四是利用变权层次分析模型进行评价。因为变权层次分析模型可以更好地反映客观数据，所以也可以运用该模型到审计机构的监管绩效指标体系中，并结合所收集到的资料，来对审计机构进行监督绩效评估。

具体而言，以上具体路径中的第一步，即建立审计机关监督绩效评价指标体系，主要是为了对项目的整改情况进行分析，以期发现审计机关实施审计监督后的效果如何，即审计监督是否促进了问题整改。为此，综上所述，应当建立以资金使用审计规范体系、政策落实审计纠正体系、项目建设和运营审计优化体系、重大违纪违法审计查处体系、体制机制审计完善体系为关键指标体系的审计机关监督绩效评价指标体系。其中，在资金使用审计规范领域中，主要关注项目资金闲置问题与未统筹使用资金问题的整改情况、违规使用项目资金的整改情况、骗取或虚列项目资金的整改情况、超标或重复发放资金的整改情况；在政策落实审计纠正领域中，主要关注原政策落实不到位的整改情况、政策制定不合理的整改情况、政策缺失或多余的整改情况；

在项目建设和运营审计优化领域中,主要关注项目未开工或进展缓慢推动的整改情况、项目无法或没有投入使用的整改情况、项目未按规定招标的整改情况、原项目建造中存在问题的整改情况、配套设备未到位的整改情况;在重大违纪违法审计查处领域中,主要关注相关责任人的处理处罚实施情况;在体制机制审计完善领域中,主要关注原执行机制存在问题的整改情况、原决策机制存在问题的整改情况、原监督机制存在问题的整改情况、原协调机制存在问题的整改情况、原机构设置不合理的整改情况。

第三节 国有企业高质量发展跟踪审计路径研究

一、国有企业高质量发展的内涵

党的十九大报告明确提出,"我国经济已由高速增长阶段转向高质量发展阶段",党的十九届五中全会进一步强调,"十四五"时期经济发展要"以推动高质量发展为主题"。国有企业作为中国特色社会主义社会的重要物质基础和政治基础,它们是中国特色社会主义经济的顶梁柱,因此,深刻认识国有企业高质量发展的内涵至关重要。

高质量发展表现在国有企业追求高水平、高层次、高效率的价值创造及卓越持续的成长目标,也就是有效供给、公平发展的过程(黄速建等,2018)。国有企业追求高效率的价值创造一般需要以技术创新为基础,因为技术创新可以通过改善工艺流程等方式来减少资源、能源、人力、物力等各方面的消耗,降低成本、提高效率,使各种投入的生产要素发挥其最大的效用,即以减少投入的方式实现国企利益最大化。所以,为了实现国企高质量发展,必须要获得兼具颠覆性和原创性的新技术,还要以制度创新为抓手,有效调动各种要素的积极性。另外,我国虽然处于经济高速增长阶段,但是仍然存在人们对一些中高端产品和服务的需求无法得到满足等问题,因此中央提出了"供给侧结构性改革"的战略对策。所谓供给侧结构性改革,就是从提高产品供给质量出发,以调整经济结构为重点,对配置不合理的生产要素进行矫正,使其实现最优配置,以此提高供给结构对于需求变化的反应灵敏度和快速适应能力,提高全要素生产率,扩大有效供给,满足人们的需求,促进国民经济稳健发展，推动国家治理有效实施。国有企业作为供给侧的关键组成部分，其高质量发展必然要求其供给更有效，能够满足人民群众的需求。

高质量发展就是体现新发展理念的发展，必须坚持创新、协调、绿色、开放、共享发展相统一，高质量发展是以人民为中心的发展，是宏观经济稳定性增强的发展，是创新驱动的发展，是坚持市场化法治化国际化的发展，是生态优先绿色优先的发展。国有企业高质量发展有其特殊性，即多层次性、多样性以及多重约束性（李翼恒，2020）。首先，国企高质量发展的多层次性体现在区分四个概念与层次，即国有资本、国有经济、国有个体与整体的高质量发展等；其次，国企高质量发展的多样性体现在国有企业个体所担负的国家使命与功能具有多样性，虽然国有企业在整体上担负着国家的使命，但是国家使命却赋予了国有企业个体多样多异的内容，因此国有企业个体在其运行的过程中要慎重考虑、仔细区分其使命的差异性，这最终会引发国有企业个体高质量发展的多样性；最后，国企高质量发展的多重约束性体现在国有企业的发展相较于普通企业的发展而言更具路径、制度以及社会依赖程度上的约束性，因为企业在实现高质量发展的转变过程中，非常容易被阻力和动力之间相互作用的强度所影响，其中尤其容易受到构成发展阻力的制约因素的影响，而国有企业的历史成因、现实状况约束以及特殊的企业性质决定了它在高质量发展过程中比普通企业更具多重约束性。

国有企业高质量发展政策包括宏观、中观、微观三个层次。近年来，为了推动国民经济重要支柱即国企的高质量发展，国家出台了"三去一降一补"等宏观经济政策、《国企改革三年行动方案》等中观改革政策、《完善国有企业法人治理结构的指导意见》等微观治理政策。这些政策的落实需要包括审计在内的国家治理体系合力监督（审计署，2020）。政策跟踪审计能对国企高质量发展三个层次中政策的执行效果进行评价。国企政策执行效果评价方法包括：一是建立国企改革政策执行效果评价体系。王昶和焦娟妮（2009）、王济民等（2016）分别从混合所有制改革、"管资本"等单个政策执行背景出发，建立了国企绩效评价体系；与上述研究不同，文宗瑜等（2018，2020）通过建立国企改革指数，综合评价了国企执行多个改革政策的进展及经济社会效应。二是建立审计评价体系。审计评价不仅针对国企改革政策执行效果，还针对重大经济政策执行效果与法人治理情况。具体可分为：①重大经济政策执行效果评价。2010年以前，美国审计署（GAO）主要评价国企落实重大经济政策的情况（Dodaro，2009）；直到2011年，英国审计署（NAO）在《绩效审计手册》中增加了对政府部门监管与推动重大政策落实情况的评价；我国的重大政策跟踪审计吸收了GAO与NAO的理念，既对国企落实重大经济政策情况进行评价，也对监管者监管与推动重大经济政策落实情况进行评价。②国企改革政策执行效果评价。GAO与NAO侧重评价已开展的混合所有制改革政策执行效果、国企重点业务改革政策执行效果等（王长友和戚艳霞，2016）；与国外类似，我国审计署注重评价已开展的国企改革"1+N"政策体系执行效果（审计署，2017）。③法人治理情况评价。GAO和NAO对国企领导人员薪酬分配、员工持股、工资决定和增长等开展评价（杨建荣，2016）；与国外不同，2018年机构改革后，我国审计机关承担了监事会职责，更全面地对国企法人治理结构的建立、运行及决策等情况进行了评价（成都审计局，2020；江苏审计厅，2020）。

二、政策跟踪审计推动国有企业高质量发展的理论框架

政策跟踪审计推动国有企业高质量发展的理论框架包括：检查过程、发现问题与整改措施三个方面。

第一，在检查过程方面，审计机关需先将审计计划列出，再根据所列出的计划开展审计工作，即以计划中所标注的疑点引导审计工作具体实施，从而找到存在的制度体制机制问题。阐明界定督查主体职责、评价重大政策执行、设计联合审查方案是倒逼国企高质量发展宏观经济政策落实的过程。具体而言，制定审计计划时需在分解国有企业高质量发展的目标基础上开展座谈会，重点挖掘制度方面存在的不合理制度未改善、制度缺失或多余等问题；体制方面存在的组织结构不当、职责设置不当等问题；机制方面存在的落实机制、监督机制、协调机制、决策机制等问题，并以问题为导向制定审计计划。随后，开展审计工作时要严格按照前述所制定的审计计划对政策执行情况进行检查。具体步骤包括：①审计机关检查执行部门的制度执行情况。审计机关在检查时既需根据审计计划调查国企执行部门是否存在组织结构与职责设置问题、落实机制与协调机制等问题，也需根据审计计划与监督部门、制度制定部门座谈沟通，并鼓励它们反馈执行部门在执行制度过程中所出现的运行问题，对在审计机关职责范围内的问题，提出整改建议并保持整改落实的持续追踪；对不在审计机关职责范围内的问题，需将其移交司法部门等

相关部门处理处罚。②审计机关需关注制度制定与监督是否合理。审计机关在检查制度制定时需根据审计计划与执行部门、监督部门座谈沟通，关注制度制定的缺失、多余或不合理问题以及制定部门组织结构与职责设置问题；或根据审计计划与执行部门、制度制定部门座谈沟通，关注监督部门是否存在监督机制与协调机制问题、监督部门组织结构与职责设置问题、决策部门是否存在决策机制问题。之后，以问题为导向进行深入调查。

第二，在发现问题方面，定位监管主体职责、评价改革政策执行、建设分类审计手册是推动国企高质量发展中观改革政策实现的过程。具体可分为：①制度方面问题，包括制度缺失或多余、制度不合理等。其中，制度缺失或多余主要表现在相关部门未按规定出台或违规制定制度，这将不利于国有企业高质量发展目标的实现。制度不合理主要表现在设置障碍过多、未修订与目标不符的制度，如设置冗杂的审批前置条件导致企业负担过重、未修订原有在执行过程中出现不适当情况的制度等。②体制方面问题，涉及组织结构与职责设置不合理。其中，组织结构问题主要表现在没有组建专门完成政策目标的机构、违规设置机构，这将导致政策执行时缺乏权威机构指导或违规设置机构从而增加企业负担。而职责设置问题主要表现在机构人员的职能重复、缺乏专职人员执行职责等方面，即存在两个及两个以上部门同时执行同一种职责、某一职责没有部门承担并执行和部门内没有专职人员执行该项职责等现象。这些现象均会因权责划分范围不明而引起制度执行不力。③机制方面问题包括决策机制、落实机制、监督机制、协调机制等问题。其中，落实机制问题主要体现在政策落实不到位、项目落实不到位、资金使用不到位、审批不到位，政策落实不到位是指国有企业高质量发展相关政策执行后效果未能达到预期，项目落实不到位主要体现在项目闲置、项目进展缓慢或开工率低等方面，资金使用不到位是指出现资金闲置、存量资金盘活不到位、违规使用或套取资金、项目资金拨付慢等现象，审批不到位涉及财政资金审批时间过长、审批事项下放不到位等。监督机制存在的问题主要体现在审核把关不严、监督不力，其中审核把关不严会导致国有资产流失、监督不力将会减弱政策执行能力。协调机制存在的问题主要体现在未实现信息共享、方案意见不一致、统筹协调不畅等方面。其中，未实现信息共享会导致各部门在政策执行过程中未能及时获取原有信息，继而影响制度实施效果。方案意见不一致将会导致各部门在统一行动规划时耗费大量的时间，继而影响项目进度。统筹协调不畅将会导致群众获取的信息存在不对称性,继而使政府与群众矛盾激化。决策机制存在的问题主要体现在经营管理者拥有决策控制权,又身处政策制定和实施的过程中,他们的执行效果是无法受到有效监督的,事实上自我监督的做法是起不到良好效果的。这有可能导致上层管理者玩忽职守,滥用决策权、控制权和监督权,增加上层管理者与下层管理者串通舞弊的可能性。在新时代中国特色社会主义"国家治理体系和治理能力现代化"要求的指导下,采用问卷调查、走访座谈等方法调研高质量发展卓有成效的政府、国务院国资委、大型国企、审计机关等,提出政府、国务院国资委、投资公司、运营公司等属于管理权监督,国家审计属于所有权监督,阐明两者存在监督与再监督的关系以及合力推动国企高质量发展政策落实的路径。运用文本分析法,结合三个层次政策制定思路研究重大政策跟踪审计报告以及各级审计机关公布的专项调查审计报告、上市国企年报、国企财务收支等文件的关键字段,以界定国企执行各类政策中的体制机制、重大项目、政策落实、领导责任、资金使用等具体责任范围,以及国企高质量发展政策落实监管体系中,国家审计与其他监督主体的职责范围,提出督查主体联合审查范围、监管主体再评价范围与治理主体考评范围、国企政策落实审计范围。探讨国企、国家审计与其他监督主体应如何良性互动以确保实现监督合力,即向政府报告再监督的监管主体(国有资本投资公司、国务院国资委等),在监管国企改革政策执行中存在的移送路径、建议与问题;国家审计对政府督查办报告政府部门与国企在执行重大经济政策中存在的意见、整改效果以及障碍,从而实现国企高质量发展政策落实与合力监督体系的传动。

  第三,在整改措施方面,各部门根据审计机关查出的制度体制机制问题进行整改,并处理处罚相关责任人,从而推动国有企业高质量发展目标的实现。确立治理主体职责、评价法人治理情况、设置绩效审计规范是引导国企高质量发展微观治理政策改善的过程。具体表现为:①审计机关根据发现的问题实施对应性质方案或采取更适当的非对应性质方案。在对应性质方案中,可针对组织结构问题采取建立专门组织、注销多余组织用以消除组织结构导致的政策执行不力,针对职责设置问题采取减少部门不合理职责、充实专业执业人员用以界定部门职责以及增加相关专业能力等方法以强化职责设置规范;针对制度缺失或多余采取相关部门按规定出台制度、取消违规制度用以解决当前面对的新问题或无法解决的痼疾；针对制度不合理采取减少制度设置障碍、修订相关制度用以扫除政策实现障碍；针对落实机制问题采取加快政策落实、推进项目进度、解决资金问题、杜绝违规审批用以加速政策实施；针对监督机制问题采取委派专人督查、加大监督力度用以强化监督；针对协调机制问题采取建立协调会商机制、矛盾调解机制用以通畅执行；针对决策机制问题，由于经营管理者拥有决策控制权，又身处政策制定和实施的过程之中，所以采取过程监督的方式为其提供了最有利的前提（谢志华，2016）。例如，财政部进行的财政监督，一方面通过预算支出为各公共受托责任的履行主体提供资金，另一方面要监督所提供的资金的使用是否合理、合法、有效。对资金提供过程进行全过程监督，就必然成为财政监督的本质特征之一，在过程监督中，公共受托责任的履行主体如果不能按照预算要求使用资金，就可以终止资金的提供，这时决策权、监督权与执行过程有机地融合在一起。在非对应性质方案中，如针对落实机制的问题可采取建立专门完成政策目标的组织、相关部门出台措施、修订相关制度等体制和制度方案解决这些问题；针对协调机制问题可采取加快政策落实的方案改变当前政策实施过程中协调不畅现状；针对监督机制问题可采取出台相关的监督文件、组建专业的监督团队等体制和制度方案以改善当前监督不力的现状，继而充分发挥监督效能；针对决策机制的问题需要找具有独立性的第三方机构，让国家审计去做再监督的工作。必须要对经营管理权主体及其监督行为进行再监督，也就是国家审计必须要对其他政府部门的决策行为和监督行为进行再监督。在政策跟踪审计中，这方面的监督仍然存在空白领域。例如，国家发展改革委具有审批、核准、审核重大外资项目、境外资源开发类重大投资项目和大额外汇投资项目的职责；财政部具有管理行政事业单位国有资产、金融类企业国有资产的责任；国务院国资委具有管理国有资产及资产保值增值的责任，国家审计并没有开展与此相关的监督活动，作为国家所有者代表的最高国家机构并不掌握这些政府部门政策制定决策和政策执行监督的情况，尤其是这些政府部门自身的管理绩效（包括战略管理、发展创新、经营决策、风险控制、人力资源等）。国家审计应该通过政策跟踪审计、经济责任审计等常规审计项目，消除审计盲区、填补审计空白。②审计机关还可根据发现的问题采取移交方案。即将发现的违反法律、党纪的责任人移交司法部门与相关权力部门，并最终使责任人受到法律、党纪、政纪、撤职处分等处罚。

三、政策跟踪审计推动国有企业高质量发展的实践路径

政策跟踪审计推动国有企业高质量发展的实践方案主要体现在审计准备阶段、审计实施阶段、审计报告阶段以及审计提升阶段等方面。

（一）国有企业高质量发展政策跟踪审计准备阶段

根据第三章第四节的理论分析，国有企业高质量发展政策跟踪审计准备阶段的内容包括组建专家团队、国有企业高质量发展的制度梳理、利用大数据锁定调查对象与范围、审前调查获取基础资料、制定审计计划聚焦重大风险等。

1. 组建专家团队

审计署负责国有企业高质量发展政策跟踪审计工作，由于其人力资源有限，而审计涉及多家国有企业，因而审计署组建了专家团队，以解决庞杂的国有企业高质量发展审计业务。首先，在国家审计机关内部，采取回避制度，考虑审计经验及其他特征，从审计机关内部抽调专业胜任能力高的人员加入审计组。审计组的目标是参与审计计划设计、监督国有企业高质量发展政策跟踪审计效果等。其次，聘请审计机关外部专家。审计组运用会议讨论法，对国有企业高质量发展政策领域的学者、专家进行访谈，了解国企高质量发展政策实施时可能出现的风险；对大数据专家进行咨询，了解大数据技术如何准确锁定调查对象与范围；对国有企业内部人员进行询问，尤其是内部审计人员以及其他一些独立性较强的人员，了解国企高质量发展过程中存在的问题等。聘请外部专家的目的一方面是解读国有企业高质量发展政策；另一方面是撰写审计报告，提出建议。

2. 国有企业高质量发展的制度梳理

为了梳理国有企业高质量发展的政策，审计组首先分析该政策制定的背景。2017年，中国共产党第十九次全国代表大会首次提出"高质量发展"一词，同时党的十九大报告中明确表示"我国经济已由高速增长阶段转向高质量发展阶段"；2020年，党的十九届五中全会进一步强调，"十四五"时期，经济发展要"以推动高质量发展为主题"；2021年，恰逢"两个一百年"奋斗目标历史交汇之时，习近平总书记在中华人民共和国第十三届全国人民代表大会第四次会议和中国人民政治协商会议第十三届全国委员会第四次会议

上接连强调"高质量发展",可见其意义之重大。在一系列政策指导和号召下,国有企业勇于担起国家经济命脉的使命与责任,纷纷贯彻落实有关国有企业高质量发展的制度。

其次,借助政策清单法,对国家出台的"三去一降一补"等宏观经济政策、《国企改革三年行动方案》等中观改革政策、《完善国有企业法人治理结构的指导意见》等微观治理政策进行全面梳理和分析。以《国企改革三年行动方案》的政策清单为例(见表4-4),该项政策共包括突出抓好国有经济布局优化和结构调整、突出抓好深化混合所有制改革、突出抓好健全市场化经营机制、加快形成以管资本为主的国有资产监管体制、突出抓好"双百行动""区域性综改试验""科改示范行动"、世界一流企业创建专项工程等内容。政策清单法使得国家出台的相关国有企业高质量发展政策层次分明、内容清晰。

表4-4　　　　　　　　　　《国企改革三年行动方案》的政策清单

政策内容分解	主要内容
突出抓好国有经济布局优化和结构调整	围绕服务国家治理战略,聚焦主业主责发展实体经济,更好地发挥国有企业在畅通产业循环、市场循环、经济社会循环等方面的引领带动作用,支持中央企业带动民营企业、中小企业协同发展,推动国有资本向重要行业和关键领域集中。巩固"压减"工作成果,加快剥离非主营业务和低效无效资产,深入推进"僵尸企业"处置工作
突出抓好深化混合所有制改革	重点推进国有资本投资、运营公司出资企业和商业一类子企业混合所有制改革。根据不同企业功能定位,合理设计和调整优化混合所有制企业股权结构。集团公司要对国有相对控股混合所有制企业实施更加市场化的差异化管控,推动建立灵活高效的市场化经营机制。要加强对混合所有制改革全过程的监督,坚决防止国有资产流失
突出抓好健全市场化经营机制	强化国有企业市场主体地位,切实维护企业法人财产权和经营自主权。大力推行经理层成员任期制和契约化管理,具备条件的企业特别是商业类子企业,按照市场化选聘、契约化管理、差异化薪酬、市场化退出原则,加快推行职业经理人制度。灵活开展多种方式的中长期激励,充分用好已有明确政策,并支持探索超额利润分享机制、骨干员工跟投机制,实施更加多样、更加符合市场规律和企业实际的激励方式

续表

政策内容分解	主要内容
加快形成以管资本为主的国有资产监管体制	国资委将进一步深化职能转变，更加注重出资关系，更加注重国有资本整体功能，更加注重事中事后、分层分类，更加注重提高质量效益，把监管重点聚焦到管好资本布局、规范资本运作、提高资本回报、维护资本安全上来。充分发挥国有资本投资、运营公司在授权经营、结构调整、资本运营、激发所出资企业活力和服务实体经济等方面功能作用
突出抓好"双百行动"、"区域性综改试验"、"科改示范行动"、世界一流企业创建等专项工程	充分发挥专项工程的示范引领和突破带动作用，扎实推进改革措施的综合运用和系统集成，凡是要求面上企业做到的，纳入有关试点和专项工程的企业要成为样板、率先实现

最后，运用会议讨论法、专家调研法了解国有企业在执行政策中存在的困难以及这些困难是否与政策制定的不合理相关。具体而言，审计团队可在审计前先与国有企业的执行部门开大会讨论，再单独对国有企业的相关项目负责人进行调研，以发现负责人在大会中与单独调研时的言行是否与现有国有企业高质量发展政策存在差异，如果存在差异，那么这些差异往往就是问题所在，也是进一步调查的重点内容。

3. 利用大数据锁定调查对象与范围

审计组需要充分了解国有企业的信息系统运行、版本、名称、功能、操作方法等情况，再整合其他审计力量，进行数据团队分析，即不同审计力量根据自己分配的任务进行数据分析调查。具体可分为：①锁定调查对象与范围。利用国有企业数据库，锁定脱离国企高质量发展目标的国有企业，对其纷繁复杂的数据进行分析，以发现疑点。②分析数据疑点。审计人员先通过穿行测试分析国有企业相关数据；再分析录入数据时是否存在造假、错误等情况；最后通过紧密相连的重点字段、不同项目间的勾稽关系等查找国企高质量发展政策执行过程中存在的疑点。③在分析疑点过程中不断修正分析模型，下发最终疑点。在分析疑点时，不断调整搜索字段或修改分析思路、模型，并在证实存在的疑点后予以下发，以进行进一步分析。审计人员在查出疑点，并锁定调查对象与范围的基础上，整理出国有企业在资金、项目、政策、体制机制、重大违法等方面存在的问题，推理出资金、项目、政策、体制机制、重大违法等潜在问题的影响范围,以及这些影响导致的最终后果,并预测采取什么措施可以修改这些问题,以及预测哪种方案会更有利于实现国有企业高质量发展。

4. 审前调查获取基础资料

在前述锁定调查对象与范围基础上,需要获得相应的基础资料,用于进一步调查分析。具体而言,利用政策清单收集与梳理国有企业高质量发展政策,使种类繁多的政策内容变得清晰。在此基础上,收集各国有企业在资金、项目、政策、体制机制、重大违法等方面存在的问题;收集督查办、国务院国资委等国有企业监管部门的数据,即下达的国企高质量发展政策、配套政策、已调查的执行国企高质量发展政策的效果、调查过程中发现的国企违背高质量发展等情况;收集出现问题的原因、现有困难等情况。审计组将调研的发现与基础资料相核对,以查找问题。利用这种调研核对的方式,审计组通过会议来讨论和判断已收集资料的正确性,为下一步聚焦重大风险奠定基础。

5. 制定审计计划聚焦重大风险

审计计划是开展后续检查的依据,一般包括审计目标、对象、范围、重点,以及审计团队组成与分工、时间安排、项目安排等内容。在审计计划基础上,结合大数据分析结果和审前调查获取基础资料,审计重点应聚焦于:①分析政策实施效果,包括国有企业高质量发展政策制定不合理数量、政策落实不到位数量、政策缺失或多余数量以及各项国有企业高质量发展政策的执行情况。②揭露和查处重大违纪违法情况。在审计中坚持质疑态度,调查骗取资金、套取资金、贪污资金的现象,维护广大人民群众的利益不受损害。对发现的违法违规人员应尽快移交,以进行处理处罚。③监督国有企业高质量发展政策资金使用情况。检查近年来国有企业高质量发展专项资金的投入产出情况,检查是否存在资金未及时分配、投入非项目领域或投入基础设施比重过高、未统筹使用项目资金等问题。④检查国有企业高质量发展项目建设运营情况。加强国企高质量发展开发重点项目建设和运营效果的审计,检查是否存在没有按规定建设交付项目、项目建成后长期闲置、招投标不规范等问题。⑤揭示和反映体制机制制度性问题。审计机关应揭示核心的体制机制制度方面的问题,如执行部门间的联结机制不健全、执行能力欠缺、执行方式不对等,并积极提出对策建议,促进制度机制完善。

(二) 国有企业高质量发展政策跟踪审计实施阶段

根据第三章第四节的理论分析，国有企业高质量发展政策跟踪审计实施阶段的内容包括进一步现场审计确认风险点、对国有企业高质量发展相关政策实施效果评价、交流需报告的风险等。

1. 进一步现场审计确认风险点

在通过大数据审计、调查获取资料等方法获取证据后，需要进一步实施现场审计，目的是验证大数据与书面证据的可靠性。例如，审计组通过大数据技术发现某国有企业就同一项目申请两次项目资金，怀疑该项目存在问题。随后，审计组进一步执行现场审计，获得支撑材料，进一步确认该国企未遵守的相关规定，存在超标或重复申请项目的资金问题。可见，现场审计结果验证了大数据审计结果的正确性。又如，审计组调查资料时发现某国有企业因配套设备未到位而导致项目建造进度较慢，进一步实施现场审计发现产生此现象的原因是项目图纸进行了修改，配套设施的购买需要根据图纸来进行，因而配套设施到位的速度较慢。可见，现场审计与调查结果存在差异，通过现场监督，审计人员又发现了新的线索，改变了之前的观点。

审计组在现场审计前需要提前通知被审计单位，即国有企业，目的是通知相关国有企业负责人到场并提供审计资料。首先，审计组先通知国有企业负责人、财政局负责人、相关银行负责人等到现场进行座谈，并要求他们提供相关材料。其次，审计组在召开进点会议后，发放审计通知书，并对负责人进行座谈，向财政局、政府、银行等管理部门了解项目资金使用绩效、项目申报状况等，目的是验证初步识别风险的准确性，获得新的令人怀疑的风险。再次，在进点会议结束后，审计组还要挖掘资金、项目背后的体制机制运行问题、政策执行问题，以及是否有违法犯罪的情况等。因为只有解决这些问题，才能从根源上解决资金、项目中存在的问题，并防止这些问题屡审屡犯。最后，在进点审计会后，审计组需制作取证单，让相关部门责任人填写，目的是使证据得到相关部门认可，以防止在撰写审计报告时出现不实事例。在获取充分适当的证据，完成取证单、工作底稿之后，审计人员可以撤离现场。

2. 对国有企业高质量发展相关政策实施效果评价

根据本书第三章图 3-1 的基于问题导向的政策实施效果评价指标体系，

收集审计署 2015—2018 年公告的国有企业财务收支等情况审计结果,对国有企业高质量发展相关政策实施效果评价,并发现重要与重大风险,可从以下五个方面展开。

第一,在项目资金风险领域。主要的风险点包括项目资金闲置、未统筹使用资金、骗取或虚列项目资金、违规使用项目资金、超标或重复发放资金五项内容。由表 4-5 可知,2015—2018 年,几乎所有被披露审计信息的国有企业都存在违规使用项目资金这一问题,具体而言,主要是将项目资金用于购买纪念品、高档酒水、违规投资建设等非项目领域。出现未统筹使用资金问题的国有企业数量较多。国有企业在 2015 年到 2018 年间,在项目资金风险领域出现的其他风险还包括项目资金闲置、骗取或虚列项目资金、超标或重复发放项目资金。其中,在 2016 年和 2017 年所有被披露的国有企业中,骗取或虚列项目资金的问题较为突出,而 2018 年项目资金闲置的问题较为突出。

表 4-5 资金使用相关问题 单位:家

问题	问题表现形式	单位数			
		2015 年	2016 年	2017 年	2018 年
项目资金闲置	资金闲置,未及时分配	2	1	4	7
未统筹使用资金	资金统筹整合不到位	6	4	5	13
骗取或虚列项目资金	通过签订虚假协议、编制虚假资料、虚报工程造价、虚构交易等方式,骗取或虚列项目资金	1	7	5	5
违规使用项目资金	将项目款用于购买纪念品、高档酒水、违规投资建设等非项目领域支出	16	14	20	37
超标或重复发放资金	多发放或重复发放项目资金	3	2	3	4

第二,在项目建设运营领域。主要的风险点包括项目无法或没有投入使用、项目未按规定招标、项目建造中存在问题、项目未开工或进展缓慢、配套设备未到位五项内容。由表 4-6 可知,2015—2018 年,大部分被披露审计信息的国有企业都存在项目未按规定招标这一问题,具体而言,主要是国有企业项目存在招投标不规范、未进行公开招标、规避招标、虚假招标等问题。项目建造中存在问题的国有企业数量较多,项目建造中存在的问题主要是指项目未按设计施工、偷工减料、未取得施工许可证即开工建设、违规转包和分包、项目管理不善、项目停建等。国有企业在 2015 年到 2018 年间,在项

目建设运营风险领域出现的其他风险还包括项目无法或没有投入使用、项目未开工或进展缓慢、配套设备未到位。其中，项目未开工或进展缓慢问题相对而言更为普遍，产生这种现象的原因可能是国有企业的项目管理部门推动项目建设不力，或项目建设中存在产权纠纷等情况，这致使一些项目未开工、延迟完工。

表 4-6　　　　　　　　　项目建设运营相关问题　　　　　　　　单位：家

问题	问题表现形式	单位数			
		2015 年	2016 年	2017 年	2018 年
项目无法或没有投入使用	投入资金建成项目无法投入使用，项目建成后长期闲置	3	3	3	9
项目未按规定招标	项目存在招投标不规范、未进行公开招标、规避招标、虚假招标等问题	14	12	15	27
项目建造中存在问题	项目未按设计施工、偷工减料、未取得施工许可证即开工建设、违规转包和分包、项目管理不善、项目停建等	10	8	8	22
项目未开工或进展缓慢	项目未开工或进展缓慢，浪费项目资金	3	5	10	12
配套设备未到位	项目的配套设施未及时到位	1	—	1	1

第三，在国有企业高质量发展政策领域。主要的风险点包括政策制定不合理、政策落实不到位、政策缺失或多余三项内容。由表 4-7 可知，2015—2018 年，几乎所有被披露审计信息的国有企业都存在政策落实不到位这一问题，即国有企业在政策执行过程中存在问题，致使政策未完全落实。政策制定不合理的国有企业数量很少，2015 年有 3 家国有企业出现了这一问题，2018 年有 2 家国有企业出现了这一问题，而 2016 年和 2017 年均没有国有企业出现这一问题，说明这一风险点的风险相对较小。政策缺失或多余的国有企业在 2015 年和 2016 年存在几家，但到了 2017 年和 2018 年，这一问题所涉及的国有企业仅有一家，因此这一风险也变得较小。

第四，在体制机制领域。主要的风险点包括决策机制存在问题、执行机制存在问题、监督机制存在问题、机构设置不合理、协调机制存在问题五项内容。由表 4-8 可知，2015—2018 年，大部分被披露审计信息的国有企业都在执行机制和监督机制这两个方面存在问题，具体而言，主要是国有企业的

表 4-7　　政策落实相关问题　　　　　　　　　　　　　单位：家

问题	问题表现形式	单位数			
		2015 年	2016 年	2017 年	2018 年
政策制定不合理	政策制定不精准，使政策无法实施	3	—	—	2
政策落实不到位	政策执行过程中存在问题，致使政策未完全落实	16	14	20	38
政策缺失或多余	相关部门未按规定出台措施、违规制定措施	6	5	1	1

政策执行过程不到位以及国有企业对其子公司业务的审核把关不严、监督不力。国有企业的决策机制存在问题的表现也较为突出，决策机制存在问题主要指的是国有企业在其决策过程和决策规划上存在不当之处，比如某些国有企业未经过集体决策即作出较为武断的决定，这可能会严重损害他人的利益，而且这种不当的决策程序和方式极有可能会阻碍国有企业高质量发展。国有企业在机构设置和协调机制方面存在的问题极少，特别是机构设置不合理问题，其仅在 2015 年出现过一次，未在后续年份的披露公告中提及，说明国有企业的机构设置不合理问题以及协调机制不合理问题并不是国有企业高质量发展的主要风险点，即这两项的风险相对较低。

表 4-8　　体制机制相关问题　　　　　　　　　　　　　单位：家

问题	问题表现形式	单位数			
		2015 年	2016 年	2017 年	2018 年
决策机制存在问题	企业的决策过程、决策规划等方面问题	5	4	16	14
执行机制存在问题	政策执行过程不到位	13	12	4	23
监督机制存在问题	企业的审核把关不严、监督不力	7	9	17	29
机构设置不合理	企业的机构设置不合理	1	—	—	—
协调机制存在问题	企业协调过程不到位	2	—	—	—

第五，在重大违法违纪领域。主要的风险点即审计移送，审计移送包括审计移送的人员、资金、案件、单位等衡量指标，但是审计署 2015—2018 年公告的国有企业财务收支等情况审计结果仅公示了审计移送的单位数，因此，本书仅就被披露的国有企业审计移送的单位数进行统计，具体情况如表 4-9 所示。2015—2017 年，几乎所有被披露审计信息的国有企业都存在审计移送这一问题，而 2018 年的公告中并未披露这一问题。

表4-9　　　　　　　　　重大违纪违法相关问题　　　　　　　　单位：家

问题	问题表现形式	单位数			
		2015年	2016年	2017年	2018年
审计移交	审计移交的单位	16	14	20	—

3. 交流需报告的风险

交流需报告的风险是指审计组内部，或审计组与政策管理部门交流国有企业高质量发展在政策执行过程中存在的风险。首先，审计组内部交流后达成一致意见，项目资金风险主要集中在违规使用项目资金和未统筹使用项目资金；项目建设运营风险主要集中在项目未按规定招标和项目建造中存在问题；国有企业高质量发展政策风险主要集中在政策落实不到位；体制机制风险主要集中在国有企业的执行机制和监督机制存在问题；重大违法违纪是非常重要的风险，据审计署公告披露，2015年有16家国有企业发生了审计移交案件，2016年有14家国有企业发生了审计移交案件，2017年有20家国有企业发生了审计移交案件。因而，在撰写审计报告时要反映这些风险，且在进一步审计或整改监督中需要注意这些问题。

其次，针对上述发现的重大风险、重要风险，需要与政策执行部门或政策管理部门进行交流。这些部门可能会对审计结果产生异议，并给出证据以证明国有企业高质量发展效果的真实状况。

此外，在交流过程中，为了防止重大违纪违法信息泄露，审计组要特别要求被调研者保密，并先不在整改建议书与审计报告中体现这些内容。而是先将这些案件移交司法机关，为这些机关立案调查提供线索。

（三）国有企业高质量发展政策跟踪审计报告阶段

根据第三章第四节的理论分析，国有企业高质量发展政策跟踪审计报告阶段的内容包括提交整改征求意见书、出具审计报告等。

1. 提交整改征求意见书

提交整改征求意见书的过程包括：审计组首先将自身和其他审计力量获得的所有证据加以收集，再进行多次开会讨论并撰写整改征求意见书初稿。然后，结合审计了解的实际情况，合理采纳专家的建议，选择可行性、操作性强的整改建议。最后，经过国有企业高质量发展政策执行部门与管理部门的确认，由审计组成员、审计组长核对、复核后，最终出具整改征求意见书。

审计组在发布最终审计报告前，需要咨询高校研究国有企业高质量发展政策的教授、财政厅专家、纪委专家等，以获得相关建议，进而撰写审计整改征求意见书，目的是促进国有企业高质量发展政策的目标实现。审计组在撰写整改征求意见书后，应递交给国有企业相关执行部门、管理部门，以保障提出审计建议的正确性，并促使国有企业高质量发展政策执行部门与管理部门按照该建议修正政策、体制机制，以及解决资金、项目建设运营与违法违纪问题。同时，审计组还应撰写典型案例，并与整改征求意见书一起提交给相关执行部门与管理部门，向它们征求是否可以宣传的建议，以及如何进行宣传的建议。在得到相关部门证实后，审计组以整改征求意见书为基础撰写审计报告。

2. 出具审计报告

在经过审计后，国有企业高质量发展政策跟踪审计项目组出具的审计报告应列示以下内容：一是所有被披露的国有企业的基本情况，包括各国有企业的主营业务、资产负债构成情况、发展战略等信息。二是审计发现的主要问题，包括财务管理和会计核算方面、经营管理方面、落实中央八项规定精神及廉洁从业规定方面、贯彻执行国家宏观经济政策与决策部署方面等。其中，财务管理和会计核算方面揭示的是国有企业收入、费用、利润等的虚假记载；经营管理方面主要披露的是国有企业在项目建设运营和体制机制执行上存在的问题；落实中央八项规定精神及廉洁从业方面主要揭示的是国有企业在资金使用上存在的违规使用项目资金等问题；贯彻执行国家宏观经济政策与决策部署方面主要披露的是国有企业高质量发展政策落实不到位和政策执行不合理等问题。三是审计处理及整改情况，审计处理主要披露的是被审计移送的国有企业，整改情况揭示的是国有企业对于以前年度及当前审计所发现问题的具体整改情况。

（四）国有企业高质量发展跟踪审计提升阶段

根据第三章第四节的理论分析，国有企业高质量发展政策跟踪审计提升阶段的内容包括推动后续跟踪检查、反馈整改不到位的问题、基于整改导向的审计机关项目监督绩效评价等。

1. 推动后续跟踪检查

如表4-10所示，审计署披露的已审计国有企业名单，2015年包括中国核工业集团公司、中国兵器工业集团公司、国家电网公司等17家国有企业，2016年包括中国航空工业集团公司、中国电子科技集团公司、中国石油化工集团公司等15家国有企业，2017年包括中国船舶工业集团公司、中国船舶重工集团公司、中国石油天然气集团公司等20家国有企业，2018年包括中国华电集团有限公司、原神华集团有限责任公司、中国电信集团有限公司等38家国有企业。

表4-10　　　　　　　　　已披露问题的国有企业名单

年份	公司名称
2015	中国核工业集团公司、中国兵器工业集团公司、国家电网公司、中国南方电网有限责任公司、中国华电集团公司、中国国电集团公司、中国电力投资集团公司、中国长江三峡集团公司、神华集团有限责任公司、中国第二重型机械集团公司、国家开发银行股份有限公司、中国远洋运输（集团）总公司、中国航空集团公司、中粮集团有限公司、中国储备管理总公司、交通银行股份有限公司、中国出口信用保险公司
2016	中国航空工业集团公司、中国电子科技集团公司、中国石油化工集团公司、中国海洋石油总公司、中国电子信息产业集团有限公司、中国铝业公司、中国东方航空集团公司、中国南方航空集团公司、招商局集团有限公司、香港中旅（集团）有限公司、中国农业银行股份有限公司、中国光大集团股份有限公司、中国人民保险集团股份有限公司、中国人寿保险（集团）公司、中国太平保险集团有限责任公司
2017	中国船舶工业集团公司、中国船舶重工集团公司、中国石油天然气集团公司、中国华能集团公司、东风汽车公司、哈尔滨电气集团公司、鞍钢集团有限公司、宝钢集团有限公司、中国中化集团公司、中国五矿集团公司、中国通用技术（集团）控股有限责任公司、中国建筑工程总公司、中国中钢集团公司、中国化工集团公司、中国建筑材料集团有限公司、中国有色矿业集团有限公司、中国铁路工程总公司、中国铁道建筑总公司、中国电力建设集团有限公司、中国铁路物资（集团）总公司
2018	中国华电集团有限公司、原神华集团有限责任公司、中国电信集团有限公司、中国移动通信集团有限公司、中国机械工业集团有限公司、中国东方电气集团有限公司、原武汉钢铁（集团）公司、中国远洋海运集团有限公司、中国储备粮管理集团有限公司、国家开发投资集团有限公司、中国商用飞机有限责任公司、中国节能环保集团有限公司、中国煤炭科工集团有限公司、中国化学工程集团有限公司、中国盐业总公司、原中国中材集团有限公司、北京矿冶科技集团有限公司、中国中车集团有限公司、中国铁路通信信号集团有限公司、中国交通建设集团有限公司、中国中丝集团有限公司、中国林业集团有限公司、中国医药集团有限公司、中国保利集团有限公司、中国轻工集团有限公司、中国煤炭地质总局、中国民航信息集团有限公司、中国航空油料集团有限公司、中国能源建设集团有限公司、中国黄金集团有限公司、中国广核集团有限公司、华侨城集团有限公司、南光（集团）有限公司、中国西电集团有限公司、中国国新控股有限责任公司、中国工商银行股份有限公司、中国农业银行股份有限公司、中国中信集团有限公司

在后续跟踪检查时，审计组对上述国有企业所有的重大风险、重要风险进行了跟踪检查，跟踪检查的重点包括跟踪检查问题高发的重大风险领域，跟踪检查问题高发的重要风险领域，跟踪检查问题不高发的其他重要风险领域。

经后续跟踪检查发现，以上国有企业的整改力度有待加强。具体情况如表4-11所示，审计署在2015年的公告中披露了中国核工业集团、国家电网公司、中国南方电网有限公司、中国国电集团公司、中国长江三峡集团公司、原神华集团有限责任公司、中国第二重型机械集团公司、中国远洋运输集团、中国航空集团公司、国家开发银行股份有限公司、交通银行股份有限公司、中国出口信用保险公司12家国有企业的以前年度审计发现问题的整改情况。其中，大部分国有企业存在多年老问题未得到整改、个别问题未整改到位、相同或类似问题仍有发生的情况。审计署在2016年的公告中披露了中国航空工业集团公司、中国电子科技集团公司、中国石油化工集团公司、中国东方航空集团公司、招商局集团有限公司5家国有企业以前年度审计查出问题的整改情况以及中国农业银行股份有限公司、中国光大集团股份公司、中国人民保险集团股份有限公司、中国人寿保险（集团）公司、中国太平保险集团有限责任公司5家国有企业当年的审计处理及整改情况，不难发现多数被披露的国有企业依旧存在尚未完成问题整改或整改不到位的情况。审计署在2017年的公告中披露了中国船舶重工集团公司、中国石油天然气集团公司、中国华能集团、鞍钢集团4家国有企业以前年度审计查出问题的整改情况，可以发现多个项目存在问题尚未整改或者问题未整改到位等情况。审计署在2018年的公告中披露了中国工商银行股份有限公司、中国农业银行股份有限公司、中国中信集团有限公司3家国有企业当年的审计处理及整改情况，这3家国有企业均已组织整改。2018的公告中还披露了其余当年被审计的国有企业（具体名单见表4-10）的整改情况，结果显示，所有公司均已通过调整有关会计账目和财务报表、建立健全相关制度、挽回损失、追责问责、补缴税费等方式进行了整改，可见2018年的国有企业审计整改情况较前三年更好，距离完成国有企业高质量发展的目标更进一步。

2. 反馈整改不到位的问题

如前所述，国有企业存在较多的整改不到位等问题，因此，审计组在后续审计中应更关注未整改的重要风险，寻找这些国有企业未整改的原因，并

表 4-11　　　　　　　　　　问题整改清单

年份	问题整改情况
2015	2010年,中国核工业集团被审计署审计发现的问题中,下属中核环保工程公司领导擅自决策投资形成403.57万元的闲置资产,截至本次审计时,该问题资产仍然存在;自2005年以来,国家电网公司审计历次发现部分财务核算不准确、工程招投标不合规、资金和资产内部管理薄弱、未严格执行电价政策、少收自备电厂政府性基金和附加等问题。2013年、2014年西电东送工程、长江三峡输变电工程竣工决算审计由审计署审计,对问题进行了公告。审计发现类似问题未解决到位,个别问题仍存在。自2010年以来,对中国南方电网有限公司历次审计发现的问题中,部分下属企业违规执行地方政府出台电价政策的问题未解决,个别问题仍存在;2012年对中国国电集团审计发现的问题中,国电内蒙古锡林河煤化工有限责任公司贺斯格乌拉煤矿项目未经审批建设实际用地12.86万亩问题尚未完成整改,相关审批手续正在办理过程中;2010年对中国长江三峡集团公司未向国土部门办理成都三峡大厦酒店用地性质变更手续的问题尚未整改到位;2009年对原神华集团有限责任公司的下属神宁集团枣泉煤矿扩能改造工程未经核准先行建设的问题,补办相关审批手续,仍未按整改要求向国家发展改革委上报核准请示;2011年对中国第二重型机械集团公司下属的中国二重(德阳)万航模锻厂企业管理信息系统制度不健全以及虚增收入成本等三个问题部分尚未整改,库存产品账面余额与实物实际库存不一致、工程项目未按规定公开招标、工程项目招标未编制工程量清单和工程项目承建存在转包4类问题仍有发生;2011年对中国远洋运输集团的滞期费会计核算不规范等3项问题仍未整改;2008—2012年对中国航空集团公司的往来款长期挂账未清理等问题仍未整改完毕。国家开发银行股份有限公司目前正在组织整改,对相关责任人进行了处理并已制定和完善规章制度44项;交通银行股份有限公司目前正在组织整改,对相关责任人进行了处理,已制定完善相关规章制度40项;中国出口信用保险公司目前正在组织整改,对相关责任人进行了处理,已制定完善相关规章制度26项;其余公司当年未披露
2016	2009年中国航空工业集团公司有违规对外出借资金6120万元,所属陕西华燕航空仪表有限公司,截至2015年6月,有320万元尚未收回;2011年中国电子科技集团公司所属第四十一研究所52名中层及以上领导人员违规持有4家下属公司股权242.43万元,截至2015年6月尚未完成清退;2011年中国石油化工集团公司有25827宗土地未取得土地使用权证,进行整改后仍有3202宗尚在办理土地使用权证;2009年对中国东方航空集团公司所属中国东方航空西北公司等2家企业1423.27万元往来款长期挂账,未及时清理,此问题截至此次审计时尚未完全整改;2011年招商地产未经招标将工程项目直接委托给下属深圳市招商建设有限公司,后者又违规转包。对此,招商地产未有效堵塞管理漏洞,2013年仍违规直接委托这家下属企业建设2个项目,合同金额7.92亿元中有4.36亿元系违规转包。2011年审计中指出,招商工业下属友联船厂(蛇口)有限公司向员工发放

续表

年份	问题整改情况
2016 年	"总经理奖励基金"时未按规定代扣代缴个人所得税。对此,招商工业未有效堵塞管理漏洞,2012—2014 年发放"总经理奖励基金"293 万元时,仍未代扣代缴个人所得税。中国农业银行股份有限公司已组织整改,已制定、完善相关规章制度 35 项(其中总行 6 项),并对相关责任人进行了处理;中国光大集团股份公司建立整改台账,严格开展整改结果评价工作,已制定完善相关规章制度 94 项,并对相关责任人进行了处理;中国人民保险集团股份有限公司已组织整改,已制定、完善相关规章制度 89 项,并对相关责任人进行了处理;中国人寿保险(集团)公司已组织整改,已制定、完善相关规章制度 28 项,并对相关责任人进行了处理;中国太平保险集团有限责任公司已组织整改,已制定完善相关规章制度 36 项,并对相关责任人进行了处理;其余公司当年未披露
2017	自 2010 年以来,中国船舶重工集团公司所属科研院所 737 名中层以上人员持有下属企业股份 4380.77 万元的问题尚未整改;2013 年中国石油天然气集团公司所属西南油气田分公司截至 2012 年年底未按时完成清退职工股,此问题截至此次审计时尚未完全整改,涉及 1336 人、金额 687.21 万元;2012 年对中国华能集团审计指出的问题中,有 4 个问题到此次审计时还未完全整改到位,其中,有 2 个项目的垫付资金仍未收回,有 23 个项目仍未取得土地批复,关于垫资建设的 16 个电力送出工程未及时收回资金的问题;2011 年对鞍钢集团审计指出的问题中,部分问题截至此次审计时尚未整改到位。主要是:所属攀钢集团冶金工程技术有限公司垫付工程款 4.59 亿元面临风险,鞍山钢铁住房资金管理中心住房维修基金 6.03 亿元未专户存储,鞍山钢铁以"无偿借用"的方式将 686.66 万平方米土地提供给改制企业使用,鞍山钢铁和攀钢集团部分建设项目未批先用土地 1458.56 万平方米。其余公司当年未披露
2018	中国工商银行股份有限公司已组织整改,截至 2018 年 5 月整改率为 96%,完善制度 258 项,处理责任人 662 人次;中国农业银行股份有限公司已组织整改,已制定修改相关制度、办法等 35 项,完善系统建设 5 项,处理有关责任人 670 人次;中国中信集团有限公司已组织整改,截至 2018 年 4 月,已制定和修订制度 146 项,处理责任人 219 人次;其余公司均已通过调整有关会计账目和财务报表、建立健全相关制度、挽回损失、追责问责、补缴税费等方式进行整改

进一步查实相关责任人,进而将证据移交给法院、纪检等权力机关,或在执行经济责任审计时审查这些责任人,以从责任人入手解决屡审屡犯问题。此外,还要特别注意反馈整改不到位的问题是否出现在屡审屡犯的情况中,即当审计组追踪发现被审计单位持续出现同样的问题或问题未加以修正时,审计组应向上级部门反映这些问题,并建议上级部门加强对问题部门的监督,

进而推动问题整改。

3. 基于整改导向的审计机关项目监督绩效评价

审计署对国有企业进行跟踪审计的重点之一是检查上次问题的整改情况，本书根据图3-2的审计机关监督绩效评价指标体系对国有企业的整改情况进行分析，以期发现审计机关实施审计监督后的效果如何，即审计监督是否促进了问题整改。

第一，在资金使用审计规范领域。针对国有企业出现的项目资金闲置、违规使用项目资金、未统筹使用资金、骗取或虚列项目资金、超标或重复发放资金等问题，审计人员提出了国有企业应当及时盘活沉淀资金、归还与规范违规使用的资金、统筹使用资金、返还骗取或虚列资金、收回超标或重复发放的补贴等建议。从表4-11可以看出，2015年的整改报告中，涉及的尚未完成问题整改或整改不到位的国有企业数量最多，随着政策跟踪审计的实施，在之后的年度涉及的尚未完成问题整改或整改不到位的国有企业数量逐渐减少。到了2018年，国有企业的整改效果有了质的飞跃，说明审计监督确实促进了国有企业的问题整改，推动了国有企业的高质量发展。

第二，在项目建设和运营审计优化领域。针对国有企业出现的项目无法或没有投入使用、项目未按规定招标、配套设备未到位、项目建造中存在问题、项目未开工或进展缓慢等问题，审计人员提出了国有企业应当明晰产权、按规定建设交付项目且建成后及时使用；相关部门应处理处罚招标责任人，并同时规范招标程序以防止类似情况发生；增加配套设施数量；"尽快、尽早、尽力"解决项目建造中存在的问题；项目不应该重立项、轻实施，而应该加强项目协调、领导以及推进各部门责任分工，加速项目建设进度等建议。从表4-11可以看出，少数国有企业工程项目未按规定公开招标、已开工建设项目未取得土地批复等问题仍然存在，但大部分国有企业都在其项目建设和运营上根据以前年度的审计结果和建议进行了优化，可见，政策跟踪审计监督能够促进国有企业的问题整改。

第三，在政策落实审计纠正领域。针对国有企业出现的政策制定不合理、政策落实不到位、政策缺失或多余等问题，审计人员提出了国有企业应当修订完善相关制度、重新落实政策、制定或减少相应政策等建议。从表4-11可以看出，绝大部分尚未整改或未整改到位的情况涉及国有企业的政策落实不到位这一重大问题，因此要想让政策跟踪审计最大限度地促进问题整改，推动国有企业高质量发展，国有企业需要更加明确有关其高质量发展的相关政策并且切实把政策落实到位。

第四，在体制机制审计完善领域。针对国有企业出现的执行机制存在问题、决策机制存在问题、监督机制存在问题、机构设置不合理、协调机制存在问题等情况，审计人员提出了国有企业应当重新或加快执行工作、改善决策过程或制度、加强监督机制、组建专业机构、加强协调机制等建议。从表4-11可以看出，2018年，所有被审计且被披露的国有企业都实施了建立健全相关体制机制这一整改措施，充分说明了审计监督促进了国有企业的问题整改。

第五，在重大违纪违法审计查处领域。2015年有16家国有企业发生了审计移交，2016年有14家国有企业发生了审计移交，2017年有20家国有企业发生了审计移交，2018年未披露此信息。这些移交均得到司法部门或政府的重视，均由当地的纪委或司法部门调查处理，且相关部门收回了违规资金。同时，审计机关也提出了建议，所有国有企业应对所有项目进行自查，检查重点应放在发现挪用、贪污等问题，针对这些问题也须追究责任人责任。随后，国有企业采纳了审计机关建议，进行了自查，并对相关责任人进行了处理。

四、政策跟踪审计推动国有企业高质量发展的检查重点

将表4-5至表4-9进行汇总，得到表4-12，即涉及不同问题的国有企业数量一览，本部分将从该一览表中总结国有企业高质量发展的高风险点，并提出政策跟踪审计推动国有企业高质量发展的检查重点。

表4-12　　　　　涉及不同问题的国有企业数量一览　　　　　单位：家

政策实施效果评价理论指标体系					
准则层	指标层	单位数			
		2015年	2016年	2017年	2018年
资金使用体系	项目资金闲置	2	1	4	7
	违规使用项目资金	16	14	20	37
	未统筹使用资金	6	4	5	13
	骗取或虚列项目资金	1	7	5	5
	超标或重复发放资金	3	2	3	4

续表

政策实施效果评价理论指标体系

准则层	指标层	单位数			
		2015 年	2016 年	2017 年	2018 年
项目建设和运营体系	项目无法或没有投入使用	3	3	3	9
	项目未按规定招标	14	12	15	27
	配套设备未到位	1	—	1	1
	项目建造中存在问题	10	8	8	22
	项目未开工或进展缓慢	3	5	10	12
政策落实体系	政策制定不合理	3	—	—	2
	政策落实不到位	16	14	20	38
	政策缺失或多余	6	5	1	1
体制机制运行体系	执行机制存在问题	13	12	4	23
	决策机制存在问题	5	4	16	14
	监督机制存在问题	7	9	17	29
	机构设置不合理	1	—	—	—
	协调机制存在问题	2	1	2	—
重大违纪违法体系	审计移交的单位数	16	14	20	—

由表 4-10 可知，2015—2018 年所有被审计署审计且对外披露审计问题的国有企业名单。其中，2015 年共计 17 家国有企业被审计署审计且对外披露了审计问题，2016 年共计 15 家，2017 年共计 20 家，2018 年共计 38 家。

首先，根据表 4-12 中 2015 年一栏的相关数据可以得知，在资金使用体系中，共有 16 家国有企业违规使用项目资金，占当年所有被披露审计问题的国有企业数量的 94.12%，说明国有企业在项目资金的用途上存在极大的风险，即违规使用项目资金是国有企业高质量发展的一个极大风险点，因此其应当成为审计组进一步监督和检查的重点内容；在项目建设和运营体系中，共有 14 家国有企业的项目未按规定招标，占当年所有被披露审计问题的国有企业数量的 82.35%，说明国有企业在项目招标上存在极大的风险，即项目未按规定招标是国有企业高质量发展的一个极大风险点，因此其应当成为审计组进一步监督和检查的重点内容。另外，项目建造中存在问题的国有企业数量占当年所有被披露审计问题的国有企业数量的 58.82%，风险较大，因此审计组在进一步监督和检查时应当加以关注。在政策落实体系中，共有 16 家国有企业政策落实不到位，占当年所有被披露审计问题的国有企业数量的94.12%，这说明政策落实不到位是国有企业高质量发展的一个极大风险点，因此其也应当成为审计组进一步监督和检查的重点内容；在体制机制运行体系中，共有13家国有企业的执行机制存在问题，占当年所有被披露审计问题的国有企业数量的76.47%，这说明国有企业的执行机制不够完备，执行机制存在问题是国有企业高质量发展的又一个极大风险点，因此其也应当成为审计组进一步监督和检查的重点内容；在重大违纪违法体系中，共有16家国有企业（94.12%）因发生了重大违纪违法行为而被审计移送至相关司法及纪检机关，可见，国有企业的这些重大违纪违法行为应当被加强检查、不容忽视。

其次，根据表4-12中2016年一栏的相关数据可知，在资金使用体系中，共有14家国有企业违规使用项目资金，占当年所有被披露审计问题的国有企业数量的93.33%，说明国有企业在项目资金的用途上存在极大的风险，即违规使用项目资金是国有企业高质量发展的一个极大风险点，因此其应当成为审计组进一步监督和检查的重点内容。另外，骗取或虚列项目资金的国有企业数量占当年所有被披露审计问题的国有企业数量的46.67%，风险较大，因此审计组在进一步监督和检查时也应当加以关注。在项目建设和运营体系中，共有12家国有企业的项目未按规定招标，占当年所有被披露审计问题的国有企业数量的80%，说明国有企业在项目招标上存在极大的风险，即项目未按规定招标是国有企业高质量发展的一个极大风险点，因此其应当成为审计组进一步监督和检查的重点内容。另外，项目建造中存在问题的国有企业数量占当年所有被披露审计问题的国有企业数量的53.33%，风险较大，因此审计组在进一步监督和检查时也应当加以关注。在政策落实体系中，共有14家国有企业的政策落实不到位，占当年所有被披露审计问题的国有企业数量的93.33%，这说明政策落实不到位是国有企业高质量发展的一个极大风险点，因此其也应当成为审计组进一步监督和检查的重点内容。在体制机制运行体系中，共有12家国有企业的执行机制存在问题，占当年所有被披露审计问题的国有企业数量的80%，说明国有企业的执行机制不够完备，执行机制存在问题是国有企业高质量发展的又一个极大风险点，因此其也应当成为审计组进一步监督和检查的重点内容。另外，监督机制存在问题的国有企业也占当年所有被披露审计问题的国有企业数量的60%，因此审计组对于国有企业的监督机制也应当多加关注、重点检查。在重大违纪违法体系中，共有

14 家国有企业（93.33%）因发生了重大违纪违法行为而被审计移送至相关司法及纪检机关，可见，国有企业的重大违纪违法行为应当被加强检查、不容忽视。

再次，根据表 4-12 中 2017 年一栏的相关数据可知，在资金使用体系中，共有 20 家国有企业违规使用项目资金，占当年所有被披露审计问题的国有企业数量的 100%，说明国有企业在项目资金的用途上存在极大的风险，即违规使用项目资金是国有企业高质量发展的一个极大风险点，因此其应当成为审计组进一步监督和检查的重点内容；在项目建设和运营体系中，共有 15 家国有企业的项目未按规定招标，占当年所有被披露审计问题的国有企业数量的 75%，说明国有企业在项目招标上存在极大的风险，即项目未按规定招标是国有企业高质量发展的一个极大风险点，因此其应当成为审计组进一步监督和检查的重点内容。另外，项目未开工或进展缓慢的国有企业数量占当年所有被披露审计问题的国有企业数量的 50%，风险较大，因此审计组在进一步监督和检查时应当加以关注；在政策落实体系中，共有 20 家国有企业政策落实不到位，即所有当年被披露审计问题的国有企业均存在这一重大问题，说明政策落实不到位是国有企业高质量发展的一个极大风险点，因此其应当成为审计组进一步监督和检查的重点内容；在体制机制运行体系中，共有 17 家国有企业的监督机制存在问题，占当年所有被披露审计问题的国有企业数量的 85%，说明国有企业的监督机制不够完备，监督机制存在问题是国有企业高质量发展的又一个极大风险点，因此其也应当成为审计组进一步监督和检查的重点内容。另外，决策机制存在问题的国有企业也占当年所有被披露审计问题的国有企业数量的 80%，因此审计组对于国有企业的决策机制也应当多加关注、重点检查。在重大违纪违法体系中，共有 20 家国有企业（100%）因发生了重大违纪违法行为而被审计移送至相关司法及纪检机关，可见，国有企业的重大违纪违法行为应当被加强检查、不容忽视。

最后，根据表 4-12 中 2018 年一栏的相关数据可知，在资金使用体系中，共有 37 家国有企业违规使用项目资金，占当年所有被披露审计问题的国有企业数量的 97.37%，说明国有企业在项目资金的用途上存在极大的风险，即违规使用项目资金是国有企业高质量发展的一个极大风险点，因此其应当成为审计组进一步监督和检查的重点内容；在项目建设和运营体系中，共有 27 家国有企业的项目未按规定招标，占当年所有被披露审计问题的国有企业数量的 71.05%，说明国有企业在项目招标上存在极大的风险，即项目未按规定招标是国有企业高质量发展的一个极大风险点，因此其应当成为审计组进一步监督和检查的重点内容。另外，项目建造中存在问题的国有企业数量占当年所有被披露审计问题的国有企业数量的 57.89%，风险较大，因此审计组在进一步监督和检查时应当加以关注。在政策落实体系中，共有 38 家国有企业政策落实不到位，占当年所有被披露审计问题的国有企业数量的 100%，说明政策落实不到位是国有企业高质量发展的一个极大风险点，因此其也应当成为审计组进一步监督和检查的重点内容；在体制机制运行体系中，共有 29 家国有企业的监督机制存在问题，占当年所有被披露审计问题的国有企业数量的 76.32%，说明国有企业的监督机制不够完备，监督机制存在问题是国有企业高质量发展的又一个极大风险点，因此其也应当成为审计组进一步监督和检查的重点内容；在重大违纪违法体系中，2018 年审计署未披露国有企业因发生了重大违纪违法行为而被审计移送至相关司法及纪检机关的相关信息。

第五章 国家治理视角下重大政策跟踪审计评价体系构建

第一节 国家治理视角下重大政策跟踪审计评价思路

一、国家治理对政策跟踪审计评价的影响

党的十八大以来,习近平总书记提出了"国家治理能力现代化"要求,并通过组建中央审计委员会将审计定位为国家治理体系的重要组成部分。党的十九届四中全会强调,要坚持和完善党和国家监督体系,强化对权力运行的制约和监督,发挥审计监督的职能作用,赋予审计在国家治理系统更加重要的地位。在国家治理理论的指导下,审计机关最早于2008年在其工作发展规划中汇总提出政策跟踪审计概念,并于2015年开始在审计署官网发布相关政策跟踪审计结果报告,之后,随着政策跟踪审计实践的不断深入,其审计内容、范围、方向也得到不断完善。该项目也使习近平新时代中国特色社会主义思想得到很好的实践。

习近平总书记在2014年提出,国家治理体系与治理能力现代化集中体现于一个国家的制度和制度执行能力。这意味着,国家治理体系要保障国家制度制定的合理性与制度执行的准确性。同时,习近平总书记在中央审计委员会第一次会议中强调,各地区各部门特别是各级领导干部要积极主动支持配合审计工作,依法自觉接受审计监督,认真整改审计查出的问题,深入研究和采纳审计提出的建议,完善各领域政策措施和制度规则。可见,政策跟踪审计作为国家审计方式之一,自然要起到上述会议中所要求的作用,即更加有效地促使各级政府、各个部门完善政策制度、实现政策目标,从而促使国家治理科学合理、治理能力不断提高。正因为政策跟踪审计直接关系国家制度的完善和执行的有效,它必然是国家审计机关实现国家治理能力现代化的创新方法。国家审计在开展政策跟踪审计过程中,能够发现制度制定者由于追求自身既得利益而造成的制度主观故意缺陷,以及由于环境的复杂和变化所导致的制度客观无意缺陷;能够发现在政策执行过程中,执行主体或机构设置不合理、因职责边界不清晰而导致政策执行过程中的相互推诿、互相扯皮甚至无人执行的情况;还能够评价政策执行的效果并分析造成其执行不佳的原因,对政策执行过程中相关责任人的责任落实提出建议,也对政策的调整和修正提出审计建议,从而倒逼政策有效落实。

对政策跟踪审计进行评价是反映该审计方式实施效果的一种直观方式。根据前面国家治理对政策跟踪审计的影响可知,国家治理要求审计机关在开展政策跟踪审计工作时,既要关注审计过程中揭示的问题,又要注重审计整改带来的效果。因此,对政策跟踪审计进行评价应囊括以下两个方面,即既能够评价当前政策的执行质量,又能够评价审计的整改效果,以此形成整体的评价机制。之所以从上述两个方面对政策跟踪审计进行评价,除前面制度层面对政策跟踪审计的要求外,还考虑现行审计机关绩效评价多集中于发现违规问题、审计建议信息数、审计处罚移送等易量化的指标(余海宗等,2017),这使得审计机关在监督项目时只注重资金规范、项目运营以及违法违纪等行为,而忽略了审计对保障政策运行、完善提示机制的作用。而从上述两个方面对政策跟踪审计进行评价,能根本性地解决这一问题,使得政策跟踪审计评价可从资金、项目、政策、体制机制和违纪违法等方面展开。

二、国家治理视角下政策跟踪审计评价的特征

根据前面分析国家治理对政策跟踪审计评价的影响可知,政策跟踪审计评价既要关注审计揭示的问题,也要注重审计整改的成效。因此,国家治理视角下政策跟踪审计评价具有以下三个特征。

一是评价依据客观全面。政策跟踪审计是代表国家所有者对政府政策管理和执行情况进行的监督,属于所有权监督,产生于国家所有权与管理权相分离的需要。首先,在两权分离后,国家作为财产、资金的所有者并不直接参与政策的管理和执行活动,而是将资金管理权委派给政府政策管理主体,这使所有者独立于管理活动之外,而自己与管理者保持相对独立。相应地,

代表国家所有者的审计监督就具有了独立性，也就是独立于管理主体的管理活动之外进行监督。其次，国家审计代表所有权，不仅其监督具有独立性，而且因所有权高于管理权而使其监督更具高层权威性，也就是国家审计能够对政府政策管理主体所进行的监督进行再监督。国家审计的再监督既能够减少政府政策管理主体滥用决策权、控制权和监督权的情况，也能更好地防范执行主体与管理主体串通舞弊的风险，解决了管理主体无法自行监督的问题，进而更好地促进政府政策管理，实现国家治理要求。正是因为政策跟踪审计具有特有的性质，所以其审查出的内容更为客观，即能较为准确地反映被审计单位的真实情况，因而采取上述样本作为评价依据则更具客观性。同时，随着国家治理对国家审计的要求不断深入，政策跟踪审计的审计范围也在不断扩大，通过对审计署政策跟踪审计系列报告进行梳理，当前政策跟踪审计的范围包括环境审计、乡村振兴审计、项目审计、民生审计等多个审计内容。相较于单一的监督对象而言，政策跟踪审计的被审计对象数量较多，审计较为全面，因而将上述样本作为评价依据使得评价结果更加完整。

二是评价方案兼具结果监督与过程监督。政府政策决策主体的管理行为和政策执行主体的执行行为是一个动态的过程，而此过程中的每一节点都会受到国家审计的监督，实质上这是对这一过程中的每一节点上的行为进行的审计，如合同审计、合同执行审计、合同完工审计就是一种按照事前、事中和事后审计方式进行的分类，即合同的事前监督是对合同是否合规进行的监督；事中监督是对合同执行过程与执行结果进行的监督；事后监督是对合同执行效果进行的评价。因此，政策跟踪审计评价既要覆盖所有被审主体的全部行为结果，也需要覆盖所有被审主体的全部行为过程，即对各地方政府制定的政策、措施的合规性进行结果监督；对政策执行过程与执行结果进行过程监督与结果监督；对政策执行绩效进行结果监督。可见，国家治理视角下政策跟踪审计评价要兼具结果监督与过程监督。

三是评价结果强化责任监督。党和政府是实施政策实施问责的主体，国家审计是实现党和政府实施问责的基础，也就是为党和政府问责提供依据。一方面，国家审计监督可以审查评价政策决策主体和执行主体的管理和执行实现政策目标的情况，查找问题、分析原因、厘清责任，从这个意义出发，国家审计本身就是一种问责监督，这一点在经济责任审计中就得到了充分的证明；另一方面，国家审计可以为各问责主体提供客观公正的评价依据，国家审计不参与政策管理和执行，是一种独立的审计监督。国家审计所执行的政策跟踪审计实施的履责监督包括两个层面：一是对政策决策和执行主体包括项目的审查评价；二是对相关责任人的审查评价。审计对政策决策和执行主体包括项目的审查评价能够查明政策目标执行差异及其成因，这往往可以追溯至相关责任人的行为缺陷。国家审计应将结果递送至政策决策主体和执行主体，要求这些主体进一步分析原因，整改问题，追究责任，从而起到问责的作用。政策跟踪审计对相关责任人履责的绩效进行评价，通常是和经济责任审计一并进行，通过这一审计既能够查明政策管理主体和执行主体以及责任人信息作假、违法违规的舞弊事项，更能够通过分析评价，找出责任人履行责任过程中存在的问题及其形成的原因，并提出问责的建议。

三、国家治理视角下政策跟踪审计评价的目标

为充分体现国家治理视角下政策跟踪审计评价的特征，其需达成以下三点目标：一是通过政策跟踪审计评价实现对政策实施效果的测度；二是通过政策跟踪审计评价实现对审计机关监督绩效的评估；三是通过政策跟踪审计评价使政策部署单位与审计监督部门形成高效联动。

首先，审计机关通过深入被审计单位，审查其政策的实施情况，与相关单位进行探讨，获取政策实施的基础性资料，与其他监督单位进行沟通交流，从第三方单位获取相关的补充资料，以获取的基础性资料、第三方资料、访谈的内容、自身实地获取的资料等为审查样本，揭示被审计单位在政策实施过程中存在的相关问题，该问题正如前面实践所述，可从资金、项目、政策、体制机制、重大违纪违法等方面进行分类，并对所揭示的问题进行汇总列示。一方面，汇报给被审计单位，责令其进行整改；另一方面，向被审计单位所属地方政府、审计委员会等进行反馈，加大对被审计单位整改的监督力度。而以问题样本对被审计单位进行评价，是对其政策实施效果进行的测度，即若被审计单位政策实施良好，其被揭示的问题数量则相对较少；反之，若被审计单位政策实施欠佳，其被揭示的问题数量则相对较多。因此，以问题样本为评价基础对被审计单位的政策实施效果进行测度，能较为精准地反映在某一审计时间刻度内，其政策实施的效果高低程度。

其次，审计机关需对揭示的被审计单位问题提出相应的整改意见，其整改方案包括对应性质方案和非对应性质方案，即对应性质方案为当被审计单位存

在某一性质的问题，审计机关只需直接针对该性质的问题提出相应的整改意见，如资金问题对应资金整改意见；而非对应性质方案为当被审计单位存在某一性质的问题，审计机关可从其他角度提出相应的整改意见，如资金问题可从解决体制机制入手。审计机关除了在审计当前对被审计单位提出整改意见外，还需对该整改意见的后续实施情况进行追踪并反馈，只有被审计单位有效落实整改意见，才能真正反映该整改意见的针对性、可用性。因此，以整改样本对审计机关监督绩效进行评价，能较为精准地反映审计机关监督绩效的高低程度。

最后，基于上述两项目标，将政策实施效果与审计机关监督绩效相结合。一方面，使审计机关在监督过程中针对性地对政策实施过程中存在的问题提出相应的整改意见；另一方面，审计机关提出的整改意见能倒逼有关单位政策实施完善，使其政策实施更加有效和精准。

第二节 国家治理视角下重大政策跟踪审计评价理论体系构建

一、国家治理视角下政策跟踪审计耦合指标构建思路

根据前面国家治理对政策跟踪审计评价的影响和国家治理视角下政策跟踪审计评价的特征和目标，本书得出国家治理视角下政策跟踪审计耦合指标的构建应从以下两个方面展开，即"审计揭示"和"审计整改"。其中，审计揭示是审计机关对政策实施情况进行检查，国家审计通过审查相关资料、深入被审计实地等方式揭示被审计单位在政策实施过程中是否存在资金、项目、政策等问题，并在调研与检查过程中与相关责任单位进行对接，从主管单位层面获取审计所需的相关验证性资料，以此发现存在的体制机制问题及违法违纪人员，并进一步分析产生上述问题的原因；审计整改是审计机关对揭示问题的跟踪检查，即跟踪资金、项目、政策、体制机制以及重大违纪违法问题是否得到有效整改与处理。

审计揭示与审计整改的耦合关系如图 5-1 所示，它们是一个耦合网络中的两面，两者之间既存在一一对应关系，也存在互相影响的关系。首先，审计揭示的内容与审计整改的内容需对应，即审计揭示的问题包括资金使用问

题、项目建设和运营问题、政策落实问题、体制机制问题和重大违纪违法问题，相对应地，审计也应从上述五个方面提出整改意见并实施跟踪检查。其次，审计整改内容会因审计揭示内容发生变化而改变，即审计揭示什么问题，什么问题就是审计整改重点检查的内容。例如，当审计发现资金使用问题的金额较大、问题单位较多时，审计整改检查的重点就是各被审计单位的资金使用情况，目的是降低资金使用的风险，进而减少危害资金使用的案件发生概率。再次，审计整改内容的变化，相应也会导致审计揭示的问题发生变化。当被审计单位整改了资金、项目、政策等方面的问题后，会对被审计单位产生威慑作用，即如果下次再出现这些问题不仅会被要求再次整改，还很可能会成为审计机关在往后年度重点审查的对象，同时由于是"再犯"行为，可能会导致相关处理处罚的发生。因而，当被审计单位整改了一些问题后，被审计单位会着重防止已整改问题发生类似情况，则下次审计时揭示的类似问题会有所降低。最后，审计揭示与审计整改还存在一种特殊的耦合关系，这与"屡审屡犯"现象有关，即如果审计揭示的问题不被审计单位整改，或被审计单位整改后再次发生，那么审计机关在整改检查时就会着重监督这些问题，并对相关单位、人员等进行移交处理，以倒逼被审计单位根本性地纠正这些问题。

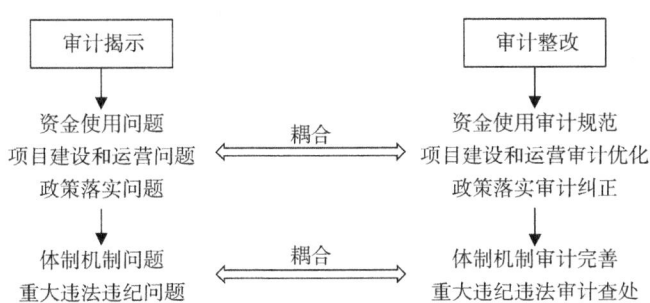

图 5-1 国家治理视角下政策跟踪审计耦合指标构建思路

二、重大政策跟踪审计实施现状梳理

（一）重大政策跟踪审计揭示的问题梳理

国务院及审计署通过制定相应的规章制度来引导相关审计单位开展政策跟踪审计工作，如 2014 年国务院出台的《关于加强审计工作的意见》中明确指出，各级审计机关要开展政策跟踪审计工作，2015 年审计署出台的《国家重大政策措施和宏观调控部署落实情况跟踪审计实施意见（试行）》也对政策跟踪审计的目的、对象等作出更为详细的规定。在实践中，本书通过对审计署2015—2020年的政策跟踪审计系列报告进行梳理发现，审计查出的问题主要包括资金、项目、政策、体制机制、重大违纪违法五类。

第一，资金方面包括的问题是资金闲置、未统筹使用资金、骗取或虚列资金、违规使用或征收资金、超标或重复发放资金等。其中，资金闲置是指地方政府或组织从财政获得的资金因未合理使用而导致的闲置，且其闲置时间已超过一年。例如，2016年第三季度"国家重大政策措施贯彻落实情况跟踪审计结果"披露，截至2016年9月底，审计署在抽查的青海、甘肃等8个省份的部分县（市）中，查出存在闲置1年以上的扶贫资金1.47亿元，其中9263.25万元结存2年以上，未能及时盘活使用。未统筹使用资金是指各单位资金统筹整合推进不力，导致资金没有用于具体的项目或贫困人口上。例如，2017年第一季度"国家重大政策措施贯彻落实情况跟踪审计结果"披露，截至2017年3月底，辽宁省抚顺市、江西省、湖南省长沙市、宁夏回族自治区2014年及以前年度3.41亿元财政存量资金未及时统筹使用，该资金涉及以往防洪工程、现代服务业综合试点项目、农机购置补贴等方面。骗取或虚列资金是指为了获得更多财政支持，通过虚报培训课时、提供虚假材料、虚报工程造价等方式，骗取或虚列资金。例如，2017年第一季度"国家重大政策措施贯彻落实情况跟踪审计结果"披露，2015年，克东县玉岗镇润津乡通过编造58户农村危房改造名单，骗取财政资金49.3万元，账外存放且无支出票据、无法证明用途。违规使用或征收资金是指地方单位将资金违规使用于与原有资金用途不匹配的地方，或地方单位通过虚设名目等方式向有关单位违规征收资金。例如，2017年第一季度"国家重大政策措施贯彻落实情况跟踪审计结果"披露，2016年，凤山县农业局蚕业站在发放蚕房建设补贴过程中，按照5%的比例以"缴纳税款"名义向127户贫困户收取现金5.70万元，存入该站工作人员个人账户，其中3.45万元被用于个人消费。超标或重复发放资金是指医疗保险、农村危房改造、社区福利、居民保障等补贴资金发放过程中存在重复或超标准发放的情况。例如，2017年第四季度"国家重大政策措施贯彻落实情况跟踪审计结果"披露，2011年至2017年9月，由于宁夏回族自治区部分市县人力资源和社会保障部门以及妇女联合会审核不严，导致不符合条件人员违规获得创业担保贷款和农村妇女创业担保贷款3647.5万元,为此财政支付贴息现金 328.32 万元。

由表 5-1 可知,资金发生最多的问题是违规使用或征收资金,为 310 个,其次是资金闲置,为 109 个,之后依次是骗取或虚列资金、未统筹使用资金和超标或重复发放资金,分别为 74 个、66 个和 17 个。这表明诸多被审计单位存在违规使用或征收资金的情况,将影响资金的去向,并对项目建设产生一定影响。同时,上述 5 项资金问题覆盖的年份较广,2015—2020 年均存在此类情况,这表明一些单位没有较好地利用财政拨款的资金,该问题在整个统计覆盖的时间段内均存在,说明有可能存在屡审屡犯的现象。

表 5-1 资金相关问题 单位:件

问题	问题表现形式	问题数(政策跟踪审计系列报告)					
		2015 年	2016 年	2017 年	2018 年	2019 年	2020 年
资金闲置	资金未合理使用导致闲置	19	33	20	22	9	6
未统筹使用资金	资金统筹整合不到位	20	11	5	8	12	10
骗取或虚列资金	通过虚报培训课时、提供虚假材料等方式骗取或虚列资金	7	13	22	17	4	11
违规使用或征收资金	地方政府未按原有要求使用资金或通过虚设名目等方式征收资金	19	19	88	94	39	51
超标或重复发放资金	医疗保险等补贴资金出现重复或超标准发放的情况	2	1	6	3	4	1

第二,项目建设运营相关问题是配套设施未到位、项目无法或没有投入使用、项目未按规定招标、项目建设中存在问题、项目未开工或进展缓慢等。其中,配套设施未到位是指各单位配套设施闲置、未到位导致项目无法顺利开展。例如,2016 年第三季度"国家重大政策措施贯彻落实情况跟踪审计结果"披露,江西省景德镇市西瓜洲污水处理厂和乐平市污水处理厂一期扩建工程分别于 2009 年和 2014 年建成,但由于配套管网建设未完成等原因,导致上述两个处理厂的污水处理量未达到预期。项目无法使用或没有投入使用是指投入资金建成的项目无法使用,使得项目闲置且资金浪费。例如,2016 年第三季度"国家重大政策措施贯彻落实情况跟踪审计结果"披露,辽宁省鞍山市 2013—2014 年交付立山区使用的 551 套廉租房和 303 套公共租赁住房至今尚未分配使用,闲置时间超过 2 年。项目未按规定招标是指项目存在招

标人资质不够、违规转包等现象。例如,2016年第四季度"国家重大政策措施贯彻落实情况跟踪审计结果"披露,河北省丰宁县农机推广管理站在实施农机深松整地项目中通过虚假招投标方式,确定其控股的丰宁县福泰农机专业合作社承担该项目,涉及资金625万元。项目建造中存在问题是指项目建造中存在未按设计施工、偷工减料等问题,使项目建造缓慢,从而造成资金浪费。例如,2017年第一季度"国家重大政策措施贯彻落实情况跟踪审计结果"披露,由于前期论证不充分、项目组织实施不力等原因,施甸县种植的2.86万亩银杏树存活率仅为4.93%,涉及资金445万元。项目未开工或进展缓慢是指项目未开工或进展缓慢,导致资金浪费或资金闲置等。例如,2016年第三季度"国家重大政策措施贯彻落实情况跟踪审计结果"披露,2015年,湖北省宣恩县安排44万元财政扶贫资金用于长谭河乡梨子坪村烟叶产业基地公路硬化项目,计划竣工时间为2015年11月。截至2016年9月,因砂石料准备不足等,该项目已停工,仅建设1.3公里,尚有1.7公里未动工。

由表5-2可知,项目建设运营发生最多的问题是项目未开工或进展缓慢,为195个,其次是项目建造中存在问题和项目无法使用或没有投入使用,分别为79个和69个,最后是项目未按规定招标和配套设备未到位,分别为40个和37个。同时,项目未开工或进展缓慢问题覆盖的年份也最广,表明诸多被审计单位没有较好地推动项目建设,很难使项目短时间内发挥作用。

表5-2　　　　　　　　项目建设运营相关问题　　　　　　　　单位:件

问题	问题表现形式	问题数(政策跟踪审计系列报告)					
		2015年	2016年	2017年	2018年	2019年	2020年
配套设备未到位	配套设备未到位,导致农机具等闲置无法使用	15	5	8	5	4	0
项目无法使用或没有投入使用	投入资金建成项目无法投入使用	6	6	32	13	8	4
项目未按规定招标	项目存在未按规定招标、违规转包等问题	4	3	10	15	4	4
项目建造中存在问题	项目未按设计施工、偷工减料、多支付工程款等	6	1	14	14	41	3
项目未开工或进展缓慢	项目未开工或进展缓慢,从而导致资金浪费	65	19	29	49	18	15

第三,政策方面包括的问题是政策落实不到位、政策制定不合理、政策缺失或多余等。其中,政策落实不到位是指存在某种政策,但被审计单位还未将政策执行到位。例如,2016年第三季度"国家重大政策措施贯彻落实情况跟踪审计结果"披露,2015—2016年,云南省元阳县193名建档立卡贫困户申请的490.28万元贷款应享受而未能享受扶贫贴息政策,应贴息未贴息24.5万元。政策制定不合理是指制度设置障碍过多、未修订与目标不符制度,使得已制定的政策制度无法展开或展开后难以执行。例如,2017年第四季度"国家重大政策措施贯彻落实情况跟踪审计结果"披露,2016年至2017年10月,安顺市相关区县在对24785贫困户发放扶贫小额贷款时,要求贫困户购买与扶贫小额贷款无关的个人人身保险,保费699.22万元由贫困户自行承担。政策缺失或多余是指相关部门应出台措施但未按照规定出台措施,或相关部门违反相关法规制定措施,这将使制度规范存在弊端且不利于扶贫政策目标的实现。例如,2016年第四季度"国家重大政策措施贯彻落实情况跟踪审计结果"披露,截至2016年年底,黑龙江省5个试点贫困县、宁夏回族自治区6个试点贫困县尚未按照《国务院办公厅关于支持贫困县开展统筹整合使用财政涉农资金试点的意见》(国办发〔2016〕22号)和财政部有关要求,出台资金统筹整合使用方案。

由表5-3可知,政策发生最多的问题是政策落实不到位,为347个;其次是政策缺失或多余和政策制定不合理,分别为21个和20个。这表明诸多被审计单位存在政策落实不到位的情况,将影响资金用于相关服务对象,导致项目难以落实等问题的出现,并对政策实施效果、运行效率、产生效益等造成影响。同时,政策落实不到位问题覆盖的年份较广,2015—2020年均存在此类情况,这表明一些单位没有较好地落实政策,进而导致一些被审计单位没有将政策落实到位,使政策最终目的无法真正实现。

表5-3 政策相关问题 单位:件

问题	问题表现形式	问题数(政策跟踪审计系列报告)					
		2015年	2016年	2017年	2018年	2019年	2020年
政策落实不到位	存在政策,但没有将政策落实到位	19	26	40	37	212	13
政策制定不合理	政策制定不精准,使政策无法实施	5	3	4	3	0	5

续表

问题	问题表现形式	问题数（政策跟踪审计系列报告）					
		2015年	2016年	2017年	2018年	2019年	2020年
政策缺失或多余	相关部门未按规定出台措施、违规制定措施	8	5	1	2	0	5

第四，体制机制问题主要是机制设置不合理、决策机制存在问题、执行机制存在问题、监督机制存在问题、协调机制存在问题等。其中，机制设置不合理表现在没有组建专门完成政策目标的机构、违规设置机构，这将导致政策执行时缺乏权威机构指导以及违规设置机构，进而增加政策落实所需的资金负担。例如，2017年第四季度"国家重大政策措施落实情况跟踪审计结果"披露，截至2017年年底，吉林省建设并升级改造食品药品便民服务站1300个。抽查发现长春市、公主岭市、桦甸市等地的358个便民服务站基本未开展面向群众的食品检测相关服务，其中87个已停止使用。决策机制存在问题是指政府的决策过程、决策规划等方面存在问题。例如，2018年第二季度"国家重大政策措施落实情况跟踪审计结果"披露，2013年至2018年5月，因决策不当、相关配套设施或产业不完善等，7个县16个扶贫项目建成后效益低下或损失浪费，涉及资金538.97万元。执行机制存在问题是指政策执行后未达到预期效果，进而导致出现项目闲置、项目进展缓慢、资金浪费等情况。例如，2020年第一季度"国家重大政策措施落实情况跟踪审计结果"披露，截至2020年3月底，4个省份的5家单位未按规定清偿10万元以下的小额欠款等，涉及金额937.33万元。监督机制存在问题主要体现在审核把关不严、监督不力两个方面。其中，审核把关不严会导致国有资产流失、监督不力会导致政策执行难以到位。例如，2017年第三季度"国家重大政策措施贯彻落实情况跟踪审计结果"披露，国务院国资委对"百县万村""同舟工程"活动督导不力，对企业上报数据未认真核实，也未及时督促整改，截至2017年9月，仍有13家企业未完全落实相应的扶贫项目。协调机制存在问题主要体现在未实现信息共享会影响政策实施效果、方案意见不一致会影响项目进度、统筹协调不畅会导致政府与群众出现矛盾等。例如，2016年第四季度"国家重大政策措施贯彻落实情况跟踪审计结果"披露，四川省古蔺县由于各部门搬迁规划缺乏衔接，导致13户已享受地质灾害避险搬迁、112户已享受危房改造政策的农户被纳入2016年易地搬迁项目计划中。

由表 5-4 可知，体制机制发生最多的问题是执行机制存在问题，为 214 个；其次是协调机制存在问题和监督机制存在问题，分别为 35 个和 34 个；最后是决策机制存在问题和机制设置不合理，分别为 14 个和 7 个。可见，诸多被审计单位存在执行机制问题，且执行机制存在问题覆盖的年份较广，这表明政策执行后效果没达到预期，直接影响了项目执行效果、资金使用效率等。

表 5-4　　　　　　　　　体制机制问题　　　　　　　　　单位：件

问题	问题表现形式	问题数（政策跟踪审计系列报告）					
		2015 年	2016 年	2017 年	2018 年	2019 年	2020 年
机制设置不合理	没有组建专门完成政策目标的机构、违规设置机构等	2	3	2	0	0	0
决策机制存在问题	政府的决策过程、决策规划等方面存在问题	4	4	4	1	1	0
执行机制存在问题	政策执行过程不到位	23	11	18	79	48	35
监督机制存在问题	存在审核把关不严、监督不力等问题	10	8	4	5	6	1
协调机制存在问题	未实现信息共享、统筹协调不畅等问题	8	7	13	5	2	0

第五，重大违纪违法相关问题指的是审计移交，该移交是指审计机关将在审计中发现的违法违纪人员、单位、案件、涉案资金移交纪检、检查、监察等机关。例如，2019 年审计署移送违纪违法问题情况披露，审计发现，2017 年徐长文等人涉嫌侵占 7 户建档立卡贫困户"扶贫贷"分红款。2018 年审计署将此问题线索移送辽宁省纪委调查。

由表 5-5 可知，2015—2020 年，审计移交的人员数、单位数、案件数和涉案资金数等总体上均有明显下降，如 2015 年审计机关移交的人员高达 842 人，而到了 2020 年审计移交的人员仅为 67 人，降幅较为明显，并且涉案资金也呈较大幅度下降，2015 年涉案资金高达 14018445.4 万元，而 2020 年的涉案资金仅为 12834.84 万元，从一定程度上可以说明审计工作的成效较为明显，有力地降低了重大违纪违法事件发生的概率。

表 5-5　　　　　　　　　　重大违纪违法相关问题

问题	问题表现形式	问题数（政策跟踪审计系列报告）					
		2015 年	2016 年	2017 年	2018 年	2019 年	2020 年
审计移交	人员数	842 人	507 人	503 人	454 人	35 人	67 人
	单位数	85 单位	120 单位	78 单位	183 单位	19 单位	18 单位
	案件数	52 件	95 件	63 件	67 件	19 件	14 件
	涉案资金数	14018445.4 万元	666073.37 万元	514464.32 万元	2638843.9 万元	1305 万元	12834.84 万元

（二）重大政策跟踪审计整改的情况梳理

本书在前面问题梳理的基础上对整改情况也进行相应梳理，其整改也主要围绕资金、项目、政策、体制机制和重大违纪违法五方面展开。

第一，资金整改方面主要包括盘活资金、归还或规范违规使用或征收资金、统筹使用资金、返还骗取或虚列资金、收回超标或重复发放资金等。其中，盘活资金是指激活存量资金，充分使用资金。例如，2016 年第二季度"国家重大政策措施贯彻落实情况跟踪审计结果"披露，审计指出深圳市 5 个区资金结存 88.74 亿元问题后，各区立即制定结存资金盘活方案，将资金安排用于增加区属国有企业注册资本金、偿还政府性债务、解决历史工程欠款和教育等民生支出。归还或规范违规使用或征收资金是指归还违规征收的资金、按照既定计划合理使用资金。例如，2016 年第二季度"国家重大政策措施贯彻落实情况跟踪审计结果"披露，审计指出重庆市云阳县建筑业协会通过"考培挂钩"违规收费 89.65 万元问题后，云阳县城乡建设委员会立即解决了对云阳县建筑业协会的相关授权，该协会已将扣除培训成本、考试费用及相关税费后结余的 28.64 万元退还相关企业。统筹使用资金是指整合使用资金以提高资金使用效率。例如，2017 年第一季度"国家重大政策措施贯彻落实情况跟踪审计结果"披露，云南省财政厅积极整改，通过统筹整合方式，2016 年 11 月将上述资金用于云南省水利建设项目。返还骗取或虚列资金是指要求责任人或单位返还骗取或虚列的资金。例如，2017 年第一季度"国家重大政策措施贯彻落实情况跟踪审计结果"披露，四川省古蔺县部分单位套取、侵占扶贫等财政资金 92.75 万元的问题。古蔺县已收回资金 75.84 万元，规范 16.91 万元资金的财务管理，并对 4 名责任人给予党内警告等问责处理。收回超标或重复发放资金是指收回超过发放额度或重复发放的资金。例如，2017年第四季度"国家重大政策措施落实情况跟踪审计结果"披露，能源局立即开展追查核实，函告财政部及时追回多下达的财政贴息补助资金 2388 万元，并对贴息情况开展专项检查，杜绝此类问题再次发生。

由表 5-6 可知，资金问题整改最多的是对违规使用或征收资金进行整改，即归还或规范违规使用或征收资金，整改总数为 54 个；其次是盘活资金和统筹使用资金，均为 30 个；最后是返还骗取或虚列资金和收回超标或重复发放资金，分别为 7 个和 2 个。这与前面审计揭示的问题数目总体一致，即审计揭示的违规使用或征收资金问题数最多，其在这方面所采取的整改力度也较大，在报告中披露的相关整改内容也较多。同时，2015—2020 年，审计每年均对违规使用或征收资金问题进行相应整改，一方面表明该问题确实是被审计单位在资金方面主要存在的问题之一，且每年均会出现该类问题，存在屡审屡犯的可能；另一方面表明如何使用或合理征收资金是被审计单位易出现的风险点，审计机关需着重检查该类问题。

表 5-6　　　　　　　　　资金相关整改　　　　　　　　　单位：件

整改	整改表现形式	整改数（政策跟踪审计系列报告）					
		2015 年	2016 年	2017 年	2018 年	2019 年	2020 年
盘活资金	激活存量资金，充分使用资金	2	13	9	4	1	1
归还或规范违规使用或征收资金	归还违规征收的资金、按照既定计划合理使用资金	5	5	22	15	4	3
统筹使用资金	整合使用资金	0	28	2	0	0	0
返还骗取或虚列资金	要求责任人或单位返还骗取或虚列的资金	2	3	1	1	0	0
收回超标或重复发放资金	收回超过发放额度或重复发放的资金	0	1	1	0	0	0

第二，项目建设运营整改主要包括加速项目使用、追究相关责任人、增加配套设施、解决项目建设中存在的问题、推动项目进展等。其中，加速项目使用是指使已建成项目投入使用。例如，2018 年第二季度"国家重大政策措施落实情况跟踪审计结果"披露，3 个县人民政府研究产业扶贫等项目推进中存在问题，筹措资金完善制冷、水电、消毒等相关配套设备。截至 2018

年 6 月，涉及的 8 个村集体生猪寄养场和 6 个冷库项目已完全投入使用，5 个农村安全饮水项目净化水质经检测全部达标。追究相关责任人是指追究招标过程中存在舞弊、违规等人员的责任。例如，2017 年第四季度"国家重大政策措施落实情况跟踪审计结果"披露，2 个市县严肃处理扶贫项目建设管理不规范问题，将不符合建筑资质的施工单位清除出场，禁止违规分包公司进入当地建设市场，并出台政府投资工程建设项目招标投标及采购管理办法，对 3 名相关人员给予党内警告等处分。增加配套设施是指增加配套设备以促进项目建设。例如，2016 年第四季度"国家重大政策措施贯彻落实情况跟踪审计结果"披露，甘肃省结合新一轮农网改造升级工程制定贫困村动力电覆盖支持计划，安排专项建设资金用于加快电力基础设施建设，提前半年实现全省 6220 个贫困村动力电全覆盖，提升了贫困地区公共服务保障水平。解决项目建造中存在的问题是指对项目建造中存在的问题提出针对性解决建议。例如，2018 年第四季度"国家重大政策措施落实情况跟踪审计结果"披露，北海市及时拆除饮用水水源地内的畜禽养殖场，延吉市及时对饮用水水源地保护区进行封闭式管理，并重新调整区划设置，确保群众饮用水安全。推动项目进展是指采取加速资金周转等方法推动项目建造。例如，2018 年第一季度"国家重大政策措施落实情况跟踪审计结果公告"披露，辽宁省抚顺市清原满族自治县、四川省宜宾市屏山县政府对建设项目采取了倒排工期、工程进度与奖惩考核挂钩等推动措施，加快推进项目建设。截至 2018 年 3 月底，48 个项目主体工程已经完工。

由表 5-7 可知，项目建设运营问题整改最多的是对项目未开工或进展缓慢进行整改，即推动项目进展，整改总数为 38 个；其次是解决项目建造中存在的问题和加速项目使用，分别为 9 个和 7 个；最后是增加配套设施和追究相关责任人，分别为 5 个和 2 个。这与前面审计揭示的问题数目总体一致，即审计揭示的项目未开工或进展缓慢问题数最多，其在这方面采取的整改力度也较大，在报告中披露的相关整改内容也较多。同时，推动项目进展在 2015—2020 年均有整改，但整改数有所下降，主要是其对应的问题数也有所下降，说明通过审计整改能从一定程度上防范该类问题发生的概率。

第三，政策整改主要包括修订完善相关政策、重新落实政策和制定或减少相应政策。其中，修订完善相关政策是指对原有内容不全的政策进行补充。例如，2018 年第二季度"国家重大政策措施落实情况跟踪审计结果"披露，

表 5-7　　　　　　　　　　项目建设运营相关整改　　　　　　　　单位：件

整改	整改表现形式	整改数（政策跟踪审计系列报告）					
		2015年	2016年	2017年	2018年	2019年	2020年
加速项目使用	使已建成项目投入使用	4	1	1	1	0	0
追究相关责任人	追究招标过程中存在舞弊、违规等人员的责任	0	0	1	1	0	0
增加配套设施	增加配套设备以促进项目建设	0	1	0	2	1	1
解决项目建造中存在的问题	对项目建造中存在的问题提出针对性的解决方案	2	0	0	3	4	0
推动项目进展	采取加速资金周转等方法推动项目建造	6	9	14	6	2	1

双峰县按照"谁使用，谁归还"原则，明确还款主体，制定分批还款计划。截至 2018 年 4 月，双峰县通过清缴企业欠缴土地出让金等方式筹集资金，分批将上述 4.05 亿元集资资金全部偿还。重新落实政策是指根据实施当地情况重新落实相关政策。例如，2018 年第二季度"国家重大政策措施落实情况跟踪审计结果"披露，重庆市彭水县相关部门认真审核医疗结算明细，筹措资金补发医疗补助资金。截至 2018 年 6 月，共有 6803 名建档立卡贫困人员医疗补助发放到位。制定或减少相应政策是指出台或废除相关政策条目。例如，2019 年第四季度"国家重大政策措施落实情况跟踪审计结果"披露，有关地区通过全面开展惠民惠农财政补贴资金"一卡通"专项治理工作，出台加强财政惠民补贴资金兑付管理文件，进一步规范补贴资金发放方式。

由表 5-8 可知，政策问题整改最多的是对政策落实不到位进行整改，即重新落实政策，整改总数为 59 个；其次是修订完善相关政策，为 33 个；最后是制定或减少相应政策，为 10 个。这与前面审计揭示的问题数目总体一致，即审计揭示的政策落实不到位问题数最多，其在这方面采取的整改力度也较大，在报告中披露的相关整改内容也较多。

第四，体制机制整改主要包括重新或加快执行工作、改善决策过程或制度、加强监督机制、组建专业机构、加强协调机制等。其中，重新或加快执行工作是指改善原有存在缺陷的执行方式。例如，2017 年第一季度"国家重大政策措施贯彻落实情况跟踪审计结果"披露，上海市环境保护局"建设项目试生产（试运行）"行政审批事项取消后，仍要求重点类建设项目的建设单

表 5-8　　　　　　　　　　　政策相关整改　　　　　　　　　　单位：件

整改	整改表现形式	整改数（政策跟踪审计系列报告）					
		2015年	2016年	2017年	2018年	2019年	2020年
修订完善相关政策	对原有内容不全的政策进行补充	5	11	14	3	0	0
重新落实政策	根据实施当地情况重新落实相关政策	3	5	20	6	25	0
制定或减少相应政策	出台或废除相关政策条目	4	0	0	5	1	0

位提供落实"环保三同时"等情况的报告，并将现场核查的结果和整改情况作为项目投入试生产或运行的前置条件。改善决策过程或制度是指完善决策制度以提高决策效益。例如，2017年第三季度"国家重大政策措施贯彻落实情况跟踪审计结果"披露，宁夏回族自治区为加快化解房地产库存，通过建立住建部门与国土部门去库存工作通报会商机制，对库存总量消化周期超过20个月的市县停止房地产开发土地供应。加强监督机制是指强化对执行、决策等过程的监督机制。例如，2017年第二季度"国家重大政策措施贯彻落实情况跟踪审计结果"披露，宁夏回族自治区经信委督促相关部门派出工作组，监督指导相关企业落实生产线的淘汰拆除工作。截至2017年5月，年产10万吨隔膜烧碱生产线淘汰工作已通过验收。组建专业机构是指组建适合工作开展的团队。例如，2016年第四季度"国家重大政策措施贯彻落实情况跟踪审计结果"披露，青海省工商行政管理事务咨询服务中心违规代办企业设立、变更及注销等业务并收取费用问题。加强协调机制是指促进部门间、人员间的协调。例如，2018年第二季度"国家重大政策措施落实情况跟踪审计结果"披露，大庆市人民政府责成市发展改革委、行政服务中心等部门进一步加强与省级主管部门的沟通协调，完善后台数据库建设。

由表5-9可知，体制机制整改最多的是对执行工作进行整改，即重新或加快执行，整改总数为47个；其次是加强协调机制和组建专业机构，分别为21个和14个；最后是加强监督机制和改善决策过程或制度，分别为13个和12个。这与前面审计揭示的问题数目整体趋于一致，即审计揭示的执行机制存在问题数最多，其在这方面采取的整改力度也较大，在报告中披露的相关整改内容也较多。

表 5-9　　　　　　　　　　体制机制相关整改　　　　　　　　　单位：件

整改	整改表现形式	整改数（政策跟踪审计系列报告）					
		2015年	2016年	2017年	2018年	2019年	2020年
重新或加快执行工作	改善原有存在缺陷的执行方式	2	3	24	10	5	3
改善决策过程或制度	完善决策制度以提高决策效益	2	3	7	0	0	0
加强监督机制	强化对执行、决策等过程的监督机制	2	2	9	0	0	0
组建专业机构	组建适合工作开展的团队	1	5	8	0	0	0
加强协调机制	促进部门间、人员间的协调	3	5	10	1	2	0

第五，重大违纪违法整改是有关部门对审计移交的违纪违法行为进行处理，即政府部门处理处罚。例如，审计署 2015 年违法违规问题处理情况披露，2014 年，湖北省宜昌市西陵区人民法院以受贿罪判处陈志华有期徒刑七年，并处没收个人财产 200 万元，追缴违法所得 280 万元；宜昌市夷陵区人民法院以受贿罪判处范大光有期徒刑五年零六个月，并处没收个人财产 7 万元，追缴违法所得 30 万元。

从表 5-10 可见，审计移交给政府部门处理的人员、单位、案件等均得到相应处理，表明审计机关移交的问题均被政府部门重视，并对相关事项中所涉及的人员、单位等进行了相应处罚。

表 5-10　　　　　　　　　重大违纪违法相关整改

整改	整改表现形式	整改数（政策跟踪审计系列报告）					
		2015年	2016年	2017年	2018年	2019年	2020年
政府部门处理处罚	人员数	842人	507人	503人	454人	35人	67人
	单位数	85单位	120单位	78单位	183单位	19单位	18单位
	案件数	52件	95件	63件	67件	19件	14件
	涉案资金数	14018445.4万元	666073.37万元	514464.32万元	2638843.9万元	1305万元	12834.84万元

三、国家治理视角下重大政策跟踪审计评价理论指标体系构建

根据前述分析，国家治理视角下的重大政策跟踪审计评价理论体系包括

政策实施效果评价理论体系与审计机关监督绩效评价理论体系（见表 5-11）。这两个体系具有耦合关系，共同组成了政府的整体政策绩效，即政策实施效果评价理论体系主要用于评价被审计单位的政策实施效果；审计机关监督绩效评价理论体系的目标是评价审计监督对政策绩效的提升程度。

表 5-11　　　国家治理视角下的重大政策跟踪审计评价理论体系构建

政策实施效果评价理论指标体系		审计机关监督绩效评价理论指标体系	
准则层	指标层	准则层	指标层
资金使用体系	资金闲置金额	资金使用审计规范体系	盘活资金额
	违规使用或征收资金额		归还与规范违规使用或征收资金额
	未统筹使用资金额		统筹使用资金额
	骗取或虚列资金额		返还骗取或虚列资金额
	超标或重复发放资金额		收回超标或重复发放的补贴额
项目建设和运营体系	项目无法或没有投入使用数量	项目建设和运营审计优化体系	加速项目使用数量
	项目未按规定招标数量		追究相关责任人数量
	配套设备未到位数量		增加配套设施数量
	项目建造中存在问题数量		解决项目建造中存在问题的数量
	项目未开工或进展缓慢的数量		推动项目进展的数量
政策落实体系	政策制定不合理数量	政策落实审计纠正体系	修订完善相关制度数量
	政策落实不到位数量		重新落实政策数量
	政策缺失或多余数量		制定或减少相应政策数量
体制机制运行体系	执行机制存在问题数量	体制机制审计完善体系	重新或加快执行工作数量
	决策机制存在问题数量		改善决策过程或制度数量
	监督机制存在问题数量		加强监督机制的数量
	机构设置不合理数量		组建专业机构数量
	协调机制存在问题数量		加强协调机制的数量
重大违纪违法体系	审计移交的人数	重大违纪违法审计查处体系	政府部门处理的人员
	审计移交的涉案资金		政府部门处罚的涉案资金
	审计移交的单位数		政府部门处理的单位
	审计移交的案件数		政府部门处理的案件

本书对审计署重大政策措施落实情况跟踪审计进行了统计分析。结果发现，各被审计单位在政策实施过程中存在资金问题、项目建设运营问题、政策相关问题、体制机制问题、重大违法违纪问题。其中：①资金问题主要包

括资金闲置、未统筹使用资金、骗取或虚列资金、违规使用或征收资金、超标或重复发放资金等。②项目建设运营问题主要包括项目无法或没有投入使用、项目未按规定招标、配套设备未到位、项目建造中存在问题、项目未开工或进展缓慢等。③政策相关问题主要包括政策落实不到位、政策制定不合理、政策缺失或多余等。④体制机制问题包括机构设置不合理、决策机制存在问题、执行机制存在问题、监督机制存在问题、协调机制存在问题等。⑤重大违法违纪包括移交的人数、涉案资金数、单位数、案件数等。

根据政策实施效果评价理论指标体系，本书设计了包括资金使用审计规范、项目建设和运营审计优化、政策落实审计纠正、体制机制审计完善、重大违纪违法审计查处等在内的审计机关监督绩效评价理论指标体系。具体表现为：①资金使用审计规范包括盘活资金（对应资金闲置）、归还与规范违规使用或征收资金（对应违规使用或征收资金）、统筹使用资金（对应未统筹使用资金）、返还骗取或虚列资金（对应骗取或虚列资金）、收回超标或重复发放的补贴（对应超标或重复发放资金）。②项目建设和运营审计优化包括加速项目使用（对应项目无法或没有投入使用）、追究相关责任人（对应项目未按规定招标）、增加配套设施（对应配套设备未到位）、解决项目建造中存在问题（对应项目建造中存在问题）、推动项目进展（对应项目未开工或进展缓慢）。③政策落实审计纠正包括修订完善相关制度（对应政策制定不合理）、重新落实政策（对应政策落实不到位）、制定或减少相应政策（对应政策缺失或多余）等。④体制机制审计完善体系包括重新或加快执行工作（对应执行机制存在问题）、改善决策过程或制度（对应决策机制存在问题）、加强监督机制（对应监督机制存在问题）、组建专业机构（对应机构设置不合理）、加强协调机制（对应协调机制存在问题）等。⑤重大违纪违法审计查处体系包括政府部门处理的人员（对应审计移交的人数）、政府部门处罚的涉案资金（对应审计移交的涉案资金）、政府部门处理的单位（对应审计移交的单位数）、政府部门处理的案件（对应审计移交的案件数）等。

第六章
国家治理视角下国家重大政策跟踪审计评价体系应用

第一节 浙江省域治理现代化审计评价

一、描述性统计分析

从浙江省域治理现代化项目实施效果评价准则层的描述性统计分析可见（见表6-1），2020—2022年，资金使用体系的平均值最大，为0.2875，最大值为0.3240，最小值为0.1446，表明各年间存在一定的差距；项目建设和运营体系的平均值次之，为0.2102，最大值为0.2456，最小值为0.1007，表明各年间存在一定的差距；政策落实体系的平均值位居第三，为0.2091，最大值为0.2778，最小值为0.1689，表明各年间存在一定的差距；体制机制运行体系的平均值位居第四，为0.1906，最大值为0.2241，最小值为0.1785，表明各年间存在一定的差距；重大违纪违法体系的平均值最低，为0.1886，最大值为0.2254，最小值为0.1762，表明各年间存在一定的差距。

表6-1　　　项目实施效果评价体系的准则层描述性统计分析

准则层	最大值	最小值	平均值	标准差
资金使用体系	0.3240	0.1446	0.2875	0.0123
项目建设和运营体系	0.2456	0.1007	0.2102	0.0243
政策落实体系	0.2778	0.1689	0.2091	0.0245
体制机制运行体系	0.2241	0.1785	0.1906	0.0110
重大违纪违法体系	0.2254	0.1762	0.1886	0.0113

从浙江省域治理现代化审计监督绩效评价准则层的描述性统计分析可见（见表6-2），2020—2022年，资金使用审计规范体系的平均值最大，为0.2487，最大值为0.3411，最小值为0.1239，表明资金使用审计规范体系在这4年间存在一定的差距，某些年份绩效增长较好，而某些年份绩效增长较差；政策落实审计纠正体系的平均值次之，为0.2043，最大值为0.2881，最小值为0.1230，表明政策落实审计纠正体系的绩效增长稳定性情况略差于资金使用审计规范体系；重大违纪违法审计查处体系的平均值位居第三，为0.2000，最大值为0.2632，最小值为0.1883，表明重大违纪违法审计查处体系的绩效增长情况在这4年间也存在一定的差距；体制机制审计完善体系的平均值位居第四，为0.1795，最大值为0.2352，最小值为0.1530，表明体制机制审计完善体系的绩效增长稳定性情况低于上述3项体系；项目建设和运营审计优化体系的平均值为0.1694，最大值为0.2530，最小值为0.1227，表明项目建设和运营审计优化体系的绩效增长情况在这4年间也存在一定的差距。

表6-2　　　　　监督绩效评价体系的准则层描述性统计分析

准则层	最大值	最小值	平均值	标准差
资金使用审计规范体系	0.3411	0.1239	0.2487	0.0346
项目建设和运营审计优化体系	0.2530	0.1227	0.1694	0.0225
政策落实审计纠正体系	0.2881	0.1230	0.2043	0.0115
体制机制审计完善体系	0.2352	0.1530	0.1795	0.0069
重大违纪违法审计查处体系	0.2632	0.1883	0.2000	0.0654

二、浙江省域治理现代化实施效果得分分析

（一）浙江省域治理现代化实施效果常权得分分析

如表6-3所示，2020—2022年，浙江省域治理现代化实施效果评价体系的常权得分分别为0.62328、0.60012和0.86964，变权得分分别为0.52382、0.5356和0.7278，变权得分在不同程度上有所下降，排名也发生了变化，表明得分在真实数值的调整下发生了改变。

具体而言，在2020年，资金使用体系得分最高，为0.21828；重大违纪违法体系得分次之，为0.14604；体制机制运行体系得分位居第三，为0.1194；

表 6-3　浙江省域治理现代化实施效果得分

年份	2020	2021	2022
资金使用体系	0.21828	0.1422	0.18924
项目建设和运营体系	0.09612	0.12672	0.1746
政策落实体系	0.04344	0.0804	0.18864
体制机制运行体系	0.1194	0.08676	0.13944
重大违纪违法体系	0.14604	0.16404	0.17772
综合得分	0.62328	0.60012	0.86964
排名	2	3	1
资金使用体系	0.20768	0.12792	0.14952
项目建设和运营体系	0.08349	0.10647	0.09432
政策落实体系	0.02255	0.05421	0.17004
体制机制运行体系	0.11759	0.08190	0.13932
重大违纪违法体系	0.09251	0.16510	0.17460
综合得分	0.52382	0.5356	0.7278
排名	3	2	1
资金使用体系	-4.86%	-10.04%	-20.99%
项目建设和运营体系	-13.14%	-15.98%	-45.98%
政策落实体系	-48.09%	-32.57%	-9.86%
体制机制运行体系	-1.52%	-5.60%	-0.09%
重大违纪违法体系	-36.65%	0.65%	-1.76%

项目建设和运营体系以及政策落实体系得分分别位居第四、第五，分别为0.09612、0.04344。在2021年，重大违纪违法体系得分最高，为0.16404；资金使用体系得分次之，为0.1422；项目建设和运营体系得分位居第三，为0.12672；体制机制运行体系和政策落实体系得分分别位居第四、第五，分别为0.08676、0.0804。在2022年，资金使用体系得分最高，为0.18924；政策落实体系得分次之，为0.18864；重大违纪违法体系和项目建设和运营体系得分分别位居第三、第四，分别为0.17772、0.1746；体制机制运行体系得分最低，为0.13944。可见，浙江省域治理现代化实施效果越来越高。

（二）浙江省域治理现代化实施效果变权得分分析

为更好地评价浙江省域治理现代化实施效果，本书对指标体系常权得分进行了变权处理，具体得分结果和常变权得分变动如表 6-3 所示。根据结果可知，总体而言，通过变权处理后，各年份中各体系的得分均呈不同程度的上升和下降。

具体而言，在 2022 年，所有体系的得分均有所下降，特别是项目建设和运营体系，得分下降幅度最大，为 -45.98%；资金使用体系的下降幅度次之，为 -20.99%；而政策落实体系、重大违纪违法体系、体制机制运行体系下降幅度稍低，分别为 -9.86%、-1.76% 和 -0.09%。以上结果表明所有体系通过变权处理后均受到不同程度的"惩罚"。在 2021 年，通过变权处理后各体系得分的变化幅度整体上相对低于其他年份。其中，政策落实体系下降幅度最大，为 -32.57%；资金使用体系和项目建设与运营体系、体制机制运行体系略有下降，分别为 -10.04%、-15.98%、-5.60%；而重大违纪违法体系略有上升，为 0.65%。在 2020 年，政策落实体系得分下降幅度最大，为 -48.09%；重大违纪违法体系得分下降幅度次之，为 -36.65%；而项目建设和运营体系、资金使用体系、体制机制运行体系下降幅度稍低，分别为 -13.14%、-4.86%、-1.52%。这表明各体系通过变权处理后均受到不同程度的"惩罚"。

三、审计机关对浙江省域治理现代化监督绩效得分分析

（一）审计机关对浙江省域治理现代化监督绩效常权得分分析

如表 6-4 所示，2020—2021 年，审计机关对浙江省域治理现代化监督绩效评价体系的常权得分分别为 0.2234、0.2191、0.2252，变权得分分别为 0.1410、0.1574、0.2085。变权得分在不同程度上有所下降，且排名也发生一定变化，表明得分在真实数值的调整下发生了改变，并且改变的幅度引起了排名变化。

表 6-4　　审计机关对浙江省域治理现代化监督绩效得分

年份	2020	2021	2022
资金使用审计规范体系	0.0162	0.1572	0.0220
项目建设和运营审计优化体系	0.1135	0.0816	0.2864
政策落实审计纠正体系	0.0696	0	0.0466

续表

年份	2020	2021	2022
体制机制审计完善体系	0.0121	0.0162	0.0106
重大违纪违法审计查处体系	0.0899	0.0641	0.0596
综合得分	0.2234	0.2191	0.2252
排名	2	3	1
资金使用审计规范体系	0.0077	0.0584	0.0049
项目建设和运营审计优化体系	0.0356	0.0393	0.1380
政策落实审计纠正体系	0.0282	0.0000	0.0053
体制机制审计完善体系	0.0090	0.0133	0.0031
重大违纪违法审计查处体系	0.0605	0.0464	0.0572
综合得分	0.1410	0.1574	0.2085
排名	3	2	1
资金使用审计规范体系	-52.47%	-62.85%	-77.73%
项目建设和运营审计优化体系	-68.63%	-51.84%	-51.82%
政策落实审计纠正体系	-59.48%	0	-88.63%
体制机制审计完善体系	-25.62%	-17.90%	-70.75%
重大违纪违法审计查处体系	-32.70%	-27.61%	-4.03%

具体而言，在 2020 年，项目建设和运营审计优化体系得分最高，为 0.1135；重大违纪违法体系得分次之，为 0.0899；政策落实审计纠正体系得分位居第三，为 0.0696；资金使用审计规范体系和体制机制审计完善体系得分分别位居第四、第五，分别为 0.0162、0.0121。在 2021 年，资金使用审计规范体系得分最高，为 0.1572；项目建设和运营审计优化体系得分次之，为 0.0816；重大违纪违法审计查处体系得分位居第三，为 0.0641；体制机制审计完善体系和政策落实审计纠正体系得分分别位居第四、第五，分别为 0.0162、0。在 2022 年，项目建设和运营审计优化体系得分最高，为 0.2864；重大违纪违法审计查处体系得分次之，为 0.0596；政策落实审计纠正体系和资金使用审计规范体系得分分别位居第三、第四，分别为 0.0466、0.0220；体制机制审计完善体系得分最低，为 0.0106。可见，审计机关对浙江省域治理现代化监督绩效得分逐渐提高，取得了较好的效果。

(二) 审计机关对浙江省域治理现代化监督绩效变权得分分析

本书进行变权处理，汇总得到如表6-4所示的审计机关对浙江省域治理现代化监督绩效变权得分和准则层常变权得分变化情况。总体而言，通过变权处理后，各年份中各体系得分均呈不同程度的上升和下降。

具体而言，在2022年，政策落实审计纠正体系得分下降幅度最大，为-88.63%；资金使用审计规范体系、体制机制审计完善体系的下降幅度次之，分别为-77.73%、-70.75%；项目建设和运营审计优化体系的下降幅度位居第四，为-51.82%；重大违纪违法审计查处体系下降幅度最小，为-4.03%。以上结果表明所有体系通过变权处理后均受到不同程度的"惩罚"。在2021年，资金使用审计规范体系的得分下降幅度最大，为-62.85%；项目建设和运营审计优化体系的得分下降幅度次之，为-51.84%；重大违纪违法审计查处体系、体制机制运行体系下降幅度稍低，分别为-27.61%、-17.90%；政策落实审计纠正体系没有改变。在2020年，项目建设和运营审计优化体系下降幅度最大，为-68.63%；政策落实审计纠正体系、资金使用审计规范体系的得分下降次之，分别为-59.48%、-52.47%；重大违纪违法审计查处体系和体制机制审计完善体系下降幅度最低，分别为-32.70%、-25.62%。这表明各体系通过变权处理后均受到不同程度的"惩罚"。

四、浙江省域治理现代化实施效果综合得分分析

为综合分析浙江省域治理现代化实施效果和审计机关对浙江省域治理现代化监督绩效。本书将前述各年份、各准则层的得分相加汇总得到浙江省域治理现代化实施效果综合得分比较表和审计机关对浙江省域治理现代化监督绩效综合得分比较表。

如表6-5所示，浙江省域治理现代化实施效果的常权综合得分最高年份是2022年，为0.8696；得分最低的年份是2021年，为0.6001，其常权综合得分变化趋势为先下降后上升，其中2021—2022年的上升幅度最大，2020—2021年略有下降。在变权综合得分方面，得分最高的年份是2022年，为0.7278，表明2021年较2022年浙江省域治理现代化实施效果提升最高；得分最低的年份是2020年，为0.52382，表明2020年较2021年的变权综合得分变化趋势为略有下降。同时，浙江省域治理现代化实施效果的常权综合得分

与变权综合得分变化幅度有所差别,但差别都不是非常大。其中,2022年、2020年和2021年下降幅度依次降低,分别为-16.31%、-15.96%和-10.75%。这说明,本书采用变权处理对专家打分法所获取的浙江省域治理现代化实施效果准则层及指标层的权重进行适当修正是有效的,使获取到的得分更贴近真实情况。

表6-5　　　　　浙江省域治理现代化实施效果综合得分比较

年份	2020	2021	2022
常权综合得分	0.62328	0.6001	0.8696
变权综合得分	0.52382	0.5356	0.7278
变动比较	-15.96%	-10.75%	-16.31%

如表6-6所示,在审计机关对浙江省域治理现代化监督绩效评价指标的常权综合得分方面,常权综合得分最高的年份是2022年,为0.2252;得分最低的年份是2021年,为0.2191,其常权综合得分变化趋势为先下降后上升。其中,2021年到2022年的上升幅度最为明显。在变权综合得分方面,得分最高的年份是2022年,为0.2085;得分次之的年份是2021年,为0.1574;得分最低的年份是2020年,为0.1410。这表明2020—2022年,审计机关对浙江省域治理现代化监督绩效逐渐上升。同时,审计机关对浙江省域治理现代化监督绩效评价指标的常权综合得分与变权综合得分存在一定程度的变化。其中,2020年的变权综合得分较常权综合得分下降幅度最大,为-36.88%;2021年的变权综合得分较常权综合得分下降幅度低于2020年,为-28.16%;2022年的变权综合得分较常权综合得分下降幅度低于2021年,为-7.42%。这说明本书采用变权处理对专家打分法所获取的审计机关对浙江省域治理现代化监督绩效的准则层及指标层的权重进行适当修正是有效的,能使获取到的得分更贴近真实情况。

表6-6　　　　审计机关对浙江省域治理现代化监督绩效得分比较

年份	2020	2021	2022
常权综合得分	0.2234	0.2191	0.2252
变权综合得分	0.1410	0.1574	0.2085
得分变动	-36.88%	-28.16%	-7.42%

第二节 精准扶贫政策跟踪审计评价

一、国家治理视角下精准扶贫政策跟踪审计评价指标筛选过程

根据前面构建的国家治理视角下的重大政策跟踪审计评价理论体系，本书利用审计署 2015—2019 年发布的精准扶贫政策跟踪审计报告（共 24 份），先从资金、项目、政策、体制机制和重大违纪违法五个方面出发整理数据，再运用 SPSS 20.0 软件对上述指标体系进行最适指标筛选。具体筛选过程如下：第一，通过选取审计署精准扶贫政策跟踪审计对国家治理视角下的重大政策跟踪审计评价理论体系的各准则层体系进行 KMO 检验，验证其是否适合因子分析；第二，根据碎石图和先前 KMO 检验的结果确定各准则层体系的指标个数；第三，通过因子旋转后获得最终指标体系，并获得该体系的解释总方差，说明选取指标体系的适当性。

（一）KMO 检验

根据 KMO 检验，得到国家治理视角下的重大政策跟踪审计评价理论体系各准则层的 KMO 值。如表 6-7 所示，所有准则层的 KMO 值均大于 0.600，表明通过引入审计署精准扶贫政策跟踪审计数据对所构建的国家治理视角下的重大政策跟踪审计评价理论体系中指标进行筛选，筛选后的指标均通过了检验。其中，在精准扶贫政策实施效果评价指标体系中，重大违纪违法体系的 KMO 值最高，达到 0.746；资金使用体系次之，为 0.639；政策落实体系和体制机制运行体系稍低，分别为 0.627 和 0.616；项目建设和运营体系最低，为 0.604。而在审计机关精准扶贫监督绩效评价指标体系中，重大违纪违法审计查处体系的 KMO 值最高，为 0.702；资金使用审计规范体系次之，为 0.672；政策落实审计纠正体系和体制机制审计完善体系稍低，分别为 0.615 和 0.611；项目建设和运营审计优化体系最低，为 0.605。

（二）碎石检验

基于 KMO 检验，利用所选取的指标画出碎石图。碎石图的点数代表指标

表 6-7　　　　　　　　　　　KMO 检验

准则层	资金使用体系	项目建设和运营体系	政策落实体系	体制机制运行体系	重大违纪违法体系
精准扶贫政策实施效果评价指标体系					
KMO	0.639	0.604	0.627	0.616	0.746
审计机关精准扶贫监督绩效评价指标体系					
准则层	资金使用审计规范体系	项目建设和运营审计优化体系	政策落实审计纠正体系	体制机制审计完善体系	重大违纪违法审计查处体系
KMO	0.672	0.605	0.615	0.611	0.702

的个数。同时，根据碎石图形状可以对主成分分析的适用性进行判断，即碎石图曲线弯曲越明显，则越适宜进行主成分分析；相反，如果碎石图从初期就近似为一条直线，表明不适合进行主成分分析。

如图 6-1 所示，在精准扶贫政策实施效果评价指标体系中，资金使用体系包括 4 个指标；政策落实体系包括 3 个指标；重大违纪违法体系包括 3 个指标；项目建设和运营体系包括 4 个指标；体制机制运行体系包括 3 个指标。此外，重大违纪违法体系的碎石图态势整体较为陡峭，政策落实体系和体制

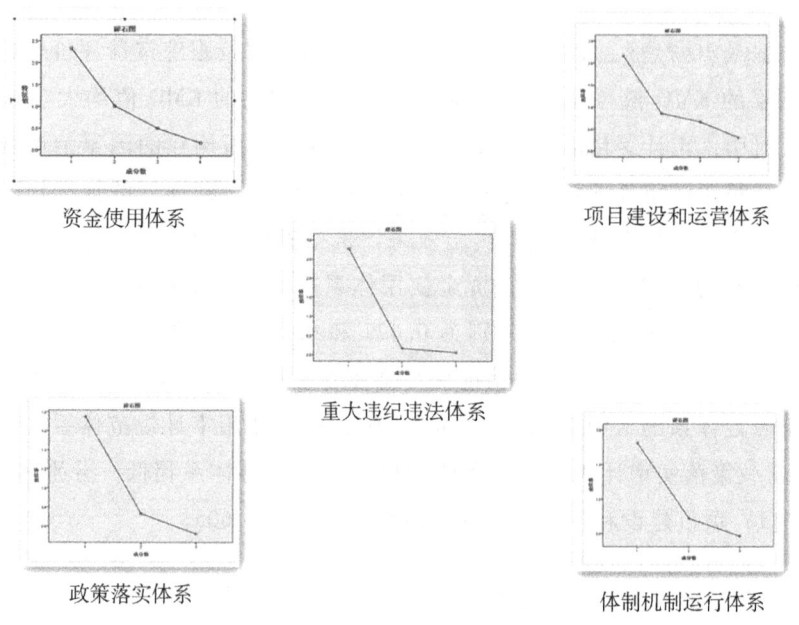

图 6-1　精准扶贫政策实施效果评价指标体系的碎石图

机制运行体系碎石图的弯曲程度低于前者,而资金使用体系与项目建设和运营体系碎石图的弯曲程度最弱,但整体仍较为弯曲。总体而言,上述各准则层碎石图态势均较为弯曲,适宜进行主成分分析。

如图6-2所示,在审计机关精准扶贫监督绩效评价指标体系中,资金使用审计规范体系包括4个指标;政策落实审计纠正体系包括3个指标;重大违纪违法审计查处体系包括3个指标;项目建设和运营审计优化体系包括4个指标;体制机制审计完善体系包括3个指标。此外,重大违纪违法审计查处体系、政策落实审计纠正体系和体制机制审计完善体系的碎石图态势均呈陡坡状。而资金使用审计规范体系和项目建设和运营审计优化体系碎石图的弯曲程度弱于前者。总体而言,上述各准则层碎石图态势均较为弯曲,适宜进行主成分分析。

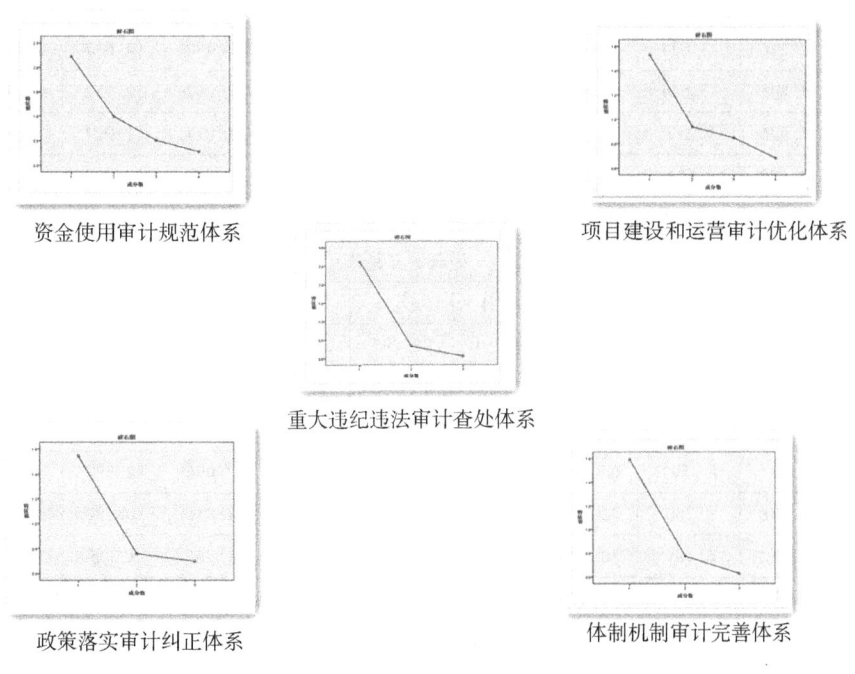

图6-2 审计机关精准扶贫监督绩效评价指标体系的碎石图

(三) 国家治理视角下的精准扶贫政策跟踪审计评价指标体系的解释总方差

依照体系对应的相关矩阵和指标间的显著性水平,计算求得国家治理视角下的精准扶贫政策跟踪审计评价指标体系的解释总方差。如表 6-8 所示，在精准扶贫政策实施效果评价指标体系中，共能提取 6 个成分，且其旋转平方和载入后解释的总方差为 85.787%，解释程度高，说明筛选后的指标可解释该体系；在审计机关精准扶贫监督绩效评价指标体系中，共能提取 6 个成分，且旋转平方和载入后解释的总方差为 78.928%，解释程度高，说明筛选后的指标可解释该体系。

表 6-8 国家治理视角下的精准扶贫政策跟踪审计评价指标体系的解释总方差

精准扶贫政策实施效果评价指标体系的解释总方差

成分	初始特征值			提取平方和载入			旋转平方和载入		
	合计	方差%	累积%	合计	方差%	累积%	合计	方差%	累积%
1	4.176	24.564	24.564	4.176	24.564	24.564	3.493	20.549	20.549
2	3.646	21.447	46.011	3.646	21.447	46.011	2.741	16.126	36.675
3	2.216	13.034	59.045	2.216	13.034	59.045	2.488	14.637	51.312
4	1.843	10.844	69.888	1.843	10.844	69.888	2.202	12.952	64.264
5	1.576	9.272	79.161	1.576	9.272	79.161	1.874	11.024	75.288
6	1.126	6.626	85.787	1.126	6.626	85.787	1.785	10.499	85.787

审计机关精准扶贫监督绩效评价指标体系的解释总方差

成分	初始特征值			提取平方和载入			旋转平方和载入		
	合计	方差%	累积%	合计	方差%	累积%	合计	方差%	累积%
1	3.791	22.297	22.297	3.791	22.297	22.297	3.013	17.723	17.723
2	2.711	15.948	38.245	2.711	15.948	38.245	2.469	14.524	32.247
3	2.316	13.623	51.868	2.316	13.623	51.868	2.439	14.346	46.592
4	1.971	11.591	63.459	1.971	11.591	63.459	2.096	12.332	58.925
5	1.578	9.280	72.739	1.578	9.280	72.739	1.836	10.799	69.723
6	1.052	6.189	78.928	1.052	6.189	78.928	1.565	9.205	78.928

（四）国家治理视角下精准扶贫政策跟踪审计评价指标筛选结果

通过上述指标体系筛选过程，本书共筛选出 5 个准则层、17 个指标层。如表 6-9 所示，在精准扶贫政策实施效果评价指标体系中：①资金使用体系包括资金闲置金额、违规使用或征收资金额、未统筹使用资金额和骗取或虚列资金额；②项目建设和运营体系包括项目无法或没有投入使用数量、项目未按规定招标数量、项目建造中存在问题数量和项目未开工或进展缓慢数量；

③政策落实体系包括政策制定不合理数量、政策落实不到位数量和政策缺失或多余数量；④体制机制运行体系包括执行机制存在问题数量、决策机制存在问题数量和监督机制存在问题数量；⑤重大违纪违法体系包括审计移交的人数、审计移交的单位数和审计移交的案件数。在审计机关精准扶贫监督绩效评价指标体系中：①资金使用审计规范体系包括盘活资金额、归还与规范违规使用或征收资金额、统筹使用资金额和返还骗取或虚列资金额；②项目建设和运营审计优化体系包括加速项目使用数量、追究相关责任人数量、解决项目建造中存在问题的数量和推动项目进展的数量；③政策落实审计纠正体系包括修订完善相关制度数量、重新落实政策数量和制定或减少相应政策数量；④体制机制审计完善体系包括重新或加快执行工作数量、改善决策过程或制度数量和加强监督机制的数量；⑤重大违纪违法审计查处体系包括政府部门处理的人员、政府部门处理的单位和政府部门处理的案件。

表6-9　国家治理视角下的精准扶贫政策跟踪审计评价指标的筛选结果

精准扶贫政策实施效果评价指标体系		审计机关精准扶贫监督绩效评价指标体系	
准则层	指标层	准则层	指标层
资金使用体系	资金闲置金额	资金使用审计规范体系	盘活资金额
	违规使用或征收资金额		归还与规范违规使用或征收资金额
	未统筹使用资金额		统筹使用资金额
	骗取或虚列资金额		返还骗取或虚列资金额
项目建设和运营体系	项目无法或没有投入使用数量	项目建设和运营审计优化体系	加速项目使用数量
	项目未按规定招标数量		追究相关责任人数量
	项目建造中存在问题数量		解决项目建造中存在问题的数量
	项目未开工或进展缓慢的数量		推动项目进展的数量
政策落实体系	政策制定不合理数量	政策落实审计纠正体系	修订完善相关制度数量
	政策落实不到位数量		重新落实政策数量
	政策缺失或多余数量		制定或减少相应政策数量
体制机制运行体系	执行机制存在问题数量	体制机制审计完善体系	重新或加快执行工作数量
	决策机制存在问题数量		改善决策过程或制度数量
	监督机制存在问题数量		加强监督机制的数量
重大违纪违法体系	审计移交的人数	重大违纪违法审计查处体系	政府部门处理的人员
	审计移交的单位数		政府部门处理的单位
	审计移交的案件数		政府部门处理的案件

(五) 耦合度和耦合协调度检验方法

耦合度是用于描述两个及两个以上系统之间相互影响的程度，通过耦合度检验可以了解多个子系统间不同时间刻度或空间刻度下的趋势变化情况，即决定总系统由无序走向有序的趋势。在此基础上，添加协调指数以计算耦合协调度，用以评判各系统间的协调发展程度。精准扶贫政策实施效果和审计机关精准扶贫监督绩效不可能完全一致，但是两者间的耦合度却可能相同。这表明精准扶贫政策实施效果和审计机关精准扶贫监督绩效在不同的时间刻度下都可以达到较好的耦合度，换言之，不同的政策实施都有与之契合的审计监督绩效。然而，仅仅通过耦合度很难全面反映两者之间的整体情况与协调程度。我们在评价精准扶贫政策实施效果和审计机关精准扶贫监督绩效的过程中，不仅需要考虑两者在不同时间刻度下的耦合情况，还需要考虑在该时间刻度下的协调程度，以此来评价动态耦合程度。因此，本书构建"精准扶贫政策实施效果—审计机关精准扶贫监督绩效"系统的耦合度模型和耦合协调度模型。具体公式如下：

$$x_{ij} = \begin{cases} (X_{ij} - \beta_{ij})/(\alpha_{ij} - \beta_{ij}), x_{ij} \text{ 具有正向功效} \\ (\alpha_{ij} - X_{ij})/(\alpha_{ij} - \beta_{ij}), x_{ij} \text{ 具有逆向功效} \end{cases} \quad (6-1)$$

$$U_i = \sum_{j=1}^{n} \lambda_{ij} x_{ij}, \sum_{j=1}^{n} \lambda_{ij} = 1, i = 1,2 \quad (6-2)$$

$$C = 2 \times \sqrt{(U_1 \times U_2)/(U_1 + U_2)} \quad (6-3)$$

$$T = aU_1 + bU_2 \quad (6-4)$$

$$D = \sqrt{C \times T} \quad (6-5)$$

耦合度模型的建立首先要确定其功效函数。设 $X_{ij}(i = 1,2; j = 1,2,\cdots,n)$ 为第 i 子系统的第 j 指标数值，$i=1$ 表示精准扶贫政策实施效果系统，$i=2$ 表示审计机关精准扶贫监督绩效系统。α_{ij}、β_{ij} 是系统稳定界限的上限值、下限值，根据已有研究（曾繁清等，2017；丛晓男，2019），可分别以最大值和最小值确定系统稳定界限的上限值、下限值。根据公式（6-1）确定标准化的功效系数 x_{ij} 为变量 X_{ij} 对系统的功效贡献值，反映指标的整体满意程度，且 $x_{ij} \in [0,1]$，0 为最不满意，1 为最满意。其次，根据所计算得到的功效贡献值，依据物理学中的容量耦合概念及容量耦合系统模型，确定系统耦合值的范围为 $C = [0,1]$。设 U_1、U_2 分别代表精准扶贫政策实施效果和审计机关精准扶贫监督绩效的综合序参量，x_{ij}为序参量j对子系统i的功效，λ_{ij}为序参量对应的权重①，综合序参量通过公式（6-2）的线性加权求和法得到。参照曾繁清等（2017）的做法，综合序参量U_1、U_2与系统耦合度C的函数表达式可以设定为公式（6-3）。最后，为更好地反映精准扶贫政策实施效果和审计机关精准扶贫监督绩效的整体发展水平，则需通过计算其协调指数来求得相应的耦合协调度。如公式（6-4）和公式（6-5）所示，D为耦合协调度，C为耦合度，T为"精准扶贫政策实施效果—审计机关精准扶贫监督绩效"的综合协同指数。参考逯进等（2014）的做法，因a、b参数分别代表精准扶贫政策实施效果和审计机关精准扶贫监督绩效，且这两个子系统在整个系统中的重要程度相等，因而取$a=b=0.5$，并确定$T\in(0,1)$，以保证$D\in(0,1)$。

（六）耦合度和耦合协调度检验结果

本书基于审计署2015—2019年政策跟踪审计报告中的精准扶贫数据，利用上述公式，得到国家治理视角下的精准扶贫政策跟踪审计评价指标体系耦合度分析表（见表6-10）。具体而言，2015—2019年，耦合度先下降后上升再下降，其中2016—2017年的增长幅度最高，特别是2017年达到5年内的最高值，为0.998。此后，出现了一定幅度的下降，但整体趋于平稳。参考魏金义等（2015）的耦合阶段判别标准（见表6-11），双向评价指标体系的耦合度均大于0.800，均达到高水平耦合阶段。在协调指数方面，2015—2019年，协调指数先下降后上升，但其下降幅度和上升幅度均较小，基本保持在一定区间内浮动变化。其中，2017年的协调指数为所选年度最低，为0.434；2015年的协调指数为所选年度最高，为0.604。在耦合协调度方面，代入前述所得的耦合度和协调指数，求得每一年份的耦合协调度。根据魏金义等（2015）的研究，当耦合协调度>0.500，即为协调，协调程度随数值的扩大而趋于协调。2015—2019年，耦合协调度出现略微下降，但整体上趋于平稳。其中，2015年的耦合协调度最高，达到0.773；2019年的耦合协调度最低，为0.617。总体而言，本书所选对象在不同时间刻度下的耦合协调度均大于0.500，达到协调。

---

① 文中国家治理视角下的精准扶贫政策跟踪审计评价指标体系中包含的双子系统之间的无明显优劣或重要性差距，则该部分序参量权重设置相同。

表 6-10　国家治理视角下的精准扶贫政策跟踪审计评价指标体系耦合度分析

年份	耦合度 C 值	协调指数 T 值	耦合协调度 D 值	情况	耦合协调程度
2015	0.989	0.604	0.773	>0.500	协调
2016	0.927	0.555	0.717	>0.500	协调
2017	0.998	0.434	0.658	>0.500	协调
2018	0.978	0.438	0.654	>0.500	协调
2019	0.816	0.467	0.617	>0.500	协调

表 6-11　耦合阶段与判别标准

耦合阶段	低水平耦合阶段	颉颃阶段	磨合阶段	高水平耦合阶段
耦合度值	(0.000, 0.300]	(0.300, 0.500]	(0.500, 0.800]	(0.800, 1.000]

可见，根据耦合度和耦合协调度检验结果，精准扶贫政策实施效果和审计机关精准扶贫监督绩效这双子系统间存在较强的耦合关系，即精准扶贫政策实施效果与审计机关精准扶贫监督绩效间存在相互反馈、相互调节的情况，审计机关精准扶贫监督绩效体系可帮助监督精准扶贫政策实施效果。同样，精准扶贫政策实施效果体系也能反映审计机关的精准监督绩效，继而通过交互变化呈现协调有序发展。

二、国家治理视角下精准扶贫政策跟踪审计评价指标权重确定

（一）理论分析

目前，关于精准扶贫政策跟踪审计评价方法的文章多采用层次分析法（AHP 法），如李静等（2019）借助 AHP 法，从压力、状态、响应三个方面选取具体指标构建扶贫审计评价体系；刘博等（2019）利用 AHP 法，从精准识别、精准施策、精准帮扶和精准脱贫四维视角构建精准扶贫绩效审计评价指标体系。传统 AHP 法由 Staay（1980）提出，在面临复杂问题从定性到定量转变的过程中起到了巨大作用，是一种完整、系统的决策与分析方法。但李德清等（2004）提出，虽然 AHP 法能使变量在各个领域中多次变通与迭代后得到最终评估分数，为社会与经济的发展作出了巨大贡献，但是层次分析法依然存在因素权重固定，进而无法应对复杂系统中因要素相互作用而使相对排序混乱的情况。AHP 法不够完善的主要原因在于，无法处理准则与指标间

可能存在的动态问题。例如，审计机关只要能够在检查中发现更多的问题，就可以得到较好的评价得分。但存在可能"屡审屡犯"问题，即审计机关没有关注发现问题指标与整改指标间存在的动态关系，使其真实效益较低，最终导致审计人员不重视整改，只关注梳理查出的问题；或者，上级机关无法了解审计机关的真实效益，致使审计工作质量无法得到有效监督。

与此不同，变权层次分析法能够解决传统 AHP 法存在的准则与指标间的动态联系问题。该方法引入传统的变权理论思想，能够有效地解决传统层次分析法的固定权重问题，即在专家确定权重的基础上，利用真实数据修正专家给予的权重，使变权后的权重与真实结果更加接近。变权层次分析法的核心内容在于：因素状态值的变化会引起因素本身权重的变化，从而适应不同决策对响应因素的要求（李洪兴，1995）。该方法可以解决审计机关忽略整改问题的情况，即利用整改真实值矫正评价结果。变权层次分析法包括激励型变权、惩罚型变权和混合型变权。其中，激励型变权侧重对关键因素的激励，其对高水平单因素状态值的增加较为敏感，对低水平单因素状态值的减少反应迟钝；惩罚型变权则相反，其更注重因素之间的均衡性，因此，对低水平单因素状态值的减少更为敏感，对高水平单因素状态值的增加反应迟钝；混合型变权兼具激励型变权和惩罚型变权的特征，在一定水平上对评价因素进行激励，低于一定水平则进行惩罚。

（二）变权层次分析模型

本书参考温素彬（2010）、黄溶冰（2013）的研究，运用层次变权综合评价法对精准扶贫政策跟踪审计实施效果进行测度与评价。其基本原理为，评价因素的权重会根据其状态值的变化而发生变化，使权重能更好地体现因素在决策中的作用（李德清等，2004）。具体而言，可以根据实际需要对某些因素进行"惩罚"或"激励"，同时也可以在因素之间进行均衡性处理。主要步骤如下。

1. 评价指标的标准化处理

在获取原始数据后，根据公式（6-5）和公式（6-7）对原始指标进行标准化处理，得到评价指标的因素状态值 x_{ij}，具体公式如下：

极大型指标：

$$x_{ij} = \frac{u_{ij}}{u_{j\max}} \qquad (6-6)$$

极小型指标：

$$x_{ij} = \frac{u_{j\min}}{u_{ij}} \qquad (6-7)$$

u_{ij} 是尚未进行数据处理之前的数据，而 x_{ij} 则是处理完成后的数据。

2. 确定常权向量

针对指标层指标，利用层次分析法确定其权重，即通过向相关专家和学者发放调查问卷的方式得到指标层各项指标的常权向量。针对准则层指标，按照等权原则确定准则层的权重。我们将指标层的常权向量记为 $W_i = (w_{i1}, w_{i2}, \cdots, w_{ij}), (i = 1,2,\cdots,n; j = 1,2,\cdots,m)$，准则层的常权向量记为 $D = (d_1, d_2, d_3, d_4, d_5)$。

3. 确定状态变权向量和变权向量

根据表6-2，精准扶贫政策实施效果评价指标体系分为准则层和指标层两个层次。将指标层指标的因素状态值定义为 $x_{ij}(i = 1,2,\cdots,n; j = 1,2,\cdots,m)$，因素状态向量定义为 $X_i = (x_{i1},x_{i2},\cdots,x_{ij})$；准则层指标的评价值定义为 $y_i(i = 1,2,3,4,5)$，因素状态向量定义为 $Y = (y_1,y_2,y_3,y_4,y_5)$。

第一，对于相同准则层下的各指标层指标，一旦出现指标值之间具有较大差异的情况，说明各因素状态值的均衡性较差，代表精准扶贫工作存在一定缺陷。因此，我们选用惩罚型状态变权向量修正这一结果。

指标层的状态变权向量 $S_i(X)$ 可表示为[①]：

$$S_{ij}(x_i) = e^{-\delta(x_{ij} - \overline{x_i})} \qquad (6-8)$$

指标层的变权向量 $W_i(X)$ 可表示为：

$$W_i(X) = \frac{[w_{i1}S_{i1}(x_i),\cdots,w_{im}S_{im}(x_i)]}{\sum_{j=1}^{m} w_{ij}S_{ij}(x_i)} \qquad (6-9)$$

第二，对于准则层我们也应当对其进行变权处理，但是准则层的处理原则与指标层存在一定差异。针对精准扶贫政策实施效果评价指标体系（资金使用体系 y_1；项目建设和运营体系 y_2；政策落实体系 y_3；体制机制运行体系 y_4；重大违纪违法体系 y_5），我们采用局部的惩罚型状态变权向量，一旦 y_1、y_2、y_3、y_4、y_5 低于一定水平时，给予惩罚；反之，当 y_1、y_2、y_3、y_4、y_5 处

---

① 公式（6-8）中的 δ 为大于0的参数，代表对指标层之间不均衡性的惩罚力度，称为"惩罚水平"。公式（6-10）和公式（6-11）中的 a 为"惩罚水平"，公式（6-11）中的 b 为"激励水平"。

于中间水平时，既不惩罚也不激励。

$$S(y_i) = \begin{cases} e^{-(a-y_i)} & y_i < a \\ 1 & y_i \geq a \end{cases} \quad i = 1,2,\cdots,5 \qquad (6-10)$$

精准扶贫政策实施效果准则层的变权向量 $W(Y)$ 可表示为：

$$W(Y) = \frac{[d_1 S(y_1), \cdots, d_5 S(y_5)]}{\sum_{i=1}^{3} d_i S_i(y)} \qquad (6-11)$$

计算得出精准扶贫政策实施效果指标层和准则层的变权向量，分别记为 $W_i(X) = [W_{i1}(X), \cdots, W_{ij}(X)]$，$W(Y) = [W_1(Y), W_2(Y), W_3(Y), W_4(Y), W_5(Y)]$。

针对审计机关精准扶贫监督绩效评价指标体系（资金使用审计规范体系 f_1；项目建设和运营审计优化体系 f_2；政策落实审计纠正体系 f_3；体制机制审计完善体系 f_4；重大违纪违法审计查处体系 f_5），建立混合型状态变权向量：若 f_1、f_2、f_3、f_4、f_5 低于一定水平，证明精准扶贫工作不到位，给予惩罚；若 f_1、f_2、f_3、f_4、f_5 高于一定水平，证明精准扶贫工作完成情况较好，给予激励；当 f_1、f_2、f_3、f_4、f_5 处于中间水平时，表明精准扶贫工作达到基本要求，既不惩罚也不激励。

$$S(f_i) = \begin{cases} e^{-(a-f_i)} & f_i < a \\ 1 & a \leq f_i < b \\ e^{(f_i-b)} & f_i \geq b \end{cases} \quad i = 1,2,\cdots,5 \qquad (6-12)$$

针对审计机关精准扶贫监督绩效评价体系指标层与准则层的变权向量 $W(Y)$ 可表示为：

$$W(Y) = \frac{[d_1 S(y_1), \cdots, d_3 S(y_5)]}{\sum_{i=1}^{3} d_i S_i(y)} \qquad (6-13)$$

计算得出审计机关精准扶贫监督绩效评价指标体系指标层和准则层的变权向量，分别记为 $W_i(X) = [W_{i1}(X), \cdots, W_{ij}(X)]$，$W(Y) = [W_1(Y), W_2(Y), W_3(Y), W_4(Y), W_5(Y)]$。

4. 综合评价得分

根据因素状态向量 X_i 以及常权向量 W_i，D，计算常权综合得分 z，具体公式如下：

$$y_i = \sum_{j=1}^{m} (x_{ij} \times W_i) \quad i = 1,2,3,4,5 \qquad (6-14)$$

$$z = \sum_{i=1}^{3}(y_i \times D) \qquad (6-15)$$

首先，根据因素状态向量 X_i 和指标层的变权向量 $W_i(X)$ 可以计算得出因素状态向量 $Y = (y_1, y_2, y_3, y_4, y_5)$；其次，根据因素状态向量 Y 和准则层的变权向量 $W(Y)$ 计算得出变权综合得分 z。具体公式如下：

$$y_i = \sum_{j=1}^{m}[x_{ij} \times W_{ij}(X)] \quad i = 1,2,3,4,5 \qquad (6-16)$$

$$z = \sum_{i=1}^{3}[y_i \times W_i(Y)] \qquad (6-17)$$

（三）信度检验

信度是指对同一事物或样本进行重复测量，检验所得结果的一致性程度，以此反映测量工具的稳定性、可靠性和被测特征真实程度的指标。一般多以内部一致性来表示所测对象信度的高低。本书基于上述筛选的指标构建相应的问卷，通过对精准扶贫审计有所研究的高校学者、审计机关审计人员等35名专家、学者发放调查问卷，得到各指标之间的重要性比较结果。所选专家是研究政策跟踪审计、扶贫审计的教授、学者，审计机关人员是曾经参与过精准扶贫审计的主审，具有很强的代表性。根据所获取的结果形成判断矩阵，并采用和积法进行计算，即先将样本元素按列进行归一化处理，再将归一化后的矩阵同行相加，最后对所相加向量除以样本数得到权重向量。

同时，通过前述所计算的权重向量和列示的矩阵，对每份问卷调查结果形成的判断矩阵是否具有一致性进行检验，具体公式如下所示：

$$C.I. = \frac{\lambda_{MAX} - n}{n - 1} \qquad (6-18)$$

$$C.R. = \frac{C.I.}{R.I.} \qquad (6-19)$$

其中，λ_{MAX} 是判断矩阵的最大特征值，$R.I.$ 为随机一致性指标。将判断矩阵的最大特征值与样本量计算可得 $C.I.$，再根据表 6-12 所示的随机一致性指标参考标准计算相应的 $C.R.$。$C.R. < 0.1000$ 可以认为调查结果是满意的，符合一致性检验，可通过信度检验。

本书对收回的每一份调查问卷进行成对比较和一致性检验，各层次所确定的指标权重均需通过一致性检验，若存在问卷无法通过一致性检验的情况，

表6-12　　　　　　　　　　随机一致性

样本数	2	3	4	5	6	7
随机一致性（$R.I.$）	0.0000	0.5189	0.8638	1.0959	1.2550	1.3390

将会与填写该份问卷的专家进行沟通，反映其中存在的问题并就问题达成一致后再重新填写问卷。在全部问卷确认无误并检验通过的基础上，将每份问卷得到的结果进行算数平均处理，对处理后的各项结果也需进行一致性检验。检验通过后可用于后面的常权得分即变权得分计算。

表6-13是汇总平均后的国家治理视角下的精准扶贫政策跟踪审计评价指标体系信度分析结果。由表6-13可知，精准扶贫政策实施效果评价指标体系和审计机关精准扶贫监督绩效评价指标体系中的各准则层均通过了一致性检验（$C.R.<0.1$）。在精准扶贫政策实施效果评价指标体系中，重大违纪违法体系的$C.R.$最低，为0.0001；政策落实体系的$C.R.$较低，为0.0008；体制机制运行体系和项目建设和运营体系的$C.R.$稍高，分别为0.0022和0.0294；资金使用体系的$C.R.$最高，为0.0344。而在审计机关精准扶贫监督绩效评价指标体系中，体制机制审计完善体系的$C.R.$最低，为0.0013；政策落实审计纠正体系的$C.R.$稍低，为0.0020；项目建设和运营审计优化体系与重大违纪违法审计查处体系的$C.R.$较高，分别为0.0056和0.0179；资金使用审计规范体系的$C.R.$最高，为0.0619。每名专家的一致性检验如附录二所示，$C.R.<0.1$，通过了一致性检验。

表6-13　　国家治理视角下的精准扶贫政策跟踪审计评价指标体系信度分析

精准扶贫政策实施效果评价指标体系					
准则层	资金使用体系	项目建设和运营体系	政策落实体系	体制机制运行体系	重大违纪违法体系
$C.I.$	0.0296	0.0253	0.0004	0.0012	0.0000
$C.R.$	0.0344	0.0294	0.0008	0.0022	0.0001
审计机关精准扶贫监督绩效评价指标体系					
准则层	资金使用审计规范体系	项目建设和运营审计优化体系	政策落实审计纠正体系	体制机制审计完善体系	重大违纪违法审计查处体系
$C.I.$	0.0535	0.0048	0.0011	0.0007	0.0093
$C.R.$	0.0619	0.0056	0.0020	0.0013	0.0179

(四) 常权分析和变权分析

1. 常权分析

(1) 精准扶贫政策实施效果评价指标体系。如表6-14所示，在精准扶贫政策实施效果评价指标体系中，经专家协商达成一致意见，即资金使用体系、项目建设和运营体系、政策落实体系、体制机制运行体系、重大违纪违法体系等都同等重要，应当赋予相同的权重，即0.2000。

表6-14 国家治理视角下的精准扶贫政策跟踪审计评价指标体系常权结果

精准扶贫政策实施效果评价指标体系				审计机关精准扶贫监督绩效评价指标体系			
准则层	权重	指标层	权重	准则层	权重	指标层	权重
资金使用体系	0.2000	资金闲置金额	0.2538	资金使用审计规范体系	0.2000	盘活资金额	0.2882
		违规使用或征收资金额	0.4965			归还与规范违规使用或征收资金额	0.4413
		未统筹使用资金额	0.1157			统筹使用资金额	0.1172
		骗取或虚列资金额	0.1340			返还骗取或虚列资金额	0.1533
项目建设和运营体系	0.2000	项目无法或没有投入使用数量	0.3913	项目建设和运营审计优化体系	0.2000	加速项目使用数量	0.3705
		项目未按规定招标数量	0.0673			追究相关责任人数量	0.0666
		项目建造中存在问题数量	0.1584			解决项目建造中存在问题的数量	0.1456
		项目未开工或进展缓慢的数量	0.3830			推动项目进展的数量	0.4173
政策落实体系	0.2000	政策制定不合理数量	0.2893	政策落实审计纠正体系	0.2000	修订完善相关制度数量	0.2546
		政策落实不到位数量	0.2812			重新落实政策数量	0.3266
		政策缺失或多余数量	0.4295			制定或减少相应政策数量	0.4188
体制机制运行体系	0.2000	执行机制存在问题数量	0.2637	体制机制审计完善体系	0.2000	重新或加快执行工作数量	0.2751
		决策机制存在问题数量	0.2621			改善决策过程或制度数量	0.2763
		监督机制存在问题数量	0.4742			加强监督机制的数量	0.4486
重大违纪违法体系	0.2000	审计移交的人数	0.3045	重大违纪违法审计查处体系	0.2000	政府部门处理的人员	0.3432
		审计移交的单位数	0.3886			政府部门处理的单位	0.3507
		审计移交的案件数	0.3069			政府部门处理的案件	0.3061

在资金使用体系中，违规使用或征收资金额的权重最高，为 0.4965，这是因为资金发生最多的问题是违规使用或征收资金，许多被审计单位存在违规使用资金的情况，这将使资金不能真正用于项目，进而对政策实施效果产生影响。资金闲置金额的权重次之，为 0.2538，因为 2015—2019 年均存在资金闲置问题，其覆盖的年份较广，诸多单位每年均存在没有较好地利用财政拨款资金的现象，该问题属于屡审屡犯问题，因此赋予权重稍高。未统筹使用资金额和骗取或虚列资金额的权重稍低，分别为 0.1157 和 0.1340，这是因为该项指标的权重相对低于前述两项指标。

在项目建设和运营体系中，项目无法或没有投入使用数量与项目未开工或进展缓慢的数量的权重分列第一和第二，分别为 0.3913 和 0.3830，因为项目建设运营发生最多的问题是项目无法或没有投入使用，诸多被审计单位存在项目无法或没有投入使用的情况，这将导致资金的浪费，影响项目真正发挥作用；而项目未开工或进展缓慢发生的数量也较多，且覆盖的年份较广，一些单位没有较好地推动项目建设，对项目建设不利。项目建造中存在问题数量的权重，为 0.1584，这是因为虽然项目建造中未按设计施工、偷工减料、多支付工程款等问题时有发生，但影响程度低于项目无法或没有投入使用数量与项目未开工或进展缓慢的数量，因而权重分配次之；项目未按规定招标数量的权重最低，为 0.0673，这是因为该情况发生的概率低于上述三个问题，因而赋予的权重较低。

在政策落实体系中，政策缺失或多余数量的权重最高，为 0.4295。缺失政策是指本应出台措施但未按规定出台措施，继而直接影响政策实施效果，即执行单位无政策可以依赖，就会滥用资金，且会产生腐败现象；政策多余是指出台了新的政策，而未取消老政策，使责任人在执行中容易依赖老的政策实施行为，容易发生舞弊与腐败。因为这两种情况导致的后果非常严重，会影响政策实施效果，因而赋予的权重最高。政策制定不合理数量与政策落实不到位数量的权重稍低，分别为 0.2893 和 0.2812，因为，这两者重要程度相近，制度设置不合理或未有效落实政策等现象，只会影响部分执行过程，因而赋予的权重低于政策缺失或多余数量。

在体制机制运行体系中，监督机制存在问题数量的权重最高，为 0.4742，因为一些被审计单位一旦审核把关不严、监督不力，则较容易导致舞弊与腐败的滋生，产生的不利影响较大，因而赋予最高权重。执行机制存在问题数量和决策机制存在问题数量的权重相近，分别为 0.2637 和 0.2621。执行机制存在问题会导致资金闲置、存量资金盘活不到位、违规使用或套取资金、项目资金拨付慢、财政资金审批时间过长、审批事项下放不到位等情况，进而逐渐影响政策实施效果；决策机制存在问题会导致政府的决策过程、决策规划等未按程序进行，进而延缓或影响项目建造和资金使用的进程。

在重大违纪违法体系中，审计移交的人数、审计移交的单位数、审计移交的案件数的权重相近，分别为 0.3045、0.3886 和 0.3069。因为，审计移交是审计机关将在审计中发现的违法违纪人员、单位、案件、涉案资金移交纪检、检查、监察等机关，这些指标均涉及违法犯罪行为，因而较为重要，其中移交单位的难度略高于其他两项指标，因此其权重略高于其他两项指标。

（2）审计机关精准扶贫监督绩效评价指标体系。如表 6-14 所示，在审计机关精准扶贫监督绩效评价指标体系中，经专家协商达成一致意见，即资金使用审计规范体系、项目建设和运营审计优化体系、政策落实审计纠正体系、体制机制审计完善体系、重大违纪违法审计查处体系等都同等重要，应当赋予相同的权重，即 0.2000。

在资金使用审计规范体系中，归还与规范违规使用或征收资金额的权重最高，为 0.4413，因为违规使用或征收资金的问题最多，而归还与规范违规使用或征收资金是针对违规使用或征收资金的整改措施，如果该整改措施实施恰当，将会使违规使用资金的个人或单位还回资金，进而降低资金损失，因此，专家赋予此指标的权重最高。盘活资金额的权重次之，为 0.2882，因为盘活资金是针对资金闲置的整改措施，该措施的目标是激活闲置资金。资金闲置属于屡审屡犯现象，其整改措施应赋予次高权重。统筹使用资金额和返还骗取或虚列资金额的权重稍低，分别为 0.1172 和 0.1533，其中统筹使用资金额是针对未统筹使用资金额的整改措施，而返还骗取或虚列资金额是骗取或虚列资金额的整改措施，未统筹使用资金额和骗取或虚列资金额的权重相对低于前述两项问题，因而赋予其整改措施的权重也不高。

在项目建设和运营审计优化体系中，推动项目进展的数量的权重最高，为 0.4173，因为，推动项目进展是审计针对项目未开工或进展缓慢提出的整改措施，该措施的目标是采取加速资金周转与项目建造等方法推动项目进行。项目建设进展缓慢是项目建设中的主要问题，推动项目进展能够有效解决这一问题，因而赋予权重最高。加速项目使用数量的权重次之，为 0.3705。加速项目使用是审计针对项目无法或没有投入使用提出的整改措施,因为该措施能够解决已建设项目无法使用的问题,使项目尽快产生经济效益,因而给予较高的权重。解决项目建造中存在问题的数量的权重为0.1456,解决项目建造中存在问题是审计针对项目建造中存在问题提出的整改措施,因为项目建造中存在问题的数量的权重低于项目未开工或进展缓慢的数量和项目无法或没有投入使用数量的权重,因此其整改措施的权重低于这两项问题整改措施的权重。追究相关责任人数量的权重最低,为0.0666。追究相关责任人是审计针对项目未按规定招标提出的整改措施,但未按规定招标发生的概率较低,因而专家赋予该措施的权重较低。

在政策落实审计纠正体系中,制定或减少相应政策数量的权重最高,为0.4188。制定或减少相应政策是审计针对政策缺失或多余提出的整改措施,该措施的目标是有针对性地弥补政策缺失或多余的缺陷。因为,缺失政策或政策多余导致的后果非常严重,其整改措施能有效弥补该缺陷,因而赋予最高权重。重新落实政策数量的权重次之,为0.3266。重新落实政策是审计针对政策落实不到位提出的整改措施,该措施的目标是对落实不到位的政策实施再次落实。因为,政策落实不到位是存在合理政策但未执行到位,但政策缺失或多余是政策制定存在问题,政策制定问题严重程度高于政策执行问题。而修订完善相关制度数量是审计针对政策制定不合理的整改措施,该措施的目标是对不合理政策进行完善。因为,政策制定不合理是指有政策,但政策随着扶贫深入而未进行适应性变化,继而影响部分政策执行效果,且修订完善相关制度所耗费的成本略低于重新落实政策,难度也相对较低,赋予其的权重略低于重新落实政策,因而修订完善相关制度数量的权重最低,为0.2546。

在体制机制审计完善体系中,加强监督机制的数量的权重最高,为0.4486。加强监督机制是审计针对监督机制存在问题提出的整改措施,该措施目标是利用监督机制控制可能发生的风险,因为,监督机制存在问题的数量较高,较容易导致舞弊与腐败,因而对其整改措施赋予最高权重。重新或加快执行工作数量和改善决策过程或制度数量的权重相近,分别为0.2751和0.2763,其中,重新或加快执行工作是审计针对执行机制存在问题提出的整改措施,该措施目标是采取更快、更优的扶贫行动以提升绩效;改善决策过程或制度是审计针对决策机制存在问题提出的整改措施,该措施目标是通过完善决策过程来提升扶贫效益。上述两项问题导致舞弊的概率相近，但都低于监督机制问题，因而赋予的权重较为接近。

在重大违纪违法审计查处体系中，政府部门处理的单位的权重最高，为 0.3507，因为，对司法机关与纪委来说，处理处罚单位的难度较大，因此赋予权重最大。政府部门处理的人员的权重次之，为 0.3432，因为，在单个案件中大多涉及多个人员，对于司法机关与纪委来说，对其进行处理处罚的难度略大，因此赋予权重较大。政府部门处理的案件的权重最低，为 0.3061。

2. 变权分析

为了防止不考虑基数带来与事实不符的情况，我们采用各指标的增长率作为评价指标，具体算法为（后一年指标 - 前一年指标）/前一年指标。由于原始数据范围为 2015—2019 年，经计算后，指标数据范围为 2016—2019 年。而变权是在常权基础上用真实数据修正而来，因此变权指标数据的范围为 2016—2019 年。

（1）精准扶贫政策实施效果变权权重如表 6 - 15 所示。

表 6 - 15　　　　　　精准扶贫政策实施效果变权权重

准则层	2016 年	2017 年	2018 年	2019 年	指标层	2016 年	2017 年	2018 年	2019 年
资金使用体系	0.1870	0.2061	0.2000	0.2000	资金闲置金额	0.3675	0.1071	0.2612	0.2218
					违规使用或征收资金额	0.1720	0.8305	0.4672	0.5002
					未统筹使用资金额	0.2023	0.0274	0.1459	0.1221
					骗取或虚列资金额	0.2582	0.0350	0.1257	0.1559
项目建设和运营体系	0.2086	0.2040	0.2000	0.2000	项目无法或没有投入使用数量	0.7089	0.1118	0.3800	0.3784
					项目未按规定招标数量	0.1339	0.0161	0.0719	0.0642
					项目建造中存在问题数量	0.0433	0.2709	0.1702	0.1530
					项目未开工或进展缓慢的数量	0.1139	0.6012	0.3779	0.4044
政策落实体系	0.2034	0.2263	0.2000	0.2000	政策制定不合理数量	0.0992	0.7299	0.1019	0.3195
					政策落实不到位数量	0.5531	0.1589	0.0747	0.3207
					政策缺失或多余数量	0.3477	0.1112	0.8234	0.3598
体制机制运行体系	0.1924	0.2263	0.2000	0.2000	执行机制存在问题数量	0.0962	0.1517	0.2035	0.6154
					决策机制存在问题数量	0.0634	0.6584	0.2777	0.1538
					监督机制存在问题数量	0.8404	0.1899	0.5188	0.2308

续表

准则层	2016年	2017年	2018年	2019年	指标层	2016年	2017年	2018年	2019年
重大违纪违法体系	0.2086	0.1373	0.2000	0.2000	审计移交的人数	0.3307	0.3307	0.2773	0.2814
					审计移交的单位数	0.3629	0.3629	0.4163	0.4128
					审计移交的案件数	0.3064	0.3064	0.3064	0.3058

在资金使用体系中，准则层的常权权重为0.2000，2016—2019年的变权权重分别为0.1870、0.2061、0.2000和0.2000，这表明准则层权重在2016—2017年根据真实数据发生了变化。在指标层，2017—2019年的变权权重中违规使用或征收资金额的权重最高，分别为0.8305、0.4672和0.5002，而该指标的常权权重也是最高的，为0.4965。资金闲置金额的变权权重除2016年最高外，其余年份排名次之，其排序与常权权重一致，2016—2019年分别为0.3675、0.1071、0.2612和0.2218。资金闲置金额的常权权重为0.2538，这表明各年度的变权权重根据真实值发生了变化。未统筹使用资金额和骗取或虚列资金额的变权权重整体相近。其中，未统筹使用资金额2016—2019年的变权权重分别为0.2023、0.0274、0.1459和0.1221，而骗取或虚列资金额2016—2019年的变权权重分别为0.2582、0.0350、0.1257和0.1559。

在项目建设和运营体系中，准则层的常权权重为0.2000，2016—2019年的变权权重分别为0.2086、0.2040、0.2000和0.2000，表明准则层权重在2016—2017年根据真实数据发生了变化。在指标层，2017年和2019年的变权权重中项目未开工或进展缓慢的数量最高，分别为0.6012和0.4004；2016年和2018年的变权权重中项目无法或没有投入使用数量最高，分别为0.7089和0.3800。这两个指标的常权权重也是分列第一和第二，分别为0.3913和0.3830，这表明项目未开工或进展缓慢的数量与项目无法或没有投入使用数量这两个指标最为重要。项目未按规定招标数量和项目建造中存在问题数量的变权权重整体上相对低于前两项指标。其中，项目未按规定招标数量2016—2019年的变权权重分别为0.1339、0.0161、0.0719和0.0642，而项目建造中存在问题数量2016—2019年的变权权重分别为0.0433、0.2709、0.1702和0.1530。

在政策落实体系中，准则层的常权权重为0.2000，2016—2019年的变权权重分别为0.2034、0.2263、0.2000和0.2000，这表明准则层权重在2016—2017年根据真实数据发生了变化。在指标层，2018年和2019年的变权权重中政策缺失或多余数量最高,分别为0.8234和0.3598,与常权权重排名一致。而2016年政策落实不到位数量的变权权重最高,为0.5531,2017年政策制定不合理数量的变权权重最高,为0.7299,说明2016年政策落实不到位数量的真实数据使指标权重发生较大变化,而2017年政策制定不合理数量的真实数据使指标权重发生较大变化。除2018年的指标变权权重排名与常权权重一致以外,其余3年的变权权重排名均与常权权重排名存在不同程度的差异,说明在政策落实体系中,真实数据对指标权重的影响程度较大。

在体制机制运行体系中,准则层的常权权重为0.2000,2016—2019年的变权权重分别为0.1924、0.2263、0.2000和0.2000,这表明准则层权重在2016—2017年根据真实数据发生了变化。在指标层,2016年和2018年的变权权重中监督机制存在问题数量最高,分别为0.8404和0.5188,与常权权重排名一致。2017年的变权权重中决策机制存在问题数量最高,为0.6584,而2019年的变权权重中执行机制存在问题数量最高,为0.6154,与常权权重排名有所区别,表明指标权重会根据真实数据有所变化。

在重大违纪违法体系中,准则层的常权权重为0.2000,2016—2019年的变权权重分别为0.2086、0.1373、0.2000和0.2000,这表明准则层权重在2016—2017年根据真实数据发生了变化。在指标层,2016—2019年的变权权重中审计移交的单位数最高,分别为0.3629、0.3629、0.4163和0.4128,与常权权重排名一致。但总体而言,审计移交的人数、审计移交的单位数、审计移交的案件数的变权权重较为接近,这表明这些指标的重要程度总体差异不大。

(2)审计机关精准扶贫监督绩效变权权重如表6-16所示。

在资金使用审计规范体系中,准则层的常权权重为0.2000,2016—2019

表6-16　　　　　审计机关精准扶贫监督绩效变权权重

准则层	2016年	2017年	2018年	2019年	指标层	2016年	2017年	2018年	2019年
资金使用审计规范体系	0.1924	0.2070	0.1760	0.2652	盘活资金额	0.3639	0.3562	0.3149	0.0586
					归还与规范违规使用或征收资金额	0.5573	0.0738	0.4882	0.6627
					统筹使用资金额	0.0200	0.1449	0.1281	0.1760
					返还骗取或虚列资金额	0.0588	0.4251	0.0748	0.1027

续表

准则层	2016年	2017年	2018年	2019年	指标层	2016年	2017年	2018年	2019年
项目建设和运营审计优化体系	0.1473	0.2195	0.1897	0.1332	加速项目使用数量	0.3447	0.7938	0.0889	0.3446
					追究相关责任人数量	0.0583	0.0201	0.1229	0.0608
					解决项目建造中存在问题的数量	0.2072	0.0646	0.0770	0.1940
					推动项目进展的数量	0.3898	0.1215	0.7112	0.4006
政策落实审计纠正体系	0.1935	0.2195	0.2155	0.2487	修订完善相关制度数量	0.0352	0.5942	0.3090	0.2620
					重新落实政策数量	0.5017	0.2358	0.0807	0.4800
					制定或减少相应政策数量	0.4631	0.1700	0.6103	0.2580
体制机制审计完善体系	0.2956	0.1345	0.1601	0.1757	重新或加快执行工作数量	0.2706	0.2725	0.2864	0.2706
					改善决策过程或制度数量	0.2878	0.2785	0.2521	0.2878
					加强监督机制的数量	0.4416	0.4490	0.4615	0.4416
重大违纪违法审计查处体系	0.1711	0.2195	0.2588	0.1772	政府部门处理的人员	0.3951	0.1012	0.5848	0.3203
					政府部门处理的单位	0.1747	0.7615	0.1960	0.3131
					政府部门处理的案件	0.4302	0.1373	0.2192	0.3666

年的变权权重分别为 0.1924、0.2070、0.1760 和 0.2652，这表明准则层权重根据真实数据发生了变化。在指标层，2016 年、2018 年和 2019 年的变权权重中归还与规范违规使用资金额的权重最高，分别为 0.5573、0.4882 和 0.6627，与其常权权重排名一致，而 2018 年的变权权重中返还骗取或虚列资金额最高，为 0.0748，这表明各年度的变权权重根据真实值发生了变化。统筹使用资金额在 2016 年的变权权重中排名最低，为 0.0200，归还与规范违规使用或征收资金额在 2017 年的变权权重中排名最低，为 0.0738，而返还骗取或虚列资金额在 2018 年和 2019 年的变权权重中排名最低，分别为 0.0748 和 0.1027，表明变权权重排名与常权权重排名存在一定区别。

在项目建设和运营审计优化体系中，准则层的常权权重为 0.2000，2016—2019 年的变权权重分别为 0.1473、0.2195、0.1897 和 0.1332，这表明准则层权重根据真实数据发生了变化。在指标层，2016 年和 2019 年的变权权重中推动项目进展的数量和加速项目使用数量分列第一和第二，与常权权重排名一致，而在 2017 年中，加速项目使用数量和推动项目进展的数量的变权权重分列第一和第二，在 2018 年中，推动项目进展的数量和追究相关责任数量的变权权重分列第一和第二，这表明各年度的变权权重根据真实值发生了变化。除 2018 年外，其余 3 年追究相关责任人数量的变权权重均为最低，说明总体上符合常权权重打分中该指标重要性较低的说法。

在政策落实审计纠正体系中，准则层的常权权重为 0.2000，2016—2019 年的变权权重分别为 0.1935、0.2195、0.2155 和 0.2487，这表明准则层权重根据真实数据发生了变化。指标层中，2018 年的变权权重中制定或减少相应政策数量最高，为 0.6103，与常权权重排名一致，而在 2016 年和 2019 年中，重新落实政策数量的变权权重最高，分别为 0.5017 和 0.4800，在 2017 年中，修订完善相关制度数量的变权权重最高，为 0.5942，这表明各年度的变权权重根据真实值发生了变化。经过变权处理后，2016—2019 年的变权权重指标排序均与常权权重的指标排序有所区别。

在体制机制审计完善体系中，准则层的常权权重为 0.2000，2016—2019 年的变权权重分别为 0.2956、0.1345、0.1601 和 0.1757，这表明准则层权重根据真实数据发生了变化。指标层中，2016—2019 年的变权权重中加强监督机制的数量最高，分别为 0.4416、0.4490、0.4615 和 0.4416，且加强监督机制的数量的常权权重也最高，为 0.4486，两者一致。总体而言，重新或加快执行工作数量和改善决策过程或制度数量的变权权重相差不大，符合常权权重打分中上述两项指标重要性差距不大的说法。

在重大违纪违法审计查处体系中，准则层的常权权重为 0.2000。2016—2019 年的变权权重分别为 0.1711、0.2195、0.2588 和 0.1772，这表明准则层权重根据真实数据发生了变化。指标层中，2017 年的变权权重中政府部门处理的单位最高，为 0.7615，与常权权重的排名一致，而在 2016 年和 2019 年中，政府部门处理的案件最高，分别为 0.4302 和 0.3666，在 2018 年，政府部门处理的人员最高，为 0.5848。2016—2018 年，政府部门处理的人员、政府部门处理的单位和政府部门处理的案件的变权权重相差变大，而在 2019 年中，政府部门处理的人员、政府部门处理的单位和政府部门处理的案件的变权权重相差不大，均在 0.3000—0.4000 范围内。

三、审计署精准扶贫政策跟踪审计案例应用

（一）数据来源与描述

国务院于 2015 年 11 月 29 日颁布了《关于打赢脱贫攻坚战的决定》，

2016年1月国务院颁布了《关于落实发展新理念加快农业现代化实现全面小康目标的若干意见》，均表明精准扶贫政策实施的迫切性。根据国家这一重大战略部署，审计署2016年发布了《关于进一步加强扶贫审计促进精准扶贫精准脱贫政策落实的意见》、2017年发布了《关于"十三五"期间定期报送扶贫审计工作有关情况的通知》以及《关于在打赢脱贫攻坚战中进一步加强扶贫审计的意见》，用以指导精准扶贫政策落实审计开展。在这些政策的指导下，审计署2015年5—12月发布了"稳增长等政策措施贯彻落实跟踪审计结果"公告（共8份），2016—2019年发布了"国家重大政策措施落实情况跟踪审计"公告（16份）。本书的数据来源于这些结果公告。为了防止不考虑基数带来的与事实不符的情况，我们采用各指标的增长率作为评价指标，具体算法为（后一年指标-前一年指标）/前一年指标。随后，将计算精准扶贫绩效的指标进行逆向处理，即指标数值越高，扶贫绩效越好；而审计监督绩效的指标数值越高，表明审计监督绩效越好。

从精准扶贫政策实施效果评价准则层的描述性统计分析可见（见表6-17），2016—2019年，重大违纪违法体系的平均值最大，为0.1278，最大值与最小值之间相差0.2086，表明重大违纪违法体系的实施效果增长情况在这4年间存在较大的差距，某些年份实施效果增长较好，而某些年份实施效果增长较差；项目建设和运营体系的平均值次高，为0.1104，最大值与最小值之间相差0.1775，表明项目建设和运营体系的实施效果增长稳定性情况略好于重大违纪违法体系，但各年间差距较大；资金使用体系的平均值稍低，为0.1073，最大值与最小值之间相差0.1747，表明资金使用体系的实施效果增长稳定性情况略好于上述2项体系；体制机制运行体系的平均值较低，为0.0884，最大值与最小值之间相差0.1767，表明体制机制运行体系在这4年间的实施效果增长稳定性情况略好于上述3项体系，但各年份间仍存在一定的差距；政策落实体系的平均值最低，为0.0808，最大值与最小值之间相差0.1551，表明政策落实体系4年间的实施效果增长稳定性情况略高于上述4项体系。从标准差方面看，资金使用体系、项目建设和运营体系、政策落实体系、体制机制运行体系和重大违纪违法体系的标准差值均小于0.1000。其中，资金使用体系、项目建设和运营体系和重大违纪违法体系的标准差值介于0.1000与0.0900之间，而政策落实体系和体制机制运行体系的标准差值介于0.0800与0.0700之间。

表 6-17　精准扶贫政策实施效果评价体系的准则层描述性统计分析

准则层	最大值	最小值	平均值	标准差
资金使用体系	0.2000	0.0253	0.1073	0.0945
项目建设和运营体系	0.2000	0.0225	0.1104	0.0970
政策落实体系	0.1901	0.0350	0.0808	0.0731
体制机制运行体系	0.2000	0.0233	0.0884	0.0771
重大违纪违法体系	0.2086	0.0000	0.1278	0.0926

从审计署精准扶贫监督绩效评价准则层的描述性统计分析可见（见表6-18），2016—2019年，体制机制审计完善体系的平均值最大，为0.0753，最大值与最小值之间相差0.2956，表明体制机制审计完善体系的绩效增长情况在这4年间存在一定的差距，某些年份体制机制审计完善体系监督绩效增长较好，而某些年份体制机制审计完善体系监督绩效增长较弱；重大违纪违法审计查处体系的平均值次之，为0.0600，最大值与最小值之间相差0.1732，表明重大违纪违法审计查处体系的绩效增长稳定性情况略好于体制机制审计完善体系，但各年间差距较大；政策落实审计纠正体系的平均值稍低，为0.0467，最大值与最小值之间相差0.0731，表明政策落实审计纠正体系的绩效增长情况在这4年间也存在一定的差距；项目建设和运营审计优化体系的平均值较低，为0.0202，最大值与最小值之间相差0.0449，表明项目建设和运营审计体系的各年份间绩效增长情况差距相对较少；资金使用审计规范体系的平均值最低，为0.0197，最大值与最小值之间相差0.0269，表明资金使用审计规范体系的绩效增长稳定性情况略高于上述4项体系。从标准差方面看，体制机制审计完善体系的标准差值大于0.1000，而其余4项体系的标准差值均小于0.1000，同样印证了前述的说法。

表 6-18　审计署精准扶贫监督绩效评价体系的准则层描述性统计分析

准则层	最大值	最小值	平均值	标准差
资金使用审计规范体系	0.0375	0.0106	0.0197	0.0121
项目建设和运营审计优化体系	0.0453	0.0004	0.0202	0.0219
政策落实审计纠正体系	0.0845	0.0114	0.0467	0.0376
体制机制审计完善体系	0.2956	0.0000	0.0753	0.1469
重大违纪违法审计查处体系	0.1746	0.0014	0.0600	0.0791

(二) 精准扶贫政策实施效果得分分析

1. 精准扶贫政策实施效果常权得分分析

如表 6-19 所示，2016—2019 年，精准扶贫政策实施效果评价体系的常权得分分别为 0.5582、0.4005、0.8144 和 0.8970，变权得分分别为 0.3387、0.1565、0.7343 和 0.8299，变权得分在不同程度上有所下降，但排名并未发生变化。表明得分在真实数值的调整下发生了改变，但改变的幅度未引起排名发生变化。

表 6-19 精准扶贫政策实施效果得分

指标体系常权得分				
年份	2016	2017	2018	2019
资金使用体系	0.0781	0.0813	0.1785	0.2000
项目建设和运营体系	0.1013	0.0792	0.2000	0.1889
政策落实体系	0.0950	0.1209	0.1133	0.1912
体制机制运行体系	0.0838	0.1191	0.2000	0.1354
重大违纪违法体系	0.2000	0.0000	0.1227	0.1815
综合	0.5582	0.4005	0.8144	0.8970
排名	3	4	2	1
指标体系变权得分				
资金使用体系	0.0253	0.0265	0.1775	0.2000
项目建设和运营体系	0.0307	0.0225	0.2000	0.1886
政策落实体系	0.0508	0.0475	0.0350	0.1901
体制机制运行体系	0.0233	0.0600	0.2000	0.0703
重大违纪违法体系	0.2086	0.0000	0.1218	0.1809
综合	0.3387	0.1565	0.7343	0.8299
排名	3	4	2	1
常权变权得分变动				
资金使用体系	-67.61%	-67.40%	-0.56%	—
项目建设和运营体系	-69.69%	-71.59%	—	-0.16%
政策落实体系	-46.53%	-60.71%	-69.11%	-0.58%
体制机制运行体系	-72.20%	-49.62%	—	-48.08%
重大违纪违法体系	4.30%	—	-0.73%	-0.33%

具体而言，2016年，精准扶贫政策实施效果的常权综合得分排名第三。首先，重大违纪违法体系较2015年有了明显的提升，为0.2000，表明2016年的重大违纪违法体系实施效果优于2015年。其次，项目建设和运营体系和政策落实体系方面的效果提升低于重大违纪违法体系，分别为0.1013和0.0950。最后，体制机制运行体系和资金使用体系的效果提升分列第四和第五，分别为0.0838和0.0781，总体而言，2016年的5项体系实施效果较2015年均有较为明显的提升。

精准扶贫政策实施效果提升最低的年份为2017年。在该年，审计署发布了《关于"十三五"期间定期报送扶贫审计工作有关情况的通知》以及《关于在打赢脱贫攻坚战中进一步加强扶贫审计的意见》，该年是审计署重点审查精准扶贫政策实施效果的一年。从表6-19中可知，首先，政策落实体系和体制机制运行体系的效果提升最为明显，分别为0.1209和0.1191。其次，资金使用体系和项目建设和运营体系的效果提升相对低于前述2项，分别为0.0813和0.0792。但2017年重大违纪违法体系的实施效果相较2016年而言，并未得到提升，表明2017年重大违纪违法体系的实施情况与2016年趋于一致。

随着精准扶贫工作的不断深入，2018年和2019年的实施效果相较前2年而言，都有了明显的提升。在2018年中，首先，体制机制运行体系和项目建设和运营体系的实施效果提升最为明显，均为0.2000，表明该年在体制机制运行体系及项目建设和运营体系方面实施良好。其次，资金使用体系的效果提升虽然低于前述2项体系，但高于以往年份，表明在前述年份的"问题——整改"循环流程下，资金使用方面的金额数有了一定的减少，资金整改初具成效。而在2019年，精准扶贫实施效果有了进一步的提升，资金使用体系、项目建设和运营体系、政策落实体系和重大违纪违法体系的实施效果提升最为明显，分别为0.2000、0.1889、0.1912和0.1815，表明国家针对精准扶贫冲刺阶段的"难脱贫"地区脱贫布局、连片特困区政策制定和计划安排、上下级层面统筹协调和政策实施能力等方面的处理趋于成熟。

2. 精准扶贫政策实施效果变权得分分析

为更好地评价精准扶贫政策实施效果，本书对指标体系常权得分进行了变权处理，具体得分结果和常变权得分变动如表6-19所示。根据结果可知，总体而言，通过变权处理后，各年份中各体系的得分均呈不同程度的上升或下降，其中得分变动较为明显的是 2016 年。在该年中，除重大违纪违法体系的得分上升外，其他体系的得分均有所下降，特别是体制机制运行体系，其得分下降幅度最大，为 -72.20%；项目建设和运营体系与资金使用体系下降幅度均超 60%，而政策落实体系的下降幅度稍低，为 -46.53%，表明除重大违纪违法体系以外，其他体系通过变权处理后均受到不同程度的"惩罚"。

在 2017 年中，除重大违纪违法体系得分无变化以外，其他体系得分均呈不同程度的下降。其中，项目建设和运营体系的得分下降幅度最大，为 -71.59%。资金使用体系和政策落实体系的得分下降幅度均超 60%，而体制机制运行体系的得分则下降 49.62%。整体上，下降幅度略低于 2016 年，表明除重大违纪违法体系以外，其他体系通过变权处理后均受到不同程度的"惩罚"。而在 2018 年中，变权处理后所呈现的得分变化情况较前述年份略有不同。其中，政策落实体系得分下降幅度最大，为 -69.11%，而其余 4 项体系中，资金使用体系和重大违纪违法体系略微有所下降，分别为 -0.56% 和 -0.73%，项目建设和运营体系与体制机制运行体系则无变化。由此可知，2018 年政策落实体系得分受真实数据影响程度较大，专家赋予的指标权重经真实数据调整后变化幅度较大，继而使得分下降幅度较大。随着精准扶贫工作进入冲刺阶段，各级部门在精准扶贫工作方面已积累了丰富的经验，因此，在 2019 年中，通过变权处理后各体系得分的变化幅度整体上低于其他年份。其中，体制机制运行体系得分下降幅度最大，为 -48.08%；项目建设和运营体系、政策落实体系和重大违纪违法体系得分略微有所下降，分别为 -0.16%、-0.58% 和 -0.33%，而资金使用体系得分则没有变化。

（三）审计署精准扶贫监督绩效得分分析

1. 审计署精准扶贫监督绩效常权得分分析

如表 6-20 所示，2016—2019 年，审计署精准扶贫监督绩效评价体系的常权得分分别为 0.3407、0.4801、0.3575 和 0.1583，变权得分分别为 0.3368、0.1961、0.2387 和 0.1158。变权得分在不同程度上有所下降，并且排名也发生一定变化，表明得分在真实数值的调整下发生了改变，并且改变的幅度引起了排名变化。

表 6-20　　　　　　　审计署精准扶贫监督绩效得分

年份	2016	2017	2018	2019
指标体系常权得分				
资金使用审计规范体系	0.0541	0.0883	0.0248	0.0824
项目建设和运营审计优化体系	0.0007	0.1259	0.0997	0.0047
政策落实审计纠正体系	0.0552	0.1394	0.0653	0.0695
体制机制审计完善体系	0.2000	0.0020	0.0058	0.0000
重大违纪违法审计查处体系	0.0307	0.1245	0.1619	0.0018
综合得分	0.3407	0.4801	0.3575	0.1583
排名	3	1	2	4
指标体系变权得分				
资金使用审计规范体系	0.0152	0.0153	0.0106	0.0375
项目建设和运营审计优化体系	0.0004	0.0453	0.0318	0.0033
政策落实审计纠正体系	0.0114	0.0845	0.0174	0.0735
体制机制审计完善体系	0.2956	0.0014	0.0043	0.0000
重大违纪违法审计查处体系	0.0141	0.0497	0.1746	0.0014
综合得分	0.3368	0.1961	0.2387	0.1158
排名	1	3	2	4
常权变权得分变动				
资金使用审计规范体系	-71.90%	-82.67%	-57.26%	-54.49%
项目建设和运营审计优化体系	-42.86%	-64.02%	-68.10%	-29.79%
政策落实审计纠正体系	-79.35%	-39.38%	-73.35%	5.76%
体制机制审计完善体系	47.80%	-30.00%	-25.86%	—
重大违纪违法审计查处体系	-54.07%	-60.08%	7.84%	-22.22%

具体而言，2016 年，首先，审计署精准扶贫监督绩效的常权综合得分排名第三，其中，体制机制审计完善体系较 2015 年有了明显的提升，为0.2000，表明 2016 年的体制机制审计完善体系绩效明显优于 2015 年。其次，政策落实审计纠正体系和资金使用审计规范体系得分次之，分别为 0.0552 和0.0541。最后，重大违纪违法审计查处体系与项目建设和运营审计优化体系的得分稍低，分别为 0.0307 和 0.0007，表明相较其他体系，国家审计在该年中对项目建设和运营与重大违纪违法方面的监督力度提升较弱。

2017 年是审计署精准扶贫监督绩效提升最为显著的一年。在该年，审计署发布了《关于"十三五"期间定期报送扶贫审计工作有关情况的通知》以及《关于在打赢脱贫攻坚战中进一步加强扶贫审计的意见》，对审计督促精准扶贫整改的要求做了补充和完善，使审计署对被审计单位提出整改意见时更具有针对性和合理性。因此，该年既是审计署重点审查精准扶贫政策实施效果的一年，也是重点对发现问题提出整改意见的一年。由表6-20可知，项目建设和运营审计优化体系、政策落实审计纠正体系和重大违纪违法审计查处体系得分均大于0.1000，表明项目建设和运营、政策落实和重大违纪违法方面的审计监督力度较前年提升明显。而体制机制审计完善体系的得分为该年最低，为0.0020，表明该年在体制机制方面的审计监督力度较前年提升较弱。

虽然审计署精准扶贫监督绩效提升在2018年和2019年有所放缓，但随着精准扶贫工作的不断深入、精准扶贫政策跟踪审计经验的不断积累，其监督绩效仍不断提升。其中，在2018年中，重大违纪违法审计查处体系与项目建设和运营审计优化体系的提升最为明显，分别为0.1619和0.0997，表明该年审计署在重大违纪违法与项目建设和运营方面所投入的审计力度较大，所提出的整改意见能得到较大程度的落实。政策落实审计纠正体系和资金使用审计规范体系得分次之，分别为0.0653和0.0248；体制机制审计完善体系最低，为0.0058。在2019年中，得分呈两极分化，一方面，资金使用审计规范体系和政策落实审计纠正体系得分较高，分别为0.0824和0.0695，表明上述2项体系较2018年均有一定程度的提升；另一方面，项目建设和运营审计优化体系、体制机制审计完善体系和重大违纪违法审计查处体系得分较低，分别为0.0047、0.0000和0.0018，表明上述3项体系较2018年审计监督绩效提升较低。综上所述，随着精准扶贫政策跟踪审计制度的不断完善和审计人员精准扶贫政策跟踪审计经验的不断积累，审计人员已具备充分的能力来处理精准扶贫政策跟踪审计工作所遇到的问题。

2. 审计署精准扶贫监督绩效变权得分分析

本书对审计署精准扶贫监督绩效得分进行变权处理，汇总得到如表6-20所示的审计署精准扶贫监督绩效变权得分和准则层常变权得分变化情况。总体而言，通过变权处理后，各年份中各体系的得分均呈不同程度的上升和下降，其中得分变动较为明显的是2016年。在该年中，政策落实审计纠正体系和资金使用审计规范体系得分下降幅度较大，分别为-79.35%和-71.90%；

重大违纪违法审计查处体系与项目建设和运营审计优化体系得分下降幅度略低于上述 2 项，分别为 -54.07% 和 -42.86%。而体制机制审计完善体系经变权处理后得分有所上升，即受到一定程度的"激励"。

在 2017 年中，资金使用审计规范体系、项目建设和运营审计优化体系以及重大违纪违法审计查处体系经变权处理后得分下降较为明显，分别为 -82.67%、-64.02% 和 -60.08%，而政策落实审计纠正体系和体制机制审计完善体系较前述 3 项体系而言，下降幅度略低，分别为 -39.38% 和 -30.00%。整体上，2017 年的常变权得分变动略低于 2016 年。在 2018 年中，除重大违纪违法审计查处体系经变权处理后得分有所上升外，其余 4 项体系均有所下降，即受到不同程度的"惩罚"。其中，政策落实审计纠正体系下降幅度最大，为 -73.35%，项目建设和运营审计优化体系次之，为 -68.10%，资金使用审计规范体系和体制机制审计完善体系稍低，分别为 -57.26% 和 -25.86%。随着精准扶贫政策跟踪审计工作的不断深入，审计机关已积累了丰富的精准扶贫政策跟踪审计经验，因此，2019 年的各项准则层常权得分经变权处理后，变化幅度明显小于前述年份，其中资金使用审计规范体系下降幅度较大，为 -54.49%，项目建设和运营审计优化体系与重大违纪违法审计查处体系次之，分别为 -29.79% 和 -22.22%。其余 2 项体系中，体制机制审计完善体系无变化，而政策落实审计纠正体系则上升 5.76%。

（四）审计署精准扶贫政策跟踪审计综合得分分析

为综合分析精准扶贫政策实施效果和审计署精准扶贫监督绩效，本书将前述各年份、各准则层得分相加汇总得到精准扶贫政策实施效果综合得分比较和审计署精准扶贫监督绩效综合得分比较，并绘制了精准扶贫政策实施效果评价指标常权、变权得分情况和审计署精准扶贫监督绩效评价指标常权、变权得分情况，以此更为直观地描述审计署精准扶贫政策跟踪审计评价综合得分结果。

如表 6-21 所示，精准扶贫政策实施效果评价指标体系的常权综合得分最高年份是 2019 年，为 0.8970；得分最低的年份是 2017 年，为 0.4005。其常权综合得分变化趋势为先下降后上升，其中 2017—2018 年的上升幅度最大，后趋于平缓。在变权综合得分方面，得分最高的年份是 2019 年，为 0.8299，表明 2018 年较 2017 年精准扶贫政策实施效果提升最高；得分最低的年份是 2017 年，为 0.1565，表明 2017 年较 2016 年精准扶贫政策实施效果提升相对较弱。其变权综合得分变化趋势为先下降后上升，其中 2017—2018 年的上升幅度最大，后趋于平缓。同时，精准扶贫政策实施效果评价指标体系的常权综合得分与变权综合得分变化幅度有所差别，其中 2016 年和 2017 年下降幅度较大，分别为 -39.32% 和 -60.92%，而 2018 年和 2019 年下降幅度较小，分别为 -9.84% 和 -7.48%。这说明，本书采用变权处理对专家打分法所获取的精准扶贫政策跟踪审计实施效果准则层及指标层的权重进行适当修正是有效的，使获取的得分更贴近真实情况。

表 6-21　　　　　　　　精准扶贫政策实施效果综合得分比较

年份	2016	2017	2018	2019
常权综合得分	0.5582	0.4005	0.8144	0.8970
变权综合得分	0.3387	0.1565	0.7343	0.8299
变动比较	-39.32%	-60.92%	-9.84%	-7.48%

图 6-3 是根据表 6-21 常权综合得分的累加值得到，即 2016 年相较于 2015 年增加了 0.5582，2017 年相较于 2015 年增加了 0.9587，2018 年相较于 2015 年增加了 1.7731，2019 年相较于 2015 年增加了 2.6721；并根据表 6-21 变权综合得分的累加值得到，即 2016 年相较于 2015 年增加了 0.3387，2017 年相较于 2015 年增加了 0.4952，2018 年相较于 2015 年增加了 1.2295，2019 年相较于 2015 年增加了 2.0594。由此可见，随着精准扶贫工作的不断深入，精准扶贫政策实施效果不断提升，且当年精准扶贫政策实施效果较上年提升幅度有所上升。

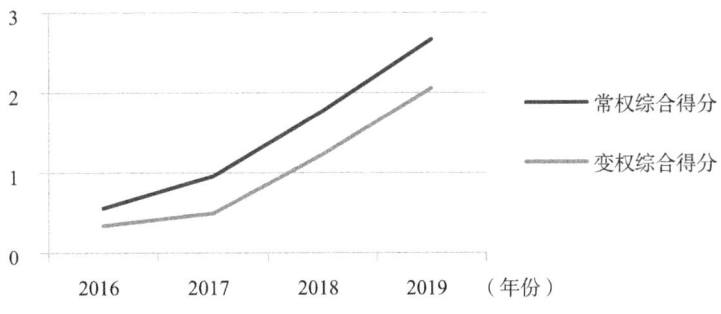

图 6-3　精准扶贫政策实施效果评价指标常权、变权得分情况

如表6-22所示,在审计署精准扶贫监督绩效评价指标的常权综合得分方面,得分最高的年份是2017年,为0.4801;得分最低的年份是2019年,为0.1583。其常权综合得分变化趋势为先上升后下降,其中,2016—2017年的上升幅度最为明显。在变权综合得分方面,得分最高的年份是2016年,为0.3368,表明2016年较2015年审计署精准扶贫监督绩效提升最高;得分最低的年份是2019年,为0.1158,表明2019年较2018年审计署精准扶贫监督绩效提升相对较弱。其变权综合得分的变化趋势为先下降后上升再下降,其中2017—2018年的上升幅度最为明显。同时,审计署精准扶贫监督绩效评价指标的常权综合得分与变权综合得分之间存在一定程度的变化,其中2017年的变权综合得分较常权综合得分下降幅度最大,为-59.15%,致使排名发生变化,2018—2019年的变权综合得分较常权综合得分下降幅度低于2017年,分别为-33.23%和-26.85%,而2016年的变权综合得分较常权综合得分下降幅度最小,为-1.14%,基本无太大变化。这说明本书采用变权处理对专家打分法所获取的审计机关精准扶贫监督绩效准则层及指标层的权重进行适当修正是有效的,使获取的得分更贴近真实情况。

表6-22　　　　　　审计署精准扶贫监督绩效综合得分比较

年份	2016	2017	2018	2019
常权综合得分	0.3407	0.4801	0.3575	0.1583
变权综合得分	0.3368	0.1961	0.2387	0.1158
得分变动	-1.14%	-59.15%	-33.23%	-26.85%

图6-4是根据表6-22常权综合得分的累加值得到,即2016年相较于2015年增加了0.3407,2017年相较于2015年增加了0.8208,2018年相较于2015年增加了1.1783,2019年相较于2015年增加了1.3366;并根据表6-22变权综合得分的累加值得到,即2016年相较于2015年增加了0.3368,2017年相较于2015年增加了0.5329,2018年相较于2015年增加了0.7716,2019年相较于2015年增加了0.8874。由此可见,随着精准扶贫工作的不断深入,审计机关更能把握如何更好地开展精准扶贫政策跟踪审计工作,其监督绩效逐年提升。

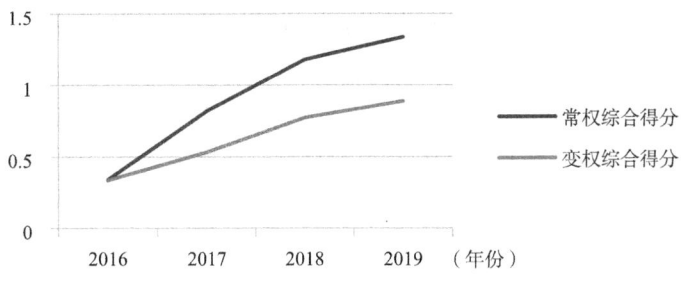

图 6-4 审计署扶贫监督绩效评价指标常权、变权得分情况

四、地方审计机关精准扶贫政策跟踪审计案例应用

(一) 案例选择

1. 案例选择原则

党的十九届五中全会指出,"脱贫攻坚成果举世瞩目,五千五百七十五万农村贫困人口实现脱贫"。根据 2018 年中国农村贫困监测报告显示,我国东西部地区以及中部地区的农村贫困人口和贫困发生率已明显下降,但地区间的脱贫程度存在一定的差异。截至 2017 年年末,全国农村总贫困人口为 3046 万,中西部地区占比 90.15%。其中,东部地区贫困人口已降至 300 万人,较 2012 年末减少了 1067 万人,农村贫困率由 3.1% 降至 0.8%;中部地区农村贫困人口约为 1112 万人,较 2012 年末减少 2334 万人,农村贫困率已降至 3.4%;西部地区贫困人口虽较 2012 年共计减少 3452 万人,但仍存在 1634 万的贫困人口,农村贫困发生率为 5.6%。可见,地区间经济状况发展不平衡是脱贫程度不一致的重要原因,中西部地区一直是扶贫的重点区域。因此,本书将重点聚焦中西部地区的扶贫现状,分析地方政府精准扶贫政策实施效果和地方审计机关精准扶贫监督绩效。

此外,审计署于 2016 年 5 月颁布了《审计署办公厅关于进一步加强扶贫审计促进精准扶贫精准脱贫政策落实的意见》,地方审计机关在 2017 年纷纷完善了精准扶贫政策跟踪审计工作机制。从资料的完整性角度出发,当年一些地方审计机关在该年披露了精准扶贫审计结果,也披露了审计意见的整改情况。因此,本书选取 2017 年作为案例研究的年份。

2. 案例选择结果

为了更合理地选取分析样本,本书按贫困人口规模进行分类,即将样本分为100万人以下、100万—200万人和200万人以上3组,具体划分结果如图6-5所示。在所划分的三组中,截至2017年年末,200万人以上的省份共计6个;100万—200万人的省份共计7个;100万人以下的省份共计7个。其中,中西部地区中A省的贫困人口数最高,为295万人,T省的贫困人口数最少,为19万人。可见,中西部地区各省之间的贫困人口规模存在较大差异。为了使案例更具有代表性,本书从以下4个方面选取案例:①选取贫困人口规模存在一定差别的省份;②考虑样本的地理位置;③根据《中国农村扶贫开发纲要(2011—2020年)》中提出的全面建成小康社会目标,重点关注部分省份的连片特困区情况;④样本选取具有一定的区域特色,如少数民族地区、"三区三州"地区等。根据上述选取要求,本书选取了A、B、C三省作为分析样本。

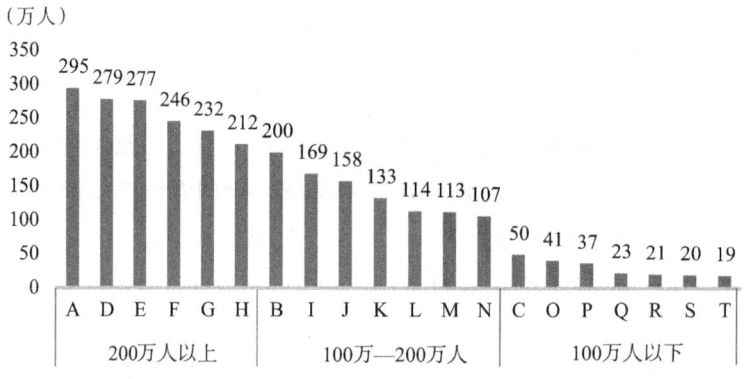

图6-5 中西部地区贫困人口规模

其中,A省素有"八山一水一分田"之称,产粮面积有限。首先,截至2017年年末,该省仍存在295万贫困人口,是全国拥有贫困人口数量最多的省份。A省共有三大集中连片特困区,覆盖该省84.89%的省域面积。因其特殊的地理位置,共有70个贫困县被纳入连片特困区范围。其次,该省还拥有规模最大的连片特困区,贫困人口数达200万人以上。再次,A省的三大集中连片特困区包含全国98%的国家贫困工作重点县,两者具有高度重合性。最后,A省属于"民族八省区"之一,是目前少数民族地区中较为深度贫困的地区。B省地理环境复杂,耕地面积较小,水资源较为匮乏,是全国贫困发生率第二的省份。截至2017年年末,该省仍存在200万贫困人口。全省共有2/3的县、区被列入三大集中连片特困区。因其众多的贫困人口和较大的贫困面积,该省经济水平和城乡居民水平均位于全国末尾。此外,根据2017年

11月中共中央办公厅、国务院办公厅发布的《关于支持深度贫困地区脱贫攻坚的实施意见》（以下简称《意见》），明确指出要对深度贫困地区的脱贫攻坚工作进行新部署和新统筹，确立"三区三州"地区名单，其中B省17个县被列入该名单。C省是中西部地区中度贫困省份。截至2017年年末，贫困人口规模为50万人。全省共有14个国家级贫困县，其中有11个县被列入集中连片特困区。该省致贫原因主要为：一是地理环境过渡性较大，已有的14个贫困县多位于平原向山地、中温带向寒温带过渡区域，农业发展存在较多局限性；二是大中型城市较少，地区经济得不到一定的拉动，且贫困县周围多为小型城市，无法较好起到"农村—城市"经济拉动作用。

（二）描述性统计分析

A、B、C三省的2017年度审计报告显示，A省审计厅根据省委、省政府作出的脱贫攻坚决策和工作安排，先后6次对该省7个国家级扶贫开发重点县和20个极贫乡（镇）的脱贫攻坚政策落实和资金管理使用情况进行了审计，共审计项目977个、扶贫资金51.18亿元，覆盖约17.3万农村建档立卡贫困人口；B省审计厅重点审计了11个国家级贫困县区的脱贫攻坚政策落实情况及资金使用情况，涉及1665个项目，涵盖资金高达91.47亿元；C省审计厅2014—2017年末组织相应审计机关对20个县（市、区）的精准扶贫情况进行审计，项目共计1893个，审计扶贫资金32.77亿元[①]。

本书将A、B、C三省所出具的地方审计报告中的问题数和整改数进行统计，并采用先前的数据处理方式，该部分案例主要围绕同一年份不同地区精

---

① 数据来源：A省人民政府关于2017年度省级预算执行和其他财政收支审计整改情况的报告。http://sjt.guizhou.gov.cn/zwgk/zdlyxx/sjjggs/201812/t20181213_25675907.html.

A省人民政府关于2017年度省级预算执行和其他财政收支的审计工作报告。http://sjt.guizhou.gov.cn/zwgk/zdlyxx/sjjggs/201808/t20180810_25461854.html.

B省级预算执行和其他财政收支审计结果公告。http://sjt.gansu.gov.cn/articles/2018/08/03/article_1314_88742_1.html.

B省级预算执行和其他财政收支审计查出问题整改情况的公告。http://sjt.gansu.gov.cn/articles/2018/11/30/article_1314_88912_1.html.

C省人民政府关于2017年度省本级预算执行和其他财政收支的审计工作报告。http://sjt.hlj.gov.cn/news/news_286605163.html.

C省人民政府关于2017年度省本级预算执行和其他财政收支审计查出问题整改情况的报告。http://sjt.hlj.gov.cn/news/news_286643345.html.

准扶贫政策实施效果和审计机关监督绩效进行探讨,变权权重则是指利用地方政府数据修正常权重,结果见附录三。对地方政府扶贫政策实施效果评价体系的准则层得分进行描述性统计分析可知(见表6-23),在选定的2017年中,体制机制运行体系的平均数最大,为0.1374,最大值与最小值之间相差0.1171,表明A省、B省和C省的体制机制运行情况之间存在较大的差距;项目建设和运营体系的平均数次之,为0.1042,最大值与最小值之间相差0.0649,表明A省、B省和C省的资金使用情况之间存在一定的差距;重大违纪违法体系的平均数稍低,为0.0909,但最大值与最小值相差0.1932,表明选取省份中有两个省份的重大违纪违法情况较为严重;政策落实体系的平均数较低,为0.0632,最大值最小值之间相差0.0591,表明A省、B省和C省的政策落实情况之间存在较小的差距;资金使用体系的平均数最低,为0.0587,最大值与最小值之间相差0.0983,表明A省、B省和C省的资金使用情况之间存在一定的差距。从标准差看,重大违纪违法体系的标准差值大于0.1000,而其他4项体系的标准差值均小于0.1000,其中政策落实体系的标准差值最小,为0.0297,印证了前文的论述。

表6-23 地方政府精准扶贫政策实施效果评价体系的准则层描述性统计分析

准则层	最大值	最小值	平均数	标准差
资金使用体系	0.1008	0.0025	0.0587	0.0506
项目建设和运营体系	0.1454	0.0805	0.1042	0.0359
政策落实体系	0.0910	0.0319	0.0632	0.0297
体制机制运行体系	0.2031	0.0860	0.1374	0.0599
重大违纪违法体系	0.2031	0.0099	0.0909	0.1003

对地方审计机关精准扶贫监督绩效评价体系的准则层进行描述性统计分析可知(见表6-24),在选定的2017年中,体制机制审计完善体系的平均数最大,为0.1687,最大值与最小值之间相差0.0912,表明A省、B省和C省的体制机制审计完善情况之间存在一定的差距;重大违纪违法体系的平均数次之,为0.1524,最大值与最小值之间相差0.0490,表明A省、B省和C省的重大违纪违法审计查处情况之间存在较小的差距;项目建设和运营审计优化体系的平均数稍低,为0.1251,最大值与最小值之间相差0.0623,表明A省、B省和C省的项目建设和运营审计优化情况之间存在较小的差距;政策落实审计纠正体系的平均数较低,为0.0718,最大值与最小值之间相差

0.0565，表明 A 省、B 省和 C 省的政策落实审计纠正情况之间存在较小的差距；资金使用审计规范体系平均数最低，为 0.0703，最大值与最小值之间相差 0.0519，表明 A 省、B 省和 C 省的资金使用审计规范情况之间存在较小的差距。从标准差看，5 个指标整体的标准差值均不高，其中，体制机制审计完善体系的标准差值最高，为 0.0482，而重大违纪违法审计查处体系的标准差值最低，为 0.0272，印证了前文的论述。

表 6-24　地方审计机关精准扶贫监督绩效评价体系的准则层描述性统计分析

准则层指标	最大值	最小值	平均数	标准差
资金使用审计规范体系	0.0914	0.0395	0.0703	0.0273
项目建设和运营审计优化体系	0.1530	0.0907	0.1251	0.0317
政策落实审计纠正体系	0.0910	0.0345	0.0718	0.0323
体制机制审计完善体系	0.2053	0.1141	0.1687	0.0482
重大违纪违法审计查处体系	0.1837	0.1347	0.1524	0.0272

（三）精准扶贫政策实施效果得分分析

1. 地方政府精准扶贫政策实施效果常权得分分析

由表 6-25 可知，2017 年中，A 省、B 省、C 省的精准扶贫政策实施效果评价体系的常权得分分别为 0.2940、0.3939 和 0.6479，变权得分分别为 0.2871、0.4216 和 0.6540，变权得分不同程度地有所上升和下降，但排名并未发生变化。这表明得分在真实数值的调整下发生了改变，但改变的幅度未引起排名发生变化。

表 6-25　　　　　　地方政府精准扶贫政策实施效果得分

省份	指标体系常权得分		
	A	B	C
资金使用体系	0.0889	0.0030	0.1225
项目建设和运营体系	0.0909	0.1549	0.0844
政策落实体系	0.0197	0.0562	0.0411
体制机制运行体系	0.0847	0.1211	0.2000
重大违纪违法体系	0.0098	0.0587	0.2000
综合	0.2940	0.3939	0.6479
排名	3	2	1

续表

	指标体系变权得分		
资金使用体系	0.0727	0.0025	0.1008
项目建设和运营体系	0.0866	0.1454	0.0805
政策落实体系	0.0319	0.0910	0.0665
体制机制运行体系	0.0860	0.1229	0.2031
重大违纪违法体系	0.0099	0.0596	0.2031
综合	0.2871	0.4216	0.6540
排名	3	2	1
	常权变权得分变动		
资金使用体系	-18.22%	-16.67%	-17.71%
项目建设和运营体系	-4.73%	-6.13%	-4.62%
政策落实体系	61.93%	61.92%	61.80%
体制机制运行体系	1.53%	1.49%	1.55%
重大违纪违法体系	1.02%	1.53%	1.55%

从省份间比较来看，在资金使用体系中，C省得分最高，为0.1225；A省次之，为0.0889；B省最低，为0.0030，表明C省在资金使用方面实施最为得当。在项目建设和运营体系中，B省得分最高，为0.1549；A省次之，为0.0909；C省最低，为0.0844，表明B省在项目建设和运营方面实施最为得当。在政策落实体系中，B省得分最高，为0.0562；C省次之，为0.0411；A省最低，为0.0197，表明B省在政策落实方面实施最为得当。在体制机制运行体系中，C省得分最高，为0.2000；B省次之，为0.1211；A省最低，为0.0847，表明C省在体制机制运行方面实施最为得当。在重大违纪违法体系中，C省得分最高，为0.2000；B省次之，为0.0587；A省最低，为0.0098，表明C省在重大违纪违法方面表现最好。

从各省内部来看，首先，A省的项目建设和运营体系、资金使用体系和体制机制运行体系得分分列第一、第二和第三，且得分差距不大，分别为0.0909、0.0889和0.0847，这表明A省在项目建设和运营、资金使用和体制机制运行方面表现较好，而A省的政策落实体系和重大违纪违法体系的得分明显低于前述3项体系，分别为0.0197和0.0098，表明A省在政策落实和重大违纪违法方面仍有待加强。其次，B省的项目建设和运营体系与体制机制运行体系得分分列第一和第二，分别为0.1549和0.1211，这表明B省在项目建设和运营与体制机制运行方面表现较好；政策落实体系和重大违纪违法体系的得分相对较低，分别为0.0562和0.0587，表明B省在政策落实和重大违纪违法方面需进一步加强；而其资金使用体系得分最低，为0.0030，这表明B省需着重关注资金使用情况，提升其实施效果。最后，C省的体制机制运行体系和重大违纪违法体系得分最高，均为0.2000，这表明C省在体制机制运行和重大违纪违法方面表现良好；资金使用体系与项目建设和运营体系得分相对较低，分别为0.1225和0.0844，这表明C省需进一步加强资金使用与项目建设和运营方面监管；而其政策落实体系得分最低，为0.0411，这表明C省需着重关注政策落实情况，提升其实施效果。

2. 地方政府精准扶贫政策实施效果变权得分分析

为更好地评价地方政府精准扶贫政策实施效果，本书对指标体系常权得分进行了变权处理，具体得分结果和常变权得分变动如表6-25所示。根据表6-25可知，总体而言，通过变权处理后，各省份中各体系的得分呈不同程度的上升和下降，即得到不同程度的"激励"和"惩罚"。

具体而言，在A省中，资金使用体系得分下降幅度最大，为-18.22%，项目建设和运营体系下降幅度次之，为-4.73%；而其他3项体系经变权处理后呈不同程度的上升。其中，政策落实体系上升幅度最大，为61.93%，体制机制运行体系和重大违纪违法体系的得分略微上升，分别为1.53%和1.02%。在B省中，资金使用体系得分下降幅度最大，为-16.67%，项目建设和运营体系下降幅度次之，为-6.13%；而其他3项体系经变权处理后呈不同程度的上升。其中，政策落实体系上升幅度最大，为61.92%，体制机制运行体系和重大违纪违法体系的得分略微上升，分别为1.49%和1.53%。在C省中，资金使用体系得分下降幅度最大，为-17.71%，项目建设和运营体系下降幅度次之，为-4.62%；而其他3项体系经变权处理后呈不同程度的上升。其中，政策落实体系上升幅度最大，为61.80%，体制机制运行体系和重大违纪违法体系的得分略微上升，均为1.55%。总体上，A省、B省和C省的得分变动情况较为一致。

（四）地方审计机关精准扶贫监督绩效得分分析

1. 地方审计机关精准扶贫监督绩效常权得分分析

如表6-26所示，2017年中，A省、B省、C省的地方审计机关精准扶贫监督绩效评价体系的常权得分分别为 0.4618、0.6187 和 0.6661,变权得分分别为 0.4625、0.6270 和 0.6753,变权得分不同程度地有所上升,但排名并未发生变化。这表明得分在真实数值的调整下发生了变化,但改变的幅度未引起排名发生变化。

表 6-26 地方审计机关精准扶贫监督绩效得分

省份	A	B	C
指标体系常权得分			
资金使用审计规范体系	0.0417	0.0833	0.0966
项目建设和运营审计优化体系	0.0841	0.1381	0.1576
政策落实审计纠正体系	0.0248	0.0644	0.0653
体制机制审计完善体系	0.1111	0.1818	0.2000
重大违纪违法审计查处体系	0.2000	0.1510	0.1466
综合得分	0.4618	0.6187	0.6661
排名	3	2	1
指标体系变权得分			
资金使用审计规范体系	0.0395	0.0800	0.0914
项目建设和运营审计优化体系	0.0907	0.1318	0.1530
政策落实审计纠正体系	0.0345	0.0898	0.0910
体制机制审计完善体系	0.1141	0.1866	0.2053
重大违纪违法审计查处体系	0.1837	0.1387	0.1347
综合得分	0.4625	0.6270	0.6753
排名	3	2	1
常权变权得分变动			
资金使用审计规范体系	-5.28%	-3.96%	-5.38%
项目建设和运营审计优化体系	7.85%	-4.56%	-2.92%
政策落实审计纠正体系	39.11%	39.44%	39.36%
体制机制审计完善体系	2.70%	2.64%	2.65%
重大违纪违法审计查处体系	-8.15%	-8.15%	-8.12%

从省份间比较来看,在资金使用审计规范体系中,C 省得分最高,为 0.0966;B 省次之,为 0.0833;A 省最低,为 0.0417,表明 C 省在资金使用审计规范方面审计监督最为得当。在项目建设和运营审计优化体系中,C 省得分最高,为 0.1576;B 省次之,为 0.1381;A 省最低,为 0.0841,表明 C

省在项目建设和运营审计优化方面审计监督最为得当。在政策落实审计纠正体系中，C省得分最高，为0.0653；B省次之，为0.0644；A省最低，为0.0248，表明C省在政策落实审计纠正方面审计监督最为得当。在体制机制审计完善体系中，C省得分最高，为0.2000；B省次之，为0.1818；A省最低，为0.1111，表明C省在体制机制审计完善方面审计监督最为得当。在重大违纪违法审计查处体系中，A省得分最高，为0.2000；B省次之，为0.1510；C省最低，为0.1466，表明A省在重大违纪违法审计查处方面表现最好。

从各省内部来看，第一，A省的重大违纪违法审计查处体系得分最高，为0.2000，这表明A省在重大违纪违法审计查处方面表现较好；体制机制审计完善体系与项目建设和运营审计优化体系的得分相对较低，分别为0.1111和0.0841，这表明A省需进一步加大在体制机制和项目建设和运营方面的审计监督力度；而资金使用审计规范体系和政策落实审计纠正体系的得分排名处于末位，分别为0.0417和0.0248，这表明A省需重视在资金使用和政策落实方面的审计工作。其次，B省的体制机制审计完善体系和重大违纪违法审计查处体系的得分分列第一和第二，分别为0.1818和0.1510，这表明B省在体制机制审计完善和重大违纪违法审计查处方面表现较好；项目建设和运营审计优化体系与资金使用审计规范体系的得分相对较低，分别为0.1381和0.0833，这表明B省需进一步加大在项目建设和运营及资金使用方面的审计监督力度；而政策落实审计纠正体系的得分排名处于末位，为0.0644，这表明B省需重视在政策落实方面的审计工作。最后，C省的体制机制审计完善体系、项目建设和运营审计优化体系以及重大违纪违法审计查处体系得分均位于前列，分别为0.2000、0.1576和0.1466，这表明C省在体制机制审计完善、项目建设和运营审计优化以及重大违纪违法审计查处方面表现较好；资金使用审计规范体系的得分相对较低，为0.0966，这表明C省需进一步加大在资金使用方面的审计监督力度；而政策落实审计纠正体系的得分最低，为0.0653，这表明C省需重视在政策落实方面的审计工作。

2. 地方审计机关精准扶贫监督绩效变权得分分析

为更好地评价地方审计机关精准扶贫监督绩效，本书对指标体系常权得分进行了变权处理，具体得分结果和常变权得分变动如表6-26所示。根据表6-26可知，总体而言，通过变权处理后，各省份中各体系的得分呈不同程度的上升和下降，即得到不同程度的"激励"和"惩罚"。

具体而言，在 A 省中，重大违纪违法审计查处体系得分下降幅度最大，为 -8.15%，资金使用审计规范体系下降幅度次之，为 -5.28%；而其他 3 项体系经变权处理后呈不同程度的上升。其中，政策落实审计纠正体系上升幅度最大，为 39.11%，项目建设和运营审计优化体系与体制机制审计完善体系上升幅度次之，分别为 7.85% 和 2.70%。在 B 省中，重大违纪违法审计查处体系得分下降幅度最大，为 -8.15%，项目建设和运营审计优化体系与资金使用审计规范体系下降幅度次之，分别为 -4.56% 和 -3.96%；而其他 2 项体系经变权处理后呈不同程度的上升。其中，政策落实审计纠正体系上升幅度最大，为 39.44%，体制机制审计完善体系上升幅度次之，为 2.64%。在 C 省中，重大违纪违法审计查处体系得分下降幅度最大，为 -8.12%，资金使用审计规范体系与项目建设和运营审计优化体系下降幅度次之，分别为 -5.38% 和 -2.92%；而其他 2 项体系经变权处理后呈不同程度的上升。其中，政策落实审计纠正体系上升幅度最大，为 39.36%，体制机制审计完善体系上升幅度次之，为 2.65%。总体上，A 省、B 省和 C 省的得分变动情况较为一致。

（五）地方审计机关精准扶贫政策跟踪审计综合得分结果分析

为了综合比较地方政府精准扶贫政策实施效果与地方审计机关精准扶贫监督绩效，本书将 A、B、C 三省各准则层得分进行汇总，得到表 6-27 和表 6-28。此外，通过分别绘制地方政府精准扶贫政策实施效果的常权、变权得分情况和地方审计机关精准扶贫监督绩效的常权、变权得分情况（见图 6-6 和图 6-7），以更为直观地描述地方精准扶贫政策跟踪审计评价综合得分结果。

表 6-27　　地方政府精准扶贫政策实施效果综合得分比较

省份	A	B	C
常权综合得分	0.2940	0.3939	0.6479
变权综合得分	0.2871	0.4216	0.6540
得分浮动变化	-2.35%	7.03%	0.94%

如表6-27所示,在常权得分方面,C省的地方政府精准扶贫政策实施效果评价体系常权综合得分最高,为0.6479;B省得分次之,为0.3939;A省得分最低,为0.2940。在变权综合得分方面,C省得分最高,为0.6540;B省得分次之,为0.4216;A省得分最低,为0.2871。综上可知,经过变权处理后,A省、B省和C省的地方政府精准扶贫政策实施效果得分并未发生改变,分列第三、第二和第一。同时,如图6-6所示,A省、B省和C省的地方政府精准扶贫政策实施效果常权得分经变权处理后呈不同程度的上升和下降。其中,A省下降幅度最大,为-2.35%,而B省上升幅度最大,为7.03%,C省略有上升,为0.94%。这说明通过变权处理能进一步修正地方政府精准扶贫政策实施效果准则层及指标层得分,使得分更为精准。根据前面对A省、B省和C省的地区描述可知,在所选取的省份中,A省的贫困人口数最多,C省的贫困人口数最少,而B省则介于两者之间,并结合表6-27中地方政府精准扶贫政策实施效果评价得分可知,贫困人口数较多的省份,地方政府在开展精准扶贫工作时出现的问题较多,精准扶贫政策实施效果较差。

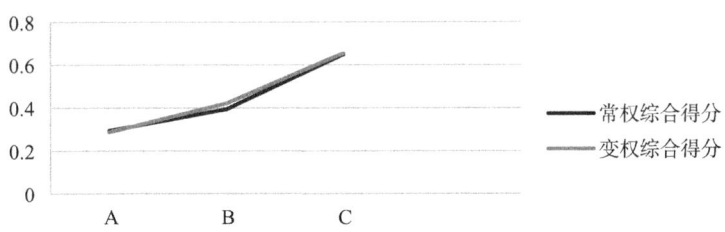

图6-6 地方政府精准扶贫政策实施效果的常权、变权得分情况

如表6-28所示,在地方审计机关精准扶贫监督绩效评价体系的常权综合得分方面,C省得分最高,为0.6661;B省得分次之,为0.6187;A省得分最低,为0.4618。在变权综合得分方面,C省得分最高,为0.6753;B省得分次之,为0.6270;A省得分最低,为0.4625。综上可知,经过变权处理后,A省、B省和C省的地方审计机关精准扶贫监督绩效得分并未发生改变,分列第三、第二和第一。同时,如图6-7所示,地方审计机关精准扶贫监督绩效常权综合得分经变权处理后呈不同程度上升。其中,C省上升幅度最大,为1.38%;B省上升幅度次之,为1.34%;A省上升幅度最低,为0.15%。这说明通过变权处理能进一步修正地方政府精准扶贫政策实施效果准则层及

指标层得分，使得分更为精准。根据前面对所选省份贫困情况的描述，并结合表6-28中地方审计机关精准扶贫监督绩效得分可得，贫困人口数较多的省份，其地方审计机关监督绩效相对较差，即审计机关监督地方政府开展精准扶贫工作问题建议的针对性、合理性较弱，难以指导地方政府整改。

表6-28　　　　　地方审计机关精准扶贫监督绩效综合得分比较

省份	A	B	C
常权综合得分	0.4618	0.6187	0.6661
变权综合得分	0.4625	0.6270	0.6753
得分浮动变化	0.15%	1.34%	1.38%

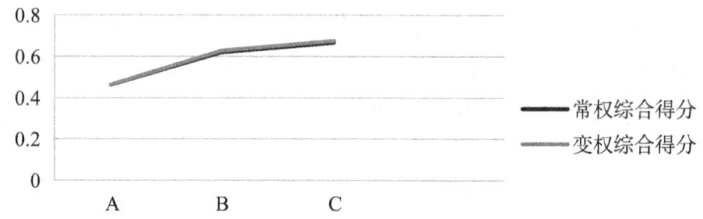

图6-7　地方审计机关精准扶贫监督绩效评价体系的常权、变权得分情况

第三节　国有企业高质量发展政策跟踪审计评价

一、国有企业高质量发展政策跟踪审计评价指标筛选过程

根据前面构建的国家治理视角下的重大政策跟踪审计评价理论体系，本节利用审计署2015—2018年发布的国有企业财务收支等情况审计结果（共90份），沿用之前的方法，对国有企业高质量发展政策跟踪审计评价指标进行筛选。

（一）KMO检验

如表6-29所示，所有准则层的KMO值均大于0.600，表明通过引入审计署对国有企业高质量发展的政策跟踪审计数据对构建的国家治理视角下的重大政策跟踪审计评价理论体系中指标进行筛选,筛选后的指标均通过了检验。其中,在国有企业高质量发展政策实施效果评价指标体系中,资金使用体系的 KMO 值最高,达到 0.706;体制机制运行体系次之,为 0.701;政策落实体系与项目建设和运营体系稍低,分别为 0.660 和 0.620;重大违纪违法体系最低,为 0.609。而审计机关对国有企业高质量发展的监督绩效评价指标体系中,政策落实审计纠正体系的 KMO 值最高,为 0.693;体制机制审计完善体系次之,为 0.674;项目建设和运营审计优化体系与资金使用审计规范体系稍低,分别为 0.644 和 0.630;重大违纪违法审计查处体系最低,为 0.613。

表 6-29   KMO 检验

国有企业高质量发展政策实施效果评价指标体系					
准则层	资金使用体系	项目建设和运营体系	政策落实体系	体制机制运行体系	重大违纪违法体系
KMO	0.706	0.620	0.660	0.701	0.609
审计机关对国有企业高质量发展的监督绩效评价指标体系					
准则层	资金使用审计规范体系	项目建设和运营审计优化体系	政策落实审计纠正体系	体制机制审计完善体系	重大违纪违法审计查处体系
KMO	0.630	0.644	0.693	0.674	0.613

(二) 碎石检验

如图 6-8 所示,在国有企业高质量发展政策实施效果评价指标体系中,资金使用体系包括 3 个指标;政策落实体系包括 3 个指标;重大违纪违法体系包括 3 个指标;项目建设和运营体系包括 3 个指标;体制机制运行体系包括 3 个指标。总体而言,上述各准则层碎石图态势均较为弯曲,适宜进行主成分分析。

如图 6-9 所示,在审计机关对国有企业高质量发展监督绩效评价指标体系中,资金使用审计规范体系包括 3 个指标;政策落实审计纠正体系包括 3 个指标;重大违纪违法审计查处体系包括 3 个指标;项目建设和运营审计优化体系包括 3 个指标;体制机制审计完善体系包括 3 个指标。总体而言,上述各准则层碎石图态势均较为弯曲,适宜进行主成分分析。

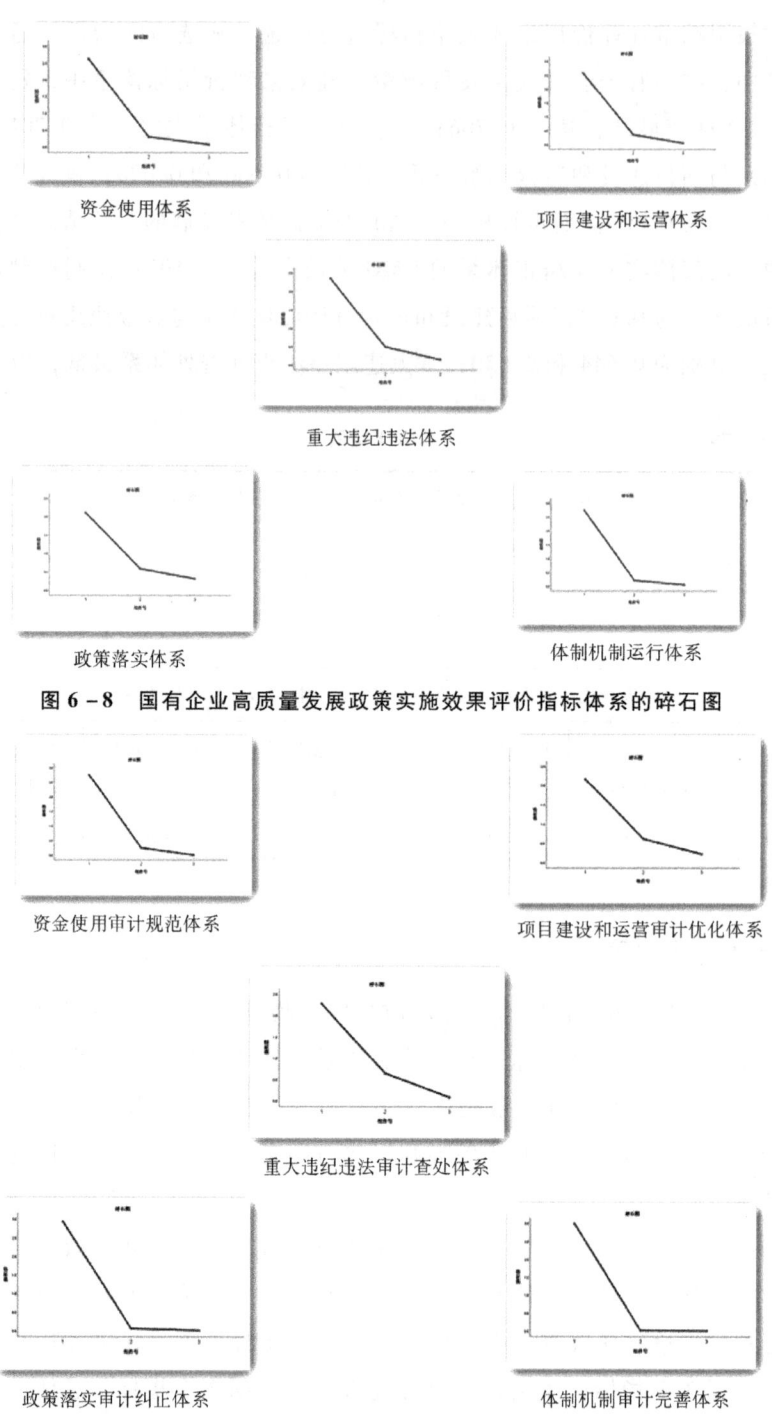

图6-8 国有企业高质量发展政策实施效果评价指标体系的碎石图

图6-9 审计机关对国有企业高质量发展监督绩效评价指标体系的碎石图

（三）国家治理视角下的国有企业高质量发展政策跟踪审计评价指标体系的解释总方差

如表6-30所示，在国有企业高质量发展政策实施效果评价指标体系中，共提取了3个成分，其旋转平方和载入后解释的总方差为100%，解释程度高，说明筛选后的指标可解释该体系；在审计机关对国有企业高质量发展监督绩效评价指标体系中，共提取了3个成分，旋转平方和载入后解释的总方差为100%，解释程度高，说明筛选后的指标可解释该体系。

表6-30　国有企业高质量发展政策跟踪审计评价指标体系的解释总方差

国有企业高质量发展政策实施效果评价指标体系的解释总方差								
成分	初始特征值			提取平方和载入			旋转平方和载入		
	合计	方差%	累积%	合计	方差%	累积%	合计	方差%	累积%
1	8.393	55.951	55.951	8.393	55.951	55.951	7.539	50.259	50.259
2	4.210	28.067	84.017	4.210	28.067	84.017	4.129	27.529	77.788
3	2.397	15.983	100	2.397	15.983	100	3.332	22.212	100
审计机关对国有企业高质量发展监督绩效评价指标体系的解释总方差									
成分	初始特征值			提取平方和载入			旋转平方和载入		
	合计	方差%	累积%	合计	方差%	累积%	合计	方差%	累积%
1	11.396	75.972	75.972	11.396	75.972	75.972	11.033	73.550	73.550
2	2.581	17.207	93.179	2.581	17.207	93.179	2.321	15.475	89.025
3	1.023	6.821	100	1.023	6.821	100	1.646	10.975	100

（四）国家治理视角下国有企业高质量发展政策跟踪审计评价指标筛选结果

通过上述指标体系筛选过程，本书共筛选出5个准则层、15个指标层。如表6-31所示，在国有企业高质量发展政策实施效果评价指标体系中具体表现为：①资金使用体系包括资金闲置问题数、违规使用或征收资金问题数、骗取或虚列资金问题数；②项目建设和运营体系包括项目无法或没有投入使用数量、项目未按规定招标数量、项目建造中存在问题数量；③政策落实体系包括政策制定不合理数量、政策落实不到位数量和政策缺失或多余数量；④体制机制运行体系包括执行机制存在问题数量、决策机制存在问题数量和监督机制存在问题数量；⑤重大违纪违法体系包括涉案资金额、涉案人数和涉案单位数。在审计机关对国有企业高质量发展监督绩效评价指标体系中具体表现为：①资金使用审计规范体系包括盘活资金的数量、归还与规范违规使用或征收资金的数量、返还骗取或虚列资金的数量；②项目建设和运营审计优化体系包括加速项目使用的数量、追究相关责任人的数量、解决项目建造中存在问题的数量；③政策落实审计纠正体系包括修订完善相关制度数量、重新落实政策数量和制定或减少相应政策数量；④体制机制审计完善体系包括重新或加快执行工作数量、改善决策过程或制度数量和加强监督机制的数量；⑤重大违纪违法审计查处体系包括政府部门处理的涉案资金、政府部门处理的人数和政府部门处理的单位数。

表 6-31　　　国有企业高质量发展政策跟踪审计评价指标的筛选结果

国有企业高质量发展政策实施效果评价指标体系		审计机关对国有企业高质量发展监督绩效评价指标体系	
准则层	指标层	准则层	指标层
资金使用体系	资金闲置问题数	资金使用审计规范体系	盘活资金的数量
	违规使用或征收资金问题数		归还与规范违规使用或征收资金的数量
	骗取或虚列资金问题数		返还骗取或虚列资金的数量
项目建设和运营体系	项目无法或没有投入使用数量	项目建设和运营审计优化体系	加速项目使用的数量
	项目未按规定招标数量		追究相关责任人的数量
	项目建造中存在问题数量		解决项目建造中存在问题的数量
政策落实体系	政策制定不合理数量	政策落实审计纠正体系	修订完善相关制度数量
	政策落实不到位数量		重新落实政策数量
	政策缺失或多余数量		制定或减少相应政策数量
体制机制运行体系	执行机制存在问题数量	体制机制审计完善体系	重新或加快执行工作数量
	决策机制存在问题数量		改善决策过程或制度数量
	监督机制存在问题数量		加强监督机制的数量
重大违纪违法体系	涉案资金额	重大违纪违法审计查处体系	政府部门处理的涉案资金
	涉案人数		政府部门处理的人数
	涉案单位数		政府部门处理的单位数

（五）耦合度和耦合协调度检验结果

基于审计署 2015—2018 年发布的国有企业财务收支等情况审计结果中的相关数据，利用前述"耦合度和耦合协调度检验方法"中的公式，得到国有企业高质量发展政策跟踪审计评价指标体系耦合度分析（见表6-32）。具体而言有以下几个特征：①2015—2018年，耦合度先上升后下降再上升，但均达到高水平耦合阶段，其中2017—2018年的增长幅度最大，特别是2018年达到4年中的最高值，为0.913。②在协调指数方面，2015—2018年，协调指数先下降后上升。其中，2016年的协调指数为4年中的最低，为0.348；2018年的协调指数为4年中的最高，为0.595。③在耦合协调度方面，2015—2018年，耦合协调度整体上趋于上升。其中，2018年的耦合协调度最高，达到0.737；2016年的耦合协调度最低，为0.559。总体而言，本书所选对象在不同时间刻度下的耦合协调度均大于0.500，达到协调。

表6-32　　国有企业高质量发展政策跟踪审计评价指标体系耦合度分析

年份	耦合度C值	协调指数T值	耦合协调度D值	情况	耦合协调程度
2015	0.896	0.359	0.567	>0.500	协调
2016	0.899	0.348	0.559	>0.500	协调
2017	0.825	0.463	0.618	>0.500	协调
2018	0.913	0.595	0.737	>0.500	协调

可见，根据耦合度和耦合协调度检验结果，国有企业高质量发展政策实施效果和审计机关对国有企业高质量发展监督绩效这一双子系统间存在较强的耦合关系，即国有企业高质量发展政策实施效果与审计机关对国有企业高质量发展监督绩效间存在相互反馈、相互调节的情况，审计机关对国有企业高质量发展监督绩效体系可促进监督国有企业高质量发展政策实施效果。同样，国有企业高质量发展政策实施效果体系也能反映审计机关对国有企业高质量发展的监督绩效，继而通过交互变化呈现协调有序发展。

二、国有企业高质量发展政策跟踪审计评价指标权重确定

确定国家治理视角下的国有企业高质量发展政策跟踪审计评价指标权重的具体模型和方法详见本章第一节，此处不再赘述。

（一）常权分析

1. 国有企业高质量发展政策实施效果评价指标体系

如表6-33所示，在国有企业高质量发展政策实施效果评价指标体系中，经专家协商达成一致意见,即资金使用体系、项目建设和运营体系、政策落实体系、体制机制运行体系、重大违纪违法体系都同等重要,应当赋予相同的权重,即 0.2000。

表 6-33　国有企业高质量发展政策跟踪审计评价指标体系常权结果

国有企业高质量发展政策实施效果评价指标体系				审计机关对国有企业高质量发展监督绩效评价指标体系			
准则层	权重	指标层	权重	准则层	权重	指标层	权重
资金使用体系	0.2000	资金闲置问题数	0.3021	资金使用审计规范体系	0.2000	盘活资金的数量	0.4958
		违规使用或征收资金问题数	0.3311			归还与规范违规使用或征收资金的数量	0.3345
		骗取或虚列资金问题数	0.3668			返还骗取或虚列资金的数量	0.1697
项目建设和运营体系	0.2000	项目无法或没有投入使用数量	0.3107	项目建设和运营审计优化体系	0.2000	加速项目使用的数量	0.2481
		项目未按规定招标数量	0.4052			追究相关责任人的数量	0.3423
		项目建造中存在问题数量	0.2841			解决项目建造中存在问题的数量	0.4096
政策落实体系	0.2000	政策制定不合理数量	0.3546	政策落实审计纠正体系	0.2000	修订完善相关制度数量	0.4596
		政策落实不到位数量	0.3823			重新落实政策数量	0.3102
		政策缺失或多余数量	0.2631			制定或减少相应政策数量	0.2302
体制机制运行体系	0.2000	执行机制存在问题数量	0.3112	体制机制审计完善体系	0.2000	重新或加快执行工作数量	0.4298
		决策机制存在问题数量	0.4023			改善决策过程或制度数量	0.2945
		监督机制存在问题数量	0.2865			加强监督机制的数量	0.2757
重大违纪违法体系	0.2000	涉案资金额	0.3324	重大违纪违法审计查处体系	0.2000	政府部门处理的涉案资金	0.3314
		涉案人员	0.3322			政府部门处理的人数	0.3263
		涉案单位数	0.3354			政府部门处理的单位数	0.3423

在资金使用体系中,骗取或虚列资金问题数的权重最高,为 0.3668,这是因为许多被审计的国有企业存在骗取或虚列资金的情况,它们通过签订虚假协议、编制虚假资料、虚报工程造价、虚构交易等方式,骗取或虚列项目资金,这会使资金不能完全投入项目,进而对政策实施效果产生影响。违规使用或征收资金问题数的权重次之,为 0.3311,这是因为诸多国有企业每年均存在将项目款用于购买纪念品、高档酒水等非项目领域支出的现象,该问

题属于屡审屡犯问题，因此赋予权重稍高。资金闲置问题数的权重最低，为0.3021，这是因为各国有企业出现该项问题的情况比较少。

在项目建设和运营体系中，项目未按规定招标数量的权重最高，为0.4052，这是因为该情况在被审计的国有企业中时常发生，即多家国有企业存在招投标不规范、未进行公开招标、规避招标、虚假招标等问题，影响最广，因而被赋予的权重最高。项目无法或没有投入使用数量的权重列居第二，为0.3107，这是因为每年都有被审计的国有企业存在项目无法或没有投入使用的情况，这将导致资金的浪费，影响项目真正发挥作用。项目建造中存在问题数量的权重最低，为0.2841，这是因为虽然该情况时有发生，但其影响程度低于项目未按规定招标和项目无法或没有投入使用，因而赋予的权重最低。

在政策落实体系中，政策落实不到位数量的权重最高，为0.3823，因为2015—2018年，每年都有大量的国有企业出现政策落实不到位这一情况，在执行政策过程中存在问题，致使政策未完全落实，影响重大且广泛，因此赋予的权重最高。政策制定不合理数量的权重稍低于政策落实不到位数量的权重，为0.3546，因为政策制定不合理会影响国有企业的政策执行过程，政策制定不精准，可能使政策无法实施，因而赋予的权重较高。政策缺失或多余数量的权重最低，为0.2631，这是因为2015—2017年，被审计的国有企业发生该问题的数量较少，而且2018没有出现这一问题，因而赋予的权重最低。

在体制机制运行体系中，决策机制存在问题数量的权重最高，为0.4023，因为决策机制存在问题表明企业的决策过程、决策规划等方面存在问题，这会影响后续的资金使用和项目建造过程，造成资金浪费、项目延缓等重大问题，而且决策机制存在问题的数量在2015—2018年都较多，因此赋予最高权重。执行机制存在问题数量的权重次之，为0.3112，因为执行机制存在问题是指政策执行过程不到位，这将会导致资金闲置、违规使用或套取资金、项目资金拨付慢等问题，进而逐渐影响政策实施效果。监督机制存在问题数量的权重最低，为0.2865，因为虽然在被审计的国有企业中，这种现象时有发生，但是每年发生的问题数量少于决策机制和执行机制存在问题的数量。

在重大违纪违法体系中，涉案资金额、涉案人数、涉案单位数的权重相近，分别为0.3324、0.3322和0.3354。这是因为，无论是违法违纪金额，还是涉案人数，抑或涉案单位数，这些指标均涉及违法犯罪行为，因而均较为重要，赋予的权重非常近似。

2. 审计机关对国有企业高质量发展监督绩效评价指标体系

如表 6-33 所示，在审计机关对国有企业高质量发展监督绩效评价指标体系中，经专家协商达成一致意见，即资金使用审计规范体系、项目建设和运营审计优化体系、政策落实审计纠正体系、体制机制审计完善体系、重大违纪违法审计查处体系都同等重要，应当赋予相同的权重，即 0.2000。

在资金使用审计规范体系中，盘活资金的数量的权重最高，为 0.4958，因为盘活资金是针对资金闲置的整改措施，该措施的目标是激活闲置资金，而资金闲置属于屡审屡犯现象，且整改难度较大，因而其整改措施应赋予最高权重。归还与规范违规使用或征收资金的数量的权重次高，为 0.3345，因为违规使用或征收资金的问题较多，而归还与规范违规使用或征收资金是针对违规使用或征收资金的整改措施，如果该整改措施实施恰当，将会减少资金损失，促进资金使用的规范性，因此赋予次高权重。返还骗取或虚列资金的数量的权重最低，为 0.1697，因为返还骗取或虚列资金是骗取或虚列资金额的整改措施，虽然骗取或虚列资金的数量较多，但其整改难度相对前述两项整改措施较低，因此赋予的权重不高。

在项目建设和运营审计优化体系中，解决项目建造中存在问题的数量的权重最高，为 0.4096，因为解决项目建造中存在的问题是审计针对项目建造中存在问题提出的整改措施，项目建造中存在问题是指项目未按设计施工、偷工减料、未取得施工许可证即开工建设、项目管理不善、项目停建等，其数量较多，且整改难度较大，因而赋予权重最高。追究相关责任人的数量的权重次之，为 0.3423，追究相关责任人是审计针对项目未按规定招标提出的整改措施，而未按规定招标发生的概率较高，因而专家赋予该措施的权重较高。加速项目使用的数量的权重最低，为 0.2481，加速项目使用是审计针对项目无法或没有投入使用提出的整改措施，而项目无法或没有投入使用发生的概率较低，因而赋予该措施的权重较低。

在政策落实审计纠正体系中，修订完善相关制度数量的权重最高，为 0.4596，修订完善相关制度是审计针对政策制定不合理的整改措施，该措施的目标是对不合理政策进行完善，由于修订完善相关制度的难度较大，且是一项较为根本性的整改措施，因此专家赋予的权重最高。重新落实政策数量的权重次之，为 0.3102，重新落实政策是审计针对政策落实不到位提出的整改措施，该措施的目标是对落实不到位的政策实施再次落实，因为政策落实不到位问题的数量较多,影响较广泛,因此赋予其的权重较高。制定或减少相应政策的权重最低,为 0.2302,制定或减少相应政策是审计针对政策缺失或多余提出的整改措施,该措施的目标是有针对性地弥补政策缺失或多余的缺陷,因为政策缺失或多余的权重相对低于前述两项问题,因而赋予其整改措施的权重也不高。

在体制机制审计完善体系中,重新或加快执行工作数量的权重最高,为 0.4298,重新或加快执行工作是审计针对执行机制存在问题提出的整改措施,该措施的目标是采取更快、更优的行动以促进国有企业高质量发展,因为执行机制存在问题的数量最多,影响较大较广泛,且导致舞弊的概率最大,因而对其整改措施赋予最高权重。改善决策过程或制度数量和加强监督机制的数量权重相近,分别为 0.2945 和 0.2757。其中,改善决策过程或制度是审计针对决策机制存在问题提出的整改措施,该措施的目标是通过完善决策过程来促进国有企业高质量发展;加强监督机制是审计针对监督机制存在问题提出的整改措施,该措施目标是利用监督机制控制可能发生的风险,由于上述两项问题导致舞弊的概率相近,影响范围也相似,因而赋予的权重较为接近。

在重大违纪违法审计查处体系中,由于在重大违纪违法体系中涉案资金额、涉案人数、涉案单位数的权重相近,而政府部门处理的涉案资金、政府部门处理的人数、政府部门处理的单位数分别是审计针对涉案资金额、涉案人数、涉案单位数提出的整改措施,因此这些整改措施的权重也相近,分别为 0.3314、0.3263 和 0.3423。

(二) 变权分析

常权指标数据范围为 2015—2018 年。而变权是在常权基础上用真实数据修正而来,因此变权指标数据的范围也为 2015—2018 年(见表 6-34)。

表 6-34　　　　　　国有企业高质量发展政策实施效果变权权重

准则层	2015 年	2016 年	2017 年	2018 年	指标层	2015 年	2016 年	2017 年	2018 年
资金使用体系	0.2160	0.2119	0.2000	0.1905	资金闲置问题数	0.2117	0.5113	0.1372	0.3811
					违规使用或征收资金问题数	0.4907	0.1985	0.2091	0.4010
					骗取或虚列资金问题数	0.2976	0.2903	0.6536	0.2178

续表

准则层	2015年	2016年	2017年	2018年	指标层	2015年	2016年	2017年	2018年
项目建设和运营体系	0.1956	0.2119	0.2000	0.2024	项目无法或没有投入使用数量	0.3704	0.4368	0.1158	0.3037
					项目未按规定招标数量	0.3884	0.4799	0.2225	0.3970
					项目建造中存在问题数量	0.2412	0.0833	0.6617	0.2993
政策落实体系	0.1570	0.1797	0.2000	0.2024	政策制定不合理数量	0.5336	0.2041	0.2419	0.4683
					政策落实不到位数量	0.2690	0.3511	0.5631	0.3134
					政策缺失或多余数量	0.1974	0.4448	0.1951	0.2183
体制机制运行体系	0.2154	0.1845	0.2000	0.2024	执行机制存在问题数量	0.3412	0.2434	0.3057	0.3611
					决策机制存在问题数量	0.3648	0.4290	0.4206	0.3890
					监督机制存在问题数量	0.2940	0.3276	0.2737	0.2499
重大违纪违法体系	0.2160	0.2119	0.2000	0.2024	涉案资金额	0.6199	0.1567	0.3858	0.2245
					涉案人数	0.2378	0.4926	0.2753	0.2602
					涉案单位数	0.1423	0.3508	0.3389	0.5153

1. 国有企业高质量发展政策实施效果变权权重

在资金使用体系中，准则层的常权权重为0.2000，2015—2018年的变权权重分别为0.2160、0.2119、0.2000和0.1905，这表明准则层权重在2015—2018年根据真实数据发生了变化。在指标层，骗取或虚列资金问题数的变权权重在2015年和2016年排名次高，而在2017年排名最高，其排序整体上与该指标的常权权重一致，2015—2018年变权权重分别为0.2976、0.2903、0.6536和0.2178。违规使用或征收资金问题数的变权权重在2015年和2018年达到最高，分别为0.4907和0.4010，而在2016年和2017年变权权重分别为0.1985和0.2091。违规使用或征收资金问题数的常权权重为0.3311，这表明各年度的变权权重根据真实值发生了变化。资金闲置问题数的变权权重除2016年最高外，其余年份排名均靠后或最后，其排序与常权权重大体上一致，2015—2018年变权权重分别为0.2117、0.5113、0.1372和0.3811。

在项目建设和运营体系中，准则层的常权权重为0.2000，2015—2018年的变权权重分别为0.1956、0.2119、0.2000和0.2024，表明准则层权重在2015—2018年根据真实数据发生了变化。在指标层，项目未按规定招标数量的变权权重除2017年次高外，其余年份排名均最高，其排序与常权权重一致，2015—2018年变权权重分别为0.3884、0.4799、0.2225和0.3970。项目无法或没有投入使用数量的变权权重在2015年、2016年和2018年排名次高（略低于项目未按规定招标数量的权重），分别为0.3704、0.4368和0.3037，而在2017年排名最低，为0.1158。这表明项目无法或没有投入使用和项目未按规定招标这两个指标都较为重要，但后者重要程度要高于前者。项目建造中存在问题数量的变权权重在2015—2018年分别为0.2412、0.0833、0.6617和0.2993，其中除了2017年达到最高外，其余年份均排名最后，与该指标的常权权重排序一致。

在政策落实体系中，准则层的常权权重为0.2000，2015—2018年的变权权重分别为0.1570、0.1797、0.2000和0.2024，这表明准则层变权权重在2015—2018年根据真实数据发生了变化。在指标层，政策缺失或多余数量的变权权重除2016年最高外，其余年份排名最后，其排序与常权权重一致，2015—2018年分别为0.1974、0.4448、0.1951和0.2183，而2016年的变权权重中政策制定不合理数量的变权权重最低，说明2016年政策制定不合理数量的真实数据使指标权重发生较大变化。2015年和2018年的变权权重中政策制定不合理数量最高，分别为0.5336和0.4683；2017年的变权权重中政策落实不到位数量最高，为0.5631。这两个指标的常权权重也是分列第二和第一，分别为0.3546和0.3823，这表明政策制定不合理数量与政策落实不到位数量这两个指标最为重要。

在体制机制运行体系中，准则层的常权权重为0.2000，2015—2018年的变权权重分别为0.2154、0.1845、0.2000和0.2024，这表明准则层权重在2015—2018年根据真实数据发生了变化。在指标层，2015—2018年的变权权重中，决策机制存在问题数量最高，分别为0.3648、0.4290、0.4206和0.3890，与常权权重排名完全一致。这表明决策机制存在问题数量这一指标最为重要。2015年、2017年和2018年的变权权重中，执行机制存在问题数量次高，分别为0.3412、0.3057和0.3611，与常权权重排名一致。而在2016年的变权权重中，监督机制存在问题数量次高，说明2016年监督机制存在问题数量的真实数据使指标权重发生较大变化。

在重大违纪违法体系中，准则层的常权权重为0.2000，2015—2018年的变权权重分别为0.2160、0.2119、0.2000和0.2024，这表明准则层权重在2015—2018年根据真实数据发生了变化。另外，2015—2018年的变权权重排名均与常权权重排名存在不同程度的差异，说明在重大违纪违法体系中，真实数据对指标权重的影响程度较大。但总体而言，涉案资金额、涉案人数、涉案单位数的变权权重较为接近，这表明这些指标的重要程度总体差异不大。

2. 审计机关对国有企业高质量发展监督绩效变权权重

在资金使用审计规范体系中，准则层的常权权重为 0.2000，2015—2018 年的变权权重分别为 0.1649、0.2104、0.1791 和 0.2483（见表 6-35），这表明准则层权重根据真实数据发生了变化。在指标层，2015—2018 年的变权权重中，盘活资金的数量的权重最高，分别为 0.5170、0.4636、0.5996 和 0.3610，与其常权权重排名一致，这表明盘活资金数量这一指标较为重要。2015 年、2016 年和 2017 年的变权权重中，归还与规范违规使用或征收资金的数量的变权权重次高，分别为 0.2880、0.3760 和 0.3338，与其常权权重排名一致，而 2018 年的变权权重中，返还骗取或虚列资金的数量的权重次高，为 0.3417，这表明各年度的变权权重根据真实值发生了变化。返还骗取或虚列资金的数量在 2015—2017 年的变权权重中排名最低，分别为 0.1949、0.1604 和 0.0667，与其常权权重排名一致，而 2018 年的变权权重中，归还与规范违规使用或征收资金的数量的权重最低，为 0.2974，表明 2018 年的变权权重根据真实值发生了变化。

在项目建设和运营审计优化体系中，准则层的常权权重为 0.2000，2015—2018 年的变权权重分别为 0.2645、0.2346、0.2388 和 0.1685，这表明

表 6-35　　　审计机关对国有企业高质量发展监督绩效变权权重

准则层	2015 年	2016 年	2017 年	2018 年	指标层	2015 年	2016 年	2017 年	2018 年
资金使用审计规范体系	0.1649	0.2104	0.1791	0.2483	盘活资金的数量	0.5170	0.4636	0.5996	0.3610
					归还与规范违规使用或征收资金的数量	0.2880	0.3760	0.3338	0.2974
					返还骗取或虚列资金的数量	0.1949	0.1604	0.0667	0.3417
项目建设和运营审计优化体系	0.2645	0.2346	0.2388	0.1685	加速项目使用的数量	0.1738	0.0951	0.4864	0.2697
					追究相关责任人的数量	0.4233	0.1519	0.3851	0.3173
					解决项目建造中存在问题的数量	0.4028	0.7531	0.1285	0.4130
政策落实审计纠正体系	0.1675	0.1630	0.1999	0.2483	修订完善相关制度数量	0.4738	0.4452	0.6378	0.2478
					重新落实政策数量	0.2004	0.2487	0.2386	0.5818
					制定或减少相应政策数量	0.3257	0.3061	0.1236	0.1704

续表

准则层	2015年	2016年	2017年	2018年	指标层	2015年	2016年	2017年	2018年
体制机制审计完善体系	0.1634	0.1752	0.1703	0.1687	重新或加快执行工作数量	0.4444	0.4083	0.4210	0.4434
					改善决策过程或制度数量	0.2672	0.3369	0.2834	0.2927
					加强监督机制的数量	0.2885	0.2548	0.2956	0.2639
重大违纪违法审计查处体系	0.2396	0.2169	0.2119	0.1661	政府部门处理的涉案资金	0.1244	0.5636	0.2811	0.4296
					政府部门处理的人数	0.3009	0.1875	0.3794	0.3719
					政府部门处理的单位数	0.5747	0.2489	0.3395	0.1985

准则层权重根据真实数据发生了变化。在指标层，2016年和2018年的变权权重中，解决项目建造中存在问题的数量和追究相关责任人的数量分列第一和第二，与常权权重排名一致，而在2015年中，追究相关责任人的数量和解决项目建造中存在问题的数量变权权重分列第一和第二，在2017年中，加速项目使用的数量和追究相关责任人的数量变权权重分列第一和第二，这表明各年度的变权权重根据真实值发生了变化。除2017年外，其余3年加速项目使用的数量的变权权重均为最低，说明总体上符合常权权重打分中因为该指标发生的概率较低，因而赋予该措施的权重较低的说法。

在政策落实审计纠正体系中，准则层的常权权重为0.2000，2015—2018年的变权权重分别为0.1675、0.1630、0.1999和0.2483，这表明准则层权重根据真实数据发生了变化。指标层中，经过变权处理后，除了2017年的变权权重指标排序与常权权重的指标排序完全一致外，2015年、2016年和2018年的变权权重指标排序均与常权权重的指标排序有所区别。这说明在政策落实审计纠正体系中，真实数据对指标权重的影响程度较大。修订完善相关制度数量的变权权重除2018年次高外，其余年份排名均最高，2015—2018年分别为0.4738、0.4452、0.6378和0.2478。这表明修订完善相关制度数量这一指标比较重要。

在体制机制审计完善体系中，准则层的常权权重为0.2000，2015—2018年的变权权重分别为0.1634、0.1752、0.1703和0.1687，这表明准则层权重根据真实数据发生了变化。指标层中，2015—2018年的变权权重中，重新或加快执行工作数量的权重最高，分别为0.4444、0.4083、0.4210和0.4434，且重新或加快执行工作数量的常权权重也最高，为0.4298，两者一致。总体而言，改善决策过程或制度数量和加强监督机制的数量的变权权重相差不大，总体符合常权权重打分中上述两项指标重要性差距不大的说法。

在重大违纪违法审计查处体系中,准则层的常权权重为 0.2000,2015—2018 年的变权权重分别为 0.2396、0.2169、0.2119 和 0.1661,这表明准则层权重根据真实数据发生了变化。指标层中,经过变权处理后,2015—2018 年的变权权重指标排序均与常权权重的指标排序有所区别。这说明在重大违纪违法审计查处体系中,真实数据对指标权重的影响程度较大。2015 年的变权权重中,政府部门处理的单位数的权重最高,为 0.5747,与常权权重的排名一致。而在 2016 年和 2018 年中,政府部门处理的涉案资金的变权权重最高,分别为 0.5636 和 0.4296,在 2017 年,政府部门处理的人数的变权权重最高,为 0.3794。

三、国有企业高质量发展审计案例应用

(一)描述性统计分析

从国有企业高质量发展政策实施效果评价准则层的描述性统计分析可知(见表 6-36),2015—2018 年,重大违纪违法体系的平均值最大,为 0.2076,最大值与最小值之间相差 0.0160,小于其余 4 项体系,表明重大违纪违法体系在 4 年间的实施效果较好,且各年份间的实施效果增长稳定性较高;资金使用体系的平均值次之,为 0.2046,最大值与最小值之间相差 0.0255,表明资金使用体系的实施效果增长稳定性情况略差于重大违纪违法体系,各年间存在一定的差距;项目建设和运营体系的平均值稍低,为 0.2025,最大值与最小值之间相差 0.0163,表明虽然项目建设和运营体系在 4 年间的实施效果不算出色,但其增长稳定性情况较好;体制机制运行体系的平均值较低,为 0.2006,最大值与最小值之间相差 0.0309,表明体制机制运行体系在这 4 年间的实施效果绩效增长稳定性情况略差于上述 3 项体系;政策落实体系的平均值最低,为 0.1848,最大值与最小值之间相差 0.0454,表明政策落实体系各年份间的差距较大,实施效果增长稳定性情况低于上述 4 项体系。从标准差方面看,资金使用体系、项目建设和运营体系、政策落实体系、体制机制运行体系和重大违纪违法体系的标准差值均小于 0.0200。其中,资金使用体系、项目建设和运营体系以及重大违纪违法体系的标准差值介于 0.0050 与 0.0100(含)之间,而政策落实体系和体制机制运行体系的标准差值介于 0.0100(不含)与 0.0200 之间。

表 6-36　国有企业高质量发展政策实施效果评价体系的准则层描述性统计分析

准则层	最大值	最小值	平均值	标准差
资金使用体系	0.2160	0.1905	0.2046	0.0100
项目建设和运营体系	0.2119	0.1956	0.2025	0.0060
政策落实体系	0.2024	0.1570	0.1848	0.0183
体制机制运行体系	0.2154	0.1845	0.2006	0.0110
重大违纪违法体系	0.2160	0.2000	0.2076	0.0066

从审计署对国有企业高质量发展监督绩效评价准则层的描述性统计分析可知（见表6-37），2015—2018年，项目建设和运营审计优化体系的平均值最大，为0.2266，最大值与最小值之间相差0.0960，表明项目建设和运营审计优化体系的绩效增长情况在这4年间存在一定的差距，某些年份绩效增长较好，而某些年份绩效增长较差；重大违纪违法审计查处体系的平均值次之，为0.2086，最大值与最小值之间相差0.0735，表明重大违纪违法审计查处体系的绩效增长稳定性情况略好于项目建设和运营审计优化体系；资金使用审计规范体系的平均值稍低，为0.2007，最大值与最小值之间相差0.0834，表明资金使用审计规范体系的绩效增长情况在这4年间也存在一定的差距；政策落实审计纠正体系的平均值较低，为0.1947，最大值与最小值之间相差0.0853，表明政策落实审计纠正体系的绩效增长稳定性略好于项目建设和运营审计优化体系，但比其他3项体系差；体制机制审计完善体系的平均值最低，为0.1694，最大值与最小值之间相差0.0118，表明体制机制审计完善体系的绩效增长稳定性高于上述4项体系。从标准差方面看，资金使用审计规范体系、项目建设和运营审计优化体系以及政策落实审计纠正体系的标准差值均大于0.0300，而体制机制审计完善体系和重大违纪违法审计查处体系均小于0.0300。

表 6-37　审计署对国有企业高质量发展监督绩效评价体系的准则层描述性统计分析

准则层	最大值	最小值	平均值	标准差
资金使用审计规范体系	0.2483	0.1649	0.2007	0.0320
项目建设和运营审计优化体系	0.2645	0.1685	0.2266	0.0354
政策落实审计纠正体系	0.2483	0.1630	0.1947	0.0341
体制机制审计完善体系	0.1752	0.1634	0.1694	0.0042
重大违纪违法审计查处体系	0.2396	0.1661	0.2086	0.0267

(二) 国有企业高质量发展政策实施效果得分分析

1. 国有企业高质量发展政策实施效果常权得分分析

如表 6-38 所示,2015—2018 年,国有企业高质量发展政策实施效果评价体系的常权得分分别为 0.5194、0.5001、0.7247 和 0.8382,变权得分分别为 0.4763、0.4119、0.6064 和 0.8176,变权得分在不同程度上有所下降,但排名并未发生变化。这表明得分在真实数值的调整下发生了改变,但改变的幅度并未使排名发生变化。

表 6-38　　国有企业高质量发展政策实施效果得分

年份	2015	2016	2017	2018
指标体系常权得分				
资金使用体系	0.1819	0.1185	0.1577	0.0878
项目建设和运营体系	0.0801	0.1056	0.1455	0.1802
政策落实体系	0.0362	0.0670	0.1572	0.1894
体制机制运行体系	0.0995	0.0723	0.1162	0.2000
重大违纪违法体系	0.1217	0.1367	0.1481	0.1808
综合	0.5194	0.5001	0.7247	0.8382
排名	3	4	2	1
指标体系变权得分				
资金使用体系	0.1888	0.0984	0.1246	0.0724
项目建设和运营体系	0.0759	0.0819	0.0786	0.1820
政策落实体系	0.0205	0.0417	0.1417	0.1883
体制机制运行体系	0.1069	0.0630	0.1161	0.2024
重大违纪违法体系	0.0841	0.1270	0.1455	0.1726
综合	0.4763	0.4119	0.6064	0.8176
排名	3	4	2	1
常权变权得分变动				
资金使用体系	3.76%	-16.92%	-20.99%	-17.57%
项目建设和运营体系	-5.20%	-22.47%	-46.00%	1.01%
政策落实体系	-43.36%	-37.78%	-9.83%	-0.62%
体制机制运行体系	7.51%	-12.91%	-0.10%	1.19%
重大违纪违法体系	-30.90%	-7.09%	-1.77%	-4.56%

具体而言，国有企业高质量发展政策实施效果提升最低的年份为2016年。由表6-38可知，2016年政策落实体系较2015年有了明显的提升，为0.0670，表明2016年的政策落实效果优于2015年。此外，项目建设和运营体系与重大违纪违法体系方面的效果提升低于政策落实体系，分别为0.1056和0.1367。但2016年资金使用和体制机制运行体系的实施效果相较2015年而言，并未得到提升，反而有一定程度的下降，表明2016年资金使用和体制机制运行方面的实施情况存在一些问题。

随着国有企业高质量发展工作的不断深入，2017年和2018年的实施效果相较前两年而言，都有了明显的提升。其中，在2017年中，资金使用体系的实施效果提升最为明显，为0.1577，表明该年在资金使用方面实施良好。此外，政策落实体系、重大违纪违法体系、项目建设和运营体系、体制机制运行体系的效果提升虽然低于资金使用体系，但都有不同程度的提升，且提升值高于以前年度，表明在前述年份的"问题—整改"这一循环流程下，资金整改、政策落实、违纪违法整改、项目建设和运营优化以及体制机制完善初具成效。而在2018年，国有企业高质量发展实施效果有了进一步的提升，其中，体制机制运行体系的实施效果提升最为明显，为0.2000，项目建设和运营体系、政策落实体系和重大违纪违法体系的实施效果也有了较大程度的提升，表明国家针对国有企业高质量发展政策制定、实施和整改等方面的处理日益成熟。

2. 国有企业高质量发展政策实施效果变权得分分析

为更好地评价国有企业高质量发展政策实施效果，本书对指标体系常权得分进行了变权处理，具体得分结果和常变权得分变动如表6-38所示。根据表6-38可知，总体而言，通过变权处理后，各年份中各体系的得分均呈不同程度的上升和下降。其中，得分变动较为明显的是2016年，在该年中，所有体系的得分均有所下降，特别是政策落实体系，其得分下降幅度最大，为-37.78%；项目建设和运营体系的下降幅度略大，为-22.47%；而资金使用体系、体制机制运行体系和重大违纪违法体系下降幅度稍低，分别为-16.92%、-12.91%和-7.09%。以上结果表明所有体系通过变权处理后均受到不同程度的"惩罚"。

在2017年中，除体制机制运行体系得分无明显变化以外，其他体系得分均呈不同程度的下降。其中，项目建设和运营体系的得分下降幅度最大，为

-46.00%；资金使用体系的得分下降20.99%；政策落实体系和重大违纪违法体系的得分下降幅度较小，分别为-9.83%和-1.77%。但这4项体系整体上下降幅度低于2016年，表明除体制机制运行体系以外，其他体系通过变权处理后均受到不同程度的"惩罚"。

而在2018年中，通过变权处理后各体系得分的变化幅度整体上低于其他年份。其中，资金使用体系得分下降幅度最大，为-17.57%；政策落实体系和重大违纪违法体系的得分略有下降，分别为-0.62%和-4.56%；而项目建设和运营体系与体制机制运行体系的得分略有上升，分别为1.01%和1.19%。以上结果表明随着国有企业高质量发展政策的实施，相关部门在长年累月的工作中已经积累了较为丰富的经验，这也正是2018年经过变权处理后的各体系得分的变化幅度低于以前年度的主要原因。

（三）审计署对国有企业高质量发展监督绩效得分分析

1. 审计署对国有企业高质量发展监督绩效常权得分分析

如表6-39所示，2015—2018年，审计署对国有企业高质量发展监督绩效评价体系的常权得分分别为0.1995、0.1956、0.2011和0.3524，变权得分分别为0.1862、0.1405、0.1259和0.3375。变权得分在不同程度上有所上升或下降，并且排名也发生一定变化。这表明得分在真实数值的调整下发生了改变，并且改变的幅度引起了排名变化。

具体而言，2016年，审计署对国有企业高质量发展监督绩效的常权综合得分排名最后。首先，资金使用审计规范体系较2015年有了明显的提升，为0.0511，表明2016年的资金使用审计规范绩效明显优于2015年。其次，体制机制审计完善体系的得分略有提升，为0.0145。最后，项目建设和运营审计优化体系、政策落实审计纠正体系和重大违纪违法审计查处体系的得分都有不同程度的下降，分别为0.0729、0.0000和0.0572，表明国家审计在该年中对项目建设和运营、政策落实和重大违纪违法方面的监督力度不够强。

随着国有企业高质量发展工作的不断深入、国有企业高质量发展政策跟踪审计经验的不断积累，其监督绩效在不断提升，2017年和2018年的监督绩效相较前两年而言，有了明显的提升。在2017年中，首先，项目建设和运营审计优化体系的监督绩效提升最为明显，为0.0771，表明项目建设和运营方面的审计监督力度提升明显。其次，政策落实审计纠正体系和重大违纪违法

第六章 国家治理视角下国家重大政策跟踪审计评价体系应用

表 6-39　审计署对国有企业高质量发展监督绩效得分

年份	2015	2016	2017	2018
指标体系常权得分				
资金使用审计规范体系	0.0055	0.0511	0.0196	0.1321
项目建设和运营审计优化体系	0.1013	0.0729	0.0771	0.0224
政策落实审计纠正体系	0.0086	0.0000	0.0416	0.1555
体制机制审计完善体系	0.0037	0.0145	0.0095	0.0227
重大违纪违法审计查处体系	0.0803	0.0572	0.0532	0.0196
综合得分	0.1995	0.1956	0.2011	0.3524
排名	3	4	2	1
指标体系变权得分				
资金使用审计规范体系	0.0044	0.0521	0.0069	0.1448
项目建设和运营审计优化体系	0.1232	0.0351	0.0318	0.0196
政策落实审计纠正体系	0.0047	0.0000	0.0252	0.1446
体制机制审计完善体系	0.0028	0.0119	0.0080	0.0191
重大违纪违法审计查处体系	0.0511	0.0414	0.0540	0.0094
综合得分	0.1862	0.1405	0.1259	0.3375
排名	2	3	4	1
常权变权得分变动				
资金使用审计规范体系	-20.00%	1.93%	-64.83%	9.57%
项目建设和运营审计优化体系	21.60%	-51.79%	-58.77%	-12.79%
政策落实审计纠正体系	-45.89%	—	-39.40%	-6.98%
体制机制审计完善体系	-25.87%	-17.77%	-16.38%	-16.03%
重大违纪违法审计查处体系	-36.30%	-27.67%	1.48%	-51.84%

审计查处体系在该年中得分较高，分别为 0.0416 和 0.0532，但重大违纪违法审计查处体系的得分略微低于 2016 年，表明政策落实审计纠正体系较 2016 年有较大程度的提升，而重大违纪违法审计查处体系在 2017 年未能实现突破。最后，资金使用审计规范体系和体制机制审计完善体系的得分较低，分别为 0.0196 和 0.0095，得分均低于 2016 年，表明上述 2 项体系较 2016 年审计监督绩效提升较低。而在 2018 年，审计署对国有企业高质量发展监督绩效提升最为显著，由表 6-39 可知，资金使用审计规范体系和政策落实审计纠正体系的得分均大于 0.1000，表明资金使用和政策落实方面的审计监督力度

较 2016 年提升明显。而重大违纪违法审计查处体系的得分为该年最低，为 0.0196，表明该年在重大违纪违法方面的审计监督力度较 2016 年提升较弱。综上可知，随着国有企业高质量发展政策跟踪审计制度的不断完善和审计人员对国有企业高质量发展政策跟踪审计经验的不断积累，审计人员已具备充足的能力来处理国有企业高质量发展政策跟踪审计工作中遇到的问题。

2. 审计署对国有企业高质量发展监督绩效变权得分分析

本书对审计署对国有企业高质量发展监督绩效得分进行变权处理，汇总得到审计署对国有企业高质量发展监督绩效变权得分和准则层常变权得分变化情况（见表 6-39）。总体而言，通过变权处理后，各年份中各体系的得分均呈不同程度的上升和下降。其中，得分变动较为明显的是 2017 年，在该年中，资金使用审计规范体系与项目建设和运营审计优化体系得分下降幅度较大，分别为 -64.83% 和 -58.77%；政策落实审计纠正体系和体制机制审计完善体系得分下降幅度略低于上述 2 项，分别为 -39.40% 和 -16.38%；而重大违纪违法审计查处体系经变权处理后得分略有上升，即受到一定程度的"激励"。

在 2016 年中，项目建设和运营审计优化体系经变权处理后得分下降较为明显，为 -51.79%；体制机制审计完善体系和重大违纪违法审计查处体系较项目建设和运营审计优化体系而言，下降幅度略低，分别为 -17.77% 和 -27.67%；而资金使用审计规范体系经变权处理后得分略有上升，为 1.93%，即受到一定程度的"激励"。整体上，2016 年的常变权得分变动低于 2015 年。

在 2018 年中，除资金使用审计规范体系经变权处理后得分有所上升外，其余 4 项体系均有所下降，即受到不同程度的"惩罚"。其中，重大违纪违法审计查处体系下降幅度最大，为 -51.84%；体制机制审计完善体系次之，为 -16.03%；项目建设和运营审计优化体系与政策落实审计纠正体系稍低，分别为 -12.79% 和 -6.98%。随着国有企业高质量发展政策跟踪审计工作的不断深入，审计机关已积累了丰富的国有企业高质量发展政策跟踪审计经验，因此，2018 年各项准则层常权得分经变权处理后，变化幅度明显小于前述年份。

（四）国有企业高质量发展政策跟踪审计综合得分分析

为综合分析国有企业高质量发展政策实施效果和审计署对国有企业高质量发展监督绩效，本书将前述各年份、各准则层的得分相加汇总得到国有企业高质量发展政策实施效果综合得分比较和审计署对国有企业高质量发展监督绩效综合得分比较,并绘制了国有企业高质量发展政策实施效果评价指标常权、变权得分情况和审计署对国有企业高质量发展监督绩效评价指标常权、变权得分情况,以此更为直观地描述审计署对国有企业高质量发展政策跟踪审计评价综合得分结果。

如表6-40所示,国有企业高质量发展政策实施效果评价指标体系的常权综合得分最高年份是2018年,为0.8382;得分最低的年份是2016年,为0.5001。其常权综合得分变化趋势为先下降后上升,其中2016—2017年的上升幅度最大,2017—2018年的上升幅度相较之前有所减小。在变权综合得分方面,得分最高的年份是2018年,为0.8176,表明2018年较2017年国有企业高质量发展政策实施效果提升最高;得分最低的年份是2016年,为0.4119,表明2016年较2015年国有企业高质量发展政策实施效果提升相对较弱。其变权综合得分变化趋势为先下降后上升,其中2017—2018年的上升幅度最大。同时,国有企业高质量发展政策实施效果评价指标体系的常权综合得分与变权综合得分变化幅度有所差别,但差别都不是非常大,其中2016年和2017年下降幅度较大,分别为-17.64%和-16.32%;而2015年和2018年下降幅度较小,分别为-8.30%和-2.46%。这说明,本书采用变权处理对专家打分法获取的国有企业高质量发展政策跟踪审计实施效果准则层及指标层的权重进行适当修正是有效的,使获取的得分更贴近真实情况。

表6-40　　　　国有企业高质量发展政策实施效果综合得分比较

年份	2015	2016	2017	2018
常权综合得分	0.5194	0.5001	0.7247	0.8382
变权综合得分	0.4763	0.4119	0.6064	0.8176
变动比较	-8.30%	-17.64%	-16.32%	-2.46%

图6-10是根据表6-40中的常权综合得分和变权综合得分的累加值得到。从常权综合得分的累加值可知,2015年相较于2014年增加了0.5194,2016年相较于2014年增加了1.0195,2017年相较于2014年增加了1.7442,2018年相较于2014年增加了2.5824;从变权综合得分的累加值可知,2015年相较于2014年增加了0.4763,2016年相较于2014年增加了0.8882,2017年相较于2014年增加了1.4946,2018年相较于2014年增加了2.3122。由此可知,随着国有企业高质量发展工作的不断深入,国有企业高质量发展政策

实施效果不断提升,且当年国有企业高质量发展政策实施效果都较上年提升幅度有所上升。

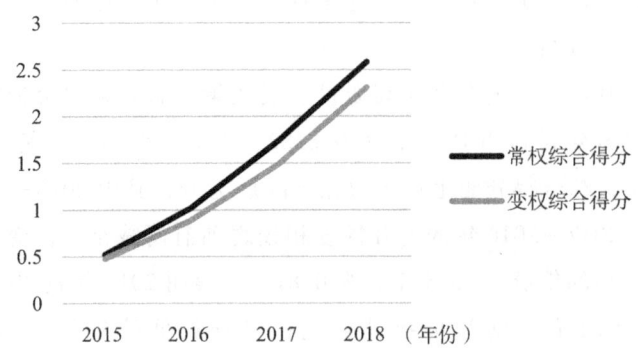

图 6-10　国有企业高质量发展政策实施效果评价指标常权、变权得分情况

在审计署对国有企业高质量发展监督绩效评价指标的常权综合得分方面,得分最高的年份是 2018 年,为 0.3524;得分最低的年份是 2016 年,为 0.1956。其常权综合得分变化趋势为先下降后上升,其中,2017—2018 年的上升幅度最为明显。在变权综合得分方面,得分最高的年份是 2018 年,为 0.3375,表明 2018 年较 2017 年审计署对国有企业高质量发展监督绩效提升最高;得分最低的年份是 2017 年,为 0.1259,表明 2017 年较 2016 年审计署对国有企业高质量发展监督绩效提升相对较弱。其变权综合得分的变化趋势为先下降后上升,其中只有 2017—2018 年的综合得分是上升的。同时,审计署对国有企业高质量发展监督绩效评价指标的常权综合得分与变权综合得分存在一定程度的变化,其中 2017 年的变权综合得分较常权综合得分下降幅度最大,为 -37.39%,致使排名发生变化;2016 年的变权综合得分较常权综合得分下降幅度低于 2017 年,为 -28.17%;而 2015 年和 2018 年的变权综合得分较常权综合得分下降幅度很小,分别为 -6.67% 和 -4.23%,基本无太大变化。这说明本书采用变权处理对专家打分法获取的审计机关对国有企业高质量发展监督绩效准则层及指标层的权重进行适当修正是有效的,这么做能使获取的得分更贴近真实情况。

图 6-11 是根据表 6-41 中的常权综合得分和变权综合得分的累加值得到。从常权综合得分的累加值可知,2015 年相较于 2014 年增加了 0.1995,2016 年相较于 2014 年增加了 0.3951,2017 年相较于 2014 年增加了 0.5962,

第六章 国家治理视角下国家重大政策跟踪审计评价体系应用

表6-41　审计署对国有企业高质量发展监督绩效综合得分比较

年份	2015	2016	2017	2018
常权综合得分	0.1995	0.1956	0.2011	0.3524
变权综合得分	0.1862	0.1405	0.1259	0.3375
得分变动	-6.67%	-28.17%	-37.39%	-4.23%

2018年相较于2014年增加了0.9486；从变权综合得分的累加值可知，2015年相较于2014年增加了0.1862，2016年相较于2014年增加了0.3267，2017年相较于2014年增加了0.4526，2018年相较于2014年增加了0.7901。由此可知，随着国有企业高质量发展工作的不断深入，审计机关更能把握如何更好地开展国有企业高质量发展政策跟踪审计工作，其监督绩效在2018年得到了极大的提升。

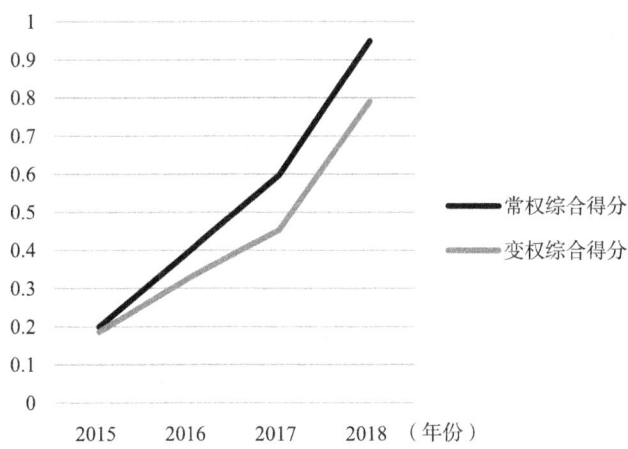

图6-11　审计署对国有企业高质量发展监督绩效评价指标常权、变权得分情况

第七章

国家治理视角下重大政策跟踪审计的经济后果

第一节 国家治理视角下重大政策审计与预算绩效管理[①]

2018年，中共中央、国务院颁布了《关于全面实施预算绩效管理的意见》（以下简称《预算绩效管理意见》），将我国的预算管理目标由约束政府不合法、不真实支出，转变为约束政府无效或低效支出，体现了国家治理体系和治理能力现代化。为了保障这一制度的展开，重大政策审计逐步开展了对预算编制绩效、预算执行绩效及预算考核绩效的监督。2019年，党的十九届四中全会创新性提出，"我国国家治理体系和治理能力是中国特色社会主义制度及其执行能力的集中体现"。同时，党的十九届四中全会还提出，"推动经济高质量发展""更好发挥政府作用，全面贯彻新发展理念"，这对政府开展的国家治理活动提出了更高的要求，要求政府将推动经济高质量发展作为包括预算绩效管理、重大政策审计在内的所有经济治理机制的最终目标，而该目标的实现离不开重大政策审计的保障。2020年8月3日，时任总理李克强签署国务院令，公布修订后的《中华人民共和国预算法实施条例》，自2020年10月1日起施行。修订后的预算法实施条例将近年来财税体制改革和预算管理实践的成果以法规形式固定下来，深化财税体制改革成果，并强调预算管理应保证资金使用后能提高社会、经济、环境的效益与可持续性。重大政策审计作为国家治理体系的重要组成部分，虽然不能直接参与预算绩效管理工作，但能接受所有权人委托进行一种与管理权监督互相呼应、互相补

---

① 摘自倪娟，谢志华，王帆（通讯作者）. 国家审计与预算绩效管理：定位、机制与实现路径[J]. 中国行政管理，2021，427（1）：9-15. 人大复印资料《审计文摘》，2021（5）全文转载。

充的独立监督。随着预算管理目标的发展,重大政策审计的核心正在从早期预算支出的真实性、合规性监督向预算绩效监督转变,但在转变的过程中,因预算绩效管理的监督主体较多,容易产生重大政策审计功能定位不清晰的问题。同时,难免会有一些对重大政策审计在预算绩效监督中组织保障方面的疑惑,以及对预算绩效审计全面覆盖监督方式实现路径、大数据技术发展路径、监督结果使用路径、激励机制建设路径等方面的疑问。因此,本书拟从组织角度对重大政策审计在监督预算绩效管理中的功能定位进行分析,从学理角度对重大政策审计保障预算绩效管理的机制进行研究,以及从执行角度对重大政策审计保障预算绩效管理实现的路径进行探索,以期解决上述问题。

一、重大政策审计监督预算绩效管理的功能定位

预算绩效管理监督是一个复杂的体系,监督主体不仅包括重大政策审计,还包括预算单位内部监督组织、财政部及预算工作委员会等。为了使重大政策审计更好地发挥监督预算绩效管理的作用,就必须研究其在整个预算绩效管理监督体系中的功能定位。

(一) 预算绩效审计是所有权监督

重大政策审计是代表国家所有者对预算绩效管理情况进行的监督,产生于所有权与管理权的分离。在两权分离状态下,资金的所有者为了确保管理者履行受托责任,就会委托具有独立性和专业性的重大政策审计,对管理者的预算绩效管理履责情况进行监督。重大政策审计实施的所有权监督具有两个特征:一是独立性。在两权分离后,国家作为资金的所有者不直接参与预算的管理活动,而是将资金管理权交于预算绩效管理主体,使自己与其保持相对独立。相应地,代表国家所有者的审计监督也就具有了独立性,独立于预算绩效管理主体对预算的使用情况进行监督;二是再监督性。预算绩效管理部门对预算执行进行的监督是为了防范各执行主体无效或低效编制预算、执行预算、评价预算。但这一监督的本质缺陷在于,各政府部门作为预算绩效管理者本身的预算政策制定、执行过程及执行效果无法被监督,同时预算绩效管理部门作为决策者对预算执行者的监督是否符合《预算绩效管理意见》也不能由自己评价,因此需要存在一个独立的、高权威性的监督者对管理权

监督进行再监督。重大政策审计代表的所有权监督，不仅具有独立性，而且权威性高于管理权，因此使重大政策审计能够对预算绩效管理部门进行的监督进行再监督。

与重大政策审计不同，财政部门与预算单位内部监督组织进行的监督均属于管理权监督。但财政部门的管理权监督是国家所有者赋予的资金管理权力，而预算单位内部监督组织的管理权监督是因管理层分层所造成的，即上层管理者需要一个内部机构监督下层管理者的预算执行绩效，属于预算单位的内控部门。然而，财政部门作为预算绩效管理的决策者，实施的监督不具有独立性，这归因于决策主体与执行主体之间的联系，特别是当财政部门的行为或决策本身存在问题时，监督绩效就会下降。类似地，预算单位内部监督组织也需要制定各种预算绩效管理的内部规章，作为上层管理者的下属机构，其制定的规章必然要遵循上层管理者的意愿，因而其实施的监督更不具有独立性。为了弥补这一缺陷，就需要独立的重大政策审计进行再监督，以控制管理权监督中存在的风险。

与重大政策审计监督、管理部门监督不同，预算工作委员会是全国人大常委会下设的监督机构，该部门执行的监督属于立法监督。预算工作委员会的工作之一是协助全国人大财政经济委员会承担全国人大及其常委会监督预算执行情况的职责，监督结果可以使公众了解被调查单位的预算执行绩效，这有助于印证预算绩效管理部门控制预算执行风险的贡献及重大政策审计监督结果的可靠性。但预算工作委员会实施的立法监督不能替代重大政策审计实施的所有权监督。原因有两个：首先，国家的预算管理对象庞大，包括地方政府、中央部门、国有企业等，而预算工作委员会仅内设办公室、预决算审查室、法案室、调研室4个机构。其中，预决算审查室负责调查有问题的预算单位，从人员配备上来说不如重大政策审计力量充足。其次，预算工作委员会主要的工作重心在起草相关法律，协助全国人大审查预决算、审查预算调整方案等方面，如果实施预算执行情况全覆盖监督将会影响其他重点工作的开展。而重大政策审计已进行了多年全覆盖监督探索，开展了大数据审计、政策跟踪审计等多项专项监督，对政府的重大项目投资、实施重大政策使用的资金均进行了多维监督，具备了全覆盖审计条件。

（二）预算绩效审计是结果监督

从本质上来说，所有权监督专注于结果监督，这种结果监督可分为"事后"的结果监督与"事中"的结果监督两种。经济发展阶段的差异导致了重大政策审计结果监督种类的差异。在粗放型经济发展阶段，人民作为所有者更关心投入的资金产生了什么样的结果以及该结果的真实性与可靠性，而只有当公共受托责任履行后，审计才能评价公共受托责任履行所产生的结果是否真实以及是否符合法律规定，属于对各部门使用资源、管理资源情况的"事后"结果监督。随着改革开放的不断深入，我国进入了常态化发展时期，高质量发展成为这一时期经济发展的核心。在这种情况下，如果审计仅进行"事后"的结果监督就只能处罚浪费、腐败的相关责任人，而无法挽回国家所有者已发生的损失，因此，如何从过程上控制风险、减少损失发生的可能性就成为审计机关关注的重点。重大政策审计既应从揭示和反映经济社会各领域风险控制的结果出发进行"事后"的结果监督，也应从风险控制的过程出发进行"事中"的结果监督。

从重大政策审计的角度来看，在监督预算编制效果时，重大政策审计不能参与预算编制的决策，因而不能进行"事前"的预算编制监督，只能对预算编制与管理结果进行"事后"的结果监督，即将预算支出与项目或政策绩效相核对，用以印证预算编制及绩效管理的有效性，进而发现预算管理者与执行者串通舞弊、玩忽职守的情况，并随即提出提高预算编制绩效管理活动的风险控制建议；在审计预算执行时，重大政策审计主要审查预算执行进度与绩效目标的匹配程度，以及财政部门是否暂缓或停止进度缓慢和绩效不佳项目或单位的拨款，进而提出建议要求预算单位纠正有缺陷的绩效目标，或建议财政部门阻止有问题的项目和单位滥用预算资金。预算执行进度的监督属于审计机关作为独立的第三方对预算单位进行的"事中"结果监督，也是对预算执行管理过程进行的"事中"结果监督，因为预算低效执行的原因必然与绩效管理过程不佳有关。同时，重大政策审计还能对财政部门监督的结果进行再监督，属于一种管理结果的"事后"结果监督，因为只有在财政部门作出暂缓或停止拨款等监督决策后，审计机关才能对决策进行再监督；在审计预算考核时，重大政策审计对预算单位的绩效考核结果进行再评价，属于"事后"的结果监督。重大政策审计可通过评估考核结果的真实性、可靠性，来发现考核指标不清晰、不科学等评价制度问题，也可通过考查员工绩效工资的合理性，或预算单位下年制定的绩效目标，来评价绩效考核结果是否得到有效利用。

（三）预算绩效审计是履责监督

2018年，时任总理李克强在国务院第一次廉政工作会议上提出，"要将绩效管理覆盖所有财政资金，贯穿预算编制、执行全过程，做到花钱必问效、无效必问责"。可见，问责是预算绩效管理监督的重要手段。在问责过程中，政府虽然是实施问责的主体，但重大政策审计却能起到履责监督的作用，为政府问责提供证据。重大政策审计之所以能承担履责监督的责任，与其独立性密不可分。重大政策审计接受人民委托对预算执行结果、预算管理结果进行监督，而不会参加预算决策、执行、管理等工作，其监督的结果更加公正、可靠，能够为纪检监察机关提供有力的问责证据。同时，纪检监察机关对责任人实施的问责离不开重大政策审计提供的履责监督结果，2018—2019年，审计署共向纪检监察机关移送问题线索700多起，涉及公职人员1300多人（中央纪委国家监委网站，2019），使审计和纪检、监察形成了监督合力。

重大政策审计执行的预算绩效审计实施的履责监督包括两个层面：一是对预算单位绩效的评价，二是对相关责任人绩效的评价。审计对预算单位绩效的评价能够发现与预算单位执行绩效不佳有关的管理制度、体制机制等问题，这往往与执行责任人与绩效管理责任人履责中的不作为、少作为、慢作为有关，预算绩效审计部门应将结果交于政府部门与预算单位，要求它们整改这些问题；并将这些结果作为经济责任审计评价的内容之一，加入政府对责任人升迁考核以倒逼预算管理绩效提升。预算绩效审计对相关责任人履责的绩效进行评价，能够发现预算单位责任人浪费资金、预算单位责任人与绩效管理责任人串通舞弊等问题，预算绩效审计不仅要把这些责任人移交纪检监察机关实施调查与问责，还应该把审计结果交于经济责任审计部门，目的是使经济责任审计人员利用预算绩效审计发现的线索，继续对该责任人所在单位的其他责任人进行排查，进而为纪检监察机关提供其他责任人是否串通的线索，以形成监督合力。

二、重大政策审计保障预算绩效管理的机制分析

预算绩效管理能够发挥约束公权力滥用、提高政府的行政效力、提升资源配置效应、增强政府协同治理能力等国家治理功能，而重大政策审计具有保障这些功能实现的机制，两者共同提升了经济增长效率、促进了经济增长

的可持续性。

(一) 对约束权力滥用的机制

公共资源受托责任产生于人民让渡私有资源的意愿,即拥有私有资源的人民将一部分资源使用权委托于政府,使政府拥有了公权力。然而,政府在使用公权力为社会公众谋取福利的过程中,存在违规开支公务费用、消费性支出串谋舞弊等现象。为了避免这些现象发生,政府一方面建立了内部防范风险的预算管理制度,以控制违规违法支出预算资金、虚假支出预算资金等现象发生;另一方面建立了外部审计监督制度,用以监督政府不真实、不合规地使用公共资源的情况。随着改革开放的深入,为了满足社会经济的发展需要,大型项目建设支出在预算支出中所占比重越来越大,消费型支出占比逐渐减少。如果预算管理仅停留在约束政府预算支出的合法性、真实性,就很难避免项目决策失误所造成的损失,以及项目执行过程中因逾期未开工、长期停工、闲置等造成的损失浪费,也就难以推动经济高质量发展。因此,政府必须利用预算绩效管理减少大型项目高投入低产出、建设低效率、建筑物闲置等情况发生,以提升投入项目可持续发展及经济可持续增长。重大政策审计的监督目标逐渐由预算管理是否能约束政府不合法、不真实滥用资源,转变为预算管理是否能约束不经济、低效率、效果差的项目。以 2019 年为例,审计署发现 30 个地区的 59 个环境保护项目未按期开工或建成后闲置,导致投资浪费 29.37 亿元(审计署网站,2019);20 个省份和 1 家央企的 7 个国家"十三五"规划重大工程项目以及 96 个基础设施、民生等项目存在逾期未开工、长期停工、闲置及未达到预期效果等问题,造成支出浪费 459.1 亿元(审计署网站,2019);等等。可见,重大政策审计能够揭示一些大型项目存在的浪费、绩效差等问题,这为进一步实施预算绩效管理提供了方向,也为纪检监察机关提供了责任人滥用公权力的证据。

(二) 提高政府行政效力的机制

预算绩效管理与政府行政效力之间所要达成的目标要通过审计监督来实现,也就是审计监督保障了预算绩效管理对政府行政效力的提高。

首先,预算绩效管理能够控制政府部门的"钱袋子"。但预算绩效管理部门实施的控制属于管理权监督,管理者很难有效地控制预算资金的使用。而重大政策审计的监督具有独立性，能够通过检查在职人员相关情况、绩效目标完成程度与预算资金使用情况的一致性，来发现申请的预算是否大于在职人员所需工资，并向财政部门提供审计结果，使其统筹减少问题部门申请的预算。

其次，如果政府部门预算绩效管理不到位，就会使绩效较低的单位和员工获得更多奖励，那么其他单位和员工的工作积极性就会受到影响。一旦审计机关发现该情况就会向政府提出整改建议，政府部门就会追回乱发的奖金，且预算与绩效目标严重不符的责任人也会被政府问责；而财政部门在审核下年度预算时，也会考虑问题单位预算绩效目标的实现情况，并相应减少该部门申请的预算。

最后，虽然预算绩效考核的最终目标是将考核的绩效目标完成情况与个人绩效工资以及晋升机会相联系，但现实中仍存在评价指标不科学、评价结果不客观或未与个人绩效相联系等问题。重大政策审计能够对政府部门的预算绩效考核结果进行再评估，通过考查政府部门评估结果，来分析其绩效评价指标设置的科学性、评价结果与实际情况的符合性，进而对有问题的部门提出改善建议；还可通过检查绩效工资、晋升名单与考核结果的一致性，来分析政府部门的考核结果是否用于激励员工，并向未实施激励的部门或激励效果不佳的部门提供制定物质激励、典型强化、晋升激励等措施的建议，进而提升各部门的岗位职责行动力。

（三）提升资源配置效应的机制

预算绩效管理可以从结构、规模和项目三个层面提高资源配置效率，但配置效率的提升离不开重大政策审计的保障。

首先，根据2018年中共中央办公厅发布的《关于人大预算审查监督重点向支出预算和政策拓展的指导意见》，人大审查支出预算结构的重点在于支出预算是否能体现党中央的重大政策和决策部署。可见，预算绩效管理的目标之一是推动资源向重大政策、决策领域倾斜。在此过程中，一些管理者难免会因私利而故意使资源配置产生偏差，因而需要重大政策审计加以监督。如对行政支出，重大政策审计能够发现"三公"经费、行政事务性经费等消费性支出及楼堂馆所等基本建设支出超支的问题，并据此向政府提出意见，使其重新将资金配置于重大政策制定、论证和指导上。

其次,预算绩效管理可以使政府掌握各类预算支出规模变动与资金使用效率之间的关系,进而优化各领域的最优支出规模。但这种关系会发生动态变化,除了预算绩效管理部门要进行实时监控外,还需要重大政策审计加以保障。在审计中,如果发现支出规模与使用效率呈正相关关系,可建议政府加大配置资源;如果发现两者呈负相关关系,可建议政府停止对该领域的无效投资,转而将资源配置到高效领域。

最后,国家重大项目通常涉及多层级、跨部门、多领域的预算资金,合法性、真实性预算管理难以考察这些资源的配置效率,而预算绩效管理能在预算编制、预算执行、预算评估等环节加入绩效理念,形成一个提高资源配置绩效的闭环。为了保障该闭环的有效运行,重大政策审计会对所有环节的执行情况取证,并相互印证这些证据,以得到适当的审计结论。例如,重大政策审计利用对项目绩效评估的结果来验证预算编制环节的资源配置绩效,为政府配置下一年资源提供依据;利用编制环节申请的预算与预算执行进度的匹配程度来验证资源的使用效率,为政府调整资源提供依据;利用评估的绩效目标实现程度与预算执行进度相比较,查出因逾期未开工、长期停工、闲置等导致的资金使用浪费、舞弊等情况,以此为依据建议政府停止问题项目支出,并为政府提供重新配置资源的依据。

(四) 增强政府协同治理能力的机制

国家治理体系由各政府部门组成,它们分工协作、彼此支持,以各自承担的责任为基础推动经济高质量发展。但各政府部门在协同治理过程中存在着职能交叉、重复、漏洞、真空等问题,权责不匹配问题,以及资金与绩效不匹配问题,只有解决这些问题才能增强政府协同治理能力。而各部门的履职离不开使用预算资金,预算绩效管理能够控制这些问题的发生,重大政策审计能够保障预算绩效管理发挥控制作用。

首先,预算绩效管理能够使"钱跟着效率走",当不同部门做同样的事情、实现同样的绩效责任目标时,就应该得到相同的预算资金配置。但现实中各部门之间存在利益争夺,无法避免预算资金配置多的部门"争夺事权",进而引起部门间职能交叉或重复;预算资金配置少的部门主动"放弃事权",进而引起部门间职能漏洞或真空。重大政策审计的监督能够保障政府进行绩效管理以解决这些问题,即在审计发现各部门的预算资金与绩效目标不匹配时，就会建议政府重新配置预算资金，使"钱跟着效率走"，进而减少各部门职能交叉、重复、漏洞、真空等问题。

其次，预算绩效管理要求，各部门在编制预算时依据预期责任申请预算，财政部门也会根据责任目标审核预算，进而保障各部门编制的预算与将来的责任对等。同时，财政部门也会监控责任目标进度缓慢或各部门资金使用进度缓慢的情况，并采取措施实现各部门资金使用权与责任的时时对等。但现实中一些部门的资金往往超出了其自身的职责，而另一些部门的资金不足以实现其职责，致使部门间存在推诿扯皮、推卸责任的情况。此时就需要重大政策审计加以监督，即审计从各部门已实现的责任目标出发，核对各部门预算申报的适当性，随后向问题部门提供责任目标实现的整改建议，以及向财政部门提供预算调整建议，进而保障各部门权责匹配。

最后，预算绩效管理要求财政部门在审核预算时"花钱先问效"，即先审核各部门绩效目标与政府重大工作部署的匹配性，再审核各政府部门职责活动的关联性、立项的必要性，最终再根据各部门的绩效目标确定预算额度，这样做能从政府重大工作部署的角度出发将各部门的职责协同起来，保障资金与绩效的匹配性。但现实中一些财政部门习惯直接审核项目，如果项目合理就会批准预算，使各单位上马了一些很难实现重大部署的项目。而重大政策审计能够对财政部门的监督进行再监督，追踪检查项目资金的使用情况与项目建设的进度，一旦发现项目存在不经济、低效率、效果差的现象，就会向财政部门建议停止或调整预算资金，阻止问题项目继续浪费国家财力，进而增强各部门资金与绩效的匹配程度。

三、重大政策审计保障预算绩效管理的实现路径

尽管重大政策审计在预算绩效管理监督中发挥着重要作用，但还主要存在两个方面的问题尚未解决：其一是未能很好地将预算绩效审计嵌入预算绩效管理组织体系和管理流程之中；其二是要实现高质量、全覆盖审计目标，预算绩效审计效力还有待进一步提高。若要解决这些问题，则需要不断地强化监督过程中的组织融合，推进审计全覆盖，提升审计方法的技术水平。

（一）预算绩效审计的组织保障路径

研究预算绩效审计的组织保障路径，就必须将其置于整个国家治理结构

第七章　国家治理视角下重大政策跟踪审计的经济后果

中分析。无论是代表立法型审计机关的美国，还是代表行政性审计机关的中国，都将预算绩效审计嵌入整个预算绩效监督的组织链条中。

首先，美国预算监督的体系包括内部监督组织与外部监督组织。内部监督是指政府部门内部设立的控制机构，一般设在政府部门内部的财政机构，但行政管理和预算局（Office of Management and Budget，OMB）有权对所有政府部门内部监督的结果提出质疑，同时也有权检查政府部门的财务报表。可见，美国政府部门内部设立的预算监督组织就是其自身的预算绩效风险管理组织，也是政府部门的内控机构；而OMB是行使管理权监督的预算绩效管理组织，是整个政府的内控机构。而政府部门的外部监督组织是审计署，其被嵌入国家预算绩效监督的组织链条中。审计署（Government Accountability Office，GAO）在美国最高立法机关——国会的委托下对联邦政府各部门、各单位、国有企业等预算规划与执行情况、财务收支情况的经济绩效进行监督。GAO的监督结果具有威慑力，可以直接向国会反映政府部门的内部监督是否能防范风险，或反映OMB的外部管理权监督是否起作用，随后国会依赖审计结果审查和批准各政府部门预算。可见，GAO的监督结果将预算绩效内部监督组织与国会联系起来，在国家预算绩效监督的整个组织链条中起到关键作用。

其次，与美国类似的是，我国预算监督的体系也包括内部监督组织与外部监督组织。2012年，我国财政部发布了《行政事业单位内部控制规范》，使各级政府部门内部建立了内控机构，有益于监督部门预算的执行绩效。同时，财政部门负责对政府部门的预算执行过程进行管理权监督，属于政府的内控机构。而与美国不同的是，我国外部的监督组织——审计机关是行政型机关，隶属于国家最高行政管理部门。但审计机关也同样被嵌入国家预算绩效监督的组织链条中。因为，审计法将重大政策审计定位为自觉接受人民代表大会监督，为全国人民代表大会提供预算编制、预算执行、预算评价等全方位监督结果的服务机构，审计发现的问题和建议是各级人大监督与审议预算的依据，使重大政策审计在监督的程序上均具有合法性。同时，重大政策审计进行的全方位监督势必要对政府部门管理预算的绩效进行评价，以及对财政部门对预算执行绩效的监督进行再监督，使重大政策审计在预算监督的地位上高于管理权监督组织。然而，由于重大政策审计不隶属于最高权力机关——全国人民代表大会，为了监督重大政策审计的监督绩效，全国人大常委会下设预算工作委员会,有权对各部门、各预算单位或重大建设项目的预算资金的使用情况进行再次调查,可以印证重大政策审计监督结果的可靠性,进而从最高权力制度的角度确保了整个监督体系的权威性。

(二) 预算绩效审计的全面覆盖方式实现路径

习近平总书记在中央审计委员会第一次会议上对重大政策审计提出"全面覆盖"的要求。但审计人员的编制有限,如果要利用有限的人员实现对预算绩效管理的全覆盖监督,可从以下几个方面着手。

首先,建立高效的审计监督体系。2018年,中共中央印发的《深化党和国家机构改革方案》将国家发展改革委、财政部与国务院国资委的部分监督职责划入审计署,减少了重复监督和监督空白领域,增强了审计监督力量,从根本上整合优化了国家监督体系。该方案体现的部门职能整合优化路径非常值得审计机关学习,只有从审计管理体制上对审计机关内部的部门职责进行改革,才能在本质上整合审计监督力量、优化审计机关职责,进而拓宽审计的深度与广度。

其次,进行审计职业化发展,审计职业化代表着审计工作的标准化、规范化、制度化。制定统一的指标、技术、方法等,可以对审计人员因知识结构、经验差异导致的检查风险进行控制;制定统一的准入制度、绩效考评制度、责任认定制度等,可以对审计人员因个人道德、内外压力差异导致的职业道德风险进行控制,进而提高审计监督的效率和效果,推动全面覆盖监督。

最后,在审计人员的思维中融入预算绩效全面覆盖监督理念。一是定期召开培训会议,帮助审计人员树立"预算绩效监督全面覆盖观"。二是在审计的全过程增加预算绩效全覆盖监督理念。例如,制定审计目标时强调重点关注预算绩效,并利用审前、审中小组会议不断强调要挖掘绩效不佳背后的原因,将审计重心放在预算绩效管理制度是否有效、重大支出决策是否合理、预算运行的体制机制是否适当等本质问题上来。同时,撰写审计报告时也要强调提出改善预算绩效管理的建议,将预算绩效审计的全覆盖监督思维落实到审计报告中,进而倒逼预算绩效管理的效益提高。

(三) 预算绩效审计的大数据技术发展路径

目前,重大政策审计的核心正在由预算支出真实性、合规性向绩效监督转变，这必然将拓展审计的广度和深度，需要贯彻科技强审的要求，大力推进财政大数据审计技术发展。发展路径可从以下两个方面推进。

第一，应及时更新财政审计人员的大数据知识结构。审计机关可采取培训与研讨相结合的方式，拓宽财政审计人员对预算绩效管理与大数据审计理论知识的理解；采取轮岗的方式使财政审计人员进入计算机审计部门参加大数据审计实践，进而增加财政审计人员应用大数据审计知识的经验。

第二，建立财政大数据审计平台，用大数据分析的方式检查预算执行与预算绩效管理的效能与效力，拓展预算绩效审计的广度与深度。事实上，当前已经具备建立财政大数据审计平台的人员基础与数据基础，如重大政策审计已经进行了"金审三期"建设，各级审计机关均培养了大量技术人员，这为推进财政大数据审计平台建设奠定了人员基础。又如，各级政府已建立了税收征管信息系统、非税收入收缴管理系统、地方政府性债务管理系统等财政数据库，以及各类民间金融数据库、投资项目数据库等，为推进财政大数据审计平台建设奠定了数据基础。但需要注意的是，当前亟须建立一个预算绩效审计制度，只有对预算绩效大数据审计的重点内容、评价指标及数据分析模型等内容加以规范，才能推动财政大数据审计平台的运行。

（四）预算绩效审计的监督结果使用路径

重大政策审计是保障预算绩效管理系统有效运行的一项国家治理规则，如果预算绩效审计监督的结果公开不透明，重大政策审计也就不能将监督的预算单位履责情况报告给人民。当前审计机关已公开了预算审计结果，虽然取得了较好的效果，但仍存在审计结果公告的可读性不强、审计整改披露力度不强、对预算绩效审计处理依据的披露不足等问题。因此，可从以下几个方面出发加以完善：一是在绩效审计报告中增加辅助理解的内容。例如，细化审计发现的问题，采取与以前年度对比的方式说明预算单位是否提升预算绩效，以提高审计报告的参考价值。二是加大审计整改披露力度。单独出具预算绩效审计整改报告，将前期发现的问题、整改措施及整改结果以表格形式列示。同时，持续跟踪整改不力的单位，增加披露"整改未落实"的部门与领导，加大责任部门与责任人的违规成本。三是详细披露绩效类问题审计的处理依据。这样做能够使人民了解审计要求整改的结果符合哪些法律、规章、制度等规定，进而加强对审计结果的信任。

同时，如果预算绩效审计监督的结果不为经济责任审计所用，就不能实现"无效必问责"。因此，只有将预算绩效审计与经济责任审计有效结合起来才能更好地发挥审计监督机制的作用。可从以下几个方面进行结合：一是建立经济责任评价与预算绩效评价相融合的指标库。由于国家重大项目与政策会发生动态变化，使政府部门每年的支出要实现不同的绩效目标。在评价领导干部经济责任时，应结合当时责任人的预算绩效目标从指标库选取一定量的预算绩效评价指标，并及时补充指标库的指标。二是经济责任审计组调查时，可应用预算绩效审计提供的预算单位支出绩效信息及相关责任人履责绩效信息，即以这些信息为切入点，对应查找这些不经济、低效率、低效益情况是否与责任人履责不到位有关，以及这些问题责任人浪费了多少国家资产、资源与资金，进而为政府问责提供证据。三是组建经济责任审计人员与预算绩效审计人员共同参与的线上团队。为了解决经济责任审计人员在评价责任人预算支出绩效时的困难，可利用5G技术组建线上团队，邀请预算绩效审计专家提供解决方案。

（五）预算绩效审计的激励机制建设路径

建立预算绩效审计激励机制的目的是利用奖惩来提升审计机关的监督绩效。激励机制包括预算绩效审计部门的绩效评估环节以及评优、晋升或处罚环节。

首先，预算绩效审计部门的绩效评估是以预算绩效审计项目评价为基础进行的审计部门绩效评估，即要先构建预算绩效审计项目的评价指标，并据此再构建预算绩效审计部门的绩效评估指标体系。例如，根据财政部于2013年制定的《预算绩效评价共性指标体系框架》，建议从投入、过程、效果、产出等方面出发建立预算绩效评价指标。如果审计机关拟利用这些评价指标，可先从预算资金投入、预算执行过程、预算执行效果、项目产出、职责履行五个方面出发设计预算绩效审计项目评价指标体系。在审计项目结束后不久，审计机关可对应采取预算安排审计规范、预算资金使用审计纠正、绩效目标落实审计纠正、项目或履职效益审计提升、项目建设和运营审计推动、重大违纪违法审计查处等指标对执行预算绩效审计项目部门的绩效进行评估（见图7-1）。

第七章　国家治理视角下重大政策跟踪审计的经济后果

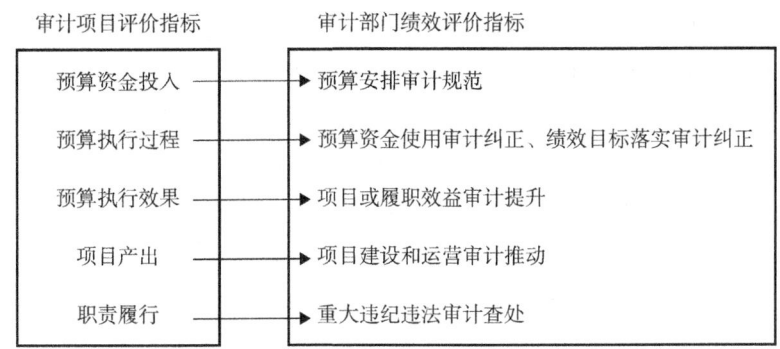

图 7-1　审计项目评价指标与审计部门绩效评价指标的关系

其次,在预算绩效审计部门的绩效评估基础上,进行全国审计机关先进集体评比,这种方式能从地方审计机关考核机制着手提升它们的预算绩效审计效果考核观,进而激励审计人员重视对预算绩效的监督。同时,建立专栏表扬和奖励针对在预算绩效审计中表现优秀的审计人员,并记入个人档案,作为个人岗位晋升与绩效奖金的重要依据。另外,结合绩效评估结果,从群众反映的有损审计人员形象的问题入手,严肃查处审计中的各种诚信缺失的典型事件,并将结果记录在个人档案,作为降级处分的重要依据。

第二节　国家治理视角下审计报告的作用机制研究

一、国家治理视角下审计报告与企业投资效率①

财政部于 2016 年发布了《中国注册会计师审计准则第 1504 号——在审计报告中沟通审计报告》,旨在增加审计报告决策有用性。审计报告修订引发了学术界的广泛研究,多数研究发现审计报告能够提高盈余质量(陈丽红等,2019)、增加资产减值信息质量(吴溪等,2019)、提高投资者投资判断与意愿(张继勋等,2019)、提升投资效率(周兰和桂许健,2020)、减少股价崩盘风险(史永和李思昊,2020)。但也有文献发现审计报告披露的充分程度

---

① 摘自王帆,邹梦琪.关键审计事项披露与企业投资效率——基于文本分析的经验证据 [J]. 审计研究,2022,227(3):69-79.

(Köhler等，2020）会对审计师及企业产生影响。例如，周中胜等（2020）发现审计报告披露越详细和精确，收取的审计费用越高；柳木华等（2021）发现审计报告披露越详细、信息量越多，越能增强公司股票流动性。

可见，已有文献对审计报告的经济后果研究较为丰富，但对充分披露的效果研究较少。随着新审计报告准则深入实施，审计报告开始出现同质化，即同一事务所或同一审计师披露的审计报告均存在同质化（吴秋生和独正元，2018）。由于企业之间的差异，同质化披露势必会导致一些披露不充分的现象。因此，研究审计报告充分披露会对企业产生何种影响尤为重要，将有利于引导审计师更有效地披露审计报告。基于此，参考王艳艳等（2018）的研究及财务报告充分披露原则，本节从详细程度、可读性、精确性及语调等维度出发测度审计报告充分披露，并探究其对投资效率的影响。结果发现，披露的审计报告越详细、越精确，就越能够提升企业投资效率，而可读性、语调对投资效率影响有限。该结果部分支持了审计报告充分披露对非效率投资的影响。分析师盈余预测准确度越高、企业代理成本越低，越能促进审计报告详细程度、精确性与投资效率间的正向关系。同时，高媒体关注企业、高机构投资者持股企业、低管理层过度自信企业的审计报告越详细、文本越精确，越能提高投资效率。进一步发现，事项段和应对段披露越详细，事项段越可读、越精确，越能显著提升企业投资效率；此外，披露公司层面事项、对外投资事项以及非投资事项也会提高企业投资效率。

本节研究的贡献是：第一，虽然周兰和桂许健（2020）验证了审计报告是否披露会影响企业投资效率，但未回答如何充分披露才能提高投资效率。这不利于引导审计报告充分披露。研究发现，文本详细程度和精确性以及事项段可读性均能提升投资效率，而语调对投资效率的影响有限，为优化审计报告披露提供经验证据。第二，已有研究从公司章程（柳建华等，2015）、年报语调（朱朝晖和许文瀚，2018）等角度验证充分披露信息能提升企业投资效率，但较少从审计信息充分披露角度验证审计报告对投资效率的影响。本书将审计报告充分披露、分析师预测准确度、代理成本与企业投资效率纳入同一分析框架，丰富了信息披露影响企业资源配置效率的文献。第三，鉴于媒体、管理层、机构投资者、审计师在信息披露中的作用，本书评估了不同主体对审计报告充分披露与投资效率关系的影响，继而利用这些主体引导审计报告充分披露，为监管机构提升企业投资效率提供对策。

（一）理论分析与假设提出

道德风险理论提出，管理层可能为了自身利益投资于收益为负的项目；逆向选择理论提出，如果内部管理层了解的公司价值信息远多于外部投资者，管理层就可能在资本市场中卖出过高价格的资产。若外部投资者未能有效识别，企业就能获得更多资金用于过度投资（Baker 等，2003）。然而，充分披露企业信息有利于降低企业信息不对称，优化资源配置（Habib，2008）。因为当企业披露的信息不充分时，以分析师为代表的市场中介只能运用少量信息进行盈余预测，对企业透明度的提升作用有限（Lang 和 Lundholm，1996）。相反，当企业披露信息充分时，分析师等市场中介对公司盈余预测精确性就会提高，进而提升企业透明度（Bushman 等，2004），这将对管理层的代理行为形成约束，以有利于提高投资效率（Dyck 和 Zingales，2004）。同时，当企业披露信息不充分时，外部投资者很难观察到管理层的自利投资行为，也不会利用公司治理机制降低代理成本。相反，当企业披露信息充分时，外部投资者容易观测到管理层自利投资行为，进而利用公司治理机制加以限制，将降低企业代理成本（柳建华等，2015）。而代理成本越低的公司，治理结构越完善，越有利于提高资源配置效率（Wurgler，2000）。

上述文献证实企业充分披露信息对资源配置效率的影响，但鲜有文献检验审计报告充分披露是否能发挥这一作用。因为改革前的审计报告格式统一、缺乏信息含量，使分析师难以接收审计报告中蕴含的风险，也就无法据此提升企业透明度。因而，IAASB（2015）要求审计师在出具审计报告时增加审计报告段。这一做法能够向市场传递有用信息，减少外部投资者与管理层间的信息不对称（王艳艳等，2018）。但学者们发现行业专长不同的审计师披露的审计报告详细程度不同（陈丽红等，2021）；同质化现象也使一些公司的审计报告披露不充分（叶忠明和郑晓婷，2021）。可见，现实中审计报告披露的充分程度存在较大差异。审计报告是经过审计师"加工"过的企业信息，审计师在传递信息中发挥关键作用。如果审计师分析能力不足或有意隐瞒，审计报告的披露就会呈现内容相似、缺乏信息含量的现象，这将降低审计报告与市场的沟通价值；相反，如果审计师能够充分加工、披露信息，审计报告就会向市场传递更多经审计师认证的信息。

周兰和桂许健（2020）发现，审计报告披露与否能够提高企业投资效率。

但不同企业审计报告披露的充分程度存在较大差异，即不同企业审计报告披露的详细程度、可读性、精确性及语调倾向均存在差异（Köhler等，2020）。那么审计报告充分披露与企业投资效率的关系是什么？由上述分析可知，企业非效率投资的根源在于外部投资者与管理者间因信息不对称而引发的代理问题（Jensen，1986）。如果充分披露审计报告能够传递信息，上述问题就"迎刃而解"了。事实上，多数审计报告披露了企业风险信息，使投资者能捕获企业风险，进而提高审计报告决策有用性（路军和张金丹，2018）。特别地，审计报告披露的信息越充分，越能提供更多经审计师鉴证的风险信息，进而更好地降低投资者与管理层间的信息不对称，促使投资者利用公司治理机制约束管理层自利行为。

那么，审计报告详细程度、可读性、精确性及语调如何影响企业投资效率？首先，详细程度、可读性、精确性及语调增加了利益相关者对风险的识别、分析与理解。详细程度是指篇幅的长短。详细的文本会披露更多信息，有助于投资者挖掘风险信息。因而，审计报告披露的信息越详细，利益相关者就越能挖掘风险信息，有助于其作出投资决策。可读性指文本信息客观上的阅读难度（Li，2008）。文本可读性越高，越会促进分析师对风险的理解（Lehavy等，2011）、降低个人投资者对风险信息的理解难度（Lawrence，2013）。类似地，审计报告的可读性越高，分析师与投资者就越容易理解审计报告中风险信息的含义，继而引起重视。精确性指定量信息的数量。与文字信息相比，数字传递的信息更为精确有效，更容易被投资者、分析师等关注（Lundholm等，2014）。因此，审计报告文本精确性越高，利益相关者就越会收到更多的数字信息，以促进他们分析风险并作出正确决策。文本语调分为积极和消极两种。相较于积极语调，消极语调能使投资者更强烈认识到企业潜在风险（Muslu等，2019）。类似地，审计报告语调越悲观，越能引起外部投资者、市场中介对风险的注意。

其次，审计报告详细程度、可读性、精确性以及语调传递的风险信息，是外部投资者采取公司治理机制提升投资效率的依据。如果该风险属于与投资有关的风险，外部投资者可以直接发现企业投资中的问题，进而利用公司治理机制约束管理层自利投资行为。如果该风险属于与投资无关的风险，基于风险趋异观，异质性的风险信息使银行等金融机构对企业未来风险的感知水平提高，当债权人对企业风险后果判断不确定时，银行为了避免损失会对企业可能违反债务合同的风险进行重估（王雄元和曾敬，2019），进而增加企业债务融资成本（Jung 等，2018）；同时，股东为了规避损失，还可能对收益风险进行评估。当评估风险较高时，其会进一步减少投资（Hollisas 等，2009）。而此时，管理层为了降低因风险而产生的融资约束，会采取提高投资效率（Habib，2008）、降低股票差价（Welker，1995）等迎合投资者的策略。基于此，本书提出以下假设：

H1a：审计报告文本越详细，越能促进企业投资效率提升。

H1b：审计报告文本越可读，越能促进企业投资效率提升。

H1c：审计报告文本越精确，越能促进企业投资效率提升。

H1d：审计报告语调越消极，越能促进企业投资效率提升。

进一步，当审计师不充分披露审计报告时，无论分析师盈余预测准确度如何，均较少会利用审计信息为市场提供决策信息，而更多地通过企业、媒体、员工、供应商、客户等的调研获取信息。因而，审计报告披露不充分时，分析师很难利用审计信息预测盈余。相反，审计师充分披露审计报告时，分析师可以利用审计信息提升盈余预测准确性，进而使外部投资者真实地了解企业盈利风险（Bushman 等，2004）。如果该风险是管理层的自利投资行为所引致的，那么外部投资者可以通过股东大会、董事会、监事会等公司治理机制减少企业投资于收益为负的项目。即使该风险与投资无关，外部投资者在评估成本收益后，仍会减少向企业投资。此时，为了避免融资下降，管理层会主动迎合分析师盈余预测，这有效抑制了企业的"逆向选择"行为。其中，增加企业投资效率与最优水平的符合程度是一种较优的迎合策略，该策略可以降低外部投资者与管理层的代理成本（张纯和吕伟，2009）。可见，此过程分析师起到传递信息的关键作用。但分析师的信息加工能力、解析能力存在较大差异。一般而言，分析师盈余预测准确性越高，越有能力运用审计报告披露的信息，来验证其他渠道获取信息的正确性（薛刚等，2020）。而且，分析师盈余预测精确度越高，越有能力利用审计报告充分披露的信息改进盈余预测、提高企业透明度，进而向外部投资者传递企业盈利风险，以帮助外部投资者利用公司治理机制提升企业资源配置效率。基于此，本书提出以下假设：

H2：分析师盈余预测准确度越高，越能促进审计报告充分披露与企业投资效率间的正向关系。

当审计师不充分披露审计报告时，外部投资者很少能通过审计报告获取管理层的自利投资信息，也较少能利用审计报告披露的信息进行决策，更较少基于不充分披露的审计报告约束管理层的道德风险或逆向选择。相反，当审计师充分披露审计报告时，企业的盈余管理行为将会减少，信息透明度将会增加（陈丽红等，2021），继而会增加外部投资者对企业的监督力度。在此过程中，如果企业信息透明度的增加，使外部投资者发现管理层的非效率投资行为，那么就可能采取公司治理行动精准"打击"管理层的"道德风险"，这将导致代理成本下降、管理费用减少（齐保垒等，2021）。即使企业信息透明度增加，使外部投资者发现与投资无关的风险，他们也会评估该风险带来的经济损失，并在必要时采取减少投资的行为。此时，为了扭转外部投资者认为企业收益风险较大、应减少投资的观念，管理层将主动减少投资合同中的"逆向选择"，继而提高项目投资收益（李青原，2009）。据此，审计报告充分披露能够减少信息不对称，促进利益相关者进行公司治理。可以预期，代理成本较低的企业充分披露审计报告，能够有效地约束管理层的非效率投资行为，进而提高企业投资效率。基于此，本书提出以下假设：

H3：企业的代理成本越低，越能促进审计报告充分披露与企业投资效率间的正向关系。

（二）研究设计

1. 样本选取

本书以2017—2019年披露审计报告段的公司为样本，使用2018—2020年的投资效率数据，剔除金融类以及ST类企业，删除变量缺失样本。审计报告数据来自CNRDS数据库，其他数据来源于CSMAR数据库。文本详细程度、可读性、精确性以及语调等数据通过Python软件计算获得。

2. 变量定义与模型构建

为了验证假说H1a至H1d，本书构建如下模型：

$$Absinvest_{i,t+1} = \beta_0 + \beta_1 Adequacy_{i,t} + \beta_2 Controls_{i,t} + \delta + \gamma + \varepsilon \qquad (7-1)$$

Absinvest为企业投资效率，按照Richardson（2006）方法计算。Adequacy为审计报告充分披露，包括详细程度、可读性、精确性及语调等。具体而言，以关键事项段字数的对数形式来衡量详细程度；以关键事项段的迷雾指数来衡量可读性（Li，2008）；通过对关键事项段中金额和比例提及次数取对数来衡量精确性；以关键事项段积极和消极词汇数占比度量语调。本书还控制了上一期企业投资效率（Absinvestlag）、盈利能力（Roe）、企业规模（Size）、财务杠杆（Lev）、企业价值（Tobinq）、成长能力（Salesgrowth）、现金流（Cashflow）、实际税率（Taxrate）、员工数目（Staff）、沪深港通标的（Link）、资本支出（Capexp）、产权性质（Soe）、分析师关注（Analystcov）、第一大股东持股比例（Tophold）、董事会规模（Board）、独董占比（Indep）。

为了验证假说 H2 和 H3，参考吴溪等（2019）构建如下模型：

$$Absinvest_{i,t+1} = \beta_0 + \beta_1 Adequacy_{i,t} + \beta_2 Adequacy_{i,t} \times LowAbias_{i,t} + \beta_3 LowAbias_{i,t} + \beta_4 Controls_{i,t} + \delta + \gamma + \varepsilon \tag{7-2}$$

$$Absinvest_{i,t+1} = \beta_0 + \beta_1 Adequacy_{i,t} + \beta_2 Adequacy_{i,t} \times LowMC_{i,t} + \beta_3 LowMC_{i,t} + \beta_4 Controls_{i,t} + \delta + \gamma + \varepsilon \tag{7-3}$$

模型（7-2）中 LowAbias 为虚拟变量。参考 Dhaliwal 等（2011）的研究，以分析师预测每股盈余与实际盈余的平均误差的绝对值除以年初股价度量分析师盈余预测准确度。具体按样本分析师盈余预测偏差行业年度中位数进行分组。模型（7-3）中 LowMC 为虚拟变量。参考叶康涛和刘行（2014）的研究，以企业管理费用率来衡量企业代理成本。具体按照样本管理费用率的行业年度中位数进行分组。

（三）实证结果与分析

1. 描述性统计

如表 7-1 所示，企业投资效率 Absinvest 均值为 0.024，标准差为 0.027，表明公司间的投资效率存在较大差异。详细程度 Length 均值为 8.063，标准差为 0.405，表明各公司间审计报告段篇幅较为接近；可读性 Fog 均值为 0.516，标准差为 0.143，表明公司间文本可读性差异不大；精确性 Accuracy 均值为 1.636，标准差为 0.551，表明公司间文本精确性差异不大；积极语调 Pov 均值为 0.066，标准差为 0.026；消极语调 Neg 均值为 0.060，标准差为 0.025，说明积极词汇和消极词汇占总词汇的比重、分布较为类似，多数事项的语气语调既不偏向消极也不偏向积极。

2. 基本回归

表 7-2 报告了审计报告文本特征对投资效率的影响。列（1）显示，Length 的系数在 5% 的水平上显著为负，说明审计报告披露越详细，越能显著

表7-1　　　　　　　　　　　主要变量描述性统计

变量	样本量	均值	中位数	标准差	最小值	最大值
Absinvest	5917	0.024	0.018	0.027	0.001	0.256
Length	5917	8.063	8.085	0.405	6.934	8.958
Fog	5917	0.516	0.519	0.143	0.241	0.886
Accuracy	5917	1.636	1.609	0.551	0.000	2.773
Pov	5917	0.066	0.064	0.026	0.000	0.223
Neg	5917	0.060	0.058	0.025	0.000	0.348

抑制企业非效率投资。列（2）显示，Fog系数不显著，说明审计报告可读性对企业投资效率影响有限，可能是由不同企业事项段描述的系统性差异所致（王艳艳等，2018）。列（3）显示，Accuracy系数在10%的水平上显著为负，表明审计报告披露得越精确、可量化信息越多，越能显著抑制企业非效率投资。列（4）和列（5）是文本语调对投资效率的回归结果。回归结果显示，Pov和Neg系数不具备统计意义上的显著性，这说明文本积极语调和消极语调均未对投资效率产生显著影响。

表7-2　　　　　　　　　　文本特征对投资效率的影响

变量	(1) 详细程度 Absinvest	(2) 可读性 Absinvest	(3) 精确性 Absinvest	(4) 积极语调 Absinvest	(5) 消极语调 Absinvest
Length	-0.004** (-2.160)				
Fog		0.002 (0.405)			
Accuracy			-0.002* (-1.877)		
Pov				0.027 (0.879)	
Neg					-0.033 (-1.076)
Absinvestlag	-0.060 (-1.470)	-0.061 (-1.485)	-0.061 (-1.477)	-0.061 (-1.488)	-0.061 (-1.481)

续表

变量	（1）详细程度 Absinvest	（2）可读性 Absinvest	（3）精确性 Absinvest	（4）积极语调 Absinvest	（5）消极语调 Absinvest
Roe	0.009** (2.012)	0.008** (1.965)	0.009** (2.013)	0.008** (1.971)	0.008** (1.973)
Size	-0.015*** (-2.631)	-0.015** (-2.561)	-0.015*** (-2.625)	-0.015** (-2.565)	-0.015** (-2.559)
Lev	-0.006 (-0.475)	-0.007 (-0.543)	-0.006 (-0.492)	-0.006 (-0.517)	-0.007 (-0.551)
Tobinq	-0.001 (-0.800)	-0.001 (-0.766)	-0.001 (-0.777)	-0.001 (-0.751)	-0.001 (-0.744)
Salesgrowth	-0.000 (-0.161)	-0.000 (-0.131)	-0.000 (-0.147)	-0.000 (-0.129)	-0.000 (-0.104)
Cashflow	-0.000 (-0.233)	-0.000 (-0.238)	-0.000 (-0.234)	-0.000 (-0.231)	-0.000 (-0.268)
Taxrate	-0.003 (-0.920)	-0.003 (-0.992)	-0.003 (-0.991)	-0.003 (-0.985)	-0.003 (-0.992)
Link	-0.011** (-2.023)	-0.010** (-1.970)	-0.010** (-1.983)	-0.010** (-1.972)	-0.011** (-2.014)
Capexp	0.062*** (6.232)	0.062*** (6.227)	0.062*** (6.218)	0.062*** (6.219)	0.062*** (6.265)
Soe	0.009* (1.834)	0.009* (1.867)	0.009* (1.835)	0.009* (1.933)	0.009* (1.888)
Analystcov	0.002** (2.118)	0.002** (2.132)	0.002** (2.132)	0.002** (2.121)	0.002** (2.128)
Tophold	0.072*** (3.218)	0.074*** (3.305)	0.073*** (3.293)	0.074*** (3.299)	0.073*** (3.284)
Board	-0.014 (-1.482)	-0.014 (-1.492)	-0.014 (-1.449)	-0.014 (-1.452)	-0.014 (-1.501)
Indep	-0.031 (-1.143)	-0.030 (-1.095)	-0.030 (-1.112)	-0.029 (-1.082)	-0.030 (-1.108)

续表

变量	(1) 详细程度 Absinvest	(2) 可读性 Absinvest	(3) 精确性 Absinvest	(4) 积极语调 Absinvest	(5) 消极语调 Absinvest
Constant	0.426 *** (3.110)	0.385 *** (2.856)	0.395 *** (2.937)	0.382 *** (2.842)	0.388 *** (2.873)
Code_FE/Year_FE	Yes	Yes	Yes	Yes	Yes
N	5917	5917	5917	5917	5917
R^2	0.272	0.270	0.271	0.271	0.271

注：括号内为聚类到公司层面的 t 值；*、** 和 *** 分别代表在 10%、5% 和 1% 水平上显著；下同。

3. 分析师盈余预测和代理成本的视角

分析师是资本市场重要信息中介。如果审计报告能够通过信息渠道影响企业投资效率，那么必然会对分析师盈余准确度产生影响。考虑到文本可读性、语调对企业投资效率的影响有限，本书分别构建模型（7-2）和模型（7-3），检验分析师盈余预测准确度和代理成本视角下文本详细程度、精确性与投资效率的关系。表 7-3 中列（1）和列（2）的结果显示，Length × LowAbias 在 5% 水平上显著为负，Accuracy × LowAbias 在 10% 水平上显著为负，说明分析师盈余预测越准确，越能利用审计报告的信息进行分析，从而增强文本详细程度和精确性对企业非效率投资的抑制作用。列（3）和列（4）的回归结果显示，Length × LowMC 在 5% 水平上显著为负，Accuracy × LowMC 在 1% 水平上显著为负，说明企业代理成本越低，越能发挥公司治理作用，进而增强审计报告披露详细程度及精确性对非效率投资的抑制作用。

表 7-3　　　　　分析师盈余预测准确度及代理成本视角的回归

变量	(1) Absinvest	(2) Absinvest	(3) Absinvest	(4) Absinvest
Length	-0.004 ** (-2.183)		-0.001 (-0.234)	
Length × LowAbias	-0.007 ** (-1.981)			

续表

变量	(1) Absinvest	(2) Absinvest	(3) Absinvest	(4) Absinvest
Accuracy		-0.002* (-1.863)		0.001 (0.711)
Accuracy × LowAbias		-0.001* (-1.717)		
LowAbias	-0.059 (-1.056)	-0.005 (-0.539)		
Length × LowMC			-0.007** (-2.428)	
Accuracy × LowMC				-0.007*** (-3.573)
LowMC			0.058** (2.360)	0.010*** (2.871)
Constant	0.426*** (3.107)	0.394*** (2.927)	0.389*** (2.839)	0.385*** (2.903)
Controls	Yes	Yes	Yes	Yes
Code_FE/Year_FE	Yes	Yes	Yes	Yes
N	5917	5917	5917	5917
R^2	0.272	0.271	0.274	0.275

4. 异质性检验

本书从媒体关注、投资者类型和管理层特征等信息加工、处理和使用者视角，分析了审计报告充分披露对企业投资效率的影响。其中，本书将媒体对企业的关注度大于样本行业年度中位数的样本设为高媒体关注组；否则，为低媒体关注组。表 7-4 结果显示，在高媒体关注组，审计报告披露得越详细、越精确，越能显著抑制企业非效率投资。因为媒体对企业越关注，就越有可能加工发酵信息。在媒体放大信息的作用下，充分披露审计报告会受到外部投资者广泛关注，进而促使外部投资者通过公司治理机制引导企业投资于高收益项目。

表7-4　　　　　　　　　　　媒体关注的影响

变量	(1) 高媒体关注 Absinvest	(2) 低媒体关注 Absinvest	(3) 高媒体关注 Absinvest	(4) 低媒体关注 Absinvest
Length	-0.012** (-2.336)	0.002 (0.440)		
Accuracy			-0.005* (-1.775)	-0.002 (-0.676)
Constant	0.216 (0.705)	0.068 (0.167)	0.125 (0.416)	0.088 (0.226)
P-Value	0.043**		0.093*	
Controls	Yes	Yes	Yes	Yes
Code_FE/Year_FE	Yes	Yes	Yes	Yes
N	2996	2921	2996	2921
R^2	0.414	0.283	0.412	0.283

机构投资者持股比例以机构持股数量占总流通股数量的比例衡量。本书将机构投资者持股数量大于样本行业年度中位数设为高机构投资者持股组；否则，为低机构投资者持股组。表7-5结果显示，在高机构投资者持股组，审计报告披露越详细、越精确，越能够抑制企业非效率投资。这表明相比个人投资者，机构投资者更有知识、能力理解审计报告披露的风险信息，继而采用公司治理机制倒逼企业改善资源配置效率。

表7-5　　　　　　　　　　机构投资者持股的影响

变量	(1) 高机构投资者持股 Absinvest	(2) 低机构投资者持股 Absinvest	(3) 高机构投资者持股 Absinvest	(4) 低机构投资者持股 Abinvest
Length	-0.006** (-2.481)	-0.002 (-0.605)		
Accuracy			-0.069* (-1.755)	0.025 (0.297)
Constant	0.430*** (2.776)	0.680*** (4.374)	-3.577 (-0.520)	-18.833*** (-2.721)

续表

变量	(1) 高机构投资者持股 Absinvest	(2) 低机构投资者持股 Absinvest	(3) 高机构投资者持股 Absinvest	(4) 低机构投资者持股 Abinvest
P – Value	0.075*		0.098*	
Controls	Yes	Yes	Yes	Yes
Code_FE/Year_FE	Yes	Yes	Yes	Yes
N	2960	2957	2957	2960
R^2	0.427	0.270	0.061	0.074

参考 Hayward 和 Hambrick (1997),以董事、监事及高管前三名薪酬总额占比来度量管理层过度自信,大于行业年度中位数的样本为高过度自信组;否则,为低过度自信组。表7-6结果显示,在低过度自信组,审计报告披露越详细、越精确,企业非效率投资越少。这说明当管理层高过度自信时,可能会忽略审计报告披露的信息及减少相应关注,执着地投资于收益为负的项目;相反,当管理层低过度自信时,会在意利益相关者对审计报告披露的反应,继而提升投资效率。

表7-6　　　　　　　　　　管理层过度自信的影响

变量	(1) 低过度自信 Absinvest	(2) 高过度自信 Absinvest	(5) 低过度自信 Absinvest	(6) 高过度自信 Absinvest
Length	-0.042* (-1.954)	-0.019 (-1.037)		
Accuracy			-0.003** (-1.969)	-0.002 (-0.960)
Constant	1.697 (1.259)	1.706 (1.600)	0.416** (2.077)	0.514*** (3.604)
P – Value	0.090*		0.056*	
Controls	Yes	Yes	Yes	Yes
Code_FE/Year_FE	Yes	Yes	Yes	Yes
N	2960	2957	2960	2957
R^2	0.099	0.165	0.305	0.392

5. 进一步分析

(1) 事项段和应对段

表7-7列(1)和列(2)结果显示,事项段详细程度Length_cs和应对段详细程度Length_ss分别在5%和10%水平上显著为负。表明事项段、应对段越详细,越能够显著提升企业投资效率。列(3)和列(4)结果显示,事项段可读性Fog_cs系数在1%水平上显著为正;而应对段可读性Fog_ss系数不显著性。原因在于事项段聚焦企业风险信息,越可读,越能提高企业投资效率;应对段描述审计程序,较少含有企业信息,即使可读性提升,也难以影响企业投资效率。列(5)和列(6)的结果显示,事项段精确性Accuracy_cs系数在10%的水平上显著为负;而应对段精确性Accuracy_ss系数不显著。原因在于事项段聚焦企业风险,含有较多定量信息;而应对段描述审计程序,较少含有定量信息。因而,事项段精确性较高,能够显著影响企业投资效率。列(7)至列(10)分别报告了事项段、应对段积极语调和消极语调对企业投资效率的影响。结果显示,事项段和应对段的语调均对投资效率影响有限。

表7-7 事项段及应对段文本特征对投资效率的影响

变量	(1)	(2)	(3)	(4)	(5)	(6)	(7)	(8)	(9)	(10)
	Absinvest	Absinvest	Absinvest	Absinvest	Absinvest	Absinvest	Absinvest	Absinvest	Absinvest	Absinvest
Length_cs	-0.004**									
	(-2.300)									
Length_ss		-0.003*								
		(-1.692)								
Fog_cs			0.066***							
			(2.625)							
Fog_ss				-0.001						
				(-0.267)						
Accuracy_cs					-0.002*					
					(-1.924)					
Accuracy_ss						-0.001				
						(-0.439)				
Pov_cs							0.059			
							(1.446)			

续表

变量	(1) Absinvest	(2) Absinvest	(3) Absinvest	(4) Absinvest	(5) Absinvest	(6) Absinvest	(7) Absinvest	(8) Absinvest	(9) Absinvest	(10) Absinvest
Pov_ss								-0.021 (-0.387)		
Neg_cs									-0.012 (-0.260)	
Neg_ss										-0.060 (-1.398)
Constant	0.423*** (3.099)	0.409*** (3.003)	0.372*** (2.745)	0.386*** (2.860)	0.394*** (2.936)	0.387*** (2.861)	0.380*** (2.823)	0.386*** (2.862)	0.386*** (2.860)	0.387*** (2.866)
Controls	Yes	Yes	Yes	Yes	Yes	Yes	Yes	Yes	Yes	Yes
Code_FE/ Year_FE	Yes	Yes	Yes	Yes	Yes	Yes	Yes	Yes	Yes	Yes
N	5917	5917	5917	5917	5917	5917	5917	5917	5917	5917
R^2	0.272	0.271	0.272	0.270	0.271	0.270	0.271	0.270	0.270	0.271

(2) 账户层面与公司层面

本书参考姜丽莎等（2020），将审计报告披露分为账户层面（KamAccount）及公司层面（KamCompany），其中账户层面包括资产、负债、收入、费用的确认与计量等；公司层面包括企业合并、关联方交易、重大资产重组、诉讼仲裁等。表7-8列（1）和列（2）显示，账户层面事项对投资效率的影响并不显著，而公司层面事项对投资效率的影响在1%水平上显著为负。这表明审计师披露公司层面事项越充分，越能降低企业非效率投资。公司层面信息包括了重大并购、投资、赔偿等投资者能直观感知到的企业潜在负面风险信息。因而，投资者会高度关注公司层面信息，并会采取公司治理机制防止投资失败。而账户层面信息包括资产、负债、收入、费用确认和计量等风险信息。对于这些信息，投资者需要具备专业财务知识并经过分析才能发现其对投资收益的影响。因而，投资者不能直观感受和快速理解资产、负债等计量问题对其投资收益的影响，进而没有及时采取限制措施。

(3) 投资事项与非投资事项

本书提取审计报告中投资相关事项（KamInvest）和非投资相关事项（KamNoninvest），对内投资事项（KamInward）和对外投资事项（KamOutbound）进行分析。对内投资包括固定资产、无形资产投资等；对外投资包括股权投资、并购等。表7-8列（3）至列（5）汇报了上述结果。结果显示，投资相关的事项段对企业投资效率的改善更为明显。对内投资事项对企业投资效率的改善作用不明显，而对外投资事项对企业投资效率的改善作用较为明显。这可能是因为企业对外投资更具不确定性，因此披露对外投资事项会使利益相关者快速捕捉企业风险信息，进而通过公司治理机制限制企业非效率投资。此外，非投资事项对企业投资效率也有较为显著的改善作用，表明与投资无关的风险也能够引起外部投资者关注并使其提高投资效率。

表7-8 披露内容的分析

变量	（1）账户层面 Absinvest	（2）公司层面 Absinvest	（3）投资 Absinvest	（4）对内投资 Absinvest	（5）对外投资 Absinvest	（6）非投资 Absinvest
KamAccount	-0.003 (-1.226)					
KamCompany		-0.012*** (-3.068)				
KamInvest			-0.013*** (-3.554)			
KamInward				-0.005 (-1.001)		
KamOutbound					-0.004* (-1.790)	
KamNoninvest						-0.002* (-1.664)
Constant	0.288*** (4.135)	0.365 (1.569)	0.367 (1.573)	0.354 (1.517)	0.348 (1.487)	0.140*** (3.438)
Controls	Yes	Yes	Yes	Yes	Yes	Yes
Code_FE/Year_FE	Yes	Yes	Yes	Yes	Yes	Yes
N	5917	5917	5917	5917	5917	5917
R^2	0.399	0.295	0.298	0.293	0.293	0.235

（四）稳健性检验

稳健性检验如下：一是进一步控制了行业×年度以及地区层面固定效应；二是采用差值模型进行重新估计；三是采用 Bootstrap 聚类标准误进行回归；四是采用方红星和金玉娜（2013）、辛清泉等（2007）的计算方法对企业投资效率进行了重新测算估计。经上述检验，回归结果仍稳健。

二、审计报告文本语调对企业费用粘性的影响研究[①]

审计报告是审计师与利益相关者之间的沟通桥梁。为了增强审计报告的沟通价值，财政部于 2016 年发布了《中国注册会计师审计准则第 1504 号——在审计报告中沟通关键审计事项》，旨在增加审计报告的信息价值。学术界对这一制度的执行保持高度重视，多数研究发现增加关键审计事项能够加强利益相关者对审计师的监督作用（Gimbar 等，2016；李延喜等，2019；薛刚等，2020）、督促审计师投入更多的资源及精力（吴溪等，2019），以及降低信息不对称（张继勋和韩冬梅，2014）、减少债务融资成本（姜丽莎等，2020）、提高股票收益率（王艳艳等，2018）、提升盈余质量（陈丽红等，2019）等，但鲜有文献将关键审计事项聚焦在以企业费用粘性为代表的企业成本决策问题。成本费用是企业资源消耗的结果，与收入不匹配是企业费用粘性的根本原因。特别地，企业如何"降本增效"，既是促进企业高质量发展的必经途径，也是理论界亟待研究的问题。那么，关键审计事项能否影响成本决策进而影响企业费用粘性？如果关键审计事项对企业费用粘性的影响作用的确存在，其传导机制又是如何？在不同情境下是否存在差异？这是本书试图探究的主要问题。

企业费用粘性是指管理层放缓费用削减的速度，使之与利润下滑速度不匹配。费用粘性的加剧为企业带来了现金流风险、可持续发展风险等。众多学者从公司治理、外部监督、盈余管理、企业数字化（万寿义和王红军，2011；梁上坤，2018；江伟等，2015；吴武清和田雅婧，2022）等出发研究了抑制费用粘性的因素。具体到本书的研究情境，关键审计事项语调是一种

[①] 转引自李甜甜、王帆（通讯作者）、徐灵源. 审计报告文本语调对企业费用粘性的影响研究[J]. 2023（5）：95-106.

文本信息，用来刻画陈述者思想（曾庆生等，2018）。已有研究表明关键审计事项语调对股价崩盘风险（黄溶冰和冯严超，2022）、公司财务风险（陆旭冉等，2022）等具有影响，但鲜有文献研究关键审计事项语调是否会对企业费用粘性产生影响。事实上，文本语调能够映射风险（谢德仁和林乐，2015）。关键审计事项文本的消极语调体现了审计师对财务风险的判断，即语调越消极，映射的财务报表潜在风险越高（黄溶冰，2022）。此时，基于风险趋异观，投资者、债权人等利益相关者会调查风险产生的原因（王帆和邹梦琪，2022），如果发现费用降低的速度比收益下降的慢，会利用公司治理机制（梁上坤，2018）、合同约束（梁上坤，2015）等手段干预管理者行为，矫正费用粘性。因而，我们认为审计文本语调会影响企业费用粘性，但是否成立还需要进一步检验。

基于此，本书以2017—2020年A股制造业公司披露的关键审计事项为研究对象，研究了关键审计事项中语调对企业费用粘性的影响及影响机制。结果发现，关键审计事项消极语调能够显著降低企业费用粘性，机制是通过削弱管理者乐观预期、降低代理成本，来削减企业费用粘性。进一步研究表明，事项段、消极词汇，以及企业多机构投资者、多媒体报道也会削弱企业费用粘性。

本书的贡献体现为：第一，已有研究从审计质量出发验证了审计对企业费用粘性的作用（梁上坤，2015）。与现有研究视角不同，本书从审计报告出发，发现审计师语调对企业费用粘性的减弱作用，补充了审计对企业费用粘性影响领域的文献。第二，已有研究从股价崩盘风险（黄溶冰和冯严超，2022）、风险预测（廖义刚和杨雨馨，2021）和投资效率（王帆和邹梦琪，2022）等角度验证了审计报告语调的作用，但尚未验证关键审计事项语调对企业费用粘性的影响。本书将关键审计事项文本语调、管理者乐观预期、代理成本与费用粘性纳入同一分析框架，丰富了审计报告文本影响企业费用领域的文献。第三，已有研究表明机构投资者持股（梁上坤，2018）、媒体关注（梁上坤，2017）和债权人（梁上坤，2015）可以通过抑制管理者机会主义行为来降低费用粘性，但鲜有文献从关键审计事项语调角度出发研究审计监督对企业费用粘性的影响，本书的研究丰富了降低费用粘性的因素的文献。

（一）理论分析与假设提出

1. 企业费用粘性

Anderson 等（2003）以 1979—1998 年美国公司的销售和管理费用为研究对象，发现公司销售费用和管理费用的变化与业务量的变化方向不同，即当业务量上升时公司费用的增加大于公司业务量下降时费用的减少，他们将此现象称为企业费用粘性。随后，孙铮和刘浩（2004）也证明中国上市公司存在费用粘性。产生这种现象的原因包括管理者乐观预期与代理问题观等（江伟和胡玉明，2011）。首先，管理者乐观预期观点认为，管理者对企业未来销售量增长的预期可能会乐观估计。即当销售量下降时，管理者会对未来销售量回升保持乐观，所以销售量的下降并不会影响管理者减少管理费用等；相反，当销售量上升时，管理者更愿意增加资源投入，从而导致成本费用随业务量的增加而增加。其次，代理问题观认为，由于管理者和股东之间存在道德风险和逆向选择问题，即管理者会出于个人目的，过度扩张公司、增加在职消费或保留大规模员工等。当企业的业务量下降时，管理层应缩减各项支出使之与业务量相匹配，但具有自利倾向的管理层会将费用支出继续保持在原有水平，导致费用粘性产生。对代理问题引起费用粘性的实证研究比较多，梁上坤（2015，2017，2018）研究发现外部审计、媒体关注、机构投资者均能够通过对管理层的有效监督来抑制费用粘性。

2. 审计报告的信息价值

已有研究并未对审计报告是否具有信息价值达成一致意见。Cristina 等（2015）、Cade 和 Hodge（2018）提出审计报告不具有信息价值。即如果管理层想要披露某类信息，会在管理层声明书或其他信息中披露，此时审计报告披露的信息不具备增量价值；如果管理层不想披露某类信息，其也不会透露给审计师，以防止无意间透露舞弊和错误并收到非标准审计意见。与他们的研究结论相反，张继勋等（2016）、Gimbar（2016）以及 Backof 等（2022）均认为审计报告具有信息价值。因为，管理层为了预防审计师在关键审计事项中披露大量风险，继而影响企业的财务绩效，其有动机与审计师沟通、解释，以增加审计师的积极评价。同时，审计师也会为了保障关键审计事项信息的准确性，主动与管理层沟通并证实对外披露信息的准确性。那么，作为审计报告重要特征之一的文本语调具有信息价值吗？事实上，关键审计事项的文本语调具有较大差异,可分为消极语调与积极语调。例如,关于消极语调,中审众环会计师事务所在2019年的关键审计事项段中披露"晓程科技对ECG应收款项的回收存在一定风险。晓程科技应收ECG款项金额重大,且期末坏账准备的计提需要管理层运用重大会计估计和判断"。可见,消极语调多向预期使用者传递"风险"。关于积极语调,立信会计师事务所在2019年的关键审计事项段中披露"朗姿韩亚资管同时向目标行业提供两项服务,咨询服务的开展为债权类投资提供了条件和操作方案,债权类投资是前期咨询服务实施交易的结果。"可见,积极语调可帮助企业解释可能令预期使用者误解的事项。总之,消极语调与积极语调传递的信息存在较大差异。学者们对该问题也未达成一致意见。王帆和邹梦琪(2022)的研究发现利益相关者不关注审计报告的文本语调,而更关注文本详细程度与精确程度。与他们的结论相反,黄溶冰和冯严超(2022)发现消极语调能够影响公司未来股价崩盘风险,这是因为消极语调意味着审计师对企业的财务状况比较悲观(陆旭冉等,2022),将引起投资者、分析师以及市场媒体等利益相关者的注意,并有可能促使利益相关者采取公司治理措施以解决管理层因自利行为而产生的经营风险。可见,审计报告语调是否具有信息价值还有待进一步验证。

3. 假设提出

费用粘性的成因包括管理者预期观与代理成本观等。费用粘性的管理者预期观认为,当管理者对企业的未来收入增长持积极态度时,即使当期业务量下降,他们也不会按比例削减支出,使得费用粘性增加(Banker等,2008)。费用粘性的代理成本观认为,管理者在进行资源的调整决策中存在自利行为(马永强和张泽南,2013)。他们倾向于保留一部分冗余资源,例如,在收入下降时尽量避免缩减企业规模的决策活动,从而从大规模企业或组织机构更为复杂的企业中获得更多货币性或非货币性利益(谢获宝和惠丽丽,2014;崔学刚和徐金亮,2013)。这种自利行为会造成企业资源配置偏离最优水平,从而产生费用粘性问题(Kama and Weiss,2010)。

关键审计事项能够传递审计过程中发现的业务疑点、经营风险以及管理层应对策略等与风险有关的信息,对债权人、投资人等利益相关者具有重要参考价值(梁上坤,2015,2018)。语调是关键审计事项的重要文本特征,相较于积极语调,消极语调暗示着企业当下存在的风险(Muslu等,2019),即审计师从感性角度对债权人、投资人等利益相关者起到警示作用。一旦利益相关者感知到关键审计事项的消极语调，就会提高对未来风险的预期以及对未来利润损失的考量，为保障自身利益，他们会采取措施约束管理者的自利行为，比如发挥负债的公司治理作用（Jensen，1996）。那么，关键审计事项段语调能否对费用粘性产生影响呢？为了回答这个问题，我们从管理者预期观与代理成本观两个方面进行考量。

首先，基于管理者预期观，管理者会预期未来市场状况转好，继而保留一些管理费或销售费用于市场扩张（梁上坤，2015）。在此种情况下，为了保留更多的可供支配费用，管理者会在业绩说明会、年报文本中夸大未来利润，使债权人、投资人等利益相关者认为这些费用可以被未来收益所弥补（江伟等，2015）。此时，如果审计师披露的关键审计事项语调较为积极，利益相关者就会认为审计师的预期与管理层相同，就很难关注企业费用粘性问题；相反，如果审计师披露的关键审计事项语调较为消极，基于风险趋异观（王帆和邹梦琪，2022），利益相关者会根据关键审计事项消极语调带来的风险信息，判断企业未来收益与费用的匹配程度。一旦发现管理者对未来现金流入过于乐观，利益相关者就会采取提出治理经营中问题的建议或者合同条款来约束管理者行为，以降低管理者乐观预期（梁上坤，2015），使其降低费用并与当前收入下降的速度保持一致，继而保留企业现金流以保障自身投资收益。

其次，基于代理成本观，管理层出于最大化自身利益的动机，往往倾向于构建"个人帝国"，以实现其自身地位、权力和名誉等方面的私利（Masulis等，2007）；或者，利用自身权力增加作为隐性薪酬的在职消费（卢锐等，2008）。因此，当业务量下降时，管理层不会较快地缩减各项支出，造成费用粘性（Chen等，2012）。这会严重影响企业经营效率（谢获宝和惠丽丽，2014），使利润在收入下降时加速下滑（梁上坤，2018）。此时，如果关键审计事项段的语调较为乐观，利益相关者就较少观测到企业风险，并揭示企业费用下降速度与收益下降速度不匹配的风险。相反，如果关键审计事项语调较为消极，基于风险趋异观，利益相关者会根据关键审计事项负面语调传递的风险信息与风险强度，判断管理层不缩减各项费用支出，是否会影响自身投资收益（王帆，2022），继而采取提出治理经营中问题的建议或者合同条款来约束管理层机会主义行为，降低代理成本，从而纠正不合理的费用支出

(梁上坤,2018)。基于此,本书提出以下假设:

H4:关键审计事项语调越消极,越能够降低企业费用粘性。

(二) 研究设计

1. 样本选择

由于关键审计事项的披露数据起始于 2017 年,因此本书选择 2017 年作为研究起点。具体地,本书参考洪荭等(2021)的研究,首先选取 2017—2020 年 A 股上市公司披露的关键审计事项语调数据与 2018—2021 年的企业费用粘性作为初始样本,获得初始观测共 10279 个。随后,剔除金融行业观测值 79 个,剔除 ST 或 *ST 公司的观测值 456 个,剔除总资产小于 0 及资产负债率大于 1 的观测值 32 个,剔除其他变量数据缺失的观测 1119 个,最终获得 8593 个观测,用于实证分析。关键审计事项数据以及媒体关注的数据来自 CNRDS 数据库,其他数据源于 CSMAR 数据库。关键审计事项文本语调等数据通过 Python 软件计算获得。为了消除异常值的影响,本书对连续变量进行 0.5% 缩尾调整。

2. 变量定义与模型构建

为了验证 A 股上市公司是否存在费用粘性,本书借鉴 Anderson 等(2003)、孙铮和刘浩(2003)等的研究,构建回归模型(7-4):

$$\Delta Lnsga_{i,t+1} = \alpha_0 + \alpha_1 \Delta Lnrevenue_{i,t+1} + \alpha_2 \times D_{i,t+1} \times \Delta Lnrevenue_{i,t+1} + \sum Economic\_Var_{i,t} + \sum Economic\_Var_{i,t} \times D_{i,t+1} \times \Delta Lnrevenue_{i,t+1} + \sum Control\_Var_{i,t} + \sum Firm + \sum Year + \varepsilon_{i,t+1} \quad (7-4)$$

其中,$\Delta Lnsga_{i,t+1}$ 表示公司在关键审计事项披露下一期的费用变动;$\Delta Lnrevenue_{i,t+1}$ 表示公司在关键审计事项披露下一期的收入变动;D 为虚拟变量,若公司的营业收入相比于前一年下降则取 1,否则,取 0。当收入上升 1%,费用变动 α_1%;当收入下降 1%,费用变动 $(\alpha_1 + \alpha_2)$%;若 α_2 为负,则说明当收入下降时费用变化的幅度小于当收入上升时费用变化的幅度,证明费用粘性存在。

语调是一种交流的情感或感觉,受陈述内容以及词汇选择的影响,可以采取积极方式描述内容,也可以采取消极的语调描述(Henry,2008)。大量实证研究表明,语调越消极,投资者越会利用上市公司的业绩说明会、年报文本语调进行投资决策（Amir 和 Lev, 1996, 谢德仁和林乐, 2015）。根据上述语调的定义，将关键审计事项语调定义为：关键审计事项语调是审计师传递给审计报告使用者的情感或感觉。在使用关键审计事项沟通时，审计师会使用积极词汇或消极词汇，消极词汇代表着审计师对企业财务报表的悲观态度；积极词汇代表着审计师对企业财务报表的乐观估计。本书借鉴谢德仁和林乐（2015）的研究，借助 python 的"结巴"中文分词模块，对关键审计事项文本进行自动分词，然后进行词频统计，采用积极词汇和消极词汇的相对占比来定义语调，其中积极词汇和消极词汇的定义参照 Loughran 和 McDonald（2011）的金融情感词汇列表，积极词汇包括"适当""适用""有效""最佳"等，消极词汇则包括"缺乏""违反""严重""异常"等。

为了研究关键审计事项语调对企业费用粘性的影响，本书借鉴梁上坤（2017）的研究，构建回归模型（7-5）：

$$\Delta Lnsga_{i,t+1} = \alpha_0 + \alpha_1 \Delta Lnrevenue_{i,t+1} + \alpha_2 \times D_{i,t+1} \times \Delta Lnrevenue_{i,t+1} + \alpha_3 \times Tone_{i,t} + \alpha_4 \times Tone_{i,t} \times D_{i,t+1} \times \Delta Lnrevenue_{i,t+1} + \sum Economic\_Var_{i,t} + \sum Economic\_Var_{i,t} \times D_{i,t+1} \times \Delta Lnrevenue_{i,t+1} + \sum Control\_Var_{i,t} + \sum Firm + \sum Year + \varepsilon_{i,t}$$

（7-5）

$Tone_{i,t}$ 表示关键审计事项净语调的消极程度，度量方式借鉴底璐璐等（2020）、谢德仁和林乐（2015）等的研究，采用（关键审计事项消极词汇个数-积极词汇个数）/（关键审计事项消极词汇个数+积极词汇个数）来构建，$Tone_{i,t}$ 的值越大，代表关键审计事项净语调越消极。$Tone_{i,t} \times D \times \Delta Lnrevenue$ 用于验证关键审计事项的语调对企业费用粘性的影响，若 α_4 为正，则说明关键审计事项越消极，越能削弱费用粘性。控制变量方面，本书参照 Anderson 等（2003）的研究，加入了固定资产密度、人力资本密度、经济增长、是否连续两年收入下降这四个经济变量（Economic_Var）及其与粘性的交乘项（$Economic\_Var \times D \times \Delta Lnrevenue$）。此外，还控制了公司规模（Size）、上一期公司规模（Size_lag）、审计意见（Opinion）、独董比例（Independentrate）、第一大股东持股（Largestholdrate）、资产负债率（Lev）、经营现金流（Lnocf）、资产报酬率（Roa）以及两职合一（Duality）。本书还参照全怡（2019）、吴武清和田雅婧（2022）的研究，在模型中控制了个体固定效应以及年度固定效应。变量定义如表7-9所示。

表 7-9　　　　　　　　　　　变量定义

变量类型	变量名称	变量符号	变量说明
因变量	费用变动	ΔLnsga	公司当年销售与管理费用的自然对数与前一年费用的自然对数之差
自变量	收入变动	ΔLnrevenue	公司当年营业收入的自然对数与前一年营业收入的自然对数之差
	收入下降	D	虚拟变量，若公司当年营业收入相比前一年营业收入下降取1；否则，取0
	关键审计事项的语调	Tone	（关键审计事项消极词汇个数-积极词汇个数）/（关键审计事项消极词汇个数+积极词汇个数）
	事项段语调	Tone_cs	（事项段消极词汇个数-积极词汇个数）/（事项段消极词汇个数+积极词汇个数）
	应对段语调	Tone_ss	（应对段消极词汇个数-积极词汇个数）/（应对段消极词汇个数+积极词汇个数）
控制变量	固定资本密度	Ainten	公司年末资产总额与当年营业收入的比值
	人力资本密度	Einten	公司年末员工人数与当年营业收入的比值
	经济增长	GDPgrowth	当年GDP相对前一年的增长率
	连续两年收入下降	D_Twoyear	虚拟变量，若公司营业收入连续两年下降取1；否则，取0
	公司规模	Size	公司年末资产总额的自然对数
	审计意见	Opinion	若公司被出具非标审计意见取1；否则，取0
	独董比例	Indepdentrate	独立董事数量与董事规模之比
	第一大股东持股	Largestholdrate	第一大股东持股数占总股数的比例
	资产负债率	Lev	公司年末负债总额与资产总额之比
	经营净现金流	Lnocf	公司本年度经营净现金流的自然对数，若是公司本年的经营净现金流为负，则 Lnocf = -Ln（｜经营净现金流｜）
	资产报酬率	Roa	公司当年净利润与年末总资产之比
	两职合一	Duality	虚拟变量，若公司董事长和总经理存在兼任情况，则取值为1；否则，取值为0
	是否为四大审计	Big4	虚拟变量，若公司聘请四大审计，则取值为1；否则，取值为0

(三) 实证结果与分析

1. 描述性统计

如表 7 - 10 所示,企业费用变动 ΔLnsga 的均值为 0.045,标准差为 0.238,说明不同公司的费用变化差距较大。收入变动 ΔLnrevenue 的均值为 0.087,标准差为 0.307,说明不同公司的收入变动也具有一定差异。D 的均值为 0.304,说明在 2018—2021 年收入下降的观测占比为 30.4%。同时,语调 Tone 的均值为 -0.297,标准差为 0.366,说明大多数关键审计事项的语调偏向正面,并且不同公司关键审计事项的文本语调存在明显差异。此外,样本中固定资本密度 Ainten 均值为 2.595、人力资本密度 Einten 的均值为 1.190,经济增长 GDPgrowth 的均值为 0.0490,连续两年收入下降 D_Twoyear 的均值为 0.112,公司规模 Size 的均值为 22.390,审计意见 Opinion 的均值为 0.030,独立董事比例 Independentrate 的均值为 0.378,第一大股东持股比例 Largestholdrate 的均值为 0.330,资产负债率 Lev 的均值为 0.421,经营活动净现金流 Lnocf 的均值为 13.660,资产报酬率 Roa 的均值为 0.037,两职合一 Duality 的均值为 0.307,均在正常范围内。

表 7 - 10　　描述性统计

变量	样本量	均值	中位数	标准差	最小值	最大值
ΔLnsga	8593	0.045	0.054	0.238	-0.832	1.030
ΔLnrevenue	8593	0.087	0.093	0.307	-1.181	1.474
D	8593	0.304	0	0.460	0	1
Tone	8593	-0.297	-0.333	0.366	-1	1
Ainten	8593	2.595	1.917	4.023	0.088	188.000
Einten	8593	1.190	0.988	0.999	0.006	18.800
GDPgrowth	8593	0.049	0.060	0.020	0.022	0.069
D_Twoyear	8593	0.112	0	0.316	0	1
Size	8593	22.390	22.190	1.341	19.950	27.050
Opinion	8593	0.030	0	0.171	0	1
Indepdentrate	8593	0.378	0.364	0.054	0.300	0.600
Largestholdrate	8593	0.330	0.306	0.145	0.073	0.757
Lev	8593	0.421	0.416	0.193	0.055	0.887

续表

变量	样本量	均值	中位数	标准差	最小值	最大值
Lnocf	8593	13.660	19.080	13.780	-21.830	24.310
Roa	8593	0.037	0.038	0.077	-0.392	0.257
Duality	8593	0.307	0	0.461	0	1
Big4	8593	0.064	0	0.245	0	1

2. 基本回归

表 7-11 报告了基本回归结果。列（1）的结果显示，收入变动（ΔLnrevenue）的系数在 1% 水平上显著为正，说明企业的费用和收入大体呈同向变化；粘性（D×ΔLnrevenue）的系数在 1% 水平上显著为负，说明在收入下降时企业费用下降的幅度小于收入上升时企业费用上升的幅度，即 A 股公司存在费用粘性。列（2）用于验证关键审计事项净消极语调是否能够降低企业费用粘性，结果显示净消极语调与费用粘性交乘项（Tone × D × ΔLnrevenue）的系数在 1% 水平上显著为正，这说明企业关键审计事项的语调越消极，越能降低企业费用粘性，假设 H4 得到验证。

表 7-11　　　　　　　　　　基本回归

变量	（1）验证粘性是否存在 ΔLnsga	（2）主回归 ΔLnsga
ΔLnrevenue	0.448*** (29.12)	0.448*** (29.12)
D × ΔLnrevenue	-0.250*** (-4.45)	-0.201*** (-3.46)
Tone		0.017 (1.50)
Tone × D × ΔLnrevenue		0.140*** (3.18)
Ainten	-0.001 (-0.45)	-0.001 (-0.60)
Ainten × D × ΔLnrevenue	-0.029*** (-6.08)	-0.028*** (-5.66)

续表

变量	(1) 验证粘性是否存在 ΔLnsga	(2) 主回归 ΔLnsga
Einten	0.012 (1.22)	0.011 (1.13)
Einten × D × ΔLnrevenue	0.002 (0.12)	-0.006 (-0.29)
GDPgrowth	0.000 (0.25)	0.001 (0.33)
GDPgrowth × D × ΔLnrevenue	-0.004 (-0.59)	-0.002 (-0.35)
D_Twoyear	-0.010 (-0.93)	-0.011 (-1.04)
D_Twoyear × D × ΔLnrevenue	0.014 (0.34)	0.006 (0.15)
Size	-0.054*** (-3.52)	-0.055*** (-3.54)
Opinion	-0.003 (-0.14)	-0.001 (-0.05)
Indepdentrate	-0.183* (-1.84)	-0.186* (-1.87)
Largestholdrate	-0.115 (-1.31)	-0.111 (-1.28)
Lev	-0.093* (-1.83)	-0.093* (-1.84)
Lnocf	-0.000 (-1.40)	-0.000 (-1.37)
Roa	0.564*** (10.83)	0.566*** (10.89)
Duality	-0.003 (-0.29)	-0.003 (-0.26)
Big4	-0.043 (-1.12)	-0.043 (-1.11)

续表

变量	(1) 验证粘性是否存在 ΔLnsga	(2) 主回归 ΔLnsga
Constants	1.232*** (3.57)	1.244*** (3.61)
Firm_FE/Year_FE	Yes	Yes
N	8593	8593

3. 机制检验

本书依据企业费用粘性产生的原因,从管理者乐观预期机制、企业代理成本机制角度出发进行检验。首先,当管理者预期未来市场状况转好时会保持管理费用或销售费用,而当关键审计事项语调消极时,利益相关者会关注企业的未来现金流入预期。如果利益相关者通过关键审计事项消极语调发现管理者的预期过于乐观,他们会采取公司治理机制削减一部分冗余的费用,使企业费用下降的速度与收入下降的速度相同。其次,当公司代理问题较多时,管理层为了自身利益不会缩减费用,使之与收入下降的速度相匹配。如果利益相关者的关键审计事项语调过于消极,利益相关者将增加对管理层的监督,继而采取公司治理行动以减少不合理的费用支出。

为了验证上述观点,本书设置如下模型进行检验:

$$MC/Mng\_op = Tone + Controls + \varepsilon$$

其中,变量 MC 代表关键审计事项披露下一期的企业代理成本,本书参考叶康涛和刘行(2014)的研究,以管理费用率来度量 MC。表 7-12 的列(1)结果显示,关键审计事项语调 Tone 的系数在 5% 的水平上显著为负,这说明关键审计事项语调越消极,越能提醒利益相关者关注管理层的道德风险与逆向选择行为,从而降低企业代理成本。变量 Mng_op 代表管理者预期,本书参考 Henry 和 Leone(2015)的方法,通过分析年报中的管理层的语调来预测管理层乐观的程度,管理层语调的定义方法为:(年报积极词汇数量-消极词汇数量)/(年报积极词汇数量+消极词汇数量),管理层语调的值越大,表示年报文本信息语气越积极。表 7-12 的列(2)结果显示,关键审计事项语调 Tone 的系数在 10% 的水平上显著为负,这表明关键审计事项语调越消极,越能抑制管理层乐观预期,从而降低费用粘性。

表7-12　　　　　　　　　　机制检验

变量	(1) MC	(2) Mng_op
Tone	-0.012**	-0.002*
	(-2.36)	(-1.66)
Size	0.001	0.017***
	(0.17)	(11.04)
Opinion	0.043***	-0.003
	(4.23)	(-1.20)
Indepdentrate	0.042	-0.016
	(0.88)	(-1.52)
Largestholdrate	-0.028	0.004
	(-0.68)	(0.42)
Lev	-0.030	-0.005
	(-1.25)	(-0.90)
Lnocf	0.000	-0.000
	(0.83)	(-0.58)
Roa	-0.069***	0.035***
	(-2.82)	(6.36)
Duality	-0.006	-0.001
	(-1.09)	(-0.86)
Big4	-0.002	0.013***
	(-0.11)	(3.22)
Constants	0.061	0.032
	(0.40)	(0.93)
Firm_FE/Year_FE	Yes	Yes
N	8593	8593

(四) 进一步检验

1. 基于审计报告视角

审计报告是审计监督的结果,不同审计监督方式的治理效果不同。基于此,本书从审计报告视角出发进行检验,以期验证关键审计事项的不同段落或不同语调对企业费用粘性的作用。

（1）事项段与应对段。由于关键审计事项段分为事项段与应对段，因而本书分别检验了事项段消极语调及应对段净消极语调对企业费用粘性的影响。表 7-13 的列（1）和列（2）分别报告了事项段和应对段的净消极语调回归结果，$Tone\_cs \times D \times \Delta Lnrevenue$ 的系数在 1% 水平上正向显著，$Tone\_ss \times D \times \Delta Lnrevenue$ 的系数在 5% 水平上正向显著，且组间系数差异显著，该结果表明事项段与应对段的净消极语调对企业费用粘性的影响具有显著差异，这是因为事项段的作用是聚焦高风险领域关键事项（王帆和邹梦琪，2022；陈丽红等，2019），其语调能够使外部利益相关者捕获被投资企业的风险，进而提高审计报告决策有用性；应对段的作用是描述审计过程与审计程序，而对于企业层面风险信息的传递相对有限，因此对企业费用粘性的影响也有限。

（2）消极词汇与积极词汇。基于前景理论，人具有损失厌恶性，对于"坏消息"的反应往往要比"好消息"更加敏感。若关键审计事项存在积极语调，投资者不一定敏感地作出反应；但是若关键审计事项存在消极语调，出于损失厌恶的心理，利益相关者会采取一定措施遏制管理层的自利行为，从而抑制粘性。本书的基础回归检验的是关键审计事项净消极语调对企业费用粘性的影响，但这还不足以说明不同情感色彩语调对粘性影响的不对称性，因此在进一步分析中，本书分别检验了关键审计事项中消极词汇与积极词汇对企业费用粘性的影响方向以及影响程度的差异性。以消极词汇以及积极词汇的占比来分别度量关键审计事项语调的不同情感色彩。表 7-13 的列（3）和列（4）分别报告了消极与积极两种不同情感色彩的回归结果，$Neg \times D \times \Delta Lnrevenue$ 的系数在 1% 水平上显著为正，说明关键审计事项中消极词汇能够削弱企业费用粘性，消极词汇占比越高，对企业费用粘性的削弱作用越显著；而 $Pov \times D \times \Delta Lnrevenue$ 的系数为负不显著，说明关键审计事项中的积极词汇对企业费用粘性的影响更微弱。以上结果表明，关键审计事项不同色彩的情感语调对费用粘性的影响方向相反，并且消极词汇对企业费用粘性的影响程度较积极词汇的影响程度更高。

2. 基于信息关注的视角

关键审计事项能够起到信息传递作用，不同信息关注主体对信息的接受程度不同。基于此，本书从信息关注视角出发进行检验，以期验证不同信息分析能力机构投资者及不同传播能力媒体条件下，关键审计事项语调对企业费用粘性的作用。

表 7-13　　　　　　　　　　基于审计报告视角的进一步检验

变量	(1) 事项段 ΔLnsga	(2) 应对段 ΔLnsga	(3) 消极词汇 ΔLnsga	(4) 积极词汇 ΔLnsga
ΔLnrevenue	0.448*** (29.13)	0.448*** (29.15)	0.447*** (29.11)	0.448*** (29.15)
D × ΔLnrevenue	-0.173*** (-2.93)	-0.217*** (-3.75)	-0.307*** (-5.17)	-0.236*** (-3.67)
Tone_cs	0.026* (1.92)			
Tone_cs × D × ΔLnrevenue	0.215*** (3.94)			
Tone_ss		0.015 (1.62)		
Tone_ss × D × ΔLnrevenue		0.087** (2.23)		
Neg			0.638 (0.68)	
Neg × D × ΔLnrevenue			11.427*** (2.91)	
Pov				-1.503* (-1.76)
Pov × D × ΔLnrevenue				-1.338 (-0.46)
Controls	控制	控制	控制	控制
P-Value	0.0134		0.0272	
Firm_FE/Year_FE	Yes	Yes	Yes	Yes
N	8593	8593	8593	8593

（1）分析师关注。证券分析师拥有广泛的信息渠道和熟稔的专业能力，他们能够获取各种公开和非公开的信息，对其解读和挖掘，并且借助其拥有的渠道传播发掘的信息（潘越等，2011），从而起到降低公司信息不对称的作用（梁上坤，2017）。因此，拥有较多分析师关注的公司其外部信息环境较好，利益相关者利用关键审计事项语调抑制自利行为的动机较弱。因此，本书按照关键审计事项披露当年的分析师跟踪人数，将样本企业分为分析师跟踪多与分析师跟踪少两组。表7-14列（1）和列（2）分别报告了回归结果，

在分析师跟踪少的组，Tone×D×ΔLnrevenue 的系数在 1% 的水平上显著；而在分析师跟踪多的组，Tone×D×ΔLnrevenue 的系数不显著，且组间系数差异显著。这表明，分析师跟踪较多的企业，外部信息环境越好，关键审计事项语调发挥的治理作用越微弱。

（2）媒体关注。媒体具有专业化的模式、团队和技术，通过挖掘、写作、包装、传播等手段，可以有效降低投资者获取信息的成本，降低信息不对称（熊艳等，2011；梁上坤等，2017）。企业相关媒体报道越多，利益相关者就越不需要通过关键审计事项语调来关注企业，关键审计事项语调发挥的增量作用越不明显。因此，在有较多媒体报道的公司中，关键审计事项段消极语气对费用粘性的削弱作用较弱。本书以统计时间段内网络新闻内容出现该公司的次数度量媒体报道程度。表 7-14 的列（3）和列（4）报告了回归结果，在媒体报道少的组，Tone×D×ΔLnrevenue 的系数在 1% 水平上显著；而在媒体报道多的组，Tone×D×ΔLnrevenue 的系数不显著，且组间系数差异显著。这说明，相对于媒体关注多的企业，媒体关注少的企业其关键审计事项语调的治理作用更强，其对费用粘性的削弱作用也更强。

表 7-14　　　　　　　　　　基于信息传播媒介视角

变量	(1) 分析师跟踪少 ΔLnsga	(2) 分析师跟踪多 ΔLnsga	(3) 媒体报道少 ΔLnsga	(4) 媒体报道多 ΔLnsga
ΔLnrevenue	0.399 *** (10.11)	0.533 *** (16.50)	0.423 *** (17.91)	0.466 *** (17.95)
D×ΔLnrevenue	-0.227 (-1.56)	-0.156 (-0.90)	-0.277 *** (-2.61)	-0.185 * (-1.92)
Tone	0.068 *** (2.66)	0.032 (1.64)	0.023 (1.42)	0.028 (1.50)
Tone×D×ΔLnrevenue	0.530 *** (4.56)	0.018 (0.14)	0.422 *** (5.37)	0.107 (1.55)
Controls	控制	控制	控制	控制
P-Value	0.0232		0.0263	
Firm_FE/Year_FE	Yes	Yes	Yes	Yes
N	2705	2615	4239	4354

(五) 稳健性检验

1. 内生性问题的解决

为了缓解潜在的遗漏变量问题带来的内生性偏误,本书采用工具变量法重新对模型进行估计。本书参考曾庆生(2018)的方法,采用相同年度同行业其他公司的年报语调的均值(Ind_year_tone),作为 Tone 的工具变量。该工具变量满足相关性和外生性的要求。从相关性来看,首先,从前面的论述中可知,同一企业年报语调与关键审计事项语调具有一定关联;其次,同行业的企业面临相似的外部环境,因此同行业其他企业的年报语调与本企业的年报语调也相关,相同年度同行业其他公司的年报语调与本企业的关键审计事项语调具有相关性。但是,目前鲜有文献证明同行业其他企业的年报语调能够影响本企业的费用粘性。因此,相同年度同行业其他公司的年报语调的均值能够满足工具变量相关性和外生性的特性。表 7-15 显示,弱工具变量检验 F 值大于经验值 10,且不可识别检验 P 值小于经验值 0.1,均通过检验,表明相同年度同行业其他公司的年报语调可以作为本研究的工具变量。

表 7-15 列示了工具变量二阶段的回归结果。表 7-15 列(2)显示,第二阶段 Ind_year_tone × D × ΔLnrevenue 交乘项前的系数仍在 5% 水平上显著为正,表明结果具有稳健性。

表 7-15　　内生性问题的解决

变量	Ind_year_tone	
	(1)	(2)
	Stage1	Stage2
Ind_year_tone	-0.445***	
	(-2.75)	
ΔLnrevenue		0.447***
		(29.03)
D × ΔLnrevenue		0.051
		(0.37)
Ind_year_tone		-0.438
		(-1.09)

续表

变量	Ind_year_tone	
	(1)	(2)
	Stage1	Stage2
Ind_year_tone × D × ΔLnrevenue		1.049**
		(2.41)
Controls	控制	控制
Firm_FE/Year_FE	Yes	Yes
N	8593	8593
F 值	11.087	
P 值		0.0009

2. 其他稳健性检验

为检验上述结论的稳健性，本书还进行了以下稳健性检验：①参照周波等（2019）的研究，按照"（消极词汇 - 积极词汇）/全部词汇数"的方式度量消极语调；②由于 2017 年是关键审计事项试点披露年，因此剔除 2017 年披露的关键审计事项样本进行回归；③控制事务所层面的固定效应；④采用 Bootstrap 聚类标准误回归法。表 7 – 16 列（1）至列（4）报告了上述稳健性检验结果，结果表明关键审计事项文本语调降低了企业费用粘性，均支持了假设 H4。

表 7 – 16　　　　　　　稳健性检验

变量	(1) 按照"（消极词汇 - 积极词汇）/全部词汇"的方式度量语调	(2) 剔除 2017 年披露的关键审计事项样本	(3) 控制事务所层面固定效应	(4) 采用 bootstrap 聚类标准误进行回归
	ΔLnsga	ΔLnsga	ΔLnsga	ΔLnsga
ΔLnrevenue	0.448***	0.447***	0.468***	0.479***
	(29.16)	(28.99)	(43.39)	(29.73)
D × ΔLnrevenue	-0.213***	-0.205***	-0.197***	-0.162*
	(-3.66)	(-3.54)	(-5.28)	(-1.95)
Tone	1.224*	0.016	0.002	0.007
	(1.85)	(1.38)	(0.28)	(1.11)

续表

变量	(1) 按照"（消极词汇 - 积极词汇）/全部词汇"的方式度量语调	(2) 剔除2017年披露的关键审计事项样本	(3) 控制事务所层面固定效应	(4) 采用bootstrap聚类标准误进行回归
	ΔLnsga	ΔLnsga	ΔLnsga	ΔLnsga
Tone × D × ΔLnrevenue	6.201** (2.33)	0.134*** (3.05)	0.088*** (2.84)	0.093* (1.80)
Controls	控制	控制	控制	控制
FE	Yes	Yes	Yes	Yes
N	8593	8537	8593	8593

（六）结论

本书以2018—2021年A股上市公司为样本，基于关键审计事项段文本语调，考察了关键审计事项段消极语调对企业费用粘性的影响。实证结果显示，关键审计事项文本语调越消极，越能抑制企业费用粘性，影响机制包括削弱管理者乐观预期、降低代理成本。此外，相对于出具应对段、积极词汇、分析师跟踪多、媒体报道多的企业，出具事项段、消极词汇、分析师跟踪少、媒体报道少的企业，更能促进关键审计事项段消极语调与费用粘性之间的负向关系。

第三节　国家治理视角下审计师的作用机制研究

一、国家治理视角下审计师声誉研究[①]

早在美国职业审计发展初期，审计界就开始关注声誉问题。1890年，普华在美国纽约百老汇成立分所，路易斯·大卫·琼斯被任命为经理，虽然琼斯具有丰富经验且做事认真，但远在英国伦敦的合伙人仍不希望该事务所的

---

① 转引自王帆，张龙平. 审计师声誉研究：述评与展望［J］. 会计研究，2012（11）：74-78，95.

声誉与琼斯个人声誉产生混淆,甚至担心未来他的个人行为会影响事务所声誉,所以不准他对外公开使用事务所的名字执业,只能以他自己的名义执行审计业务。然而,随着事务所规模的扩张与审计业务向复杂化发展,声誉毁损事件不断发生并受到社会公众的普遍关注,如 2011 年发生的东南融通财务欺诈事件就使德勤的声誉受到损害,甚至 Oppenheimer & Co. 的分析师格林在一份报告中提出对德勤审计的财务报表不太信任,因此下调了德勤审计过的其他两家中国 IT 服务企业的投资评级。但这两家公司没有被指控有任何过错,也没人指控德勤有错。近年来,审计师声誉也引起了我国审计实务界的高度重视,2007 年的"做大做强"战略为我国事务所建立品牌声誉提供了潜在可能,2011 年 9 月中注协发布的《中国注册会计师行业发展规划(2011—2015 年)》更是明确指出,我国事务所应"大力创建自主知名品牌",但国内理论界对这一问题研究较少。基于此,本书对国内外审计师声誉的研究进行系统回顾,并对未来的研究进行展望,以期为事务所通过建立自主品牌实现"做大做强"提供理论支持。

(一)审计师声誉研究框架

根据国际审计准则,审计师的概念有广义和狭义之分。狭义的审计师指审计师个人,广义的审计师既包括审计师个人又包括事务所,而从学者们的研究来看,与声誉有关的审计师主要指广义概念。因此审计师声誉是社会公众及利益相关者对事务所与审计师个人保护投资者利益和维护职业道德规范活动的整体认知与评价。首先,审计师声誉是一种认知和评价,属于主观范畴,作出这种认知和评价的主体是社会公众和利益相关者(即客户、股东、债权人等);其次,认知和评价的客体是事务所与审计师个人履行投资者利益保护和维护道德规范的活动。声誉的概念在不同的场合有不同的表述方式,如商誉、名誉、品牌等。其中,在管理学领域与声誉含义最接近的是"品牌",但品牌与声誉并不完全相同。声誉通常被看作是对驱动品牌权益贡献的"有差别回应"资产之一,并且品牌的范畴比声誉要窄,它是支持并与一个单一的利益相关者群体(即顾客)发生互动,而声誉是与多样的利益相关者之间的互动(Aaker,1996)。但品牌建设与声誉形成密不可分,声誉是建立品牌的必要条件,而品牌是声誉的外在表现,因此与审计师创建品牌有关的研究必然会追溯到声誉形成的问题上来。

国内外对于审计师声誉的研究文献比较丰富，在具体地介绍文献之前，我们对其所涉及的领域进行总体性概述，具体体现在图7-2的框架之中。如图7-2所示，本书将从审计师声誉在时间维度上经历的动态过程分以下三个部分进行梳理：审计师声誉形成机制，审计师声誉作用机制，审计师声誉毁损与修复机制。

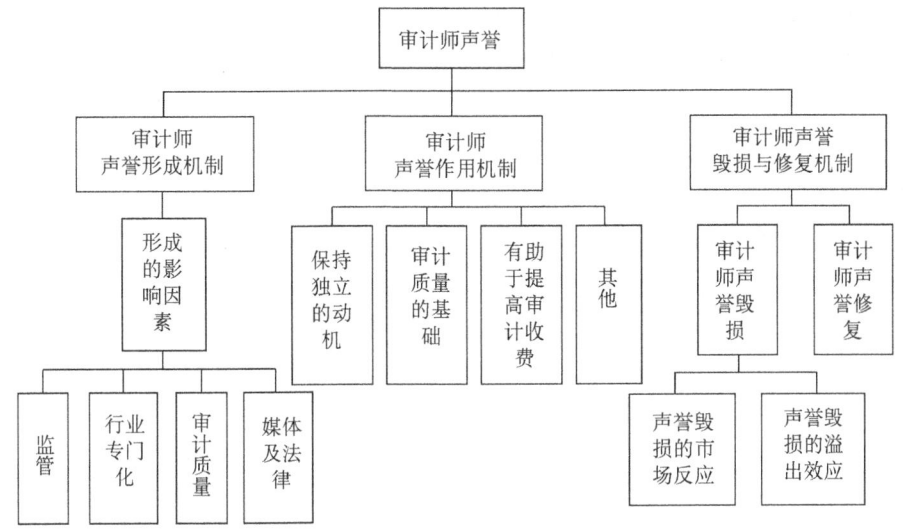

图7-2 审计师声誉研究框架

（二）审计师声誉形成机制研究

审计师声誉能够增加审计服务供需双方的价值，掌握其形成规律将有助于事务所建立较高知名度的品牌。从现有文献来看，对审计师声誉形成规律的研究主要集中在影响因素上。影响因素存在于审计师声誉形成的各个方面，它是事务所建立品牌声誉的关键内容。然而直到最近几十年，学者们才开始重视影响因素的研究，其研究主要集中在监管、行业专门化、审计质量、媒体及法律等方面。

一般认为受到监管方惩罚的审计师将会遭受声誉破坏，从而引起经济损失（Firth，1990；Rollins 和 Bremser，1997；方军雄，2010），该规律扩展了先前关于"审计师声誉有品牌价值"的研究范围。而张奇峰（2005）从加强监管对声誉影响的角度进行研究却得到了相反的结论，他采用公司市场价值与盈利能力的相关系数对声誉进行衡量后发现，在首次获得IPO专项复核资格的事务所中，投资者并不认为本土事务所审计的公司盈利更可信；相反，他们更相信声誉较高的"四大"，即认为仅靠政府对供给方的管制并不能提高审计师声誉。

事务所行业专门化是影响审计质量和资本市场会计信息质量的重要因素（陈丽红和张龙平，2010），也是提高审计师声誉的因素之一。Francis 等（2005）把行业专长分为国家性和地区性专长后，发现只有"五大"同时具有国家性和地区性专长才能获得19%的声誉溢价，这表明国家性和地区性专长共同影响了审计师声誉和价格。此外，一些研究从审计师选聘的角度证实了行业专门化对声誉的重要性。GAO 的一份报告声称，80%的企业认为行业专门化是它们选聘审计师时重要考虑的内容，这是因为行业专门化代表了审计质量和审计师声誉（GAO，2003）。随后的实证研究也证实了这一观点，如 Lee 等（2004）、Hertz（2006）在分别研究独立审计委员会对审计师选聘的影响与 SOX 法案对审计师选聘和解雇的影响时，均发现具有行业专门化的审计师更容易被聘请，且具有行业专门化比不具有行业专门化的审计师更可能采用辞职的方式来保护他们的声誉。

声誉是一种市场机制，但它依赖于消费者考虑到的产品不可观测特性（质量）的可获得信息（Toth，2008）。Toth 采用模拟安达信灭亡的实验证实了上述假说，他发现安达信客户依据审计质量（以财务重述为替代变量）成功地选择了具有高声誉的审计师。另外，Skinner 和 Srinivasan（2010）研究了普华永道日本分所（ChuoAoyama）对嘉宝公司的审计失败事件，发现当 ChuoAoyama 的审计客户在其审计质量的问题日益凸显时更换了审计师。他们认为在法律不起主要作用的环境中，审计质量对审计师声誉更为重要。

此外，有研究显示媒体和诉讼也影响了审计师声誉。Peursem 和 Hauriasi（2000）通过在大众媒体上查找与专业审计师有关的文章，发现在重大事件中媒体根据事件进行的报道加强了审计师客户的市场反应。而 McCracken（2003）采用实验法发现诉讼不仅会给审计师带来诸如损害赔偿、防御这样的直接成本，也会带来损害声誉这样的间接成本，但为了避免更进一步诉讼，有声誉的审计师仍会采取诉讼而不是庭外和解的战略。

（三）审计师声誉作用机制研究

声誉给予审计师保持独立的动机（Bengtson，1975），树立一种发现和报告违约行为的业绩与声誉需要高昂的代价。但一旦树立起来,这种声誉就可增加对审计服务的需求和他的服务报酬(Watts和Zimmerman,1986)。Krishnamurthy等(2006)以安达信的全部客户为研究样本,调查了在2002年3月14日安达信被起诉后的声誉恶化是否对客户感知的独立性产生不利影响。他们发现,当市场认识到审计师的独立性被威胁时,起诉期的异常报酬率更加显著为负,这一结果支持了审计师声誉对独立性有重要影响的观点。也就是说,如果利益相关者发现审计师的独立性比预期的要差,审计师的声誉就会遭到破坏,其客户的市场价值将会遭受损失,随后便会导致客户的流失或收费的降低。

审计师声誉是审计质量的基础。漆江娜等(2004)以经审计的盈余质量作为审计质量的替代变量,直接检验了审计师声誉对审计质量的影响,结果表明具有较高声誉的"四大"审计的公司可操控性应计略低于本土事务所审计的公司。此外,Bugeja(2006)使用事务所规模作为审计质量的替代变量,研究了市场对高声誉审计师审计质量的认可程度,他发现在年初宣布收购且目标公司由声誉较高的"四大"审计时,股东将获得更高的收购溢价。随后Weber等(2008)、Gao(2010)分别以ComROAD公司的会计丑闻及科隆案件为背景,从反面验证了市场认同声誉是审计质量的基础。研究发现毕马威的客户维持3%的负异常报酬率,而德勤的客户遭受了4.4%的负异常收益,且审计质量要求更高的公司有更多的负报酬率,可见市场降低了对声誉受损审计师审计质量的认可程度,他们的结论均证明了市场可以通过观察审计师声誉来了解审计质量,并对客户股价产生影响。因此,为了保持客户并获得未来的"准租",大事务所(声誉相对较高)具有更多的动力出具较高质量的报告(DeAngelo,1981)。

审计师声誉有助于提高审计收费。Allen T.等(1996)、Bandyopadhyay和Kao(2001)分别以澳大利亚审计市场由于广告和营销专业化规则的调整以及审计招标的广泛引入导致的价格竞争加剧和以1991年安大略省修订第86条与审计师任命条件有关的法案为背景,研究了在没有垄断或寡头垄断租金的情况下,"六大"(或"八大")事务所比非"六大"(或非"八大")事务所仍然存在审计费用溢价的现象,他们认为"六大"(或"八大")的审计费用溢价是由品牌声誉引起的。类似地,李连军和薛云奎(2007)以我国分散的审计服务市场为基础研究了声誉溢价现象,研究发现相对于中国本土除前

"五（四）大"以外的事务所，"四大"在中国分所的声誉溢价达到23.12%；相对于本土其他所，本土"五（四）大"事务所溢价幅度达到7.57%，他们认为我国本土事务所的声誉机制正在形成。然而审计费用的声誉溢价并不是无止境增加的，McLennan 和 Park（2004）采用实验法构建了两种技术相同但声誉不同的审计师模型。他们发现虽然声誉好的审计师收取较高的费用，但当声誉好的审计师数量增加时，其收取的溢价最终会降低，这削弱了其拒绝贿赂的动机。那么产生声誉溢价的原因是什么呢？研究表明，聘请知名度较高的审计师能使公布的会计信息更可靠，从而减少代理成本（Jensen 和 Meckling，1976）；并且高声誉的审计师能够在诉讼中给投资人提供更多额外担保，他们还能够解决民事诉讼中的审计师民事赔偿责任（Dye，1993）。随后的实证研究也发现，高声誉的审计师的确能够减少信息不对称（Godbey 和 Mahar，2005；Hakim 和 Omri，2009；Kanagaretnam 等，2010）、降低会计信息不确定性（Autore 等，2009）、削减代理成本（Uang 等，2006；Numata 等，2010）和增加保险价值（Asthana 等，2003），因此声誉越高的审计师越能够获得溢价。

除此之外，一些研究表明，审计师声誉有助于提高 IPO（Beatty，1989；Fang，2008；Batnini 和 Khalfallah，2009）、降低诉讼成本（Datar 和 Alles，1999）、提高信息披露透明度（Fargher 等，2001）、加强债务融资（Rodríguez 等，2009）、促进公司业绩（Siala 等，2009）和限制盈余管理（Kanagaretnam 等，2010）等，但仍有某些问题在学术界尚存争议。如从与 IPO 有关的文献来看，学者们很难在审计师声誉是否对 IPO 初始回报产生影响的问题上达成一致。Beatty（1989）检验了审计师声誉与 IPO 初始回报的关系，结果显示聘请高声誉审计师的企业比聘请低声誉审计师的企业获取了更低的溢价率，从而降低了投资者的初始回报。与 Beatty 的结果相似，胡旭阳（2002）、王兵等（2009）分别以我国股权分置改革前后为背景，研究了审计师声誉与发行抑价的关系，结果发现审计师声誉能够显著降低 IPO 抑价率，即使投资者获取了较低的初始回报。然而，Batnini 和 Khalfallah（2009）却提出高声誉审计师能够帮助投资者获得较高的初始回报，他们以风险投资公司这一特定主体为样本，发现金融市场通过价格贬值来惩罚 IPO 的信息不对称，而风险投资者为了解决信息不对称问题，试图通过聚集其他投资人的股份或聘请高声誉的审计师来增强他们的初始回报。但 Fang（2008）分别采用分位数回归与最小二乘回归对台湾地区的审计市场进行检验，却发现审计师声誉的不同替代变量对 IPO 初始回报的影响不同，且两种方法的回归结果差异很大。

（四）审计师声誉毁损与修复机制研究

利益相关者只有在某一特定事件爆发时才意识到声誉毁损的确存在。以 2001 年的安达信倒塌为契机，国内外理论界开始采用事件法对声誉毁损进行大量研究，这些研究多从声誉毁损的市场反应及其溢出效应两个角度出发。同时与声誉毁损研究相对应的是声誉修复研究，这同样是从安达信倒塌事件开始逐步发展起来的，该事件的巨大轰动效应启发了理论界对审计师声誉毁损与修复的重新认识和进一步思考。

1. 审计师声誉毁损机制研究

（1）审计师声誉毁损的市场反应。审计师声誉受损往往会带来负面的市场反应。当安然事件发生后，学者们主要围绕 2002 年 1 月 10 日安达信宣布其销毁了与安然有关的资料并于 2002 年 2 月 4 日遭到美国司法部的刑事指控等事件（Chaney 和 Philipich，2002；Krishnamurthy 等，2006；Nelson 等，2008），研究了安达信声誉受损后的市场反应，但学者们的研究结果差异较大。Chaney 和 Philipich（2002）研究发现在安达信承认销毁安然文件 3 天后，它的其他客户经历了显著的负市场反应，这表明投资者降低了对其审计质量的期望。他们还发现由安达信休斯顿分所审计的公司在这一日遭受了更严重的负异常报酬率，但安达信遭受美国司法部指控后市场没有显著反应。随后，Krishnamurthy 等（2006）通过 3 个窗口检验了安达信 662 个客户的异常收益，其中两个窗口的研究结论与 Chaney 和 Philipich 的一致，即安达信客户遭受了显著的价值损失。但在第 3 个与安然遭受巨大市价损失有关的窗口，安达信的客户却没有遭受价值损失。此外，他们还发现安达信遭受美国司法部指控后市场反应是负面的，这又与 Chaney 和 Philipich 的研究冲突。他们将此归因为样本差异和事件期间的不同。然而，Nelson 等（2008）与上述几位学者的观点完全不同，他们发现在安达信销毁安然档案时，新闻媒体披露了很多的行业负面新闻，特别是安然所在的能源行业。研究发现安达信能源行业客户的异常报酬率虽然是其他行业的近 2 倍，但与其他"四大"能源客户的异常报酬率相比并没有显著差异。进一步研究发现，在 9/10 的行业中，安达信客户的异常报酬率都与其他"四大"客户未有显著差异。因此，他们认为安达信客户股价的下跌不仅与声誉毁损有关，更可能是由于综合原因导致的。由此可见，西方的研究只能在一定程度上证实安达信声誉受损对客户股价的负面影响，这是因为大多数研究都是从客户股价的角度出发推断审计师声誉效应的，但是股价的波动受到的是综合因素的影响（王兵和刘峰，2010）。

在安达信事件之后，国际社会更加关注审计师声誉，诸多事件得到学者们的广泛研究。例如，Weber 等（2008）研究了德国 ComROAD 公司的会计丑闻对毕马威客户的市场反应；Numata 和 Takeda（2010）验证了日本嘉宝会计欺诈案对普华永道日本分公司客户的市场反应；方军雄等（2006）、朱红军等（2008）分别以"银广夏"和"科龙电器"作为切入点研究了中天勤与德勤客户的市场反应。他们的研究结果均表明当事件发生时市场对这些公司产生了负面影响，审计师声誉受损的负面效应在许多国家得到了验证。

（2）审计师声誉毁损的溢出效应。上述研究发现当审计师声誉受损时，往往会引起人们对其审计质量的质疑从而引起客户损失。因此，很多学者对此进行扩展研究，思考具有相似审计质量的其他审计师是否也会受到"牵连"、其客户是否也存在类似损失。Hecker（2006）、Cahan 等（2009）从安达信的全球网络角度检验了声誉的溢出效应。Hecker 选择对 Berardino（前安达信首席执行官）在美国国会承认安然审计中的判断错误这一事件进行研究，发现安达信的德国客户股票价格受到了该事件的负面影响，且对其他"四大"的客户股价也产生了较小的负面影响。而 Cahan 等的研究则围绕销毁安然有关资料事件和美国司法部的犯罪指控事件，结果发现安达信的其他国家客户在这 2 个窗口的累积异常收益显著为负，这表明安达信的声誉毁损对美国之外的其他分所均存在溢出效应。

此外，一些学者将声誉溢出效应的范围从安达信扩展到其他"四大"。Doogar（2006）对此问题的研究较早，他发现在安然事件中，安达信及其他"四大"在审计师声誉削弱的时机与幅度均不同，因此他认为"五大"事务所的声誉之间存在较大的关联，但不存在必然关系。然而，随后的研究结论却与 Doogar 不同，Autore 等（2009）研究了安达信宣布销毁与安然有关的档案时，其他"四大"客户的股价也存在下跌。他们认为安达信倒塌的市场反应为检验"五大"客户声誉的溢出效应提供了证据。Huang 和 Li（2009）进一步扩展了 Autore 等人的研究，结果发现在安达信销毁档案期间，它的其他客户和其他"四大"的客户都遭受了损失，但损失的程度有很大差别，其中休斯敦地区和能源行业遭受的损失最多。

2. 审计师声誉修复机制

本杰明·富兰克林曾告诫人们："玻璃、陶瓷和声誉都很容易破裂，而且永远无法弥补得完美如初"。富兰克林的话只有部分是正确的，声誉的确具有与生俱来的脆弱性，会在毫无预警的前提下一夜颠覆。然而，自18世纪以来，声誉的修复过程已经有了巨大改善，像安达信这样如此令人惊惧的覆灭是个特例，如今大多数丢掉声誉的公司都有机会修复它们的声誉（刘希平，2009）。它们的修复方法多种多样，如当麦克林公司遭受财务审计欺诈行为后采取建立一种以价值为中心的企业文化，用以重建利益相关者对公司管理层及内部文化的信心；皇家壳牌公司在声誉受损后，通过任命声誉卓越的范德伟为首席执行官、改进决策工作及责任制重获声誉；网络泡沫破灭后花旗集团的声誉受挫，该集团分析师成为华尔街利益冲突和可疑交易的反面教材，随后公司通过让第三方参与的方法重获了声誉，即投资2亿美元用于全球财政教育计划。

尽管实务中声誉修复方法多种多样，但其理论研究并不丰富，也很少有人专门从修复角度对审计师声誉进行研究，这或许是因为声誉修复本来就是声誉形成的一部分。从现有文献来看，仅有 Krishnan（2004）的研究涉及这个问题，他以2002年更换审计师到"四大"的安达信客户为样本，从盈余稳健性的角度考察了大事务所对审计师声誉的修复。研究发现，与非安达信客户的盈余相比，更换审计师的安达信客户的盈余对与未来现金流量有关的坏消息不敏感，且在2002年安达信和非安达信客户的盈余稳健性都有所增加。进一步研究发现，安达信休斯顿分所客户盈余稳健性增加得更显著。该结果表明高声誉审计师试图通过一种及时的方式来劝说其客户识别坏消息，从而减轻其诉讼风险。因此，他认为审计师可以采取减轻诉讼风险和增强其客户盈余稳健性的战略来重建声誉。

（五）审计师声誉的研究展望

自安然事件以来，关于审计师声誉的研究在国内外理论界得到了前所未有的重视，特别是与声誉作用机制及毁损机制有关的研究。但由于缺乏实证研究数据，声誉形成与修复机制研究较少，尚未形成成熟的理论框架。综合上述研究成果，可以得到以下几个启示。

第一，尝试建立审计师声誉研究的统一理论框架。当前理论界对审计师声誉的研究并未形成统一框架，如审计师声誉形成的影响因素研究就很不全面，形成条件也不明确，作用机制及毁损与修复机制的研究更不系统。未来可按照声誉机制的各个部分分别建立理论框架，即先尝试建立声誉形成机制的理论框架，而后继续探索作用机制以及毁损与修复机制理论框架的构建。具体方法为：在审计师声誉形成方面，可采用企业声誉研究常用的问卷调查等方法全面了解影响因素，并可从合谋角度出发进行理论分析与实验研究以了解声誉形成的条件，等等。

第二，努力发掘不同审计市场与不同审计师的声誉影响因素或其集合。国内外学者对此问题进行了初步研究，但他们的结论不能直接用于指导审计师建立声誉，这是由于：①不同国家和地区的经济发展水平、法律环境、文化环境以及审计师个体特征都导致声誉影响因素存在较大差异，不能统一定论，应根据审计市场环境进行具体分析。②学者们的实证研究多数仅涉及影响因素的几个方面，一些重要因素并未考虑，如内部治理、环境状况、社会责任以及战略与领导力等。③从现阶段的研究来看，"审计师"一词主要指事务所，仅少数实验研究中涉及审计师个人，但学者们未对"审计师"这一概念进行区分，这使研究对象指代不明确，从而引发了理论界与实务界的认知偏差。因此，未来可以结合调查问卷、案例分析以及模拟实验等方法，并通过区分各种审计市场与各类审计师来分别分析其声誉影响因素及形成路径，并在今后研究中厘清这一概念的内涵与外延。

第三，未来宜从多个角度对审计师声誉毁损进行研究。大多数学者采用事件法来检验审计师声誉毁损的市场反应，但由于研究采用的同一案例的不同事件及同一事件的不同窗口范围存在差异，因此实证研究的结论也存在差异，而过大的差异往往会削弱研究结论的普适性价值，今后可考虑从市场份额、收费、审计质量等角度进行实证研究并发掘其共性。

第四，今后应加强审计师声誉修复阶段的研究。声誉修复是公司声誉研究领域最重要的主题之一，应将声誉修复作为全新环节置于整个声誉塑造过程的突出地位（Ross，2009）。但鲜有学者对该问题进行研究，为了避免安达信的悲剧再次发生，未来可通过案例研究法从内部与外部双重视角分析并借鉴世界著名企业的声誉修复步骤及内部治理经验，同时可通过对市场反应的实证研究结果来观测审计师声誉的修复状况。

二、国家治理视角下审计信息化研究[①]

自 2011 年起,中注协开始推动注册会计师行业信息化建设,先后颁布了《行业信息化建设总体方案》(2011 年)、《注册会计师行业信息化建设规划》(2016—2020 年)及《注册会计师行业信息化建设规划》(2021—2025 年),极大地推动了会计师事务所信息化建设。迄今为止,全国 42% 的会计师事务所使用了信息化程度不同的信息技术开展审计工作。信息技术能够通过严格执行职业准则来限制审计师的不道德行为,继而降低检查风险。但在数字世界,信息技术进步也带来了道德距离(Rubin, 1994),即决策者对是非的认识较为复杂,将其嵌入网络空间可能陷入"道德困境"并做出不道德行为(McMahon 和 Cohen, 2009)。那么,审计师是否会陷入"道德困境"? 这与道德强度有关,即情景的道德强度越高,审计师违反道德准则的危害就越大、成本也越高。即如果审计师不道德行为的成本大于收益,其就不会违反道德准则。

一些文献使用 Jones(1991)的道德决策模型,研究了道德强度与审计师职业道德决策之间的关系(Shafer 等,2001;Leitsch,2006;吴粒等,2014;Johari 等,2017),但这些文献并未探讨信息技术对审计师职业道德决策过程是否具有影响,以及影响的直接路径与间接路径是什么。然而,Ennals 自 1994 以来就开始呼吁学界研究信息技术对决策者道德决策的影响路径。Dorantes 等(2006)、Peslak 等(2008)均探讨了信息技术环境下决策者的行为是否符合道德规范,但并未探讨信息技术影响决策者道德行为的直接路径与间接路径。由于他们的研究对象不是审计师,也未回答 Ennals 关于影响路径的问题,使得研究结果不能用于监管者制定相关审计准则及事务所开发信息技术(McMahon 和 Cohen, 2009)。

为了弥补上述空白,本书采用实验研究与调查研究方法,检验了审计信息化程度、道德强度与道德决策之间的关系。研究发现,中国情境下道德强度与整个道德决策过程呈正相关关系,拓展了吴粒等(2014)道德强度只影响道德认识的研究,也拓宽了道德决策模型适用的国家范围。更重要的是,

---

[①] 转引自王帆,章琳,马振中. 审计信息化程度影响审计师职业道德决策过程吗 [J]. 会计研究, 2022(1): 173–186.

本书发现审计信息化程度提高了道德强度与道德认识、道德判断的关系，但未增强道德强度与道德意图间的关系。为了进一步探讨上述问题，本书基于声誉机制，从会计师事务所类型、审计师年龄、审计师职位等角度出发，研究了审计信息化程度对道德强度与道德决策模型关系的影响。结果发现，在"四大"事务所、40岁以下审计师、项目经理及合伙人组中，审计信息化程度增强了道德强度与道德意图之间的关系。

本书的主要贡献如下：①基于当前事务所大规模使用信息技术的现状，利用调研与层次分析法测量了信息化程度，并实证检验了其对审计职业道德决策的影响，为未来研究审计信息化提供了思路；②从审计师的角度，将审计信息化程度、道德强度以及道德决策纳入同一框架开展实证检验，既补充了信息技术与审计师行为方面的文献，也为考察信息化如何影响决策者道德行为提供了一个崭新的视角。③采用实证方法证明了审计信息化程度对审计师职业道德决策过程的作用机理，以及发现在"四大"会计师事务所组、40岁以下审计师组、项目经理及合伙人组中，审计信息化程度能够促进审计师做出正确的职业行为。这为在审计准则或审计职业道德规范中加入信息化内容提供了数据支撑，特别是为如何在防范职业道德威胁中利用信息技术提供了经验证据。

（一）文献综述

近年来，会计师事务所"暴雷"频发，出现了大量审计师缺乏独立性、违反职业道德的情况。为了遏制这种情况的持续发生，国务院办公厅印发《关于进一步规范财务审计秩序促进注册会计师行业健康发展的意见》（国办发〔2021〕30号），着重提出了审计行业应以"诚信为本，质量为先"。可见，如何提高审计职业道德、控制审计质量已成为当前政府关注的重要问题之一。长期以来，学者们从审计独立性角度以及审计职业道德决策角度，对审计师违反职业道德的行为进行了解释。在独立性方面，一些学者发现会计师事务所轮换（刘骏，2005）、提高行业专长（谢获宝等，2018）、审计机关实施人财物改革（张琦和孙旭鹏，2021）、内部审计增加部门预算（吴粒等，2021）等均会提高审计独立性，约束审计师的不道德行为；相反，另一些学者发现事务所提供较多的非审计服务（刘星等，2006）、接受客户款待（杜兴强，2018）、增加内部审计报告层级（李明辉，2009）等均会减弱审计独立性，使得审计质量失控案件频发。在审计职业道德决策过程方面，学者们基于审计专业情景，以审计师为调查对象，验证了Jones（1991）职业道德决策模型的正确性，即在审计师识别道德情境中的问题后，会估计不道德行为带来的损失大小（Johari等，2017），并据此作出有利于自身的道德判断（Leitsch，2006），继而进一步作出是否采取不道德行为的意图（Shafer等，2001）。

然而，上述文献对审计职业道德的探讨均基于非信息化环境，这与审计师的真实工作状态不符。Jenkins（2017）预测到2030年，全球40%—90%的审计工作将通过信息技术来执行，未来审计师在信息技术环境下工作已成为必然。事实上，自2011年起，中注协就在事务所中大力推广信息化建设，除了一些小型事务所没有采用信息技术外，多数初具规模的事务所已采用了在线办公技术、电子工作底稿技术；大型事务所已采用了风险评估辅助技术和数据分析技术。

在有关审计信息化的文献中，学者们通过理论与案例研究讨论了信息化影响审计检查过程的途径。例如，电子数据技术对审计抽样（郑石桥，2020）、审计分析（郑石桥，2020）、审计流程（郑石桥，2020）、审计取证（郑石桥，2021）具有影响；区块链技术对审计内容（高廷帆和陈甬军，2019）、审计模式（吴勇等，2019）、审计取证（郑石桥，2021）具有影响；云计算技术对审计方法（陈伟和Smieliauskas，2012）、审计过程（秦荣生，2014）具有影响等。这些文献虽然为审计信息化相关的实证研究奠定了基础，但目前仍鲜有文献实证检验信息化对审计师行为的影响。

有文献发现，相对于非信息化环境，在信息化环境中决策者更能识别高道德强度情境，进而对道德认知、道德判断与道德意图产生积极影响（Dorantes等，2006）。这是因为，在信息环境中，信息系统遵守一定的规范，可以及时发现决策者违反规范的情形并予以记录。这不仅能使决策者识别道德问题，也能为监督者提供处罚依据，以迫使决策者衡量不道德行为的成本与收益，继而提高其遵守职业道德规范的概率（Peslak，2008）。相反，在非信息环境中，决策者不用考虑是否会被严格遵守职业规范的信息系统发现自身的不道德行为，这将在一定程度上放纵其隐瞒舞弊或错误。那么，审计师作为决策者，其职业道德是否会受到审计信息化程度的影响？影响路径又是什么？当前，我国大规模推广信息技术为研究上述问题提供了一个良好的场景。

综上所述,现有文献从审计师职业道德、审计信息化等方面对审计师行为展开了大量研究,但仍存在以下有待完善之处:①现有研究主要基于非信息技术场景,从独立性与审计道德决策视角分析了审计质量差的原因,而未考虑信息技术是否能限制审计师的不道德行为。②有关审计信息化的文献,主要采取规范研究、案例研究等定性方法,但鲜有文献采用定量研究方法测量审计信息化程度,以及实证检验审计信息化对审计师道德行为的影响。③虽然已有学者开始关注信息化环境中决策者的道德决策过程,但鲜有文献讨论审计师这一特定决策者的道德决策行为是否会受到审计信息化程度的影响。④现有研究多进行非信息化环境与信息化环境下决策者的道德决策过程对比研究,而对信息技术影响决策者道德决策的直接路径与间接路径的讨论不足。

基于此,本书拟采用层次分析法测量审计信息化程度,并采取实验研究、调查研究、结构方程法检验审计信息化程度、道德强度与道德决策之间的关系。本书的研究边际贡献在于证实信息化能够正向影响审计师道德行为,并从会计师事务所类型、审计师年龄、审计师职位等角度出发进行拓展研究与经济解释。

(二) 理论背景与假设发展

1. 理论背景

(1) Jones 的问题权变模型。道德决策是指涉及道德内容的决策。对于这一问题,自 20 世纪 80 年代中期以来,学者们构建了许多道德决策模型,包括 Ferreu 和 Gresham (1985) 的营销道德决策模型、Hunt 和 Vitell (1986) 的营销道德理论模型、Trevino (1986) 的个人与情境交互作用模型和 Jones (1991) 的道德问题权变模型。其中,Jones 的道德问题权变模型应用最为广泛,May 和 Pauli (2002)、Barnett 和 Valentine (2004)、Valentine 和 Batman (2011) 均认为 Jones 的道德问题权变模型是研究道德决策的基础。Jones (1991) 提出当决策者遇到道德困境时,首先会被道德困境中矛盾的信息流所吸引,这些信息特征往往会抵消决策者对道德的认知 (Nisbett 和 Ross,1980),随即作出不道德的判断与不道德的意图 (Hunt 和 Vitell,1986)。该过程中,道德认知是决策者认识到决策情境存在着道德两难;道德判断是决策者通过多种策略来考虑某种行为是否道德;道德意图是决策者决定以一种道德或不道德的方式来行动（李晓明等，2007）。

随后，Jones 也提出决策者是否会陷入"道德困境"与道德强度有关。道德强度由结果大小、社会共识、结果发生的可能性、时间的紧迫性、接近性和结果的集中性六个维度组成。其中，结果大小（Magnitude of Consequences）是指不符合伦理规范的争议性行为导致损害结果的程度的总和；社会共识（Social Consensus）是指社会对涉及争议性伦理问题行为不道德程度达成共识的程度，同样的行为在不同的社会中的共识程度可能会存在区别；结果发生可能性（Probability of Effect）是指争议性伦理规范行为引起损害的可能性，由争议性行为发生的概率与该行为可能造成伤害概率的乘积决定；时间的紧迫性（Temporal Immediacy）是指争议性伦理规范行为从行为发生到造成损害之间的时间；接近性（Proximity）是指争议性伦理规范行为的行为人与受害人地理、心理、社会等意义上的远近程度；结果的集中度（Concentration of Effect）是指争议性伦理规范行为在既定损害结果严重程度的情况下受影响人数及聚集程度。如果情境的道德强度高，则决策者违反道德准则的损害大、社会争议大、不良后果发生概率高、造成损害的时间短、行为人与受害人越接近，这些将使决策者违反道德准则的成本大于违反的收益，那么此时对决策者来说不违反职业道德将会是最优方案；相反，如果情境的道德强度低，则决策者违反道德准则的危害小、被发现的概率小、波及面不大等，将会使决策者违反道德准则的收益大于违反成本，那么此时违反职业道德将会是最优选择。

一些研究利用这六个维度测量了道德强度，并验证了道德强度与道德决策模型的关系。例如，Valentine 和 Bateman（2011）发现，道德强度与道德认知正相关；Feng（2013）发现道德强度与道德判断正相关，道德强度也与道德意图正相关。同时，基于上述研究，Barnett 和 Valentine（2004）、Musbah 等（2016）根据道德强度的六个维度，回归发现结果大小、社会共识和时间的紧迫性等均显著正向影响了道德认知、道德判断和道德意图，而结果发生的可能性、时间的接近性和结果的集中性等对道德决策模型的三个因素均没有显著影响。

（2）审计师职业道德决策。Jones 的道德决策框架也被应用于会计师行业，2007 年国际会计师联合会（IFAC）基于这一框架，在《职业会计师国际教育准则》（IES）中应用了道德决策模型，以期约束全球会计人员的道德决策。IFAC提出，提升会计人员与道德有关的知识后，可以增强其对不道德行为的敏感性、改善道德判断，进而更好地维持道德行为。为了验证这一模型在审计领域的适用性，大量研究采用审计职业道德专业情境来验证道德决策模型（Shafer等，2001；Leitsch，2006；Sweeney等，2010）。例如，Shafer等（2001）使用了Finn等（1988）设置的职业道德两难情境，即客户向审计师施加压力，要求其同意错误的固定资产计量方式。实验结果发现，道德判断正向影响了道德意图，但他们没有检验审计师的道德认知是否影响了道德判断。类似地，Sweeney等使用Davis等（1998）设置的审计师剔除可能存在的重大错报样本、过度依赖客户已有工作、超计划时间工作而未收取额外费用、在没有完成审计的情况下签字四种情境进行实验研究，结果发现在这四种情境下，审计师的道德判断均正向影响了职业道德意图。他们延伸了Shafer等（2001）的研究，以实证数据证明审计师的职业道德认知不会影响职业道德判断。与他们的研究不同，Leitsch等（2006）利用Flory等（1992）设置的审计师同意被审计单位的可疑费用审批、操纵会计报表、不遵守公司内控政策、延伸可疑客户信用四种情景，来验证审计师道德认知与道德判断、道德判断与道德意图之间的关系。研究发现，在这四种情境下审计师道德认知对道德判断均有正向影响，职业道德意图均受到道德判断的正向影响。可见，这些研究在一定程度上支持了道德决策模型在审计领域的正确性。

（3）道德强度与审计师职业道德决策。在审计领域，学者们对道德强度与审计师职业道德决策模型的关系进行了分析。Shafer等（2001）提出高道德强度情境可以提升审计师的道德认知、道德判断和道德意图。因为，相对于低道德强度情境，高道德强度情境意味着更大的不良后果及更高的不良后果可能性，因而会给审计师带来更多声誉、收益损失。为了阻止损失发生，审计师往往更关注高道德强度情境，并会积极认识、判断情景中的不道德行为，继而产生"自我防护"机制，作出反抗不道德行为的道德意图（Hunt和Vitell，1986）。一些研究验证了上述理论，如Leitsch（2006）使用审计师默认被审计单位的财务舞弊行为这一高道德强度情境，证实了道德强度正向影响了道德认知。并且他指出因该情境的道德强度较高，被试者（审计师）几乎都能识别、判断该情境中的不道德行为，即作出反对该行为的道德意图。类似地，Johari等（2017）使用Cohen等（1995）的审计师不当减少审计抽样及Ziegenfuss和Singhapakdi（1994）的审计师不当减少审计程序等两个高道德强度情境，验证了Shafer等（2001）的部分假说，他们发现高道德强度情境显著正向影响了道德认知。但他们的拓展研究发现，道德强度并未影响道德判断和道德意图。与他们的研究不同，Arnold等（2013）采用被审计单位拥有大量不同序列号的库存商品，对比发票和订单价格很耗时，这一与道德倾向无关的情境，以及审计师为了节省时间，忽略订单价格与发票不一致的样本、依赖客户审查的订单价格与发票一致的结果、否认花费的真实时间而选择预算时间报价、直接不对比发票和订单价格、相信客户而放弃对不一致样本进一步检查这五种不道德行为，研究道德强度六个维度中的结果大小与社会共识对审计师职业道德决策模型的影响，发现在上述所有情境下，结果大小与社会共识均显著影响了道德判断与道德意图。

2. 假设发展

（1）审计信息化程度与审计师职业道德。财政部印发的《会计师事务所信息化促进工作方案》（2017）指出会计师事务所要"融合互联网、云计算和大数据技术，建设智能审计作业系统和智能内部管理信息系统；增强数据分析应用能力，实现信息技术和数据技术并重发展"。这表明，审计信息化是事务所利用智能审计作业系统和内部管理信息系统进行审计工作的工具。同时，会计师事务所增强信息系统的数据分析应用能力，将有利于辅助审计师进行分析与鉴证。当前，在线办公技术、电子工作底稿技术、风险评估辅助技术、数据分析技术已经成为辅助审计师作出复杂分析的主要工具。通过对5位信息系统审计专家访谈发现，数据分析技术的信息化程度最高，其可以执行高级查询、审计抽样、汇总、SQL智能查询等实质性审计程序，还可以根据审计师输入的客户信息分析财务报表错报量，以帮助审计师执行审计程序；风险评估辅助技术的信息化程度次之，该技术涉及的分析并不复杂，其能够根据被审计单位特征、以往内控缺陷、内部控制情况等信息，提供被审计单位的初步风险水平、适当的内部控制调查问卷等，这将提高审计师发现财务报表错报及内部控制缺陷的概率；电子工作底稿技术信息化程度略低，仅用于控制审计工作记录的过程；信息化程度最低的是在线办公技术，用于人力资源、时间分配等工作。上述信息技术均依据审计准则设计，一旦审计师做出违反准则的行动，信息系统就会发出信号，并记录审计师对违规行为的处理过程。例如，当审计师篡改工作底稿时，电子工作底稿系统就会识别这种行为违反准则，并发出信号、记录该行为。类似地，当初级审计师放弃数据分析系统抽中的样本而选择重新抽样时，数据分析系统也会识别该违反准则的行为并发出信号，要求高级审计师对重新抽样行为授权。可见，信息技术能够使复杂的分析过程变得"可视化"，进而使质量控制者发现并控制业务执行者的不道德行为。

然而，不道德行为往往发生在容易掩盖的复杂分析中。例如，审计工作底稿记录工作的复杂程度低于数据分析工作。相较于审计工作底稿记录工作，数据分析工作更容易隐藏不道德行为。即如果初级审计师篡改了工作底稿，复核审计师就很容易从工作底稿之间的勾稽关系中发现舞弊行为。这意味着，初级审计师被发现的概率较高，这使得他们很少愿意冒险做出篡改底稿的行为。相反，在数据分析工作中，如果初级审计师为了节约成本，放弃抽到的问题样本，而选择重新抽取样本，直到抽到无问题样本为止。事实上，复核审计师很难发现这个不断抽取样本的过程，也很难追溯这种违反职业道德行为的原因。但随着信息技术的发展，审计过程的控制逐渐由复核审计师向信息技术转移。相对于复核审计师，信息技术能够参与并记录整个审计过程，也能随时披露隐藏在复杂分析背后的不道德行为。而且审计信息化程度越高，就越能执行复杂的分析，以便揭示复杂分析背后的不道德行为。例如，根据上述研究，审计师在数据分析工作中实施不道德行为更加隐蔽，而工作底稿记录工作中的不道德行为更容易被复核人发现。当审计信息技术代替复核工作后，相较于具有工作底稿记录过程控制职能的电子工作底稿技术，具有自动化数据分析职能的数据分析技术将会有更高的概率发现审计师违反职业准则的行为。可见，审计信息化程度越高，越能够揭示审计师的不道德行为，继而减少审计师舞弊的风险。

（2）审计信息化程度、道德强度与道德认知。Peslak（2008）发现在非信息技术环境下，道德强度对道德认识的影响不显著；而在信息技术环境下，道德强度却显著影响了道德认识，且影响程度高于道德强度对道德判断、道德意图的影响。这是因为，在非信息技术环境下，决策者需要靠自身经验、知识来识别道德问题。但他们的经验、知识有限，很难对整个审计决策过程进行控制，即可能在识别道德两难情境时存在偏差，并有意或无意地违反职业标准。与此不同，信息技术按照职业标准设计，且能监控决策过程。当信息技术发现道德两难情境时，会发出信号告知决策者情境中可能存在的不道德行为（Dorantes等，2006）。此时，决策者是否愿意接受该信号与情境的道德强度有关,即当情境的道德强度高时,决策者就会面临较高的被发现概率与较强的处罚力度,这促使其从心理上重视并认同信息技术将该情境认定为道德两难;相反,当情境的道德强度低时,决策者违反职业标准被发现的概率就较低,被处罚的程度也较低,此时其不会在意甚至可能忽视信息技术提出的道德问题。我们认为,上述关系在审计领域也成立。因为,事务所会在信息技术中嵌入审计准则,以保障其对审计师不道德行为的监控。当情境中可能存在道德两难时,信息技术就会发出信号以告知审计师该情境可能存在职业道德问题。但道德强度决定了审计师是否将该信号确认为道德问题,即当审计师认为情境的道德强度高时,为了避免处罚,其会理性接受信息技术识别的道德问题;相反,当情境的道德强度低时,审计师被处罚的可能性较低,其会忽略信息技术发出的道德问题信号。

然而,审计信息化程度存在差异,相对于低信息化技术,高信息化技术更能发现掩盖在复杂分析中的道德两难情境,并向审计师传递更多可能存在不道德行为的信号。我们以 Cohen 等(1995)减少审计抽样的典型情境为例进行说明。一家会计师事务所最近以非常低的价格赢得了一个新客户,为了降低项目成本,合伙人建议审计师减少审计抽样。这是一个高道德强度情境,即如果审计师遵从了合伙人的建议,将会导致较高概率的审计失败、较为严重的诉讼后果(Johari 等,2017)。如果将该情境放在信息技术环境下,诸如电子工作底稿等信息化程度较弱的技术,不具备发现审计样本不当减少的功能,也不能向审计师发送减少抽样的信号。相反,具有高信息化程度的数据分析技术能够根据行业信息、以往经验和宏观经济状况,给予审计师抽样样本建议。在审计师不当减少抽样样本量时,数据分析系统可以发出抽样量不达标的信号,而该信号可能会促使审计师重视情境中存在的道德两难,形成道德认知。基于此,本书提出如下假设:

H5:审计信息化程度越高,越能够增强道德强度与审计师道德认知之间的正向关系。

(3)审计信息化程度、道德强度与道德判断。Dorantes 等(2006)发现在非信息技术环境下,道德强度不会显著影响道德判断;而在信息技术环境下,道德强度对道德判断具有显著影响。这是因为,在非信息技术环境下,决策者需要依据自身的经验、知识结构等判断道德问题。但他们在特定道德情境方面的知识、经验有限,可能将后果大和后果发生概率高的道德两难情境误判为不违反职业标准的情境。相反,信息技术可以为决策者提供更多关于道德强度的知识,这将有助于他们进行道德判断,从而降低其参与不道德行为的可能性(Peslak,2008)。此时,决策者是否愿意利用信息技术提供的知识进行道德判断就与情境的道德强度有关,即当情境的道德强度高时,决策者失败的概率高、后果大,其会从心理上重视并使用信息技术知识进行道德判断;相反,当情境的道德强度低时,决策者失败的概率低、后果小,其不相信技术传递的信号,也不会利用信息技术知识进行道德判断。我们认为,上述关系在审计领域中也成立,即信息技术会将情境中的道德强度知识传递给审计师,审计师会根据后果大小或后果发生的概率来进行道德判断。如果不道德行为的不良后果大或发生的概率高,审计失败的风险就高并可能引起诉讼、赔偿,审计师会将该行为判断为需要纠正的错误行为;相反,如果审计师不相信该信号,就会将该行为判断为可以忽略的问题。

同时,信息化程度越高,就越会提供较多、清晰的道德强度知识;相反,信息化程度较低时,就只能提供较少、模糊的道德强度知识。而知识量和清晰度的偏差,会导致审计师分析审计失败后果与概率的偏差。当后果与概率判断不准确时,审计师将产生思维混乱,难以进一步判断是否需要阻止不道德行为。我们以 Ziegenfuss 和 Singhapakdi(1994)不当减少审计程序的情境为例进行说明。在检查财务报表是否符合会计准则时,审计师没有执行清单中的所有检查步骤。这是一个高道德强度情境,这样做可能导致审计失败或增加审计失败的概率(Johari 等,2017)。如果将该情境放在信息技术环境下,当审计师不当减少审计程序时,高信息化程度的数据分析技术不仅会提供程序未执行到位的信息,还会进行风险等级预警并告知审计师应当谨慎减少程序量。诸如电子工作底稿等分析功能不强的技术,很难提供执行程序的知识,审计师将不能借助审计信息化判断行为是否道德。显然,使用信息化程度较高的数据分析技术有助于审计师进行道德判断,而电子工作底稿技术则很少能协助审计师进行道德判断。因此,我们提出以下假设:

H6:审计信息化程度越高,越能够增强道德强度与审计师道德判断之间的正向关系。

(4)审计信息化程度、道德强度与道德意图。相对于非信息技术环境,信息技术环境下,道德强度显著正向影响了道德意图(Dorantes 等,2006;Peslak,2008)。这是因为,信息技术具有记录、监督决策者违规的功能,提高了决策者违反道德准则被发现的概率，使得决策者不得不关注高道德强度带来的严重后果、高发生率以及广泛的危害，这将驱使决策者遵循行为准则，继而选择道德行为；低道德强度情境会使决策者因后果不严重、发生率低以及不广泛的危害而产生道德距离，继而忽略信息技术发出的信号并实施不道德行为以获取私利、损害他人利益（Rubin，1994）。我们认为，上述关系在审计领域中也成立，即审计信息系统具有记录与监督功能，在其将道德强度有关的信息和知识传递给审计师后，如果审计师在高道德强度情境中违反了准则，其就会记录与监督审计师不道德行为产生的严重后果及巨大危害，一旦"东窗事发"，审计师就会遭受严厉处罚。因而对审计师来说，高道德情境下遵循行为准则是最优选择；相反，如果审计师在低道德强度情境中违反了准则，审计师不道德行为产生的后果不严重且危害不大，即使审计信息系统记录了该问题也不会产生较大的处罚成本，因而对审计师来说持续做出不道德行为以获取私利是最优方案。

类似地，审计信息化程度越高，越能提供与道德强度有关的信息和知识，进而加强道德强度与道德意图间的关系。我们以 Ziegenfuss 和 Singhapakdi（1994）同意管理层夸大经营业绩的情境为例进行说明。即审计师发现子公司夸大了其经营业绩。如果重述子公司财务报表将影响管理层的奖金，因而审计师未要求子公司进行财务报表重述。这是一个高道德强度情境，可能会增加财务报表错报量（Johari 等，2017）。如果将该情境放在信息技术环境下，当审计师不要求子公司进行财务报表重述时，具有高信息化程度的数据分析技术会通过数据间的勾稽关系发现夸大经营业绩的事实，并传递错报量是否超过重要性水平的信息。如果数据分析技术传递的信息能够引起审计师重视，其就会采取行动以要求管理层进行财务报表重述；相反，如果审计师不要求管理层进行财务报表重述，数据分析系统就会记录审计师的行为。一旦发生审计失败，系统的记录就成为追究审计师责任的证据，这项功能会对审计师产生威慑作用，从而提高审计师的道德意图。但信息化较低的风险评估辅助技术依赖于审计师输入的被审计单位信息。当审计师不录入经营业绩相关信息时，风险评估辅助技术就不会发现这项错报，也不会提供更多的道德强度信息，这将隐瞒管理层夸大经营业绩的事实。因此，我们提出以下假设：

H7：审计信息化程度越高，越能够增强道德强度与审计师道德意图之间的正向关系。

(三) 研究设计

1. 实验场景与检验工具

与先前研究审计师道德决策的文献类似（Shafer 等，2001；Leitsch 等，2006；Johari，2017），本书使用 Cheng 和 Flasher（2018）提出的高道德强度情境，并对其进行了改编。该情境显示，中注协要对某事务所审计的 ABC 公司工作底稿进行大检查，项目负责人 M 审计师调取纸质版工作底稿后，检查发现缺失两个关键文件：关键项目支持性工作表和经客户管理层签字的审计业务约定书。根据审计准则，缺少关键支持证据或审计业务约定书，审计师不能出具审计报告。为了防止中注协发现该问题并对审计师进行处罚，M 审计师在检查员到达前，重新获得了客户管理层补签字的审计业务约定书，同时在前述两个新文件中添加了标记、审计师签名和审计时的日期。随后，M 审计师将这两个新文件添加进档案中，但没有解释在已归档工作底稿中添加新支持性工作表与审计业务约定书的原因或对真实的日期作出解释，并在中注协检查员到来时将包括新支持性工作表、经客户管理层签字的审计业务约定书在内的工作底稿交给了他们。

在上述情境基础上，本书采用 Singhapakdi 等（1996）、May 和 Pauli（2002）、McMahon 和 Harvey（2006）的问卷问题，让被试者（审计师）对情景中 M 审计师的行为进行评价，以测度道德认知、道德判断、道德意图和道德强度。此外，为了防止样本有偏，我们采用不用假设回归分布的软件 Smart PLS 3.2.8 进行偏最小二乘回归（Chin，1998）。

2. 变量定义

（1）审计信息化程度。为了评估审计信息化程度，我们对 5 位会计师事务所的 IT 专家进行了访谈，他们所在的事务所均有 IT 系统并能熟练运用信息技术。访谈发现，我国的事务所信息技术应用情况包括无信息技术、在线办公技术、电子工作底稿技术、风险评估辅助技术、数据分析技术等。本书利用该调研结果，设计多项选择调查表用以收集审计师使用过的信息技术类型，然后采用 Saaty（1980）的层次分析法（AHP）获得每种信息技术发展程度的权重。5 位专家的判断矩阵一致性比率（CR）分别为 0.02、0.0138、0.0244、0.063、0.0236，均小于 0.1，表明调查问卷的一致性较高。

如表 7-17 所示，数据分析技术与风险评估辅助技术的发展程度分别列第一、第二，审计师使用的比率分别为 35.60% 与 22.10%，审计师使用最多的是电子工作底稿技术和在线办公技术，但这些技术的发展程度不高。统计结果显示，一些审计师最多使用 4 种 IT 系统：在线办公系统，电子工作文件系统，风险评估辅助系统和数据分析系统。最后，我们根据 IT 发展程度的权重和多项选择问卷的答案计算了信息化程度，计算公式为：$DDIT = \sum_{i=1}^{5} w_i p_i$。其中，DDIT 是信息化程度，值越高，表明信息技术完成的审计程序越复杂、审计判断越智能；w_i 是 5 种信息技术的权重；当审计师使用过某种信息技术时，p_i 取 1，否则，取 0。

表 7-17　　　　　　　　　　　专家赋权结果

信息技术类型	无信息技术	在线办公技术	电子工作底稿技术	辅助风险评估技术	数据分析技术
权重	0.054	0.091	0.148	0.248	0.459
使用率	11.90%	65.90%	71.10%	22.10%	35.60%

（2）道德决策模型与道德强度。Singhapakdi 等（1996）、May 和 Pauli（2002）依据 Rest（1986）提出的道德决策模型，构建了用以衡量道德认知（Recognize）、道德判断（Judgment）和道德意图（Intention）的问题。根据他们的研究，衡量道德认知的问题是"上述场景涉及道德问题吗"（正向题）；衡量道德判断的问题是"不应该采取所建议的行动"（正向题）；衡量道德意图的问题是"如果我是决策者，在这种情况下我将采取相同的措施"（反向题）。

同时，基于 Singhapakdi 等（1996）、McMahon 和 Harvey（2006）的研究，我们使用 6 个反向问题来衡量场景的道德强度（Intensity），其中后果程度通过"审计师的行为所造成的总体损害（如果有）很小"来衡量；社会共识通过"大多数审计师会同意该行为是错误的"来衡量；可能的影响通过"审计师的行为实际上造成损害的可能性很小"来衡量；及时性通过"审计师的行为在不久的将来不会造成任何损害"来衡量；接近程度通过"审计师不太可能接触受到该情境行为伤害的任何人"来衡量；效果集中度通过"审计师的行为将对很少人（如果有的话）造成伤害"来衡量。

我们要求审计师以李克量表（Likert）表述他们的观点（1 = "完全不同意"；7 = "完全同意"），且所有反向问题都进行了反向编码。题目的分数越高，越能表示审计师具有较高的道德认知度、道德判断力、道德意图，并且场景的道德强度越高。

3. 样本分析

2018年3月至2020年10月，我们与总部设在北京、上海、杭州和南京的会计师事务所人事部进行联系，希望它们提供审计师名单及联系方式。然后，我们将问卷分发给了同意参加这项研究的所有审计师，并附一封信以解释这项研究的目的和保密性。如果任何受访审计师不喜欢问卷中的问题，可以随时退出研究。

最终，共有43家事务所同意提供了审计师信息，并获得有效问卷1889份。在所有参与者中，大多数受访审计师来自国内事务所，其中非"四大"会计师事务所的审计师1596名（84.49%）、"四大"会计师事务所的审计师293名（15.51%）；受访审计师的性别差异不大，其中男性审计师866名（45.84%），女性审计师1023名（54.16%）；大多数受访审计师相对年轻，其中40岁以下的审计师1205名（63.79%）、40岁以上的审计师684名（36.21%）；受访审计师拥有本科及以下学历的1479名（78.30%）、硕士及以上学历的410名（21.70%）；大多数受访审计师都是审计一线人员，其中初级及高级审计师1529名（80.94%）、项目经理及合伙人360名（19.06%）；5年以下工作经验审计师1007名（53.31%），5年以上工作经验审计师882名（46.69%）。

4. 分析工具

表7-18是对样本进行初步描述性统计分析的结果。研究发现，道德认知Recognize的均值为5.39，是最高分的77%；道德判断Judgment的均值为5.71，是最高分的81.6%；道德意图Intention的均值为5.03，是最高分的75.7%，表明受访审计师的道德认知、道德判断与道德意图均较强。审计信息化程度DDIT的最小值为0.054，表明一些审计师没有使用信息技术；最大值为0.946，表明一些审计师使用了在线办公技术、电子工作底稿技术、辅助风险评估技术、数据分析技术这4种信息技术；均值为0.39，表明大多数审计师使用的信息技术信息化程度不高。

表7-18　　　　　　　　变量的描述性统计分析

变量	N	均值	最小值	最大值	标准差
Intensity	1889	4.95	1.00	7.00	1.50
Recognize	1889	5.39	1.00	7.00	1.68

续表

变量	N	均值	最小值	最大值	标准差
Judgment	1889	5.71	1.00	7.00	1.48
Intention	1889	5.03	1.00	7.00	1.67
DDIT	1889	0.39	0.054	0.946	0.31

5. 模型的有效性检验

首先，验证性因素分析结果显示模型与调查数据拟合良好，两种模型的 SRMR 值均低于 0.05，NFI 值均高于 0.92，卡方值分别为 692.68 与 770.85。其次，问题之间具有良好的区别效度，佛奈尔—拉克准则检验发现 AVE 平方根（0.822）均大于其他结构值，HTMT 的分数均低于 0.85。

（四）回归结果分析

1. 回归结果

从表 7-19 的结构方程模型结构可见，Recognize 显著影响了 Judgment，系数为 0.331；Judgment 显著影响了 Intention，系数为 0.294。Intensity 与 Recognize 的系数为 0.489，显著为正，验证了当情境的道德强度高时，审计师道德认知程度也就越高；Intensity 与 Judgment 显著为正，系数为 0.344，这表明情境的道德强度能够提高审计师对道德问题的判断能力；Intensity 与 Intention 显著为正，系数为 0.321，意味着当道德强度较高时，审计师能够作出正确的道德行动意图。

表 7-19   结构方程模型回归结果

自变量 因变量	Recognize	Judgment	Intensity	DDIT	DDIT × Intensity	R^2
Recognize			0.489*** (0.202)	0.024 (0.152)	0.189*** (0.000)	0.248
Judgment	0.331*** (0.000)		0.344*** (0.000)	-0.095*** (0.000)	0.131*** (0.000)	0.362
Intention		0.294*** (0.000)	0.321*** (0.000)	0.067*** (0.000)	0.025 (0.282)	0.281

注：括号中为 P 值；* $P<0.1$，** $P<0.05$，*** $P<0.01$；下同。

同时，回归结果还表明，DDIT 直接正向调节了道德强度与道德认知之间的关系，系数为 0.189，H1 成立。DDIT 直接正向调节了道德强度与道德判断之间的关系，系数为 0.131，H2 成立。但 DDIT 并未直接调节道德强度与道德意图之间的关系，H3 不成立，需要进一步路径检验以发现 DDIT 影响道德意图的过程。

我们对上述结构方程进行了路径分析（见表 7-20）。首先，路径（1）、（4）和（6）是 DDIT 对道德强度与道德决策过程间关系的直接调节作用路径。结果显示，DDIT 直接显著调增了道德强度和道德认知、道德判断之间的关系，而没有显著调增道德强度和道德意图之间的关系，这与表 7-19 的结论一致。其次，路径（2）、（3）和（5）是 DDIT 对道德强度与道德决策过程间关系的间接调节作用路径。结果显示，路径（2）和（3）表明 DDIT 通过道德认知间接显著调增了道德强度和道德判断间的关系，并通过此路径进一步间接调增了道德强度和道德意图间的关系；路径（5）的系数也显著，表明 DDIT 通过道德判断进一步间接调增了道德强度和道德意图间的关系。

表 7-20　　　　　　　　　　结构方程的路径分析

编号	路径	系数	T 值	P 值
（1）	DDIT × Intensity→Recognize	0.189***	8.374	0.000
（2）	DDIT × Intensity→Recognize→Judgment	0.063***	6.864	0.000
（3）	DDIT × Intensity→Recognize→Judgment→Intention	0.018***	5.221	0.000
（4）	DDIT × Intensity→Judgment	0.131***	6.077	0.000
（5）	DDIT × Intensity→Judgment→Intention	0.039***	5.389	0.000
（6）	DDIT × Intensity→Intention	0.025	1.075	0.282

根据表 7-19 和表 7-20 的回归结果得到图 7-3。从图 7-3 可见，假设 H5 与假设 H6 成立，假设 H7 不成立。假设 H7 不成立的原因可能是，目前审计师获取私利的收益高于不道德行为受到的处罚成本。当审计师认为不道德意图被发现的概率较低、监管机构处罚的力度较小时，即使其从信息系统中获得了与道德强度有关的信息和知识，其也不会在意该道德两难并愿意为了获取收益冒险，继而持续做出不道德行为以获取私利。

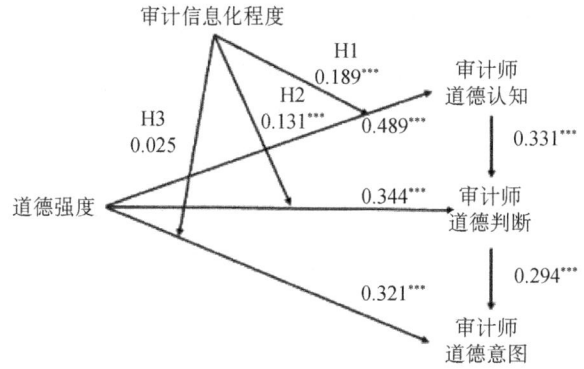

图 7-3 审计信息化程度与审计师职业道德决策过程的路径系数

2. 进一步分析

Kreps（1982）提出声誉具有无形资产专用性特征，其可以有效防止机会主义道德行为。这是因为，声誉是审计师保持独立的动机之一（Bengtson，1975），形成声誉可以增加审计师对审计服务的需求和审计费用（Watts 和 Zimmerman，1986）。一旦审计师做出不道德行为，就会使其声誉遭受毁损，并导致客户市场价值降低，继而引起审计客户流失或审计费用下降（Krishnamurthy 等，2006）。可见，对于审计师来说不道德行为将带来额外的声誉毁损成本，且声誉越高的审计师，声誉毁损成本越高。因而，审计师会将获取私利的收益与声誉毁损成本统筹考虑后，再作出道德意图。基于此，我们预期，越在乎声誉的审计师，越会主动接收信息系统发出的职业道德问题信号。当审计师认为情境的道德强度高时，为了避免声誉毁损，其会理性接受信息系统识别和判断的道德问题，并作出正确的道德意图；相反，当情境的道德强度低时，审计师声誉毁损的可能性较低，其会忽略信息系统的道德问题信号并作出不道德的意图以持续获得私利。

为了验证上述预期，本书选择事务所类型、审计师年龄和审计师职位等三个组别进行检验。即在事务所类型组，诸多研究认为"四大"会计师事务所的声誉高于非"四大"（张然等，2014；叶凡等，2017），因而我们将事务所分为"四大"与非"四大"会计师事务所两组进行检验；在审计师年龄组，Tadelis（1999）发现职业声誉按年龄递减规律，即决策者越年轻就会越在乎声誉，也很少做出不道德行为。因而我们将审计师分为 40 岁以下与 40 岁以上两组进行检验；在审计师职位组，唐雪松等（2010）发现高职位决策者的声誉往往高于低职位决策者,一旦声誉受损,高职位决策者将会比低职位决策者失去更多职位、收益等,因此高职位决策者较少做出毁损声誉的不道德行为。因而我们将审计师分为项目经理及合伙人、初级与高级审计师两组进行检验。

首先,事务所类型分组检验显示(见表7-21),在"四大"事务所组中,DDIT直接正向调节了道德强度与道德认知、道德强度与道德判断、道德强度与道德意图之间的关系,系数分别为0.194、0.161、0.096;在非"四大"事务所组中,DDIT直接正向调节了道德强度与道德认知、道德强度与道德判断,系数分别为0.162、0.129,却未调节道德强度与道德意图之间的关系。这可能是因为,相对于低声誉事务所,高声誉事务所声誉毁损将会带来更严重的法律诉讼、客户流失等后果(王帆和张龙平,2012)。为了防止声誉毁损事件发生,高声誉事务所更愿意接收信息技术发出的不道德情境信号,并选择遵从信息系统的提示阻止不道德行为发生。

表7-21　　　　　　　　　不同事务所的回归结果

变量	Recognize	Judgment	Intensity	DDIT	DDIT × Intensity	R^2
Panel A "四大"事务所						
Recognize			0.283 *** (0.000)	-0.042 (0.370)	0.194 *** (0.000)	0.106
Judgment	0.391 *** (0.000)		0.360 *** (0.000)	-0.104 ** (0.026)	0.161 *** (0.000)	0.38
Intention		0.278 *** (0.000)	0.433 *** (0.000)	-0.027 (0.614)	0.096 ** (0.037)	0.371
Panel B 非"四大"事务所						
Recognize			0.528 *** (0.000)	0.054 *** (0.006)	0.162 *** (0.000)	0.280
Judgment	0.324 *** (0.000)		0.34 *** (0.000)	-0.097 *** (0.000)	0.129 *** (0.000)	0.363
Intention		0.368 *** (0.000)	0.272 *** (0.000)	0.09 *** (0.000)	-0.01 (0.685)	0.307

同时,不同类型事务所组中(见表7-22),路径(2)和(3)表明DDIT通过道德认知间接显著调增了道德强度和道德判断间的关系,并通过此

路径间接调增了道德强度和道德意图间的关系。路径（5）的系数也显著，表明 DDIT 通过道德判断间接调增了道德强度和道德意图之间的关系。此外，与表 7-21 的结果一致，路径（1）、（4）和（6）表明，两组事务所的 DDIT 均直接调增了道德强度与道德认知、道德强度与道德判断之间的关系，而只有"四大"事务所组的 DDIT 直接调增了道德强度与道德意图之间的关系。

表 7-22　　　　　　　　　　不同类型事务所的路径分析

编号	路径	系数	T值	P值
Panel A "四大"事务所				
（1）	DDIT × Intensity→Recognize	0.194***	3.99	0.000
（2）	DDIT × Intensity→Recognize→Judgment	0.076***	2.934	0.003
（3）	DDIT × Intensity→Recognize→Judgment→Intention	0.021**	2.088	0.037
（4）	DDIT × Intensity→Judgment	0.161***	3.632	0.000
（5）	DDIT × Intensity→Judgment→Intention	0.042***	3.144	0.002
（6）	DDIT × Intensity→Intention	0.096**	2.086	0.037
Panel B 非"四大"事务所				
（1）	DDIT × Intensity→Recognize	0.162***	6.51	0.000
（2）	DDIT × Intensity→Recognize→Judgment	0.052***	5.728	0.000
（3）	DDIT × Intensity→Recognize→Judgment→Intention	0.019***	4.735	0.000
（4）	DDIT × Intensity→Judgment	0.129***	5.246	0.000
（5）	DDIT × Intensity→Judgment→Intention	0.048***	4.386	0.000
（6）	DDIT × Intensity→Intention	-0.01	0.405	0.685

其次，审计师年龄分组检验显示（见表 7-23），在 40 岁以下组中，DDIT 直接正向调节了道德强度与道德认知、道德强度与道德判断、道德强度与道德意图之间的关系，系数分别为 0.127、0.134、0.063；在 40 岁以上组中，DDIT 直接正向调节了道德强度与道德认知、道德强度与道德判断之间的关系，系数分别为 0.306、0.135，却未调节道德强度与道德意图之间的关系。这可能是因为，相对于 40 岁以上审计师，40 岁以下审计师未来职业发展的空间更大或被淘汰的压力更大，他们更在乎职业声誉。为了保护自身职业声誉，40 岁以下审计师更愿意接收并遵从信息技术的建议，阻止情境中的不道德行为。

表 7 – 23　　　　　　　　　不同年龄的回归结果

			Panel A 40 岁以下			
变量	Recognize	Judgment	Intensity	DDIT	DDIT × Intensity	R^2
Recognize			0.508 ***	0.057 **	0.127 ***	0.251
			(0.000)	(0.020)	(0.000)	
Judgment	0.303 ***		0.390 ***	−0.074 ***	0.134 ***	0.363
	(0.000)		(0.000)	(0.001)	(0.000)	
Intention		0.289 ***	0.375 ***	0.075 ***	0.063 **	0.342
		(0.000)	(0.000)	(0.001)	(0.015)	
			Panel B 40 岁以上			
变量	Recognize	Judgment	Intensity	DDIT	DDIT × Intensity	R^2
Recognize			0.472 ***	−0.060 *	0.306 ***	0.300
			(0.000)	(0.052)	(0.000)	
Judgment	0.351 ***		0.296 ***	−0.137 ***	0.135 ***	0.377
	(0.000)		(0.000)	(0.000)	(0.000)	
Intention		0.288 ***	0.241 ***	0.031	0.005	0.195
		(0.000)	(0.000)	(0.326)	(0.904)	

同时，不同年龄的组中（见表7 – 24），路径（2）和（3）表明DDIT通过道德认知间接显著调增了道德强度和道德判断间的关系，并通过此路径间接调增了道德强度和道德意图间的关系。路径（5）的系数也显著，表明DDIT通过道德判断间接调增了道德强度和道德意图间的关系。此外，与表7 – 23的结果一致，路径（1）、（4）和（6）表明，不同年龄组的DDIT均直接调增了道德强度与道德认知、道德强度与道德判断之间的关系，而只有40岁以下组的DDIT调增了道德强度与道德意图之间的关系。

表 7 – 24　　　　　　　　　不同年龄的路径分析

		Panel A 40 岁以下		
编号	路径	系数	T 值	P 值
（1）	DDIT × Intensity→Recognize	0.121 ***	4.245	0.000
（2）	DDIT × Intensity→Recognize→Judgment	0.039 ***	3.878	0.001
（3）	DDIT × Intensity→Recognize→Judgment→Intention	0.016 ***	3.431	0.002
（4）	DDIT × Intensity→Judgment	0.115 ***	4.427	0.000

续表

	Panel A 40 岁以下			
编号	路径	系数	T 值	P 值
(5)	DDIT × Intensity→Judgment→Intention	0.046***	3.853	0.000
(6)	DDIT × Intensity→Intention	0.048**	1.983	0.048
	Panel B 40 岁以上			
编号	路径	系数	T 值	P 值
(1)	DDIT × Intensity→Recognize	0.300***	9.257	0.000
(2)	DDIT × Intensity→Recognize→Judgment	0.105***	5.738	0.000
(3)	DDIT × Intensity→Recognize→Judgment→Intention	0.030***	3.764	0.000
(4)	DDIT × Intensity→Judgment	0.133***	3.822	0.000
(5)	DDIT × Intensity→Judgment→Intention	0.038***	3.482	0.001
(6)	DDIT × Intensity→Intention	-0.017	0.398	0.691

最后,在审计师职位分组检验显示(见表 7-25),在项目经理及合伙人组中,DDIT 直接正向调节了道德强度与道德认知、道德强度与道德判断、道德强度与道德意图之间的关系,系数分别为 0.242、0.135、0.105;在初级与高级审计师组中,DDIT 直接正向调节了道德强度与道德认知、道德强度与道德判断之间的关系,系数分别为 0.159、0.125,却未调节道德强度与道德意图之间的关系。这可能是因为,相较于初级与高级审计师,项目经理及合伙人被揭发不道德行为的经济、职业等损失更大,他们对自己的职业行为更加谨慎。一旦接收到信息技术发出的情境中存在不道德行为的信号,项目经理及合伙人更愿意遵从信息技术的建议,阻止不道德行为意图。

表 7-25　　　　　　　　　　不同职位的回归结果

	Panel A 项目经理及合伙人					
变量	Recognize	Judgment	Intensity	DDIT	DDIT × Intensity	R^2
道德认知			0.329*** (0.000)	-0.226*** (0.000)	0.242*** (0.000)	0.199
道德判断	0.297*** (0.000)		0.239*** (0.000)	-0.125*** (0.001)	0.135*** (0.010)	0.257
道德意图		0.300*** (0.000)	0.085 (0.117)	-0.013 (0.776)	0.105** (0.034)	0.136

续表

			Panel B 初级与高级审计师			
变量	Recognize	Judgment	Intensity	DDIT	DDIT × Intensity	R^2
道德认知			0.537*** (0.000)	0.089*** (0.000)	0.159*** (0.000)	0.300
道德判断	0.314*** (0.000)		0.388*** (0.000)	-0.085*** (0.000)	0.125*** (0.000)	0.394
道德意图		0.326*** (0.000)	0.376*** (0.000)	0.095*** (0.000)	-0.024 (0.33)	0.380

同时，不同职位的组中（见表7-26），路径（2）和（3）表明DDIT通过道德认知间接显著调增了道德强度和道德判断间的关系，并通过此路径间接调增了道德强度和道德意图间的关系。路径（5）的系数也显著，表明DDIT通过道德判断间接调增了道德强度和道德意图间的关系。此外，与表7-25的结果一致，路径（1）、（4）和（6）表明，不同职位组的DDIT均直接调增了道德强度与道德认知、道德强度与道德判断之间的关系，而只有项目经理及合伙人组的DDIT调增了道德强度与道德意图之间的关系。

表7-26 不同职位的路径分析

		Panel A 项目经理及合伙人		
编号	路径	系数	T值	P值
（1）	DDIT × Intensity→Recognize	0.242***	4.181	0.000
（2）	DDIT × Intensity→Recognize→Judgment	0.072***	3.253	0.001
（3）	DDIT × Intensity→Recognize→Judgment→Intention	0.022***	2.662	0.008
（4）	DDIT × Intensity→Judgment	0.135***	2.564	0.010
（5）	DDIT × Intensity→Judgment→Intention	0.041**	2.4	0.016
（6）	DDIT × Intensity→Intention	0.105**	2.117	0.034
		Panel B 初级与高级审计师		
编号	路径	系数	T值	P值
（1）	DDIT × Intensity→Recognize	0.159***	6.696	0.000
（2）	DDIT × Intensity→Recognize→Judgment	0.05***	5.543	0.000
（3）	DDIT × Intensity→Recognize→Judgment→Intention	0.016***	4.308	0.000
（4）	DDIT × Intensity→Judgment	0.125***	5.272	0.000
（5）	DDIT × Intensity→Judgment→Intention	0.041***	4.456	0.000
（6）	DDIT × Intensity→Intention	-0.024	0.973	0.33

3. 稳健性检验

为了解决样本"不干净"的问题，我们在按事务所类型分组时，加入年龄和职位控制变量；在按审计师年龄分组时，加入事务所类型和审计师职位控制变量；在按审计师职位分组时，加入事务所类型和审计师年龄控制变量。在此基础上，对不同组别及其路径进行了回归，结果与前面一致。

第八章

国家治理视角下重大政策跟踪审计的实施建议

本书通过构建包括国家治理与国家审计、国家治理视角下重大政策跟踪审计评价路径构建及评价路径应用、国家治理视角下重大政策跟踪审计评价体系构建及评价体系应用、国家治理视角下重大政策跟踪审计的经济后果，分析了政策跟踪审计的经验，并形成了建立国家治理视角下重大政策跟踪审计的建议，为今后研究政策跟踪审计提供了有益保障。基于上述研究，本书得到了以下国家治理视角下重大政策跟踪审计的实施建议。

第一节 国家政策跟踪审计评价机制构建的建议

审计是党和国家监督体系的重要组成部分，审计机关要在党中央统一领导下，围绕党和国家工作大局开展审计工作，目的是监督党和国家最关心的重大政策是否得到执行。2014年10月国务院出台了《关于加强审计工作的意见》，明确要求各级审计机关要积极开展既定政策措施的落实情况审计，随后近10年我国实施了多种政策跟踪审计，但都是以国家治理为基础进行的。推进国家治理体系和国家治理能力现代化，是全面深化改革总目标的重要内容，是进一步解放思想、发展社会生产力、增强社会活力的重要保障。对于国家审计的理解，刘家义（2009）指出，国家审计的实质就是政府部门对权力行使进行制约监督，是一个根植于国家治理而内生的"免疫系统"，能够针对国家治理过程中的"疑难杂症"起到预防、解决和防御的效用，因此可以将政策跟踪审计的价值定位为有效服务国家治理。国家治理理论对重大政策跟踪审计的影响包括国家治理的需求决定了重大政策跟踪审计的产生、国家治理的目标决定了重大政策跟踪审计的方向、国家治理阶段的转型决定重大政策跟踪审计职责的转变、国家治理的重点决定重大政策跟踪审计的重点等。

基于上述背景，应该从重大政策跟踪审计路径、重大政策跟踪审计评价体系这两个方面出发构建重大政策跟踪审计机制。

一、重大政策跟踪审计评价的实施路径

重大政策跟踪审计评价的实施路径包括审计准备阶段、审计实施阶段、审计报告阶段以及审计提升阶段。审计准备阶段包括建立重大政策跟踪审计项目组，运用研究型审计思维、利用大数据设定审计客体与范围。为了实施这两个流程，可从组建专家团队、梳理国家治理重大政策要求、利用大数据锁定调查对象与范围、审前调查获取基础资料、制定审计计划聚焦重大风险等实现路径。审计实施阶段主要进行实施效果评价，实现路径包括建立进一步现场审计确认风险点、对政策实施效果进行评价并发现重大与重要风险、交流需报告的风险等。提供整改建议及报告的流程属于审计报告阶段内容，实现路径包括提交整改征求意见书、出具审计报告两个部分。审计提升阶段包括推动容错纠错机制执行、基于整改导向的审计机关监督绩效评价。为了实施这两个流程，可以从推动后续跟踪检查、反馈后续跟踪检查发现的问题、基于整改导向的审计机关监督绩效评价等实现路径着手。

二、国家治理视角下政策跟踪审计评价指标构建

国家治理视角下政策跟踪审计评价体系应包括五个方面：资金、项目、政策、体制机制和重大违法违纪。因此，国家治理视角下政策跟踪审计评价体系的准则层应包含上述五项内容，即基于"审计揭示"角度构建的政策实施效果评价理论指标体系应囊括资金使用体系、项目建设和运营体系、政策落实体系、体制机制运行体系和重大违纪违法体系；基于"审计整改"角度构建的审计机关监督绩效评价理论指标体系应囊括资金使用审计规范体系、项目建设和运营审计优化体系、政策落实审计纠正体系、体制机制审计完善体系和重大违纪违法审计查处体系。在该评价体系中，政策实施效果评价指标理论体系主要用于评价被审计单位的政策实施效果情况，而审计机关监督绩效评价指标理论体系主要用于评价审计监督对政策绩效的提升程度，两者共同用于评价政府的整体政策绩效情况。

第一，政策实施效果评价理论指标体系的详细指标应为：①资金使用体

系包括资金闲置金额、违规使用或征收资金额、未统筹使用资金额、骗取或虚列资金额、超标或重复发放资金额；②项目建设和运营体系包括项目无法或没有投入使用数量、项目未按规定招标数量、配套设备未到位数量、项目建造中存在问题数量、项目未开工或进展缓慢的数量；③政策落实体系包括政策制定不合理数量、政策落实不到位数量、政策缺失或多余数量；④体制机制运行体系包括执行机制存在问题数量、决策机制存在问题数量、监督机制存在问题数量、机构设置不合理数量、协调机制存在问题数量；⑤重大违纪违法体系包括审计移交的人数、审计移交的涉案资金、审计移交的单位数、审计移交的案件数。

第二，审计机关监督绩效评价理论指标体系的详细指标应为：①资金使用审计规范体系包括盘活资金额、归还与规范违规使用或征收资金额、统筹使用资金额、返还骗取或虚列资金额、收回超标或重复发放的补贴额；②项目建设和运营审计优化体系包括加速项目使用数量、追究相关责任人数量、增加配套设施数量、解决项目建造中存在问题的数量、推动项目进展的数量；③政策落实审计纠正体系包括修订完善相关制度数量、重新落实政策数量、制定或减少相应政策数量；④体制机制审计完善体系包括重新或加快执行工作数量、改善决策过程或制度数量、加强监督机制的数量、组建专业机构数量、加强协调机制的数量；⑤重大违纪违法审计查处体系包括政府部门处理的人员、政府部门处罚的涉案资金、政府部门处理的单位、政府部门处理的案件。

第二节　重大政策跟踪审计相关案例的建议

一、浙江省域治理现代化政策跟踪审计的建议

浙江省域治理现代化的关键是建设制度、完善体制与机制等问题，因而政策跟踪审计也要从完善制度、体制、机制着手推动省域治理现代化的实现。政策跟踪审计推动浙江省域治理现代化政策完善的重点应包括以下几个方面的内容。

第一，深入实施人才强省、创新强省首位战略。主要关注未出台的更具竞争力的人才制度（制度不合理），创新联合体和知识产权联盟组织建立情

况、科技体制改革情况（组织结构），人才发展机制落实不到位、人才创新激励和保障机制落实不到位、投入机制落实不到位（落实机制），科技人才评价体系不健全（监督机制），科研院所等资源共享有待推进（协调机制）等方面的风险。

第二，突出扩内需、畅通"双循环"。主要关注带薪休假制度设置不到位（制度不合理），省长市长项目工程职责设置问题（职责设置），生产要素配置和商品流通机制有待改善（落实机制），海关特殊监督机制有待提升、风险预警机制有待加强（监督机制），重大项目落地协调不畅、地区协调机制有待加强（协调机制）等方面的风险。

第三，持续推动经济发展质量变革、效率变革、动力变革。主要关注缺少数字化基础制度（制度缺失、多余）、创新数字经济体制（组织结构）、数据产权保护机制需完善（落实机制）、全球供应链协同和资源配置不当（协调机制）等方面的风险。

第四，推动有效市场和有为政府更好结合。主要关注预算管理制度有待改革、转移支付制度有待改革、政府债务管理制度有待改革、商事制度有待改革、产权执法司法保护制度不健全（制度不合理），执法职责需要进一步集中下沉、省以下财政事权和支出责任划分不明确（职责设置），减税降费工作机制落实不到位（落实机制），市场监管能力有待提高、对新产业新业态的监管机制需改善、行政执法监督机制需强化（监督机制），财政资源统筹不当、市县行政执法管理不协调（协调机制）等方面的风险。

第五，深入实施新型城镇化战略和乡村振兴战略。主要关注缺乏实施集体经营性建设用地入市配套制度（制度缺失、多余），户籍制度有待改革、农业科技特派员制度不完善、村集体产权制度需改革（制度不合理），城乡融合发展体制机制需健全、第二轮土地承包到期后再延长三十年政策落实问题（落实机制），资源统筹配置和重大基础设施统筹建设能力有待提高、大中小城市和小城镇发展不协调（协调机制）等方面的风险。

第六，加强大湾区大花园大通道大都市区建设。主要关注主体功能区制度要进一步落实（制度不合理），国家（杭州）新型互联网交换中心等建设情况（组织结构），对海洋环境风险的监督有待加强（监督机制），长三角地区协调有待加强、湾区生产力布局优化问题、省内城市区域发展不协调（协调机制）等方面的风险。

第七，实施新时代文化浙江工程。主要关注理想信念教育缺乏制度、文化制度需要更新（制度缺失、多余），理论发声平台组织建设情况、"文化云"平台组织建设情况（组织结构），文化产业出精品、出人才、出效益的机制有待健全（落实机制），媒体与文化传播不够协调、文旅与体旅需要深度融合（协调机制）等方面的风险。

第八，深入践行"绿水青山就是金山银山"理念。主要关注未建立地上地下、陆海统筹的生态环境治理制度（制度缺失、多余），自然资源资产产权制度、生态环境损害赔偿制度不完善（制度不合理），绿色制造体系、废旧物资循环利用体系、自然保护地体系、生态环境分工管控体系不到位（组织结构），生态产品价值实现机制、生态环境突出问题全过程闭环管理长效机制落实不到位（落实机制），土壤环境全过程风险防控机制、环境污染问题发现、风险预警和应急处置机制不健全（监督机制），多污染物协同控制和区域协同治理有待强化（协调机制）等方面的风险。

第九，扎实推动共同富裕。主要关注特殊教育、专门教育保障机制、现代医院管理制度和分级诊疗制度、社会保险制度、灵活就业人员社保制度、基层民主协商制度有待健全完善（制度不合理），就业公共服务体系、重点群体就业支持体系、终身职业技能培训体系、全民健身公共服务体系、养老保险体系、城乡基层治理体系、县域医共体和城市医联体建设不到位（组织结构），按要素分配政策、渐进式延迟法定退休年龄政策落实不到位（落实机制），疾病预防控制体系和重大疫情防控体制机制、共同富裕（监督机制），医防协同机制的创新性有用性（协调机制）等方面的风险。

第十，统筹发展和安全。主要关注与互联网特征相适应的法规制度、网络空间治理规则制度有待探索建立（制度缺失、多余），信访制度、领导干部接访下访制度有待健全完善（制度不合理），国防动员体系、粮食和重要农产品供应保障体系、自然灾害防治体系、网络综合治理体系建设不到位（组织结构），危险化学品安全监管责任有待完善（职责设置），食品药品监管体制机制、经济安全风险预警、防控机制和能力建设有待加强（监督机制）等方面的风险。

第十一，加强党的全面领导，凝聚全社会力量。主要关注人民政协专门协商机构建设不到位（组织结构），全面从严治党责任制和意识形态责任制、司法责任制问题（职责设置），全面从严治党责任制和意识形态责任制有待进一步落实（落实机制），人大对"一府一委两院"监督制度、党统一领导、全面覆盖、权威高效的监督体系、政治监督有待加强（监督机制），政策协调和工作协同机制有待完善（协调机制）等方面的风险。

二、国有企业高质量发展跟踪审计的建议

政策跟踪审计推动国有企业高质量发展的检查重点应包括：检查国有企业是否违规使用项目资金及其具体金额，检查项目是否严格按照规定招标，检查相关政策是否落实到位，检查国有企业的执行和监督机制是否存在问题、能否有效工作，检查国有企业内部是否发生了重大违纪违法及审计移送事件。除了以上突出的检查重点，国有企业是否未统筹使用资金、是否骗取或虚列项目资金、项目建造中是否存在问题、决策机制是否存在问题等同样值得审计人员的关注。我们在厘清国有企业高质量发展跟踪审计路径以及审计评价之后，得到了以下国有企业高质量发展政策跟踪审计实施及评价的建议。

第一，国有企业高质量发展政策跟踪审计评价可采取多种评价方法。本书采用的评价方法为变权层次分析法，该方法是对层次分析法进行优化，通过融入真实数据对权重进行调整。尽管该方法既考量了专家因素，也关注了数据因素，但仍存在一定的主观因素，如在相关调整模型中对系数的确定、对调整区域范围的确定等方面。因此，为确保评价结果更贴近现实，在国有企业高质量发展政策跟踪审计评价中可采取多种评价方法，如使变权层次分析法与改进后的熵值法相结合，也可采用对统一样本选用两种或两种以上的评价方法。

第二，根据国有企业发展要求进一步优化评价体系指标设计。国有企业高质量发展需激发国有企业的内生动力，坚持效率导向和价值导向。因此，可根据国有企业发展的要求进一步优化评价指标设计。评价企业发展好坏往往可以从其财务情况、非财务情况等方面进行分析。因此，可将企业的财务指标与非财务指标融入评价指标体系，既可从资金、项目建设、体制机制等整体发展效果层面进行评价，也可从企业财务情况与非财务情况等企业独有层面进行评价，以更全面评价国有企业的发展情况。

第三，国有企业高质量发展政策跟踪审计需着重关注国有企业的政策落实。通过对国有企业高质量发展政策实施效果进行测度发现，政策落实体系的得分整体上略低于其他体系的得分，从而可得出在国有企业高质量发展过程中政策层面的落实相较其他层面而言较差。因此，在后续国有企业高质量发展政策跟踪审计过程中，需着重关注其政策落实。政策是国有企业开展企业生产经营的制度性依据，国有企业根据相关政策指示，有针对性地调整未来企业的生产经营方向，减少与社会大环境相悖导致企业大规模损失情况的出现。政策跟踪审计在审计过程中需关注国有企业是否做到以下四点：一是，是否加强对总体性制度纲要的研读，把握方向性指示内容；二是，是否采取多种方式制定细化制度，细化制度是否符合企业生产经营的需要；三是，是否定期通过开展相关座谈会、匿名问卷调查等方式获取各级人员对实施中政策的合理化建议，并有针对性地进行调整和改变；四是，是否定期对现有企业制度进行分析和总结，剔除过时制度、完善相应制度等。

第四，国有企业高质量发展政策跟踪审计需进一步提升体制机制整改的稳定性。通过对审计机关国有企业高质量发展监督绩效进行测度发现，变权处理后的体制机制变化程度相对高于其他体系，说明体制机制整改的稳定性略低于其他体系。因此，审计机关在后续国有企业高质量发展政策过程中，需进一步提升体制机制整改的稳定性。体制机制是国有企业发展的根本保障，其通过执行、决策、监督、机构人员配置、部门协调等方面强化政策落实、资金使用、项目建设等，继而保障企业生产经营的稳定，即提升体制机制整改的稳定性能从根源上减少资金违规使用、项目建设不规范等情况的出现。审计机关可采取专家访谈评估体制机制整改意见有效性、建设体制机制整改登记与销号台账、体制机制风险与事务标级、"定期"与"抽查"综合运用等方式强化体制机制整改的稳定性。

三、防返贫政策跟踪审计实施及评价的建议

根据前面精准扶贫政策跟踪审计评价路径与评价结果，本书得出以下防返贫政策跟踪审计实施及评价的建议。

第一，将精准扶贫政策跟踪审计评价思路沿用至防返贫政策跟踪审计评价中。尽管2020年末我国已实现了全面脱贫，但脱贫只是我国反贫困的第一步，下一步需巩固脱贫成果，防止返贫情况出现。政策跟踪审计作为持续监督脱贫成效的重要手段之一，通过测度其实施效果来反映扶贫政策实施效果和通过审计机关监督绩效来反馈当前扶贫工作的落实情况。而在精准扶贫政策跟踪审计中所采用的评价思路自然能沿用至防返贫政策跟踪审计评价中，

使其融入以往精准扶贫政策跟踪审计评价的经验。一是需根据防返贫审计的具体要求对评价依据进行优化，如细致研究具体的防返贫项目、扶贫成果拓展方案等，对存在差异的部分进行相应调整；二是需根据防返贫审计的实施范围对评价样本进行优化，如根据地区、经济、发展模式等多种角度进行样本选择，以满足巩固脱贫成效的需要。

第二，根据防返贫政策实施要求进一步优化评价体系指标设计。精准扶贫的核心在于"扶"，即帮助贫困地区脱离贫困，而防返贫的核心在于"防"，即防止返贫情况的出现，且持续发展。因此，防返贫政策跟踪审计评价需根据防返贫政策实施要求进一步优化其评价指标体系。具体为：可对原有评价体系中的指标作相应的调整，如增加一些关于防返贫项目使用效益、脱贫后又返贫人数占比等指标，以满足巩固脱贫这项工作的需要。

第三，防返贫政策跟踪审计需着重关注政策实施的体制机制运行。通过对审计署精准扶贫政策实施效果进行测算发现，体制机制体系的得分整体上略低于其他体系的得分，由此可知在精准扶贫政策实施过程中对体制机制的关注程度略低于其他方面，因而体现在得分中为尽管通过每年的整改，体制机制的问题较以往年份有所减少，但该整改所带来的增效程度略低于其他体系。因此，在防返贫政策跟踪审计过程中，需重点关注体制机制运行，关注防返贫政策实施过程中的执行机制、决策机制、监督机制、部门协调机制等是否存在问题，并且还要关注资金、项目等问题背后的原因。这些原因绝大部分与体制机制相关，对问题进行分析的同时还要做好归纳和总结，及时根治这些体制机制问题以较大程度上减少资金、项目等问题的产生，从而有效保障防返贫工作的顺利进行。

第四，防返贫政策跟踪审计需进一步提升资金整改的稳定性。通过对审计署精准扶贫监督绩效进行测算发现，变权处理后的资金变化程度高于其他体系，说明资金整改的稳定性略低于其他体系，即在引入资金整改的真实数据后对常权权重影响较大，继而影响资金使用审计规范体系的得分。因此，在防返贫政策跟踪审计中需进一步提升资金整改的稳定性。国家推出的各项政策制度在地方细化后往往与资金相挂钩，如建设民生项目专项资金、医疗保障专项资金等。因而，审计机关通过提升资金整改的稳定性能进一步减少资金问题"屡审屡犯"情况的出现，如可采取"回头看""抽查""定查"等方式强化资金整改成效。

第三节 推动重大政策跟踪审计效果实现的建议

本书从国家治理视角下重大政策跟踪审计的经济后果、国家治理视角下审计报告的作用机制、国家治理视角下审计师的作用机制等角度研究了推动重大政策跟踪审计效果。基于此,本书提出以下建议。

第一,针对国家治理视角下重大政策审计推动预算绩效管理。审计机关应该从预算绩效审计的组织保障、预算绩效审计的全面覆盖方式、预算绩效审计的大数据技术发展、预算绩效审计的监督结果使用、预算绩效审计的激励机制等路径出发来建设。

第二,针对国家治理视角下审计报告与企业投资效率。首先,管理层应就关键审计事项内容与审计师进行沟通。当前期关键审计事项包括投资低效内容时,管理层应该在当期与审计师沟通产生问题的原因,并采纳审计师的建议,及时调整和改善投资策略。其次,投资者可从关键审计事项段着手了解公司的投资效率。由于关键审计事项段具有提升投资者与审计师沟通价值的作用,投资者可聚焦关键审计事项段,分析企业是否存在非效率投资以及其程度如何,进而作出正确的投资决策。最后,监管机构应对关键审计事项段的披露方式与内容进行引导及规范。监管机构可从提升投资效率的角度出发,要求并引导审计师增强关键审计事项段披露的详细程度、降低迷雾程度、提高精确程度,且增加公司层面、投资相关事项等内容的披露。

第三,针对审计报告文本语调与企业费用粘性。首先,监管机构应从审计报告语调角度出发要求审计师充分披露企业费用风险信息,尤其要注重费用下降与收益下降不匹配的情况。其次,利益相关者应利用公司治理机制降低企业代理成本、削弱管理者乐观预期,这样才能更好地降低企业费用粘性。最后,监管机构也应当引导审计师通过事项段、消极词汇增加关键审计事项信息披露含量;对于分析师与媒体关注较少的企业,审计师应加强关注,并可通过关键审计事项语调的控制来降低企业费用粘性。

第四,针对国家治理视角下审计信息化建设。首先,应持续推动审计信息技术普及与发展。近年来,我国审计失败案件频发。2001—2020 年,证监会共公布了 191 个审计师因不道德行为而受到惩罚的案件。本书的研究发现,审计信息化程度越高，越能提高道德强度与道德决策间的关系。但从样本来看，审计师使用最多的信息技术是信息化程度较低的线办公技术、电子工作底稿技术，信息化程度较高的风险评估辅助技术和数据分析技术的普及率相对较低，甚至还有 11.9% 的审计师并未使用任何信息技术。因此，中注协应在审计行业信息化建设中继续推动高信息化程度的技术普及与发展，这将在一定程度上阻止审计师违反职业道德行为的发生。其次，应在职业准则中加入信息化内容。研究发现，在高道德强度情境中，审计信息化程度能够增加审计师的道德认知与道德判断，以及部分情况下能提高道德意图。因而，可以在审计师职业道德准则中纳入审计信息化内容，即将高信息化程度的信息系统作为防范道德威胁的措施之一；还可以将审计信息化内容纳入事务所质量控制准则，即要求事务所注意信息技术发出的信号并及时应对该信号。

附录一　精准扶贫政策跟踪审计评价指标调查问卷

尊敬的专家：

您好，我是浙江工商大学审计专业的研究生，正在对精准扶贫政策跟踪审计评价指标体系进行研究。为了确定该评价指标体系中各项指标的权重，需要您抽出宝贵的时间完成以下调查。此问卷采用九级标度法，请您根据问卷中的指标进行两两比较，并对其重要性打分。

调查问卷仅用于学术研究，请您放心填写，非常感谢您的支持与帮助！

评价尺度如附录表 1-1 所示。

附录表 1-1　评价尺度

评价尺度	
成对比较标准 a_{ij}（i 为横向指标，j 为纵向指标）	定义
1	i 和 j 同等重要
3	i 比 j 稍微重要
5	i 比 j 相当重要
7	i 比 j 明显重要
9	i 比 j 绝对重要
2、4、6、8	重要性介于 1、3、5、7、9 之间
倒数	j 比 i 的重要性程度

本书构建的精准扶贫政策跟踪审计评价指标体系如附录表 1-2 所示。

附录表 1-2　　　　　精准扶贫政策跟踪审计评价指标体系

精准扶贫政策实施效果评价指标体系		审计机关精准扶贫监督绩效评价指标体系	
准则层	指标层	准则层	指标层
资金使用体系	资金闲置金额	资金使用审计规范体系	盘活资金额
	违规使用或征收资金额		归还与规范违规使用或征收资金额
	未统筹使用资金额		统筹使用资金额
	骗取或虚列资金额		返还骗取或虚列资金额
项目建设和运营体系	项目无法或没有投入使用数量	项目建设和运营审计优化体系	加速项目使用数量
	项目未按规定招标数量		追究相关责任人数量
	项目建造中存在问题数量		解决项目建造中存在问题的数量
	项目未开工或进展缓慢的数量		推动项目进展的数量
政策落实体系	政策制定不合理数量	政策落实审计纠正体系	修订完善相关制度数量
	政策落实不到位数量		重新落实政策数量
	政策缺失或多余数量		制定或减少相应政策数量
体制机制运行体系	执行机制存在问题数量	体制机制审计完善体系	重新或加快执行工作数量
	决策机制存在问题数量		改善决策过程或制度数量
	监督机制存在问题数量		加强监督机制的数量
重大违纪违法体系	审计移交的人数	重大违纪违法审计查处体系	政府部门处理的人员
	审计移交的单位数		政府部门处理的单位
	审计移交的案件数		政府部门处理的案件

一、精准扶贫政策实施效果评价指标体系

附录表 1-3　　　　　　　　资金使用体系

资金使用体系	资金闲置金额	违规使用或征收资金额	未统筹使用资金额	骗取或虚列资金额
资金闲置金额				
违规使用或征收资金额				
未统筹使用资金额				
骗取或虚列资金额				

附录表1-4　　　　项目建设和运营体系

项目建设和运营体系	项目无法或没有投入使用数量	项目未按规定招标数量	项目建造中存在问题数量	项目未开工或进展缓慢的数量
项目无法或没有投入使用数量				
项目未按规定招标数量				
项目建造中存在问题数量				
项目未开工或进展缓慢的数量				

附录表1-5　　　　政策落实体系

政策落实体系	政策制定不合理数量	政策落实不到位数量	政策缺失或多余数量
政策制定不合理数量			
政策落实不到位数量			
政策缺失或多余数量			

附录表1-6　　　　体制机制运行体系

体制机制运行体系	执行机制存在问题数量	决策机制存在问题数量	监督机制存在问题数量
执行机制存在问题数量			
决策机制存在问题数量			
监督机制存在问题数量			

附录表1-7　　　　重大违纪违法体系

重大违纪违法体系	审计移交的人数	审计移交的单位数	审计移交的案件数
审计移交的人数			
审计移交的单位数			
审计移交的案件数			

二、审计机关精准扶贫监督绩效评价指标体系

附录表1-8　　　　资金使用审计规范体系

资金使用审计规范体系	盘活资金额	归还与规范违规使用或征收资金额	统筹使用资金额	返还骗取或虚列资金额
盘活资金额				
归还与规范违规使用或征收资金额				

续表

资金使用审计规范体系	盘活资金额	归还与规范违规使用或征收资金额	统筹使用资金额	返还骗取或虚列资金额
统筹使用资金额				
返还骗取或虚列资金额				

附录表1-9　　项目建设和运营审计优化体系

项目建设和运营审计优化体系	加速项目使用数量	追究相关责任人数量	解决项目建造中存在问题的数量	推动项目进展的数量
加速项目使用数量				
追究相关责任人数量				
解决项目建造中存在问题的数量				
推动项目进展的数量				

附录表1-10　　政策落实审计纠正体系

政策落实审计纠正体系	修订完善相关制度数量	重新落实政策数量	制定或减少相应政策数量
修订完善相关制度数量			
重新落实政策数量			
制定或减少相应政策数量			

附录表1-11　　体制机制审计完善体系

体制机制审计完善体系	重新或加快执行工作数量	改善决策过程或制度数量	加强监督机制的数量
重新或加快执行工作数量			
改善决策过程或制度数量			
加强监督机制的数量			

附录表1-12　　重大违纪违法审计查处体系

重大违纪违法审计查处体系	政府部门处理的人员	政府部门处理的单位	政府部门处理的案件
政府部门处理的人员			
政府部门处理的单位			
政府部门处理的案件			

问卷到此结束，感谢您的参与！

附录二 双向评价指标体系信度分析

附录表 2-1 精准扶贫政策实施效果评价指标体系

专家序号	准则层	资金使用体系	项目建设和运营体系	政策落实体系	体制机制运行体系	重大违纪违法体系
专家一	CI	0.0264	0.0146	0.0268	0.0000	0.0000
	CR	0.0307	0.0170	0.0516	0.0000	0.0000
专家二	CI	0.0385	0.0697	0.0000	0.0092	0.0000
	CR	0.0448	0.0810	0.0000	0.0176	0.0000
专家三	CI	0.0400	0.0114	0.0000	0.0092	0.0000
	CR	0.0465	0.0133	0.0000	0.0176	0.0000
专家四	CI	0.0293	0.0146	0.0000	0.0270	0.0000
	CR	0.0340	0.0170	0.0000	0.0518	0.0000
专家五	CI	0.0395	0.0146	0.0000	0.0092	0.0000
	CR	0.0459	0.0170	0.0000	0.0176	0.0000
专家六	CI	0.0272	0.0146	0.0000	0.0000	0.0000
	CR	0.0317	0.0170	0.0000	0.0000	0.0000
专家七	CI	0.0293	0.0146	0.0000	0.0092	0.0000
	CR	0.0340	0.0170	0.0000	0.0176	0.0000
专家八	CI	0.0163	0.0224	0.0000	0.0092	0.0268
	CR	0.0189	0.0261	0.0000	0.0176	0.0516
专家九	CI	0.0666	0.0282	0.0092	0.0092	0.0268
	CR	0.0775	0.0328	0.0176	0.0176	0.0516
专家十	CI	0.0666	0.0282	0.0092	0.0092	0.0268
	CR	0.0775	0.0328	0.0176	0.0176	0.0516

续表

专家序号	准则层	资金使用体系	项目建设和运营体系	政策落实体系	体制机制运行体系	重大违纪违法体系
专家十一	CI	0.0544	0.0528	0.0000	0.0092	0.0092
	CR	0.0632	0.0614	0.0000	0.0176	0.0176
专家十二	CI	0.0395	0.0528	0.0000	0.0092	0.0092
	CR	0.0459	0.0614	0.0000	0.0176	0.0176
专家十三	CI	0.0264	0.0439	0.0092	0.0000	0.0268
	CR	0.0307	0.0510	0.0176	0.0000	0.0516
专家十四	CI	0.0395	0.0439	0.0092	0.0000	0.0268
	CR	0.0459	0.0510	0.0176	0.0000	0.0516
专家十五	CI	0.0114	0.0439	0.0000	0.0000	0.0268
	CR	0.0132	0.0510	0.0000	0.0000	0.0516
专家十六	CI	0.0272	0.0330	0.0000	0.0000	0.0268
	CR	0.0317	0.0384	0.0000	0.0000	0.0516
专家十七	CI	0.0395	0.0529	0.0000	0.0000	0.0268
	CR	0.0459	0.0615	0.0000	0.0000	0.0516
专家十八	CI	0.0114	0.0529	0.0000	0.0000	0.0000
	CR	0.0132	0.0615	0.0000	0.0000	0.0000
专家十九	CI	0.0293	0.0529	0.0000	0.0000	0.0000
	CR	0.0340	0.0615	0.0000	0.0000	0.0000
专家二十	CI	0.0395	0.0146	0.0000	0.0000	0.0000
	CR	0.0459	0.0170	0.0000	0.0000	0.0000
专家二十一	CI	0.0272	0.0146	0.0000	0.0000	0.0000
	CR	0.0317	0.0170	0.0000	0.0000	0.0000
专家二十二	CI	0.0395	0.0146	0.0000	0.0000	0.0000
	CR	0.0459	0.0170	0.0000	0.0000	0.0000
专家二十三	CI	0.0666	0.0114	0.0000	0.0000	0.0000
	CR	0.0775	0.0133	0.0000	0.0000	0.0000
专家二十四	CI	0.0666	0.0200	0.0000	0.0000	0.0000
	CR	0.0775	0.0233	0.0000	0.0000	0.0000
专家二十五	CI	0.0666	0.0255	0.0268	0.0000	0.0000
	CR	0.0775	0.0297	0.0516	0.0000	0.0000

续表

专家序号	准则层	资金使用体系	项目建设和运营体系	政策落实体系	体制机制运行体系	重大违纪违法体系
专家二十六	CI	0.0666	0.0396	0.0268	0.0000	0.0000
	CR	0.0775	0.0461	0.0516	0.0000	0.0000
专家二十七	CI	0.0385	0.0146	0.0000	0.0092	0.0000
	CR	0.0448	0.0170	0.0000	0.0176	0.0000
专家二十八	CI	0.0544	0.0222	0.0000	0.0000	0.0000
	CR	0.0632	0.0259	0.0000	0.0000	0.0000
专家二十九	CI	0.0395	0.0114	0.0000	0.0092	0.0000
	CR	0.0459	0.0133	0.0000	0.0176	0.0000
专家三十	CI	0.0293	0.0154	0.0000	0.0000	0.0000
	CR	0.0340	0.0179	0.0000	0.0000	0.0000
专家三十一	CI	0.0264	0.0146	0.0000	0.0000	0.0000
	CR	0.0307	0.0170	0.0000	0.0000	0.0000
专家三十二	CI	0.0666	0.0282	0.0000	0.0268	0.0268
	CR	0.0775	0.0328	0.0000	0.0516	0.0516
专家三十三	CI	0.0666	0.0146	0.0000	0.0000	0.0000
	CR	0.0775	0.0170	0.0000	0.0000	0.0000
专家三十四	CI	0.0395	0.0663	0.0000	0.0268	0.0000
	CR	0.0459	0.0771	0.0000	0.0516	0.0000
专家三十五	CI	0.0163	0.0439	0.0000	0.0268	0.0092
	CR	0.0189	0.0510	0.0000	0.0516	0.0176

附录表 2-2　　审计机关精准扶贫监督绩效评价指标体系

专家序号	准则层	资金使用审计规范体系	项目建设和运营审计优化体系	政策落实审计纠正体系	体制机制审计完善体系	重大违纪违法审计查处体系
专家一	CI	0.0632	0.0146	0.0000	0.0000	0.0000
	CR	0.0732	0.0170	0.0000	0.0000	0.0000
专家二	CI	0.0632	0.0349	0.0000	0.0092	0.0268
	CR	0.0732	0.0406	0.0000	0.0176	0.0516
专家三	CI	0.0388	0.0349	0.0000	0.0092	0.0268
	CR	0.0449	0.0406	0.0000	0.0176	0.0516

续表

专家序号	准则层	资金使用审计规范体系	项目建设和运营审计优化体系	政策落实审计纠正体系	体制机制审计完善体系	重大违纪违法审计查处体系
专家四	CI	0.0597	0.0820	0.0000	0.0269	0.0268
	CR	0.0691	0.0954	0.0000	0.0517	0.0516
专家五	CI	0.0774	0.0391	0.0000	0.0000	0.0268
	CR	0.0896	0.0455	0.0000	0.0000	0.0516
专家六	CI	0.0632	0.0349	0.0000	0.0000	0.0268
	CR	0.0732	0.0406	0.0000	0.0000	0.0516
专家七	CI	0.0626	0.0146	0.0000	0.0000	0.0268
	CR	0.0725	0.0170	0.0000	0.0000	0.0516
专家八	CI	0.0806	0.0014	0.0000	0.0000	0.0000
	CR	0.0933	0.0016	0.0000	0.0000	0.0000
专家九	CI	0.0806	0.0014	0.0000	0.0000	0.0268
	CR	0.0933	0.0016	0.0000	0.0000	0.0516
专家十	CI	0.0388	0.0014	0.0000	0.0000	0.0268
	CR	0.0449	0.0016	0.0000	0.0000	0.0516
专家十一	CI	0.0404	0.0014	0.0000	0.0092	0.0000
	CR	0.0467	0.0016	0.0000	0.0176	0.0000
专家十二	CI	0.0699	0.0071	0.0000	0.0000	0.0000
	CR	0.0809	0.0082	0.0000	0.0000	0.0000
专家十三	CI	0.0806	0.0114	0.0000	0.0092	0.0000
	CR	0.0933	0.0133	0.0000	0.0176	0.0000
专家十四	CI	0.0806	0.0014	0.0000	0.0000	0.0268
	CR	0.0933	0.0016	0.0000	0.0000	0.0516
专家十五	CI	0.0806	0.0014	0.0000	0.0000	0.0268
	CR	0.0933	0.0016	0.0000	0.0000	0.0516
专家十六	CI	0.0806	0.0014	0.0000	0.0000	0.0268
	CR	0.0933	0.0016	0.0000	0.0000	0.0516
专家十七	CI	0.0597	0.0069	0.0000	0.0000	0.0000
	CR	0.0691	0.0080	0.0000	0.0000	0.0000
专家十八	CI	0.0597	0.0052	0.0000	0.0000	0.0000
	CR	0.0691	0.0060	0.0000	0.0000	0.0000

续表

专家序号	准则层	资金使用审计规范体系	项目建设和运营审计优化体系	政策落实审计纠正体系	体制机制审计完善体系	重大违纪违法审计查处体系
专家十九	CI	0.0626	0.0069	0.0000	0.0000	0.0000
	CR	0.0725	0.0080	0.0000	0.0000	0.0000
专家二十	CI	0.0632	0.0754	0.0268	0.0000	0.0000
	CR	0.0732	0.0877	0.0516	0.0000	0.0000
专家二十一	CI	0.0626	0.0843	0.0000	0.0000	0.0000
	CR	0.0725	0.0981	0.0000	0.0000	0.0000
专家二十二	CI	0.0626	0.0843	0.0000	0.0000	0.0000
	CR	0.0725	0.0981	0.0000	0.0000	0.0000
专家二十三	CI	0.0320	0.0635	0.0000	0.0000	0.0000
	CR	0.0370	0.0738	0.0000	0.0000	0.0000
专家二十四	CI	0.0626	0.0832	0.0092	0.0000	0.0000
	CR	0.0725	0.0968	0.0176	0.0000	0.0000
专家二十五	CI	0.0806	0.0679	0.0092	0.0000	0.0000
	CR	0.0933	0.0790	0.0176	0.0000	0.0000
专家二十六	CI	0.0626	0.0624	0.0000	0.0000	0.0000
	CR	0.0725	0.0725	0.0000	0.0000	0.0000
专家二十七	CI	0.0516	0.0146	0.0092	0.0000	0.0000
	CR	0.0597	0.0170	0.0176	0.0000	0.0000
专家二十八	CI	0.0597	0.0634	0.0000	0.0000	0.0000
	CR	0.0691	0.0738	0.0000	0.0000	0.0000
专家二十九	CI	0.0632	0.0146	0.0000	0.0000	0.0268
	CR	0.0732	0.0170	0.0000	0.0000	0.0516
专家三十	CI	0.0806	0.0757	0.0000	0.0000	0.0000
	CR	0.0933	0.0881	0.0000	0.0000	0.0000
专家三十一	CI	0.0597	0.0146	0.0270	0.0092	0.0268
	CR	0.0691	0.0170	0.0518	0.0176	0.0516
专家三十二	CI	0.0806	0.0014	0.0000	0.0268	0.0268
	CR	0.0933	0.0016	0.0000	0.0516	0.0516
专家三十三	CI	0.0626	0.0146	0.0000	0.0000	0.0000
	CR	0.0725	0.0170	0.0000	0.0000	0.0000

续表

专家序号	准则层	资金使用审计规范体系	项目建设和运营审计优化体系	政策落实审计纠正体系	体制机制审计完善体系	重大违纪违法审计查处体系
专家三十四	CI	0.0320	0.0053	0.0000	0.0268	0.0000
	CR	0.0370	0.0061	0.0000	0.0516	0.0000
专家三十五	CI	0.0405	0.0071	0.0000	0.0000	0.0000
	CR	0.0469	0.0082	0.0000	0.0000	0.0000

附录三　国家治理视角下的地方政府精准扶贫政策跟踪审计评价指标体系变权结果表

附录表 3-1　精准扶贫政策实施效果评价指标体系变权结果

准则层	2017年	指标层	2017年
资金使用体系	0.2031	扶贫资金闲置金额	0.2732
		违规使用扶贫资金额	0.4122
		未统筹使用资金额	0.0842
		骗取或虚列扶贫资金额	0.2304
项目建设和运营体系	0.1876	项目无法或没有投入使用数量	0.4087
		项目未按规定招标数量	0.0582
		项目建造中存在问题数量	0.1666
		项目未开工或进展缓慢的数量	0.3665
政策落实体系	0.2031	政策制定不合理数量	0.2826
		政策落实不到位数量	0.4483
		政策缺失或多余数量	0.2691
体制机制运行体系	0.2031	执行机制存在问题数量	0.1438
		决策机制存在问题数量	0.3660
		监督机制存在问题数量	0.4902
重大违纪违法体系	0.2031	审计移交的人数	0.3045
		审计移交的单位数	0.3570
		审计移交的案件数	0.3385

附录三　国家治理视角下的地方政府精准扶贫政策跟踪审计评价指标体系变权结果表

附录表 3-2　　　　　审计机关精准扶贫监督绩效变权结果

准则层	2017 年	指标层	2017 年
资金使用审计规范体系	0.1944	盘活扶贫资金额	0.2733
		归还与规范违规使用资金额	0.4268
		统筹使用资金额	0.1219
		返还骗取或虚列扶贫资金额	0.1780
项目建设和运营审计优化体系	0.1941	加速项目使用数量	0.4238
		追究相关责任人数量	0.0542
		解决项目建造中存在问题的数量	0.1578
		推动项目进展的数量	0.3642
政策落实审计纠正体系	0.2225	修订完善相关制度数量	0.2011
		重新落实政策数量	0.4091
		制定或减少相应政策数量	0.3898
体制机制审计完善体系	0.2053	重新或加快执行扶贫工作数量	0.2403
		改善决策过程或制度数量	0.2869
		加强监督机制的数量	0.4728
重大违纪违法审计查处体系	0.1837	政府部门处理的人员	0.3354
		政府部门处理的单位	0.3593
		政府部门处理的案件	0.3053

附录四　国有企业高质量发展政策跟踪审计评价指标调查问卷

尊敬的专家：

您好，我是浙江工商大学审计专业的研究生，正在对国有企业高质量发展政策跟踪审计评价指标体系进行研究。为了确定该评价指标体系中各项指标的权重，需要您抽出宝贵的时间完成以下调查。此问卷采用九级标度法，请您根据问卷中的指标进行两两比较，并对其重要性打分。

调查问卷仅用于学术研究，请您放心填写，非常感谢您的支持与帮助！

评价尺度如附录表 4 - 1 所示。

附录表 4 - 1　　　　　　　　　评价尺度

评价尺度	
成对比较标准 a_{ij}（i 为横向指标，j 为纵向指标）	定义
1	i 和 j 同等重要
3	i 比 j 稍微重要
5	i 比 j 相当重要
7	i 比 j 明显重要
9	i 比 j 绝对重要
2、4、6、8	重要性介于 1、3、5、7、9 之间
倒数	j 比 i 的重要性程度

本书构建的国有企业高质量发展政策跟踪审计评价指标体系如附录表 4 - 2 所示。

附录表 4-2　　国有企业高质量发展政策跟踪审计评价指标体系

国有企业高质量发展政策实施效果评价指标体系		审计机关对国有企业高质量发展监督绩效评价指标体系	
准则层	指标层	准则层	指标层
资金使用体系	资金闲置问题数	资金使用审计规范体系	盘活资金的数量
	违规使用或征收资金问题数		归还与规范违规使用或征收资金的数量
	骗取或虚列资金问题数		返还骗取或虚列资金的数量
项目建设和运营体系	项目无法或没有投入使用数量	项目建设和运营审计优化体系	加速项目使用的数量
	项目未按规定招标数量		追究相关责任人的数量
	项目建造中存在问题数量		解决项目建造中存在问题的数量
政策落实体系	政策制定不合理数量	政策落实审计纠正体系	修订完善相关制度数量
	政策落实不到位数量		重新落实政策数量
	政策缺失或多余数量		制定或减少相应政策数量
体制机制运行体系	执行机制存在问题数量	体制机制审计完善体系	重新或加快执行工作数量
	决策机制存在问题数量		改善决策过程或制度数量
	监督机制存在问题数量		加强监督机制的数量
重大违纪违法体系	涉案资金额	重大违纪违法审计查处体系	政府部门处理的涉案资金
	涉案人数		政府部门处理的人数
	涉案单位数		政府部门处理的单位数

一、国有企业高质量发展政策实施效果评价指标体系

附录表 4-3　　　　　　　　资金使用体系

资金使用体系	资金闲置问题数	违规使用或征收资金问题数	骗取或虚列资金问题数
资金闲置问题数			
违规使用或征收资金问题数			
骗取或虚列资金问题数			

附录表 4-4　　　　　　　　项目建设和运营体系

项目建设和运营体系	项目无法或没有投入使用数量	项目未按规定招标数量	项目建造中存在问题数量
项目无法或没有投入使用数量			
项目未按规定招标数量			
项目建造中存在问题数量			

附录表 4-5　　　　　　　政策落实体系

政策落实体系	政策制定不合理数量	政策落实不到位数量	政策缺失或多余数量
政策制定不合理数量			
政策落实不到位数量			
政策缺失或多余数量			

附录表 4-6　　　　　　　体制机制运行体系

体制机制运行体系	执行机制存在问题数量	决策机制存在问题数量	监督机制存在问题数量
执行机制存在问题数量			
决策机制存在问题数量			
监督机制存在问题数量			

附录表 4-7　　　　　　　重大违纪违法体系

重大违纪违法体系	涉案资金额	涉案人数	涉案单位数
涉案资金额			
涉案人数			
涉案单位数			

二、审计机关对国有企业高质量发展监督绩效评价指标体系

附录表 4-8　　　　　　　资金使用审计规范体系

资金使用审计规范体系	盘活资金的数量	归还与规范违规使用或征收资金的数量	返还骗取或虚列资金的数量
盘活资金的数量			
归还与规范违规使用或征收资金的数量			
返还骗取或虚列资金的数量			

附录表 4-9　　　　　　　项目建设和运营审计优化体系

项目建设和运营审计优化体系	加速项目使用的数量	追究相关责任人的数量	解决项目建造中存在问题的数量
加速项目使用的数量			
追究相关责任人的数量			
解决项目建造中存在问题的数量			

附录四　国有企业高质量发展政策跟踪审计评价指标调查问卷

附录表 4-10　　　　　　　政策落实审计纠正体系

政策落实审计纠正体系	修订完善相关制度数量	重新落实政策数量	制定或减少相应政策数量
修订完善相关制度数量			
重新落实政策数量			
制定或减少相应政策数量			

附录表 4-11　　　　　　　体制机制审计完善体系

体制机制审计完善体系	重新或加快执行工作数量	改善决策过程或制度数量	加强监督机制的数量
重新或加快执行工作数量			
改善决策过程或制度数量			
加强监督机制的数量			

附录表 4-12　　　　　　　重大违纪违法审计查处体系

重大违纪违法审计查处体系	政府部门处理的涉案资金	政府部门处理的人数	政府部门处理的单位数
政府部门处理的涉案资金			
政府部门处理的人数			
政府部门处理的单位数			

问卷到此结束，感谢您的参与！

附录五 本书包含的作者已发表论文

1. 第二章 国家治理与政策跟踪审计 第四节 政策跟踪审计概述 一、政策跟踪审计的理论框架，对应论文：王帆，谢志华．政策跟踪审计理论框架研究［J］．审计研究，2019（3）：3－10．

2. 第二章 国家治理与政策跟踪审计 第四节 政策跟踪审计概述 二、审计推动制度体制机制完善的路径，对应论文：Wang F and Qiongna Z. Current Situation and Path of Public Policy Audit of the Chinese Government—from the Perspective of Modernization of State Governance［J］．Argos, A&HCI, 2018：131－140．

3. 第七章 国家治理视角下重大政策跟踪审计的经济后果 第一节 国家治理视角下重大政策审计与预算绩效管理，对应论文：倪娟，谢志华，王帆（通讯作者）．国家审计与预算绩效管理：定位、机制与实现路径［J］．中国行政管理，2021，427（1）：9－15．

4. 第七章 国家治理视角下重大政策跟踪审计的经济后果 第二节 国家治理视角下审计报告的作用机制研究 一、国家治理视角下审计报告与企业投资效率，对应论文：王帆，邹梦琪．关键审计事项披露与企业投资效率——基于文本分析的经验证据［J］．审计研究，2022，227（3）：69－79．

5. 第七章 国家治理视角下重大政策跟踪审计的经济后果 第二节 国家治理视角下审计报告的作用机制研究 二、审计报告文本语调对企业费用粘性的影响研究，对应论文：李甜甜，王帆（通讯作者），徐灵源．审计报告文本语调对企业费用粘性的影响研究［J］．审计研究，2023（5）：95－106．

6. 第七章 国家治理视角下重大政策跟踪审计的经济后果 第三节 国家治理视角下审计师的作用机制研究 一、国家治理视角下审计师声誉研究，对应论文：王帆，张龙平．审计师声誉研究：述评与展望［J］．会计研究，2012（11）：74－78，95．

7. 第七章 国家治理视角下重大政策跟踪审计的经济后果 第三节 国家治

理视角下审计师的作用机制研究 二、国家治理视角下审计信息化研究,对应论文:王帆,章琳,马振中. 审计信息化程度影响审计师职业道德决策过程吗〔J〕. 会计研究,2022(1):173-186.

参考文献

[1] 蔡春，唐凯桃，刘玉玉. 政策执行效果审计初探 [J]. 审计研究，2016 (4).

[2] 陈春常. 转型中的中国国家治理研究 [D]. 上海：华东师范大学，2011.

[3] 陈洋洋，王宗军. 基于层次分析法下低碳审计评价指标体系初探 [J]. 审计研究，2016 (6).

[4] 丛晓男. 耦合度模型的形式、性质及在地理学中的若干误用 [J]. 经济地理，2019，39 (4).

[5] 方俊，任素平，黄均田. PPP项目全过程跟踪审计评价指标体系设计 [J]. 审计研究，2017 (6).

[6] 冯静. 试论基层政策措施落实跟踪审计存在的问题及对策 [J]. 现代经济信息，2016 (3).

[7] 付宏琳. 美国复苏与再投资政策执行情况跟踪审计及启示 [J]. 审计研究，2016 (6).

[8] 付莎莎. 精准扶贫政策跟踪审计研究 [J]. 当代会计，2021 (8).

[9] 亢鸽. 国家审计与国家治理关系思辨 [J]. 新会计，2021 (6).

[10] 高小平，刘晶. 政府理论在治理实践中发展 [J]. 中国行政管理，2014 (7).

[11] 国务院. 关于加强审计工作的意见 [EB/OL]. 国发〔2014〕48号. http://www.gov.cn/zhengce/content/2014-10/27/content_9170.html.

[12] 国务院. 关于印发贯彻落实"十三五"国务院. 中共中央 国务院关于打赢脱贫攻坚战的决定 [EB/OL]. 国务院公报〔2015〕35号. http://www.gov.cn/gongbao/content/2015/content_2978250.html.

[13] 国务院. "十三五"脱贫攻坚规划 [R]. 国发〔2016〕64号.

［14］国务院．脱贫攻坚规划具体措施的通知［EB/OL］．国发〔2016〕64号．http：//www.gov.cn/zhengce/content/2016－12/02/content_5142197.html．

［15］韩传模，汪士果．基于AHP的企业内部控制模糊综合评价［J］．会计研究，2009（4）．

［16］韩美群．国家文化治理：定位、内涵、特征与路径创新［J］．重庆工商大学学报（社会科学版），2018，35（1）．

［17］何自力．不断健全和完善我国经济治理体系［N］．经济日报，2019－12－17．

［18］贺方志．重大项目政策措施落实跟踪审计初探［J］．审计月刊，2015（7）．

［19］胡耘通，钟琳毓．政策跟踪审计研究综述及展望［J］．商业会计，2020（19）．

［20］黄溶冰．党政领导干部经济责任审计的层次变权综合评价模型——基于科学发展观的视角［J］．审计研究，2013（5）．

［21］黄溶冰．国家审计质量的影响因素研究——基于结构方程和DEA－Tobit模型的分析［J］．兰州学刊，2017（5）．

［22］黄速建，肖红军，王欣．论国有企业高质量发展［J］．中国工业经济，2018（10）．

［23］李德清，崔红梅，李洪兴．基于层次变权的多因素决策［J］．系统工程学报，2004（3）．

［24］李洪兴．因素空间理论与知识表示的数学框架（Ⅷ）——变权综合原理［J］．模糊系统与数学，1995（3）．

［25］李静，马丽娟，姜旭．财政支出、农村人口对脱贫攻坚的影响［J］．社会科学战线，2019（9）．

［26］李玲，江宇．有为政府、有效市场、有机社会——中国道路与国家治理现代化［J］．经济导刊，2014（4）．

［27］李璐，夏昱．基于数据包络分析的审计机关绩效评价研究［J］．财政研究，2011（12）．

［28］李曼，陆贵龙．公共政策审计的作用路径与逻辑框架［J］．财会月刊，2012（12）．

[29] 李晓冬,马元驹.精准扶贫政策落实跟踪审计:理论基础、实践困境与路径优化——基于审计结果公告文本分析的证据[J].理论月刊,2020(8).

[30] 李晓冬.公共政策落实跟踪审计三维评价标准构建研究——以精准扶贫政策落实跟踪审计为例[J].会计与经济研究,2020(2).

[31] 李晓娅.政策跟踪审计存在的问题分析[J].财会学习,2017(4).

[32] 李翼恒.国有企业高质量发展的内涵探讨[J].现代商业,2020(32).

[33] 梁文.试论国家审计在国家治理中的作用机理及发展路径[J].行政事业资产与财务,2017(12).

[34] 廖义刚,韩洪灵,陈汉文.政府审计之职能与特征:国家理论视角的解说[J].会计研究,2008(2).

[35] 林忠华.发达国家的政府绩效审计及其启示[J].长江论坛,2015(2).

[36] 刘爱东,张鼎祖.中国地方审计机关效率测度与分析——基于1998—2009年的面板数据[J].审计研究,2014(5).

[37] 刘博,单珊,金静.精准扶贫绩效审计评价指标体系的构建与分析——以安徽省为例[J].河北科技大学学报(社会科学版),2019(2).

[38] 刘国城,黄崑.扶贫政策跟踪审计机制研究[J].审计研究,2019(3).

[39] 刘家义.树立科学审计理念 发挥审计监督"免疫系统"功能[J].求是,2009(10)。

[40] 刘烨,陈涵.地方政府债务的协同治理审计研究[J].财政研究,2018(9).

[41] 鲁海军.哲学视角下国家审计与国家治理关系思辨[J].现代审计与会计,2021(10).

[42] 逯进,郭志仪.中国省域人口迁移与经济增长耦合关系的演进[J].人口研究,2014(6).

[43] 骆良彬,王河流.基于AHP的上市公司内部控制质量模糊评价[J].审计研究,2008(6).

[44] 吕劲松，邓世军．审计署重庆特派办理论研究会课题组，政策措施落实情况跟踪审计中提高审计判断质量的路径分析［J］．审计研究，2017（3）．

[45] 马曙光．政府审计人员素质影响审计成果的实证研究［J］．审计研究，2007（3）．

[46] 马志娟，曾雨．环境政策落实跟踪审计：作用机制、存在问题及完善路径［J］．财会月刊，2020（1）．

[47] 马志娟，梁思源．基于公共政策过程的环境政策审计研究［J］．审计与经济研究，2017（4）．

[48] 苗云青．重大政策跟踪审计推动经济高质量发展的路径研究［J］．审计与理财，2021（6）．

[49] 潘雁．文化治理，关键在"治"［J］．人民论坛，2018（30）．

[50] 庞大鹏．俄罗斯国家治理的研究论析［J］．欧洲研究，2010（4）．

[51] 彭国甫，李树丞，盛明科．应用层次分析法确定政府绩效评估指标权重研究［J］．中国软科学，2004（6）．

[52] 彭兰香，李佳丽，刘婷．基于绩效棱柱和PSR模型的水环保绩效审计评价体系构建研究——以浙江省"五水共治"为例［J］．财经论丛，2015（5）．

[53] 秦荣生．国家审计职责的界定：责任关系的分析［J］．审计与经济研究，2011（2）．

[54] 让-彼埃尔·戈丹．现代的治理，昨天和今天：借重法国政府政策得以明确的几点认识［J］．国际社会科学（中文版），1999（2）．

[55] 上海市审计学会课题组．政策措施落实情况跟踪审计实务研究［J］．审计研究，2017（3）．

[56] 申志东．运用层次分析法构建国有企业绩效评价体系［J］．审计研究，2013（2）．

[57] 陈丽红，张龙平．事务所行业专门化研究述评及展望［J］．会计研究，2010（11）：81-86．

[58] 李连军，薛云奎．中国证券市场审计师声誉溢价与审计质量的经验研究［J］．中国会计评论，2007（11）：401-413．

[59] 王兵，刘峰．安达信倒塌：研究发现了什么［J］．会计研究，2010

(7): 73-78.

[60] 王兵, 辛清泉, 杨德明. 审计师声誉影响股票定价吗?——来自IPO定价市场化的证据 [J]. 会计研究, 2009 (11): 73-96.

[61] 张奇峰. 政府管制提高会计师事务所声誉吗?——来自中国证券市场的经验证据 [J]. 管理世界, 2005 (12): 14-23.

[62] 朱红军, 何贤杰, 孙跃, 吕伟. 市场在关注审计师的职业声誉吗? 基于"科龙电器事件"的经验与启示 [J]. 审计研究, 2008 (4): 44-52.

[63] 杜兴强. 殷勤款待与审计独立性: 天下有白吃的午餐吗? 会计研究, 2018 (5): 83-89.

[64] 高廷帆, 陈甬军. 区块链技术如何影响审计的未来——一个技术创新与产业生命周期视角 [J]. 审计研究, 2019 (2): 3-10.

[65] 秦荣生. 大数据、云计算技术对审计的影响研究 [J]. 审计研究, 2014 (6): 23-28.

[66] 唐雪松, 申慧, 杜军. 独立董事监督中的动机——基于独立意见的经验证据 [J]. 管理世界, 2010 (9): 138-149.

[67] 王帆, 张龙平. 审计师声誉研究: 述评与展望 [J]. 会计研究, 2012 (11): 74-78, 95.

[68] 吴粒, 于延琦, 徐晓彤, 王璐. 审计人员道德决策研究综述 [J]. 审计研究, 2013 (6): 61-67, 83.

[69] 叶凡, 方卉, 于东, 刘峰. 审计师规模与审计质量: 声誉视角 [J]. 会计研究, 2017 (3): 75-81, 95.

[70] 张琦, 孙旭鹏. 政府审计独立性提升的治理效应——以审计机关人财物改革对公务接待行为的影响为例 [J]. 会计研究, 2021 (1): 167-178.

[71] 郑石桥. 区块链对审计取证的影响: 一个理论框架 [J]. 财会通讯, 2021 (9): 20-24.

[72] 审计署. 2015年第5号公告: 中国核工业集团公司2013年度财务收支审计结果 [EB/OL]. https://www.audit.gov.cn/n5/n25/c67376/content.html.

[73] 审计署. 2015年第6号公告: 中国兵器工业集团公司2013年度财务收支审计结果 [EB/OL]. https://www.audit.gov.cn/n5/n25/c67377/content.html.

[74] 审计署. 2015年第7号公告: 国家电网公司2013年度财务收支审

计结果 [EB/OL]. https：//www. audit. gov. cn/n5/n25/c67378/content. html.

［75］审计署. 2015 年第 8 号公告：中国南方电网有限责任公司 2013 年度财务收支审计结果 [EB/OL]. https：//www. audit. gov. cn/n5/n25/c67379/content. html.

［76］审计署. 2015 年第 9 号公告：中国华电集团公司 2013 年度财务收支审计结果 [EB/OL]. https：//www. audit. gov. cn/n5/n25/c67380/content. html.

［77］审计署. 2015 年第 10 号公告：中国国电集团公司 2013 年度财务收支审计结果 [EB/OL]. https：//www. audit. gov. cn/n5/n25/c67381/content. html.

［78］审计署. 2015 年第 11 号公告：中国电力投资集团公司 2013 年度财务收支审计结果 [EB/OL]. https：//www. audit. gov. cn/n5/n25/c67384/content. html.

［79］审计署. 2015 年第 12 号公告：中国长江三峡集团公司 2013 年度财务收支审计结果 [EB/OL]. https：//www. audit. gov. cn/n5/n25/c67415/content. html.

［80］审计署. 2015 年第 13 号公告：神华集团有限责任公司 2013 年度财务收支审计结果 [EB/OL]. https：//www. audit. gov. cn/n5/n25/c67416/content. html.

［81］审计署. 2015 年第 14 号公告：中国第二重型机械集团公司 2013 年度财务收支审计结果 [EB/OL]. https：//www. audit. gov. cn/n5/n25/c67417/content. html.

［82］审计署. 2015 年第 15 号公告：中国远洋运输（集团）总公司 2013 年度财务收支审计结果 [EB/OL]. https：//www. audit. gov. cn/n5/n25/c67418/content. html.

［83］审计署. 2015 年第 16 号公告：中国航空集团公司 2013 年度财务收支审计结果 [EB/OL]. https：//www. audit. gov. cn/n5/n25/c67419/content. html.

［84］审计署. 2015 年第 17 号公告：中粮集团有限公司 2013 年度财务收支审计结果 [EB/OL]. https：//www. audit. gov. cn/n5/n25/c67420/content. html.

[85] 审计署. 2015 年第 18 号公告：中国储备粮管理总公司 2013 年度财务收支审计结果 [EB/OL]. https：//www. audit. gov. cn/n5/n25/c67421/content. html.

[86] 审计署. 2015 年第 19 号公告：国家开发银行股份有限公司 2013 年度资产负债损益审计结果 [EB/OL]. https：//www. audit. gov. cn/n5/n25/c67422/content. html.

[87] 审计署. 2015 年第 20 号公告：交通银行股份有限公司 2013 年度资产负债损益审计结果 [EB/OL]. https：//www. audit. gov. cn/n5/n25/c67423/content. html.

[88] 审计署. 2015 年第 21 号公告：中国出口信用保险公司 2013 年度资产负债损益审计结果 [EB/OL]. https：//www. audit. gov. cn/n5/n25/c67424/content. html.

[89] 审计署. 2015 年第 23 号公告：2015 年 5 月稳增长促改革调结构惠民生政策措施贯彻落实情况跟踪审计结果 [EB/OL]. http：//www. audit. gov. cn/n5/n25/c67426/content. html.

[90] 审计署. 国家重大政策措施和宏观调控部署落实情况跟踪审计实施意见 [EB/OL]. http：//www. gov. cn/xinwen/2015 – 05/11/content_2859975. html.

[91] 审计署. 2015 年第 26 号公告：审计署关于 2015 年 6 月稳增长促改革调结构惠民生防风险政策措施贯彻落实情况跟踪审计结果 [EB/OL]. http：//www. audit. gov. cn/n5/n25/c74463/content. html.

[92] 审计署. 2015 年第 28 号公告：2015 年 7 月稳增长促改革调结构惠民生防风险政策措施贯彻落实情况跟踪审计结果 [EB/OL]. http：//www. audit. gov. cn/n5/n25/c74379/content. html.

[93] 审计署. 2015 年第 30 号公告：2015 年 8 月稳增长促改革调结构惠民生防风险政策措施贯彻落实跟踪审计结果 [EB/OL]. http：//www. audit. gov. cn/n5/n25/c75955/content. html.

[94] 审计署. 2015 年 9 月稳增长等政策措施贯彻落实跟踪审计结果公告解读 [EB/OL]. http：//www. audit. gov. cn/n5/n25/c77300/content. html.

[95] 审计署. 2015 年第 32 号公告：2015 年 10 月稳增长促改革调结构惠民生防风险政策措施贯彻落实跟踪审计结果 [EB/OL]. http：//www. audit.

gov. cn/n5/n25/c78874/content. html.

[96] 审计署. 2016年第1号公告：2015年11月稳增长促改革调结构惠民生防风险政策措施贯彻落实情况跟踪审计结果［EB/OL］. http：//www. audit. gov. cn/n5/n25/c80336/content. html.

[97] 审计署. 2016年第3号公告：2015年12月稳增长促改革调结构惠民生防风险政策措施贯彻落实情况跟踪审计结果［EB/OL］. http：//www. audit. gov. cn/n5/n25/c81573/content. html.

[98] 审计署. 2016年第4号公告：2016年第一季度829个单位1796个项目贯彻落实国家重大政策措施跟踪审计结果［EB/OL］. http：//www. audit. gov. cn/n5/n25/c83697/content. html.

[99] 审计署. 2016年第12号公告：中国航空工业集团公司2014年度财务收支审计结果［EB/OL］. https：//www. audit. gov. cn/n5/n25/c84791/content. html.

[100] 审计署. 2016年第13号公告：中国电子科技集团公司2014年度财务收支审计结果［EB/OL］. https：//www. audit. gov. cn/n5/n25/c84792/content. html.

[101] 审计署. 2016年第14号公告：中国石油化工集团公司2014年度财务收支审计结果［EB/OL］. https：//www. audit. gov. cn/n5/n25/c84793/content. html.

[102] 审计署. 2016年第15号公告：中国海洋石油总公司2014年度财务收支审计结果［EB/OL］. https：//www. audit. gov. cn/n5/n25/c84794/content. html.

[103] 审计署. 2016年第16号公告：中国电子信息产业集团有限公司2014年度财务收支审计结果［EB/OL］. https：//www. audit. gov. cn/n5/n25/c84795/content. html.

[104] 审计署. 2016年第17号公告：中国铝业公司2014年度财务收支审计结果［EB/OL］. https：//www. audit. gov. cn/n5/n25/c84796/content. html.

[105] 审计署. 2016年第18号公告：中国东方航空集团公司2014年度财务收支审计结果［EB/OL］. https：//www. audit. gov. cn/n5/n25/c84798/content. html.

[106] 审计署. 2016年第19号公告：中国南方航空集团公司2014年度

财务收支审计结果［EB/OL］. https：//www.audit.gov.cn/n5/n25/c84799/content.html.

［107］审计署.2016年第20号公告：招商局集团有限公司2014年度财务收支审计结果［EB/OL］. https：//www.audit.gov.cn/n5/n25/c84802/content.html.

［108］审计署.2016年第21号公告：香港中旅（集团）有限公司2014年度财务收支审计结果［EB/OL］. https：//www.audit.gov.cn/n5/n25/c84803/content.html.

［109］审计署.2016年第22号公告：中国农业银行股份有限公司2014年度资产负债损益审计结果［EB/OL］. https：//www.audit.gov.cn/n5/n25/c84804/content.html.

［110］审计署.2016年第23号公告：中国光大集团股份公司2014年度资产负债损益审计结果［EB/OL］. https：//www.audit.gov.cn/n5/n25/c84806/content.html.

［111］审计署.2016年第24号公告：中国人民保险集团股份有限公司2014年度资产负债损益审计结果［EB/OL］. https：//www.audit.gov.cn/n5/n25/c84807/content.html.

［112］审计署.2016年第25号公告：中国人寿保险（集团）公司2014年度资产负债损益审计结果［EB/OL］. https：//www.audit.gov.cn/n5/n25/c84808/content.html.

［113］审计署.2016年第26号公告：中国太平保险集团有限责任公司2014年度资产负债损益审计结果［EB/OL］. https：//www.audit.gov.cn/n5/n25/c84809/content.html.

［114］审计署.2016年第28号公告：2016年第二季度国家重大政策措施贯彻落实情况跟踪审计结果［EB/OL］. http：//www.audit.gov.cn/n5/n25/c86241/content.html.

［115］审计署.2016年第29号公告：2016年第三季度国家重大政策措施贯彻落实情况跟踪审计结果［EB/OL］. http：//www.audit.gov.cn/n5/n25/c90786/content.html.

［116］审计署."十三五"国家审计工作发展规划的通知［EB/OL］. http：//www.gov.cn/xinwen/2016-06/02/content_5078941.html.

[117] 审计署. 2017 年第 2 号公告：2016 年第四季度国家重大政策措施贯彻落实情况跟踪审计结果 [EB/OL]. http：//www.audit.gov.cn/n5/n25/c93892/content.html.

[118] 审计署. 2017 年第 3 号公告：2017 年第一季度国家重大政策措施贯彻落实情况跟踪审计结果 [EB/OL]. http：//www.audit.gov.cn/n5/n25/c96326/content.html.

[119] 审计署. 2017 年第 10 号公告：中国船舶工业集团公司 2015 年度财务收支审计结果 [EB/OL]. https：//www.audit.gov.cn/n5/n25/c96985/content.html.

[120] 审计署. 2017 年第 11 号公告：中国船舶重工集团公司 2015 年度财务收支审计结果 [EB/OL]. https：//www.audit.gov.cn/n5/n25/c96988/content.html.

[121] 审计署. 2017 年第 12 号公告：中国石油天然气集团公司 2015 年度财务收支审计结果 [EB/OL]. https：//www.audit.gov.cn/n5/n25/c96989/content.html.

[122] 审计署. 2017 年第 13 号公告：中国华能集团公司 2015 年度财务收支审计结果 [EB/OL]. https：//www.audit.gov.cn/n5/n25/c96990/content.html.

[123] 审计署. 2017 年第 14 号公告：东风汽车公司 2015 年度财务收支审计结果 [EB/OL]. https：//www.audit.gov.cn/n5/n25/c96991/content.html.

[124] 审计署. 2017 年第 15 号公告：哈尔滨电气集团公司 2015 年度财务收支审计结果 [EB/OL]. https：//www.audit.gov.cn/n5/n25/c96992/content.html.

[125] 审计署. 2017 年第 16 号公告：鞍钢集团公司 2015 年度财务收支审计结果 [EB/OL]. https：//www.audit.gov.cn/n5/n25/c96993/content.html.

[126] 审计署. 2017 年第 17 号公告：宝钢集团有限公司 2015 年度财务收支审计结果 [EB/OL]. https：//www.audit.gov.cn/n5/n25/c96994/content.html.

[127] 审计署. 2017 年第 18 号公告：中国中化集团公司 2015 年度财务收支审计结果 [EB/OL]. https：//www.audit.gov.cn/n5/n25/c96995/content.html.

［128］审计署. 2017 年第 19 号公告：中国五矿集团公司 2015 年度财务收支审计结果［EB/OL］. https：//www. audit. gov. cn/n5/n25/c96996/content. html.

［129］审计署. 2017 年第 20 号公告：中国通用技术（集团）控股有限责任公司 2015 年度财务收支审计结果［EB/OL］. https：//www. audit. gov. cn/n5/n25/c96998/content. html.

［130］审计署. 2017 年第 21 号公告：中国建筑工程总公司 2015 年度财务收支审计结果［EB/OL］. https：//www. audit. gov. cn/n5/n25/c97000/content. html.

［131］审计署. 2017 年第 22 号公告：中国中钢集团公司 2015 年度财务收支审计结果［EB/OL］. https：//www. audit. gov. cn/n5/n25/c97002/content. html.

［132］审计署. 2017 年第 23 号公告：中国化工集团公司 2015 年度财务收支审计结果［EB/OL］. https：//www. audit. gov. cn/n5/n25/c97003/content. html.

［133］审计署. 2017 年第 24 号公告：中国建筑材料集团有限公司 2015 年度财务收支审计结果［EB/OL］. https：//www. audit. gov. cn/n5/n25/c97004/content. html.

［134］审计署. 2017 年第 25 号公告：中国有色矿业集团有限公司 2015 年度财务收支审计结果［EB/OL］. https：//www. audit. gov. cn/n5/n25/c97005/content. html.

［135］审计署. 2017 年第 26 号公告：中国铁路工程总公司 2015 年度财务收支审计结果［EB/OL］. https：//www. audit. gov. cn/n5/n25/c97006/content. html.

［136］审计署. 2017 年第 27 号公告：中国铁道建筑总公司 2015 年度财务收支审计结果［EB/OL］. https：//www. audit. gov. cn/n5/n25/c97007/content. html.

［137］审计署. 2017 年第 28 号公告：中国电力建设集团有限公司 2015 年度财务收支审计结果［EB/OL］. https：//www. audit. gov. cn/n5/n25/c97010/content. html.

［138］审计署. 2017 年第 29 号公告：中国铁路物资（集团）总公司

2015 年度财务收支审计结果 [EB/OL]. https：//www.audit.gov.cn/n5/n25/c97011/content.html.

[139] 审计署. 2017 年第 31 号公告：2017 年第二季度国家重大政策措施贯彻落实情况跟踪审计结果 [EB/OL]. http：//www.audit.gov.cn/n5/n25/c98579/content.html.

[140] 审计署. 2017 年第 32 号公告：2017 年第三季度国家重大政策措施贯彻落实情况跟踪审计结果 [EB/OL]. http：//www.audit.gov.cn/n5/n25/c117878/content.html.

[141] 审计署. 2018 年第 2 号公告：2017 年第四季度国家重大政策措施贯彻落实情况跟踪审计结果 [EB/OL]. http：//www.audit.gov.cn/n5/n25/c121703/content.html.

[142] 审计署. 2018 年第 4 号公告：中国华电集团有限公司 2016 年度财务收支等情况审计结果 [EB/OL]. https：//www.audit.gov.cn/n5/n25/c123512/content.html.

[143] 审计署. 2018 年第 5 号公告：原神华集团有限责任公司 2016 年度财务收支等情况审计结果 [EB/OL]. https：//www.audit.gov.cn/n5/n25/c123513/content.html.

[144] 审计署. 2018 年第 6 号公告：中国电信集团有限公司 2016 年度财务收支等情况审计结果 [EB/OL]. https：//www.audit.gov.cn/n5/n25/c123514/content.html.

[145] 审计署. 2018 年第 7 号公告：中国移动通信集团有限公司 2016 年度财务收支等情况审计结果 [EB/OL]. https：//www.audit.gov.cn/n5/n25/c123516/content.html.

[146] 审计署. 2018 年第 8 号公告：中国机械工业集团有限公司 2016 年度财务收支等情况审计结果 [EB/OL]. https：//www.audit.gov.cn/n5/n25/c123518/content.html.

[147] 审计署. 2018 年第 9 号公告：中国东方电气集团有限公司 2016 年度财务收支等情况审计结果 [EB/OL]. https：//www.audit.gov.cn/n5/n25/c123520/content.html.

[148] 审计署. 2018 年第 10 号公告：原武汉钢铁（集团）公司 2016 年度财务收支等情况审计结果 [EB/OL]. https：//www.audit.gov.cn/n5/n25/

c123522/content. html.

[149] 审计署. 2018 年第 11 号公告：中国远洋海运集团有限公司 2016 年度财务收支等情况审计结果［EB/OL］. https：//www. audit. gov. cn/n5/n25/c123525/content. html.

[150] 审计署. 2018 年第 12 号公告：中国储备粮管理集团有限公司 2016 年度财务收支等情况审计结果［EB/OL］. https：//www. audit. gov. cn/n5/n25/c123527/content. html.

[151] 审计署. 2018 年第 13 号公告：国家开发投资集团有限公司 2016 年度财务收支等情况审计结果［EB/OL］. https：//www. audit. gov. cn/n5/n25/c123529/content. html.

[152] 审计署. 2018 年第 14 号公告：中国商用飞机有限责任公司 2016 年度财务收支等情况审计结果［EB/OL］. https：//www. audit. gov. cn/n5/n25/c123530/content. html.

[153] 审计署. 2018 年第 15 号公告：中国节能环保集团有限公司 2016 年度财务收支等情况审计结果［EB/OL］. https：//www. audit. gov. cn/n5/n25/c123531/content. html.

[154] 审计署. 2018 年第 16 号公告：中国煤炭科工集团有限公司 2016 年度财务收支等情况审计结果［EB/OL］. https：//www. audit. gov. cn/n5/n25/c123532/content. html.

[155] 审计署. 2018 年第 17 号公告：中国化学工程集团有限公司 2016 年度财务收支等情况审计结果［EB/OL］. https：//www. audit. gov. cn/n5/n25/c123533/content. html.

[156] 审计署. 2018 年第 18 号公告：中国盐业总公司 2016 年度财务收支等情况审计结果［EB/OL］. https：//www. audit. gov. cn/n5/n25/c123534/content. html.

[157] 审计署. 2018 年第 19 号公告：原中国中材集团有限公司 2016 年度财务收支等情况审计结果［EB/OL］. https：//www. audit. gov. cn/n5/n25/c123535/content. html.

[158] 审计署. 2018 年第 20 号公告：北京矿冶科技集团有限公司 2016 年度财务收支等情况审计结果［EB/OL］. https：//www. audit. gov. cn/n5/n25/c123536/content. html.

[159] 审计署. 2018年第21号公告：中国中车集团有限公司2016年度财务收支等情况审计结果［EB/OL］. https://www.audit.gov.cn/n5/n25/c123537/content.html.

[160] 审计署. 2018年第22号公告：中国铁路通信信号集团有限公司2016年度财务收支等情况审计结果［EB/OL］. https://www.audit.gov.cn/n5/n25/c123538/content.html.

[161] 审计署. 2018年第23号公告：中国交通建设集团有限公司2016年度财务收支等情况审计结果［EB/OL］. https://www.audit.gov.cn/n5/n25/c123539/content.html.

[162] 审计署. 2018年第24号公告：中国中丝集团有限公司2016年度财务收支等情况审计结果［EB/OL］. https://www.audit.gov.cn/n5/n25/c123540/content.html.

[163] 审计署. 2018年第25号公告：中国林业集团有限公司2016年度财务收支等情况审计结果［EB/OL］. https://www.audit.gov.cn/n5/n25/c123541/content.html.

[164] 审计署. 2018年第26号公告：中国医药集团有限公司2016年度财务收支等情况审计结果［EB/OL］. https://www.audit.gov.cn/n5/n25/c123542/content.html.

[165] 审计署. 2018年第27号公告：中国保利集团有限公司2016年度财务收支等情况审计结果［EB/OL］. https://www.audit.gov.cn/n5/n25/c123543/content.html.

[166] 审计署. 2018年第28号公告：中国轻工集团有限公司2016年度财务收支等情况审计结果［EB/OL］. https://www.audit.gov.cn/n5/n25/c123544/content.html.

[167] 审计署. 2018年第29号公告：中国煤炭地质总局2016年度财务收支等情况审计结果［EB/OL］. https://www.audit.gov.cn/n5/n25/c123545/content.html.

[168] 审计署. 2018年第30号公告：中国民航信息集团有限公司2016年度财务收支等情况审计结果［EB/OL］. https://www.audit.gov.cn/n5/n25/c123546/content.html.

[169] 审计署. 2018年第31号公告：中国航空油料集团有限公司2016

年度财务收支等情况审计结果[EB/OL]. https://www.audit.gov.cn/n5/n25/c123547/content.html.

[170] 审计署.2018年第32号公告：中国能源建设集团有限公司2016年度财务收支等情况审计结果[EB/OL]. https://www.audit.gov.cn/n5/n25/c123548/content.html.

[171] 审计署.2018年第33号公告：中国黄金集团有限公司2016年度财务收支等情况审计结果[EB/OL]. https://www.audit.gov.cn/n5/n25/c123549/content.html.

[172] 审计署.2018年第34号公告：中国广核集团有限公司2016年度财务收支等情况审计结果[EB/OL]. https://www.audit.gov.cn/n5/n25/c123550/content.html.

[173] 审计署.2018年第35号公告：华侨城集团有限公司2016年度财务收支等情况审计结果[EB/OL]. https://www.audit.gov.cn/n5/n25/c123551/content.html.

[174] 审计署.2018年第36号公告：南光（集团）有限公司2016年度财务收支等情况审计结果[EB/OL]. https://www.audit.gov.cn/n5/n25/c123552/content.html.

[175] 审计署.2018年第37号公告：中国西电集团有限公司2016年度财务收支等情况审计结果[EB/OL]. https://www.audit.gov.cn/n5/n25/c123553/content.html.

[176] 审计署.2018年第38号公告：中国国新控股有限责任公司2016年度财务收支等情况审计结果[EB/OL]. https://www.audit.gov.cn/n5/n25/c123554/content.html.

[177] 审计署.2018年第39号公告：中国工商银行股份有限公司2016年度资产负债损益审计结果[EB/OL]. https://www.audit.gov.cn/n5/n25/c123555/content.html.

[178] 审计署.2018年第40号公告：中国农业银行股份有限公司2016年度资产负债损益审计结果[EB/OL]. https://www.audit.gov.cn/n5/n25/c123556/content.html.

[179] 审计署.2018年第41号公告：中国中信集团有限公司2016年度资产负债损益审计结果[EB/OL]. https://www.audit.gov.cn/n5/n25/

c123557/content.html.

[180] 审计署. 2018年第45号公告：2018年第一季度国家重大政策措施贯彻落实情况跟踪审计结果 [EB/OL]. http://www.audit.gov.cn/n5/n25/c123561/content.html.

[181] 审计署. 2018年第48号公告：2018年第二季度国家重大政策措施贯彻落实情况跟踪审计结果 [EB/OL]. http://www.audit.gov.cn/n5/n25/c126692/content.html.

[182] 审计署. 2018年第49号公告：2018年第三季度国家重大政策措施贯彻落实情况跟踪审计结果 [EB/OL]. http://www.audit.gov.cn/n5/n25/c128862/content.html.

[183] 审计署. 2019年第1号公告：2018年第四季度国家重大政策措施贯彻落实情况跟踪审计结果 [EB/OL]. http://www.audit.gov.cn/n5/n25/c130878/content.html.

[184] 审计署. 2019年第7号公告：2019年第一季度国家重大政策措施贯彻落实情况跟踪审计结果 [EB/OL]. http://www.audit.gov.cn/n5/n25/c133006/content.html.

[185] 审计署. 2019年第8号公告：2019年第二季度国家重大政策措施贯彻落实情况跟踪审计结果 [EB/OL]. http://www.audit.gov.cn/n5/n25/c134057/content.html.

[186] 审计署. 2019年第10号公告：2019年第三季度国家重大政策措施贯彻落实情况跟踪审计结果 [EB/OL]. http://www.audit.gov.cn/n5/n25/c136378/content.html.

[187] 审计署. 2020年第1号公告：2019年第四季度国家重大政策措施落实情况跟踪审计结果 [EB/OL]. http://www.audit.gov.cn/n5/n25/c139059/content.html.

[188] 审计署办公厅. 关于进一步加强扶贫审计促进精准扶贫精准脱贫政策落实的意见 [R]. 审办农发 [2016] 68号, 2016.

[189] 审计署重庆特派办理论研究会课题组. 政策措施落实情况跟踪审计中提高审计判断质量的路径分析 [J]. 审计研究, 2017 (3).

[190] 审计署上海特派办理论研究会课题组. 大数据技术在国家重大政策措施落实情况跟踪审计中的应用研究 [J]. 审计研究, 2020 (2).

[191] 师萍. 用层次分析法对企业财务状况进行综合评价 [J]. 会计研究, 1997 (9).

[192] 束赟. 统一战线与国家制度体系：国家治理体系与治理能力现代化建设中的统战工作 [J]. 上海市社会主义学院学报, 2021 (6).

[193] 宋常, 赵懿清. 投资项目绩效审计评价指标体系与框架设计研究 [J]. 审计研究, 2011 (1).

[194] 孙思媛. 我国开展重大政策落实情况跟踪审计的问题及对策研究 [J]. 辽宁经济, 2020 (1).

[195] 汤小莉, 冯均科, 逯颖, 陈舒红. 我国地方审计机关绩效影响因素评价 [J]. 财会月刊, 2016 (6).

[196] 唐兴军, 齐卫平. 国家治理现代化视阈下的政府职能转变 [J]. 晋阳学刊, 2015 (2).

[197] 汪培庄. 模糊集与随机集落影 [M]. 北京：北京师范大学出版社, 1985.

[198] 王彪华. 政策执行情况跟踪审计研讨会综述 [J]. 审计研究, 2012 (6).

[199] 王昶, 焦娟妮. 国际战略投资者引进对国有企业绩效影响的评价与实证研究 [J]. 南开管理评论, 2009 (2).

[200] 王长友, 戚艳霞. 国外国有企业审计情况与借鉴 [J]. 审计研究, 2016 (3).

[201] 王会金. 国外后新公共管理运动与我国政府绩效审计发展创新研究 [J]. 会计研究, 2014 (10).

[202] 王慧. 政策措施落实情况跟踪审计理论与实务研究综述 [J]. 审计研究, 2017 (2).

[203] 王慧. 政策措施落实情况审计研讨会综述 [J]. 审计研究, 2015 (6).

[204] 王济民, 邵应情. 国有企业分类绩效评价体系的构建 [J]. 财会月刊, 2016 (25).

[205] 王平波. 我国政策执行跟踪审计基本问题研究 [J]. 财政研究, 2013 (2).

[206] 王学龙, 王复美. 审计机关绩效评价指标体系构建——以审计署

绩效报告为例［J］. 审计研究，2015（1）.

［207］王艺明，刘志红. 大型公共支出项目的政策效果评估——以"八七扶贫攻坚计划"为例［J］. 财贸经济，2016（1）.

［208］魏金义，祁春节. 农业技术进步与要素禀赋的耦合协调度测算［J］. 中国人口·资源与环境，2015（1）.

［209］魏明，席小欢. 政策落实跟踪审计评价研究［J］. 南京审计大学学报，2017（6）.

［210］魏小娟. 重大政策措施落实情况跟踪审计问题及对策研究——基于审计署政策跟踪审计结果公告［J］. 上海商业，2021（11）.

［211］温素彬. 企业三重绩效的层次变权综合评价模型——基于可持续发展战略的视角［J］. 会计研究，2010（12）.

［212］文宗瑜，宋韶君. 国有资本运营职能从国有企业剥离的改革逻辑及绩效评价体系重构［J］. 北京工商大学学报（社会科学版），2018（2）.

［213］文宗瑜，赵婧雯. 国有企业混合所有制改革如何持续推进——是国企引入非公资本，还是国企控股非公企业［J］. 国有资产管理，2020（9）.

［214］翁士洪，周一帆. 多层次治理中的中国国家治理理论［J］. 甘肃行政学院学报，2017（6）.

［215］夏榕. 环境政策跟踪审计存在的问题与对策［J］. 审计与理财，2020（10）.

［216］徐湘林. 转型危机与国家治理：中国的经验［J］. 经济社会体制比较，2010（5）.

［217］薛澜，李宇环. 走向国家治理现代化的政府职能转变：系统思维与改革取向［J］. 政治学研究，2014（5）.

［218］薛曜祖. 吕梁山集中连片特困地区科技扶贫的实施效果分析［J］. 中国农业大学学报，2018（5）.

［219］晏维龙. 国家治理框架下国家审计体系和能力现代化研究［M］. 北京：人民出版社2017年版.

［220］杨建荣. 英国国有企业审计研究［J］. 审计研究，2016（2）.

［221］杨凯. 让"枫桥经验"在基层社会治理中大放异彩［N］. 检察日报，2021-12-16.

［222］杨肃昌. 中国公共支出绩效审计发展现状与趋势分析［J］. 会计

之友,2014(22).

[223] 余海宗,吴艳玲,田至立.地方审计机关绩效考核体系优化研究[J].审计研究,2017(5).

[224] 俞可平.治理和善治引论[J].马克思主义与现实,1999(5).

[225] 曾繁清,叶德珠.金融体系与产业结构的耦合协调度分析——基于新结构经济学视角[J].经济评论,2017(3).

[226] 张金辉.国家审计促进转变经济发展方式的路径探析[J].审计研究,2014(3).

[227] 张龙平,熊雪梅.我国政策执行效果审计研究——关于政策执行效果评价指标体系的构建[J].厦门大学学报(哲学社会科学版),2020(2).

[228] 张巧良,张黎.P2P网贷平台风险评价指标研究——基于层次分析法[J].南京审计学院学报,2015(6).

[229] 张薇.政府审计推进共同富裕的路径研究[J].会计之友,2022(3).

[230] 张耀宏,周旭东,李天星."四化四审多维"重大政策措施落实情况跟踪审计机制探索[J].中国内部审计,2021(6).

[231] 张媛.廉政审计:建立与完善反腐倡廉惩防体系的制度支柱[J].中国经贸导刊(中),2019(5).

[232] 赵保卿,李娜.基于层次分析法的内部审计外包内容决策研究[J].审计与经济研究,2013(1).

[233] 赵景媛.政策跟踪审计方法及成果运用探析[J].财会通讯,2018(13).

[234] 郑石桥,徐孝轩,宋皓杰.国家审计治理指数研究[J].南京审计学院学报,2014(1).

[235] 朱智鸿.政策跟踪审计作用及路径探析[J].财会月刊,2016(21).

[236] 淄博市审计局课题组."三维"视角下政策措施落实情况跟踪审计分析[J].审计研究,2016(1).

[237] Conchada M I P and Rivera J P R. Assessing the Impacts of Food and Non-Food Grants on Poverty Alleviation in the Philippines: The Case of Pasay City

[J]. Mlaysian Journal of Econamic Studies, Vol. 50, No. 2, 2013.

[238] Deeprak L and Anuj S. Private Household Transfers and Poverty Alleviation in Rural India [J]. The Journal of Applied Economic Research, Vol. 32, No. 4, 2009.

[239] Dolman P M and Mossman H L. The Biodiversity Audit Approach Challenges Regional Priorities and Identifies a Mismatch in Conservation [J]. Journal of Applied Ecology, MEMO, No. 5, 2012.

[240] Gaiha R and Imai K. Rural Public Works and Poverty Alleviation – the Case of the Employment Guarantee Scheme in Maharashtra [J]. International Review of Applied Economics, Vol. 32, No. 3, 2002.

[241] Koohsar K and Saeid Y. Haghighatnejad S A. The Effect of Agriculture Investment on R – ural Poverty Alleviation Iran [J]. Quarterly Iranian Econmic Research, Vol. 35, No. 5, 2008.

[242] Negoiat C V. Application of Fuzzy Sets to Systems Analysis [J]. Applied Economics Letters, No. 4, 1997.

[243] Pollitt C. Performance Audit in Western Europe: Trends and Choices, Critical Perspectives on Accounting [J]. Vol. 14, No. 1, 2003.

[244] Saaty T L. Decision Making with Dependence and Feedback: The Analytic Network Process [M]. Pittsburgh: RWS Publication, 2001.

[245] Saaty T L and Tran L T. On the Invalidity of Fuzzifying Numerical Judgements in the Analytic Hierarchy Process [J]. Mathematical and Computer Modelling, Vol. 46, No. 7 – 8, 2007.

[246] Saaty T L and Tran L T. Fuzzy Judgments and Fuzzy Sets [J]. International Journal of St – rategic Decision Sciences, Vol. 1, No. 1, 2010.

[247] Brian W. Mayhew. Auditor Reputation Building [J]. Journal of Accounting Research, 39 (3): 599 – 617, 2001.

[248] Don M. Autore, Randall S. Billingsley, Meir I. Schneller. Information Uncertainty and Auditor Reputation [J]. Journal of Banking & Finance, 33 (2): 183 – 192, 2009.

[249] Douglas J. Skinner, Suraj Srinivasan. Audit Quality and Auditor Reputation: Evidence from Japan [J]. Chicago Booth School of Business Research

Paper Series No. 10 - 15, 2010.

[250] Jere R. Francis, Kenneth. Francis, Dechun Wang. The Pricing of National and City - Specific Reputations for Industry Expertise in the U. S. Audit Market [J]. The Accounting Review, 80 (1): 113 - 136, 2005.

[251] Joseph Weber, Michael Willen Borg, Jieying Zhang. Does Auditor Reputation Matter? The case of KPMG Germany and ComROAD AG [J]. Journal of Accounting Research, 46 (4): 941 - 972, 2008.

[252] Karen K. Nelson, Richard A. Price, Brian R. Rooftree. The Market Reaction to Arthur Andersen's shredding of Documents: Loss of Reputation or Confounding Effects? [J]. Journal of Accounting and Economics, 46 (2): 279 - 293, 2008.

[253] Kiridaran Kanagaretnam, Chee Yeow Lim, Gerald J. Lobo. Auditor Reputation and Earnings Management: International Evidence from the Banking Industry [J]. Journal of Banking & Finance, 34 (10): 2318 - 2327, 2010.

[254] Paul K. Chaney, Kirk L. Philipich. Shredded Reputation: The Cost of Audit Failure [J]. Journal of Accounting Research, 40 (4): 1221 - 1245, 2002.

[255] Roger D. Huang, Hang Li. Does the market dole out collective punishment? An empirical analysis of industry, geography, and Arthur Andersen's reputation [J]. Journal of Banking & Finance, 33 (7): 1255 - 1265, 2009.

[256] Shingo Numata, Fumiko Takeda. Stock market reactions to audit failure in Japan: The case of Kanebo and ChuoAoyama [J]. The International Journal of Accounting, 45 (2): 175 - 199, 2010.

[257] Srinivasan Krishnamurthy, Jian Zhou, Nan Zhou. Auditor Reputation, Auditor Independence, and the Stock - Market Impact of Andersen's Indictmenton Its Client Firms [J]. Contemporary Accounting Research, 23 (2): 465 - 490, 2006.

[258] Steven F. Cahan, David Emanuel, Jerry Sun. Are the Reputations of the Large Accounting Firms Really International? Evidence from the Andersen Enron Affair [J]. Auditing: A Journal of Practice & Theory, 28 (2): 199 - 226, 2009.

[259] Yan min Gao, Karim Jamal, Qiliang Liu, Le Luo. Does Reputation Discipline Big 4 Audit Firms? [C]. In: CAAA, CAAA Annual Conference 2011.

[260] Arnold, D. F., J. W. Dorminey, A. Neidermeyer, P. E. Neidermey-

er. Internal and External Auditor Ethical Decision – making [J]. Managerial Auditing Journal, 28 (4): 300 – 322, 2013.

[261] Cheng, C., R. Flasher. Two Short Case Studies in Staff Auditor and Student Ethical Decision Making [J]. Issues in Accounting Education Teaching Notes, 33 (1): 28 – 37, 2018.

[262] Flory, S. M. A Multidimensional Analysis of Selected Ethical Issues in Accounting [J]. The Accounting Review, 67 (2): 284 – 302, 1992.

[263] Johari, R. J., Z. Mohd – Sanusi, V. K. Chong. Effects of Auditors' Ethical Orientation and Self – interest Independence Threat on the Mediating Role of Moral Intensity and Ethical Decision – making Process [J]. International Journal of Auditing, 21 (1): 38 – 58, 2017.

[264] Jones, T. M. Ethical Decision Making by Individuals in Organizations: An issue – contingent model [J]. Academy of Management Review, 16 (2): 366 – 395, 1991.

[265] Peslak, A. R. Current Information Technology Issues and Moral Intensity Influences [J]. Journal of Computer Information Systems, 48 (4): 77 – 86, 2008.

[266] Rest, J. R. Moral Development: Advances in Research and Theory [M]. New York: Palgrave Macmillan, 1986.

[267] Shafer, W. E., R. E. Morris, A. A. Ketchand. Effects of Personal Values on Auditors' Ethical Decisions [J]. Accounting, Auditing & Accountability Journal, 14 (3): 254 – 277, 2001.

[268] Valentine, S. R., C. R. Bateman. The Impact of Ethical Ideologies, Moral Intensity, and Social Context on Sales – based Ethical Reasoning [J]. Journal of Business Ethics, 102 (1): 155 – 168, 2011.